KB189735

카이스트
미래전략
2025

일러두기: 이 책에서는 저출산·저출생, 출산율·출생률을 혼용하고 있습니다. 정부는 여성의 임신·출산에 초점을 맞춘 '저출산'에서 주거·교육 등 사회구조 개혁을 아우르는 '저출생'으로 용어 변경을 추진하고 있습니다. 이에 《카이스트 미래전략 2025》에서도 저출생, 출생률을 기본으로 사용하되, 맥락에 따라 저출산, 출산율을 사용했습니다.

카이스트 미래전략 2025

1판 1쇄 인쇄 2024. 10. 21.
1판 1쇄 발행 2024. 10. 28.

지은이 KAIST 문술미래전략대학원 미래전략연구센터

발행인 박강휘
편집 임여진 디자인 유향주 마케팅 이헌영 홍보 이한솔, 강원모
발행처 김영사
등록 1979년 5월 17일(제406-2003-036호)
주소 경기도 파주시 문발로 197(문발동) 우편번호 10881
전화 마케팅부 031)955-3100, 편집부 031)955-3200 | 팩스 031)955-3111

저작권자 ⓒ KAIST 문술미래전략대학원 미래전략연구센터, 2024
이 책은 저작권법에 의해 보호를 받는 저작물이므로
저자와 출판사의 허락 없이 내용의 일부를 인용하거나 발췌하는 것을 금합니다.

값은 뒤표지에 있습니다.
ISBN 979-11-94330-51-6 03320

홈페이지 www.gimmyoung.com   블로그 blog.naver.com/gybook
인스타그램 instagram.com/gimmyoung 이메일 bestbook@gimmyoung.com

좋은 독자가 좋은 책을 만듭니다.
김영사는 독자 여러분의 의견에 항상 귀 기울이고 있습니다.

KAIST Future Strategy

카이스트 미래전략 2025

KAIST 문술미래전략대학원 미래전략연구센터

소멸과 도약 사이
축소 사회의 해법

김영사

차례

1 0.6명 사회, 대한민국의 판이 바뀐다

1 __ 인구변화의 과거와 현재, 그리고 새로운 도전

2 __ 인구 위기 어떻게 막을 것인가? 저출생의 시계 돌리기

3___ 인구 위기 어떻게 적응할 것인가?
새로 짜는 분야별 대응 전략

2 변화에 대처하는 STEPPER 전략

'인구 쇼크' 시대의
지속 가능한 미래를 위한 선택

'인구 쇼크'가 우리 눈앞에 현실로 펼쳐지고 있습니다. 18세기 말 경제학자 토머스 맬서스는 인구와 경제의 상관관계에 주목하며 기하급수적으로 늘어나는 당시 영국의 인구를 염려했지만, 지금은 전 세계 많은 국가가 이와는 정반대 시나리오인 인구 감소 문제로 위기를 맞고 있습니다. 인류 역사에서 자연재해나 전염병, 혹은 전쟁으로 인구가 일시적으로 급감한 적은 있어도, 장기적 감소 추세는 처음 겪는 일입니다.

그중 한국의 저출생 기조는 더욱 심각한 상황입니다. 우리나라의 합계출산율은 2023년 0.72명이었고, 2024년에는 0.7명대라도 유지할 수 있을지 초미의 관심사입니다. 경제협력개발기구OECD 회원국 가운데 꼴찌가 된 지도 이미 오래됐습니다. 〈뉴욕타임스〉의 칼럼니스트 로스 다우서트는 '한국은 소멸하는가?Is South Korea Disappearing?'라는 제목의 칼럼에서 한국의 초저출생 현상을 흑사병이 유럽에 인구 급감을 가져온

14세기의 위기에 비유하기도 했습니다.

우리나라의 낮은 출생률은 해외에서도 관심을 가질 만큼 극히 예외적이면서도 위태로운 현상이라고 할 수 있습니다. 실제로 출생률 급락은 학령인구 감소, 생산연령인구 감소, 병역자원 감소, 세수 감소, 연금 고갈과 지방 소멸 위기 등으로 이어져 미래 한국 사회에 미치는 영향이 실로 막대하다고 할 수 있습니다.

이렇듯 인구구조 변화는 우리 사회가 정면으로 마주하지 않으면 안 될 중요한 도전 과제입니다. 정부에 인구정책을 담당하는 컨트롤타워를 만든다고 저절로 해결될 문제가 아닙니다. 사회 시스템의 근본적인 혁신을 통해 적극적으로 대응할 때 우리 앞에 다가온 거대한 변화를 헤쳐나갈 수 있습니다. 동시에 저출생과 고령화가 가져올 '불편한 진실'을 피하지 않고 정면 돌파함으로써 인구 위기를 기회로 바꾸는 개척자 정신이 절실합니다. 인구의 양적 성장과 팽창을 올바른 질서와 당연한 결과물로 여겨온 기존의 발상을 버리고 새로운 방식으로 도약할 풍요의 모델을 만들어야 하기 때문입니다.

이를 위해서는 사회 각계각층에서 각자 할 수 있는 일을 해야 합니다. 정부와 기업뿐만 아니라, 대학도 위기 극복에 적극적으로 동참해야 합니다. 예를 들어 KAIST에서는 얼마 전 〈인구 위기 극복을 위한 과학기술의 활용〉이라는 아이디어 공모전을 개최한 바 있습니다. 응모한 총 270개의 아이디어 가운데 3단계 심사를 거쳐 최종 5개의 아이디어가 선정됐습니다. 이 가운데 몇 개는 실현될 경우 출생률 제고에 큰 효과가 기대되는 것도 있었습니다.

출생률 하락을 완화하기 위한 다양한 방안을 모색하는 동시에 고령화사회 적응도 함께 고민해야 하는데, 이 과정에서도 과학기술의 활용은 필수입니다. 인공지능AI이나 로봇과 유용한 협업 체계를 만들어 생산성을 높이고 줄어드는 노동력을 보완해야 합니다. 의학과 바이오, 유전공학을 통해 기대수명 자체만이 아니라 건강수명을 높여 개인 차원에서는 더 행복한 삶을, 국가 차원에서는 고령화에 따른 막대한 사회적 의료 비용을 줄여가야 합니다. 과학기술이 이러한 방식으로 인구 위기 극복을 위한 역할을 확장해나가듯, 사회의 다른 모든 분야 역시 각각의 자리에서 창조적 대응을 이어가야 할 것입니다.

저출생·고령화라는 거대한 쓰나미를 수용하는 과정에서 우리 사회는 분명히 고통을 겪을 것입니다. 그럼에도 이를 위기가 아니라 기회로 바꾸기 위한 전면적 대응을 서둘러야 합니다. 우리는 과거에 변화를 인식하지 못한 채 출산 억제 정책을 빨리 포기하지 못했고, 또 이를 알고 난 후에도 출산 장려 정책으로 빠르게 전환하는 데 실패한 바 있습니다. 지금 우리의 선택은 미래 지도를 결정할 것입니다. 정책적 실패를 되풀이하지 말아야 하며, '소멸하는 국가'가 아니라 '위기를 기회로 바꾼 국가'가 돼야 합니다.

그런 점에서 장기적이면서도 전략적인 관점에서 종합적 진단과 처방을 담은 이 연구서의 발간은 매우 시의적절합니다. 특히 인구구조 변화를 고려하는 전략과 정책을 구상하는 분들께 좋은 참고 자료가 되기를 바랍니다. 이 연구서의 기획과 작성을 위해 아낌없는 노력을 할애해주신 서용석 교수님과 최윤정 교수님, 그리고 집필 과정에 참여해주신 많은 전문가께도 깊이 감사드립니다.

이광형
KAIST 총장

새로운 변곡점,
인구구조 전환기의 새판 짜기

　현재 우리 사회는 인구구조 변화라는 대격변기를 겪고 있다. 출생률이 매해 최저치를 경신하면서 2024년에는 합계출산율 0.6명대를 바라보고 있다. 고령화도 세계에서 가장 빠른 속도로 진행돼 2025년에는 전체 인구 가운데 65세 이상 고령인구가 20%가 넘는 초고령사회로 진입할 것으로 예측된다. 출생자보다 사망자가 많아지는 '데드크로스'도 2020년 시작되면서 전체 인구 또한 감소 국면에 들어섰다. 인구구조 변화의 한 축을 이루고 있는 외국인의 국내 유입도 조만간 역대 최고치를 기록할 전망이다.

　인구구조 변화는 미래 대한민국의 근간을 뿌리째 흔들어놓을 수 있는 매우 중요한 구조적 동인이다. 학령인구 감소로 초·중·고등학교는 물론 대학까지 통폐합이 진행되고 있으며, 병역자원 부족으로 국방력의 약화도 우려되고 있다. 무엇보다 생산연령인구의 감소는 성장 동력의 하락으로 이어지고 있으며, 이에 반해 빠르게 늘어나는 부양인구는 국가의 부담을 키우고 있다. 연금을 낼 사람의 숫자는 줄어드는데 받아야 할 사람이 늘어나면서 기금 고갈의 시계도 빨라지고 있다.

사실 인구구조의 이러한 변화는 우리 사회의 오래된 미래이다. 2005년 저출산고령사회위원회가 출범했으며, 지난 20여 년간 400조 원에 가까운 정부 예산이 출생률 제고를 위해 투입됐다. 출생률을 높이기 위한 다양한 정책이 실행됐으나 백약이 무효했다. 정부는 '국가비상사태'를 선포하고, '인구전략기획부'라는 중앙행정부처까지 신설하겠다는 의지를 밝혔다. 아울러 기업, 종교계, 학계 등에도 출생률 제고를 위한 범사회적 동참과 노력을 호소하고 있다. 그야말로 발등에 불이 떨어진 형국이다.

이미 오래전부터 수많은 전문가가 인구구조 변화의 위험성을 경고했음에도 우리는 그것을 아직 닥치지 않은 미래의 일이라고만 치부해왔다. 인구정책은 효과도 미미하고 성과도 단기간에 나타나지 않는다. 이러한 이유로 정부는 당장 가시적 성과가 나지 않는 인구정책을 뒤로만 미뤄왔다. 대표적인 것이 연금 개혁이다. 저출생·고령화의 가속화로 연금고갈이 뻔히 보이는데도 이해관계의 충돌로 의미 있는 개혁은 이뤄지지 않았다. 전형적인 '검은 코끼리' 현상이다. 검은 코끼리는 미래에 실현될 가능성이 커서 그 파장을 충분히 예측할 수 있음에도 현상 자체를 애써 무시하거나 문제 해결을 위한 진척이 더딘 상황을 의미한다.

그러나 우리는 이제 인구구조 변화에 따른 영향을 사회 곳곳에서 피부로 느끼고 있다. 더군다나 그 영향은 노동인구, 학령인구, 병역자원 등의 감소 같은 표면적 현상에 그치지 않는다. 양적 감소인 '다운사이징 downsizing'뿐 아니라, 결혼을 통해 가족을 꾸리고 아이를 낳아 키우는 삶보다 개인의 만족과 행복을 추구하는 '다운시프트downshift' 현상과 같은 가치관의 변화도 동반되고 있다.

결국 인구구조 변화에 대한 대응은 2개의 바퀴로 굴러가야 한다. 첫 번째 바퀴는 세계 최저 수준의 출생률을 조금이라도 개선하기 위한 노력이다. 결혼과 출산, 양육과 교육에 우호적인 사회 환경을 조성하면서, 다른 한편으로는 외국인 인력의 유입을 통해 저출생·고령화 속도를 완화하는 것이다. 두 번째 바퀴는 우리 경제와 사회 시스템에 대한 기본적인 전제를 바꾸는 것이다. 지금까지 우리나라 경제와 사회 시스템의 기본 전제는 인구가 계속 증가하고 경제가 성장하는 '팽창'에 맞춰져왔다. 연금, 재정, 복지, 노동, 국토, 국방, 교육 등 거의 모든 시스템이 이러한 전제 아래 운영된다. 그러나 이제는 인구 감소와 고령화라는 '축소 사회'를 전제로 우리 사회의 법과 제도, 시스템 전반에 대한 새로운 판을 구상하는 것이다.

열한 번째 보고서, 《카이스트 미래전략 2025》

바로 이러한 고민을 담은 결과물이 《카이스트 미래전략 2025》이다. 2014년 이래 매년 발간해온 《카이스트 미래전략》은 미래를 예측하기 위한 것이 아니라 모두가 더 행복한 미래를 만들기 위한 비전과 목표, 그리고 전략을 찾아보는 '더 나은 미래 제안서'이다. 그 열한 번째 보고서인 2025년판은 앞서 짚어본 것처럼 대한민국의 미래를 결정할 중추적 동인인 인구구조 변화에 초점을 맞추었다. 오랜 관행처럼 익숙했던 팽창에서 축소로 이행해가는 새로운 변곡점에 서 있는 만큼 지금 우리에게 필요한 것은 기존의 전제에 얽매인 디스토피아적 전망이 아니다. 새로운 패러다임과 번영을 위한 새 방정식이다.

이를 위해 이 책 1부에서는 인구 위기 극복과 축소 사회라는 새로운 판을 짜기 위한 대안을 고민해보고자 했다. 현재 급격히 진행 중인 인구 구조 변화는 기존 정책의 단순한 강화나 수정을 통한 대응이 아닌, 경제 사회 시스템의 근본적 변혁이 이뤄져야 한다는 문제의식에서 출발했다.

먼저 1부 1장 '인구변화의 과거와 현재, 그리고 새로운 도전'에서는 인구 감소 추세로 접어든 세계 인구변천사와 기술과 산업의 발전이 가져온 도시 인구의 변화, 그리고 팽창 이후 축소 사회의 현실을 그려봤다. 또 준비 없는 다문화사회의 제노포비아에 대한 경고와 함께 축소 사회를 기회로 전환할 수 있는 새로운 사회계약을 구상해봤다. 2장 '인구위기 어떻게 막을 것인가? 저출생의 시계 돌리기'에서는 이러한 상황에서 어떤 출구전략을 모색해야 할지, 인구 위기 극복에 나선 다른 국가들의 사례와 함께 인구 위기를 완화할 과학기술 아이디어와 가족 개념의 재구성을 다뤘다. 3장 '인구 위기 어떻게 적응할 것인가? 새로 짜는 분야별 대응 전략'에서는 국방, 교육, 고령자, 지방 소멸, 이민, 행정이라는 키워드를 가지고 초저출생·초고령화 대응 전략을 찾아봤다.

한편 2부에서는 사회, 기술, 환경, 인구, 정치, 경제, 자원 등의 영역에서 나타나고 있는 국내외 다양한 환경의 변화를 검토한 후, 미래전략 차원에서 대응 방안을 논의했다. 사회 영역에서는 최근 혁신의 속도를 더해가고 있는 AI의 위험성과 디지털 전환이 가져올 새로운 갈등 양상, 그리고 AI 시대의 부와 문화를 조망했다. 기술 영역에서는 기술 패권 경쟁의 핵심 전략 기술인 이차전지, 우주로 가는 길을 열고 있는 6G, 유전자 '고쳐쓰기'를 향한 도전이 한창인 첨단 바이오 분야를 탐색했다.

환경 영역에서는 '지구 열탕화' 시대의 인간 안보, 탄소 포집·저장·활용 기술 등의 기후 테크, 자율주행 시대의 교통 인프라와 공간에 대해 다뤘다. 인구 영역에서는 노동력 감소에 따른 외국인 전문 인력 유치, 건강한 고령사회를 위한 항노화 연구, 초고령 시대의 죽음의 질과 웰다잉에 대해 고민해봤다. 정치 영역에서는 재세계화와 기술 주권, 인지 전쟁, 저출생 대응 예산 정책의 고차원 방정식에 대해 논의했다. 경제 영역에서는 딥테크 스타트업의 육성, 세상을 지배할 결정적 소재·부품·장비 산업과 식량 안보에 대해 살펴봤다. 마지막 자원 영역에서는 첨단 신소재 개발, 기술 패권 시대의 지식재산, 국가경쟁력의 근간으로서 과학 자본의 중요성에 대해 짚어봤다.

미래 예측은 간단하지 않다. 수많은 변수의 복잡성과 불확실성 때문이다. 그러나 미래는 예정돼 있지 않다. 지금 우리가 어떤 선택을 하고 어떤 행동을 하느냐에 따라 다른 미래를 만들 수 있기 때문이다. 그런 점에서 인구구조 변화라는 거대한 전환을 맞은 시기에 이 보고서가 새로운 미래를 구상하는 데 길잡이로 활용되기를 기대한다.

서용석

KAIST 문술미래전략대학원 교수

KAIST 미래전략연구센터 센터장

KAIST 국가미래전략기술 정책연구소 소장

1

0.6명 사회,
대한민국의 판이 바뀐다

KAIST
FUTURE
STRATEGY
2025

1

인구변화의 과거와 현재,
그리고 새로운 도전

인구절벽으로 가는
세계 인구변천사

산업혁명 이후 줄곧 우상향의 성장세를 보여왔던 인구변동 그래프는 이제 하향 국면에 들어섰다. 18세기 산업혁명을 기준으로 약 200~250년간 인구가 증가해왔고, 그동안 '인류의 바람직한 궤도'로 여겨져 온 성장은 이제 이전과는 다른 속도와 방향성을 보이기 시작했다. 수백 년 동안 인류는 더 많이 증가하고, 더 넓게 확대하며, 더 크게 성장하는 것을 추구했다. 하지만 이제 "위대한 '성장의 시대'는 막을 내리고 있다."[1] 산업화를 강력히 뒷받침하던 인구가 감소하고 성장 동력도 약해지면서 성장 패러다임이 한계에 봉착한 것이다.

산업혁명이 한창이던 시절, 영국의 경제학자 토머스 맬서스는 1798년 익명으로《인구론》을 출간해 기하급수적인 인구 증가가 가져올 인류의 파국을 경고했다. "인구는 기하급수적으로 증가하고 식량은 산술급수적으로 증가한다"라는 전제하에 대략 25년마다 인구가 2배씩 증가하므로

"2세기 뒤에는 인구와 생활 물자 간의 비율이 256 대 9가 되며, 3세기 뒤에는 4,096 대 13이 되고, 2,000년 뒤의 차이는 계산이 불가능할 정도로 커질 것"이라고 주장했다.[2] 이러한 그의 우려는 기우였던 셈이고, 21세기의 인류는 인구절벽이라는 정반대의 시나리오를 걱정하고 있다.

인류 역사와 세계 인구변화

인류는 문명이 발전하면서 지속적인 인구변화를 겪어왔다. 역사를 돌아보면 지구 전체 인구는 전반적으로 계속 증가해왔지만, 굵직굵직한 역사적 사건으로 일시적으로 인구가 급감하기도 했다. 고대와 중세에는 끊임없는 전쟁과 전염병 때문에 주기적인 인구 감소를 경험했다. 14세기 중엽 흑사병이 유럽 전역으로 퍼지면서 수많은 사람의 목숨을 앗아갔다. 흑사병 발생 이전 4억 5,000만 명에 이르던 세계 인구는 전염병이 창궐한 15세기에는 약 3억 5,000만 명으로 줄었다. 세계 인구의 22%가 감소한 것이다. 이처럼 세계 인구는 계속 증가했지만 동시에 질병, 기근, 전쟁 등이 반복되면서 대규모 인구 감소 또한 주기적으로 발생했다.

농업혁명과 인구 증가
선사시대에는 낮은 출생률과 높은 사망률로 인구 증가가 미미했지만, 농업혁명을 기점으로 생산력이 비약적으로 증가하고 정착 생활이 시작되면서 인구 또한 본격적으로 증가했다. 역사학자 주경철은 농업혁명으로 인구가 증가한 것이 아니라 인구가 증가하면서 농업기술이 발달하고, 그로 인해 인구 증가세가 급속도로 빨라졌다고 설명한다.[3] 이처럼 노동력이 곧 생산력을 의미했던 농업사회에서는 인구가 국력을 결정하는 중요한 요인 중 하나였다. 구석기시대 인류의 총인구는 약 500만 명이었던 것으로 추산된다. 이후 로마제국, 한나라 등 고대의 대제국이 동서양에 등장하면서 인구가 늘어 1세기쯤에는 세계 인구가 약 2억 명에 이른다.

도시국가 그리스의 적정인구 개념

인구와 관련된 내용은 고대의 역사 문헌에서도 확인할 수 있다. 예를 들어 그리스 문헌 곳곳에는 식량과 인구의 관계, 전쟁과 인구 억제 기능, 혼인 비율 감소에 따른 출생률 감소 등 인구 증감을 다룬 내용이 나온다. 특히 도시국가 그리스에서는 인구 증감이 국가 차원의 중요한 문제로 받아들여졌는데, 플라톤은 도시를 유지하는 데 필요한 적정인구 개념을 통해 인구를 적절히 조절하지 않으면 가난과 사회적 무질서, 정치적 비능률이 나타난다고 주장했다.[4]

고대 로마의 저출생 대응 해법

로마 시대에는 식민지 확대를 통한 인구 증가 정책을 비중 있게 추진했다. 기원전 2세기경 로마인은 평균 10명 이상의 자녀를 낳았으나 기원전 1세기 말경에는 2~3명 정도로 줄어든다. 100년 사이 출생률이 급속도로 하락한 이유는 무엇일까? 우선은 안토니우스와 아우구스투스 간의 내전이 종식되고, 사법 체계가 강화되면서 물리적 안정성이 확보됐기 때문이다. 식민지가 늘어나 경제적 안정성이 높아지면서 다산을 통해 노동력을 확보할 필요성이 줄었고, 식민지의 노예를 부리면서 편안한 일상생활을 영위할 수 있었다. 이런 상황에서 여성들은 독신으로 살아도 불편함이 없었으며, 결혼과 출산의 필요성이 낮아지면서 독신 풍조와 자녀를 적게 낳는 경향이 나타났다.[5]

고대 로마에서 출생률이 하락하자, BC 18년 아우구스투스는 해결책으로 원로원에 2가지 법안을 제출했다. 첫째, '간통 및 혼외정사에 관한 율리우스 법'은 간통과 혼외정사를 금지하고 결혼과 출산을 장려하는 법이다. 둘째, '정식 혼인에 관한 율리우스 법'은 미혼 여성에게 독신세를 부과하고, 결혼 후 셋째 아이를 낳아야 면제되도록 하는 내용이다. 또 국가 건설과 방위에 책임을 다하지 않는다는 이유로 자녀가 없는 남자를 공직에 등용하는 것을 제한하는 제도도 도입했다. 이런 제도는 300년간 유지되며 로마의 인구가 성장하는 데 영향을 끼쳤다. 로마 인구의 안정세가 팍스 로마나Pax Romana의 초석이 됐음은 물론이다.[6]

중세의 경제적 이익 극대화를 위한 인구 증가

중세에 접어들면서 사회는 점점 안정됐고 인구도 증가했다. 1200년경 중세 유럽은 번영기를 구가하면서 인구가 4억 명 가까이 됐다. 중세 서양에서는 기독교의 영향으로 도덕·윤리에 대한 인식이 높아졌고 국가적으로 출산을 장려하는 분위기였다. 이러한 흐름은 이슬람 국가에서도 나타났는데, 14세기 이슬람의 역사학자 이븐 할둔Ibn Khaldun은 인구 증감이 한 국가의 경제·정치·사회·심리적 상황과 순환적 관계에 놓여 있다고 주장하기도 했다.

한편 중세에서 근대로 넘어가던 과도기의 경제사상은 중상주의였는데, 경제적 이익을 극대화하기 위해서는 인구 증가가 필수였다. 프랑스에서는 인구 증가를 위해 출산 장려와 해외 이주 금지 정책을 폈다. 값싼 노동력을 확보할 수 있는 효과적인 방법이자 인구문제를 해결하기

위한 전략으로 해외 식민지 개척도 강화됐다.[7]

근대 이후의 인구지지력 향상과 인구 급증

근대로 넘어오면서 인구 증가 속도는 점점 빨라졌다. 16세기 대항해 시대가 열리고 신대륙 발견 등으로 인한 식량과 자원의 확보가 인구 증가에 영향을 끼쳤고, 17세기 과학혁명, 18세기 산업혁명을 거치면서 도시화와 인구 증가세가 가속됐다. 특히 인류 역사의 대전환점이었던 산업혁명으로 생산력이 급증하고 위생 상태가 개선되면서 사망률이 빠르게 감소했고, 물질적 성장을 토대로 인구 증가세가 이어졌다. 18세기 말 산업혁명 초기의 세계 인구는 약 10억 명이었는데, 1850년경에는 약 12억 명으로 늘어났다. 이처럼 산업혁명기 인구지지력(어떤 국가의 인구가 그 국가에서 이용할 수 있는 자원에 따라 생활할 수 있는 능력. 인구를 수용할 수 있는 정도에 관한 지역의 능력을 나타내는 기준)이 향상되는 동시에 출생률과 사망률 격차로 인구 급증 현상이 나타났다.

공중위생의 향상뿐 아니라 의학의 발전도 인구 증가에 결정적 역할을 했다. 1796년 천연두 백신이 개발된 후 결핵, 콜레라, 폐렴, 독감 등 백신이 차례로 나왔다.

20세기 들어 두 차례의 세계대전으로 세계는 일시적인 인구 감소를 겪기도 했지만, 제2차 세계대전 후의 베이비 붐과 경제 번영 덕분에 인구가 다시 증가했다. 1950년 약 25억 명이던 인구는 1990년에는 약 53억 명으로 늘어 40년 만에 세계 인구는 2배 이상 증가했다. 특히 개발도상국의 높은 출생률, 현대 의학과 첨단 기술 발전이 인구 증가에 큰 영향을 끼쳤다. 유엔UN은 2022년 11월에 세계 인구 80억 명 돌파를 선언한 바 있다.

20세기 말 이후의 저출생·고령화

한편 20세기 말부터 인구 증가 추세는 완연히 꺾이고 있다. 물질적 풍요가 확대되고 삶의 질이 높아져 사망률은 감소하고 기대수명도 늘었지만, 선진국을 필두로 점점 '저출생·고령화'라는 새로운 국면을 맞게 됐기 때문이다. 1950년 4.84명에 이르던 세계의 합계출산율은 2021년 2.23명으로 줄어들었고, 21세기 말까지 거의 모든 국가가 인구 감소 상황에 놓이게 될 것이라는 예측도 제기되고 있다. 근대로 넘어오면서 인구가 폭발적으로 증가했던 것과 달리 소위 '인구절벽'을 맞닥뜨릴 것이라는 위기감이 고개를 들고 있는 이유이다. 미국 워싱턴대학교 보건계량분석연구소가 영국의 의학 저널 〈란셋Lancet〉에 기고한 보고서에 따르면 오는 2100년까지 전 세계의 합계출산율은 1.59명으로 하락할 것으로 보인다.[8]

인구변화에 따른 국력의 격차

역사적으로 보면, 인구변동은 유럽의 세력 판도 형성에서 중요한 역할을 했다. 유럽 전역을 휩쓴 나폴레옹전쟁 이후 프랑스는 인구 감소 국면을 맞았고, 결국 1870년 프러시아(독일)와의 전쟁에서 패배했다. 반면 이웃 나라 인구 대국 독일은 유럽의 새로운 패권 국가로 떠올랐다.

2050년경 세계 국력을 예측·전망한 보고서G-P's 2023 Global Growth Report에 따르면, 세계 각국의 국력은 인구 규모와 양(+)의 비례관계에 있다. 이러한 평가를 수용한다면, 인구변화에 따른 국력의 격차는 향후 동아시아의 질서 재편에도 영향을 미치는 변수가 될 수 있다. 고도성장과 빠른 근대화를 이룬 동아시아 국가들은 생산인구 감소와 고령화로 인한 경기침체, 그리고 사회보장 비용 증가에 따른 국가적 재정위기를 맞고 있다.

저출생·고령화로 인한 인구의 규모, 구조, 그리고 지리적 분포의 변화는 경제성장, 노동시장, 소득분배, 빈곤, 사회보장 등 경제·사회 전반에 미치는 파급효과가 매우 크다. 물론 오늘날과 같은 세계화 시대에는 인구문제가 단일 국가 대응만으로는 해결할 수 없는 국제적 문제이기도 하다. 인구학자 마이클 테이텔바움Michael Teitelbaum 등은 국가 간 인구이동은 단일 국가의 문제가 아니며, 저출생과 이민 증가에 따른 인구의 구조 변화가 장기화할 경우 인구구성(인종·민족, 언어, 문화)의 변화를 가져올 수 있고, 더 나아가 국가의 안보 문제로 확대될 수 있다고 주장했다.

사회 환경 측면에서 바라보는
인구변화와 저출생

급격한 인구변화는 현대사회만의 특별한 현상은 아니다. 인구변동은 과거에도 있었으며 이는 앞서 살펴본 것처럼 역사적 사실을 통해 확인할 수 있다. 인구변동은 사회변동이나 기술 혁신에 수반되는 자연스러운 현상이다. 소득수준이 높아지고 삶의 질이 향상되면, 보건 의료에 대한 관심과 사회적 투자도 늘면서 질병에 의한 사망은 자연스럽게 감소한다. 물론 국가의 경제 수준이나 발전 상황, 사회·문화 수준에 따라 인구변동 양상에는 다소 차이가 있겠지만, 산업기술의 발전은 사망률 감소와 인구 증가를 불러왔다.

경제발전과 사회·문화 수준의 향상은 여성의 인권신장과 사회활동 증가에도 영향을 미쳐왔다. 결과적으로 20세기 중반 이후 서구 산업사회에서는 사망률과 출생률이 동시에 낮아지는 현상이 나타났다.

그렇다면 여성의 인권신장과 저출산을 어떻게 이해해야 할까? 진화심리학자 장대익은 현대사회의 저출산 현상에 대해 '생애사 전략life history strategy'이라는 개념을 빌려 경쟁 사회에서 생존하기 위한 인간의 적응적 현상으로 설명한다. 생애사 전략이란 생애 전반에 대한 중대한 의사 결정을 의미하는데, '(자녀를) 언제 얼마나 낳으면 좋을까'와 같은 결정도 당연히 포함되며, 자신의 경쟁력을 강화하기 위한 인간의 전략적 행동은 출산을 미루거나 포기하는 형태로 나타날 수 있다는 것이다. 주어진 환경에서 물질과 시간 자원에 한계가 있는 만큼 그것이 더 효율적인 선택이기 때문이다.

비슷한 맥락에서 진화심리학자 올리버 승Oliver Sng은 고밀도 국가일수록 출산율이 상대적으로 낮다고 설명한다. 경쟁이 치열하거나 그렇다고 지각할수록 환경에 적응하기 위한 메커니즘으로 자신의 성장을 위해 자원을 집중할 가능성이 커진다는 것이다. 다시 말해 이들은 자녀를 적게 낳는 전략을 선택한다.[9] 이는 저출산이라는 행위를 하나의 병리적 현상이 아니라 시대적 변화나 환경에 맞춘 인간의 본능이자 생존을 위한 반응으로 이해해야 한다는 의미이다.

인구변동에 대처하는 기본 방향

많은 국가가 출생률 저하, 인구 고령화와 생산인구 감소 문제에 직면해 있거나 당장은 아니어도 머지않은 미래에 그 문제를 겪게 될 것이다. 저개발국가는 여전히 높은 출생률을 유지하고 있지만, 중·장기적으로 보면 산업기술의 발달은 경제발전과 교육 수준의 향상을 가져올 것이고, 결국은 출생률이 점차 감소할 수밖에 없을 것으로 예측된다. 이에 대한 대응이나 정책의 결과는 국가별로 다를 수 있다.

미래 인구변동이 어떤 양상을 보일지 정확히 예측할 수는 없지만, 적어도 기술 발전과 밀접하게 연관된다는 점은 부인할 수 없을 것이다. 인공지능 등 혁신 기술은 새로운 가치를 창출하고 있고, 고용구조에도 크게 영향을 미치고 있다. 4차 산업혁명을 통한 생산성 향상과 기대수명 증가는 인구변동에서 핵심적인 변수이다. 또 기후변화, 자연재해와 기근 등 세계적 이슈는 인구이동과 분포에 영향을 미친다는 점에서 인류의 지속 가능한 미래를 위해서는 전 지구적 차원의 협력이 필요하다. 즉 인구문제는 현재와 미래 인류의 지속 가능성, 인간과 지구의 공존·상생 등과 관련된 중차대한 과제이므로 역사적 인식을 아우르는 미래 예측 관점에서 다양한 가능성과 과학기술의 변수 등을 충분히 고려해 대책을 마련해야 할 것이다.

줄어드는 인구와
갈림길에 선 도시들

    인구 감소와 인구구조의 급격한 변화는 곧바로 도시의 위기로 이어
진다. 인간의 발명품인 도시와 인간의 삶은 밀접하게 연관되어 있기 때
문이다. 유엔해비타트UN-Habitat가 발간한 〈2020 세계 도시 보고서〉에
따르면, 현재 전 인류의 56.2%가 도시에 거주하며, 도시는 전 세계 국
내총생산GDP의 80% 이상을 담당하고 있다.[10] 도시는 역사적으로 국가
와 사회를 발전시키는 경제·사회의 엔진 역할을 해왔고, 인간 개인의
능력을 실현할 수 있게 해주는 매개체와 같은 기능도 갖췄다.[11] 따라서
인구 감소와 도시문제는 분리해서 생각할 수 없다.

인구 감소 가속화와 축소 사회

"합계출산율 '1명' 사상 첫 붕괴."[12] 지난 2019년 통계청의 '2018년 출생·사망통계 잠정 결과'가 나오자 언론은 대서특필했고 한국 사회는 충격에 휩싸였다. 현재 인구 수준을 유지하기 위한 합계출산율은 2.1명인데, 이 수치를 훨씬 밑돌 뿐만 아니라 반등할 가능성도 거의 없었기 때문이다. 이후에도 우려한 대로 합계출산율은 빠르게 추락해 2023년 0.72명을 기록했고, 한국은 세계가 주목하는 저출생 국가가 됐다.

우리나라는 2020년 처음으로 연간 출생자 수가 사망자 수보다 적어 본격적인 인구 감소 시대에 진입했다. 우리뿐만 아니라 전 세계 많은 국가에서 저출생·고령화 현상은 공통적으로 나타나고 있으며, 정책적으로도 중요하게 다뤄지는 미래 이슈이다. 세계는 전례 없는 인구 고령화와 출생률 감소를 경험하고 인구구조는 급격하게 변화하고 있다. UN의 〈세계인구전망〉 2023년 보고서에 따르면, 2022년 11월 기준으로 세계 인구는 80억 명을 돌파했다. 하지만 이러한 증가 추세는 2086년 104억 명으로 정점을 찍고 '피크 아웃peak out'을 맞을 것으로 예측된다.

인구통계학적 수치 못지않게 중요한 문제는 전 지구적 위기와 세계의 사회경제적 변수가 인구변동에 영향을 미쳐 점점 예측의 불확실성을 높인다는 것이다. 전 세계 인구의 정점 예측이 기존 2100년에서 2086년으로 앞당겨진 점, 오랫동안 부동의 세계 인구 1위였던 중국이 최근 인도에 추월당한 점, 중국이 예전 예측보다 10년이나 빨리 인구 감소 현상을 겪고 있는 점 등은 예측의 불확실성을 보여주는 사례이다. 오늘날 65세 이상 고령인구가 빠르게 증가하는 현상도 세계 인구구조 변동의 주요한 특징 중 하나이다. 고령화는 세계 인구변화에서 두드러지는 부분으로, 주요 선진국과 이웃 일본을 시작으로 주변 국가들과 개발도상국까지 시차를 두고 점점 확대되고 있다.[13]

그런데 안타깝게도 대다수 경제학자는 한번 하락한 출생률은 다시 상승하기 어렵다고 진단한다. 금전적 유인책이나 복지 서비스 확대 등 출산·양육 영역에 한정된 정책만으로는 출생률을 높이는 데 한계가 있다. 저출생·인구 고령화를 앞서 경험한 유럽과 미국, 일본의 사례에서 인구 감소가 도시에 부정적 영향을 미치는 것을 목격했기에 인구정책만 떼놓고 볼 것이 아니라 인구 감소·산업구조·도시문제·축소 사회를 하나의 맥락 안에서 전체적으로 이해하는 접근이 필요하다.

산업, 인구, 도시, 그리고 재생의 연결 고리에 대한 이해

도시와 인구구조를 결정하는 요인에는 엄청난 복잡성[14]이 숨어 있고, 인구 감소 역시 하나의 원인만으로 발현되지는 않는다. 현재의 인구와 도시 구조에 도달하게 된 메커니즘을 찾는 것은 문제 해결의 첫걸음이 될 수 있다.

도시 축소의 대표 원인으로 알려진 인구학적 변화 요인은 2가지이다. 하나는 인구통계학적 수치 변화인데, 이는 태어나고 죽는 사람의 수를 집계한 수치이다. 다른 하나는 이주로 인한 인구변화, 즉 국가 간 또는 도시 간 인구 유입과 유출이다. 인구통계학적 수치는 개별 국가와 전 세계에 영향을 미치며 인구의 확실한 지표이다. 반면 이주는 경제적 환경 변화, 공동체 시설의 물리적 노후화, 주거 여건 변화 등 다양한 문제로부터 영향을 받고,[15] 때로는 도시 내 빈집 증가, 공공시설 폐쇄, 재정 악화 등 쇠퇴 현상을 초래하기도 한다. 도시 발전 단계 이론에 따르면, 이러한 쇠퇴 현상은 재도시화 진입을 위한 전초 단계로 볼 수 있다. 물론 도시 축소의 구조적 악순환에 빠져 도시로 전환되기 어려운 경우도 존재한다.[16] 전문가들은 이를 '축소 도시'라고 부르면서 새로운 이론과 접근 방식이 필요하다고 주장한다.

도시의 축소 위기와 인구 감소의 메커니즘에서 기술과 산업구조는 결정적 영향을 미치는 요인이므로 구체적인 사례를 살펴보면서 시사점을 찾아보기로 한다.

오스트라바, 버려진 철강 도시에서 문화 도시로

체코의 철강 도시 오스트라바는 도시 쇠퇴의 과정을, 그리고 재탄생의 시도를 보여주는 전형적인 사례이다. 이곳은 발트해 무역권과 이탈리아반도를 잇는 무역로가 지나는 입지로 체코의 전신인 보헤미아 왕국의 주요 도시로서 경제적 번성을 구가했다. 1800년대에는 고지슬레스코 탄맥에 매장된 석탄 자원을 기반으로 제철소가 세워졌는데, 비트코비체 제철소는 19세기 오스트리아-헝가리 제국의 최대 제철소로 명성을 날렸다. 하지만 1994년 탄광이 문을 닫았고, 곧이어 1998년에는 비트코비체 제철소마저 폐쇄됐다. 1989년 공산정권 붕괴를 가져온 시민혁명, 이른바 벨벳혁명 이후 점차 탈산업화가 시작됐기 때문이다. 특히 제철산업은 오스트라바 주변의 생태계를 크게 파괴해온 요인이었다.

2003년 공개된 관련 보고서에는 "한때 체코슬로바키아의 철강 중심지로 잘 알려졌던 이 지역에서는 1989년 이전까지만 해도 수만 명에 달하는 근로자가 중공업에 종사했다. 하지만 오스트라바 주민들은 자신들이 버려졌다고 이야기한다. 인구가 120만 명에 달하는 지역에서 10만 명 이상이 실직 상태라는 수치가 이를 증명한다"[17]라고 기록돼 있다. 동유럽의 다른 많은 산업 도시도 오스트라바와 비슷하게 출산율 하락과 지속적인 인구 유출을 겪었다. 그러나 현재 오스트라바는 탄광을 박물관으로 개조하거나 폐탄광을 레저 공간으로 단장하는 등 문화 도시로 재생하면서 예전의 활기를 되찾고 있다.

유바리시, 테마파크 도시에서 콤팩트 도시로

일본 홋카이도에 있는 유바리시는 석탄산업에서 관광산업으로 무리한 변화를 시도하다 파산한 도시로 유명하다. 2024년 3월 기준 인구 6,000여 명에 불과한 작은 도시이지만, 가장 부흥했던 시절에는 12만 명 이상이 거주하는 활력 있는 도시였다. 이곳은 우리나라의 태백, 정선과 비슷한 도시로 메이지 시대부터 탄광산업으로 유명했다. 1970~1980년대 이후 석탄산업이 사양길로 접어들자, 1980년대부터 박물관, 테마파크, 스키장, 리조트 등을 세우고 국제 영화제를 유치하는 등 관광산업 도시로의 전환을 추진했다. 하지만 기업 경영과 관광업에 문외한인 공무원이 경영을 맡고, 버블경제 위기로 관광객이 줄어들면서 만성 적자에 허덕이다가 결국 일본의 지방 도시 최초로 파산을 선언했다. 이후 대부분의 젊은 세대는 다른 지역으로 이주했고, 현재 65세 이상 노년층 비율이 53.9%에 이르는 전형적인 고령화 농촌이 됐다.

유바리시는 결국 인구 감소와 고령화를 현실로 받아들이고 자발적 축소를 선택했다. 학령인구가 거의 남지 않았기에 초·중·고등학교는 하나씩만 두었다. 나머지 학교 시설은 농장과 양로 시설, 우체국 등으로 전용했다.[18] 콤팩트 도시를 만든 유바리시는 이제 인구 감소, 고령화, 재정난 등의 위기에 순응하면서 새로운 도시 정체성을 만들어가고 있다.

디트로이트, 구제 불능 도시에서 기술 혁신 도시로

2013년 7월 18일, 미국 디트로이트가 파산했다는 소식이 전해져 전 세계가 큰 충격에 빠졌다. 이곳은 포드의 고향이자 제너럴모터스, 크라이슬러 등 자동차 제조업체의 본사가 위치한 세계 최대 규모의 산업도시였다. 하지만 채무액 180억 달러, 채권자 10만 명을 남기고 미국 최대 규모로 파산한 몰락한 도시가 됐다. 언론 매체는 가로등 40%가 고장 난 암흑 도시, 살인 범죄율이 최고치를 기록했음에도 구급차와 경찰차의 3분의 1만 운영돼 평균 출동 시간이 58분이나 소요되는 위험한 도시 등 디트로이트의 어두운 현실을 연일 보도했다.

디트로이트는 이미 1950년대부터 쇠락의 과정을 겪고 있었고, 산업 쇠퇴와 도시 인구 감소의 전형적 과정을 그대로 밟았다. 미국의 자동차 산업은 일본이 대항마로 떠오르면서 큰 위기를 맞았는데, 많은 회사가 비용을 절감하기 위해 제조공장과 생산설비를 해외로 이전하자 현지 일자리가 대폭 감소했고 경제적 기회가 줄어들면서 많은 사람이 다른 도시로 이주했기 때문이다. 이러한 인구구조의 변화는 세수 부족으로 이어졌고 결국 참담한 부채 규모를 기록하고 파산에 이른 것이다. 〈타임〉은 디트로이트가 몰락한 원인을 "정부 운영의 실패, 부패, 그리고 노동 체계의 문제 등이 복합적으로 겹친 결과"라고 설명했다.[19]

하지만 디트로이트는 최근 몰락한 도시, 유령 도시라는 오명을 벗고 첨단 도시로 탈바꿈하기 시작했다. 2014년 5월에 JP모건이 '디트로이트 재생 사업'에 금융자본 총 1억 달러와 인적자본을 지원했고, 공적 경제개발기구가 추진한 도시 재생 프로젝트도 큰 역할을 했다. 폐허로 버려졌던 빈집을 재개발해 주거·상업 시설로 단장했고, 무엇보다 기존 제조업에서 다변화하기 위해 스타트업과 연구소, 기술 산업을 대거 유치해 혁신 도시로의 변신을 시도하고 있다.

도크랜드, 낡은 항구에서 금융 중심 지구로

도크랜드는 1880년대부터 1960년대까지 제조업이 크게 성행하면서 발전한 영국 런던의 항만 지역이었다. 하지만 제2차 세계대전 이후 제조업 기반 산업이 정보 통신 기술을 기반으로 한 서비스산업으로 이동하자 항구 도시의 기능을 상실하고 탈도시화를 겪었다.[20] 실제로 당시 산업구조가 변하면서 생산직 종사자가 1971년 런던 고용인구의 27%에서 1996년 15%로 크게 줄어든 반면 1986년 런던 고용인구의 80%가 서비스업에 종사했다.[21] 도크랜드는 결국 수심이 얕다는 한계에 시설 노후와 인구 감소 등이 겹쳐 점점 부두의 기능을 상실했다.

이처럼 도크랜드의 문제를 인식한 런던시는 지역적 특성과 산업의 변화를 고려한 개발 전략과 제도를 수립해 도시 재개발에 착수했다. 1970년대부터 해당 지역의 개발 전략을 수립하고 그로부터 약 10년 뒤인 1981년에 런던도크랜드개발회사LDDC가 설립되면서 본격적으로 재개발이 이뤄졌다. 위치상 런던에 인접했기 때문에 런던의 도시 기능을 도크랜드에 분담하되 자립하는 도시로 변화시킨다는 목표를 반영했다. 편리한 교통 인프라를 구축하고 금융 비즈니스를 포함한 복합 공간으로 조성해 살기 좋은 신도시로 변화시킨 사례이다.

소멸 위기인가, 새로운 시작인가?

한국의 도시도 예외는 아니다. 과거 제조업으로 흥했던 지방 도시 중 경기침체와 인프라 낙후에 따른 인구 유출, 여기에 출생률 하락까지 겹쳐 소멸 위기에 처한 도시가 적지 않다. 전북에서 인구가 가장 많고 산업이 발달했던 군산시도 그 가운데 한 곳이다. 2015년 소멸위험지수(한 지역의 20~39세 여성 인구수를 해당 지역의 65세 이상 인구수로 나눈 값)가 0.82에서 불과 7년 만인 2022년 0.49로 하락해 소멸 위험 지역에 포함됐다.

이런 상황은 한국 사회의 위기를 고스란히 보여준다. 국토연구원이 2020년 발간한 축소 도시 분류 연구 보고서에 따르면, 군산은 인구지표는 축소 추세이지만 경제지표는 성장하는 도시[22]로 평가됐다. 군산-김제-부안 등 인근 3개 지역과 함께 새만금 관할 등 성장 모멘텀도 분명히 있었다. 하지만 군산의 산업을 지탱하던 현대중공업 군산조선소의 가동이 중단되고, 한국GM 군산공장 폐쇄 결정이 나자 협력 업체 도산, 실업 증가, 상권 붕괴, 인구 이탈 등 지역 경제는 타격을 입었다. 이에 정부는 군산을 산업위기대응 특별지역으로 지정·지원했으나, 젊은 노동 인구의 탈脫군산 현상을 막지는 못했다. 실제 2022년 전출인구 중 직업 전출자는 39.4%, 가족 이동은 20.9%, 주택과 교육 문제로 이주하는 사람이 각각 14.6%와 11.7%로 집계됐다. 여기에 전 국가적 출생률 하락까지 겹쳐 2023년에는 군산의 심리적 마지노선으로 여겼던 26만 명 선도 무너졌다.[23]

이처럼 산업구조가 변경되면서 전형적인 축소 과정을 겪어 성장 동력을 잃은 군산은 재도약의 발판을 마련하기 위해 힘겨운 노력을 이어가는 중이다. 2021년 정부 지원을 받은 상생형 일자리 사업이 2024년

3월 만료됐는데 공개된 성적표는 크게 만족스럽지는 않았다. 다만 외형적 성과는 미미하지만, 해당 산업이 재도약의 기반을 다지는 데는 일조했다는 평가도 있어 군산이 지역의 생태계를 재구축하고 소멸 위기를 극복하게 될지는 좀 더 두고 볼 일이다.

이는 소멸 위기에 놓인 다른 도시들에도 적용되는 사항이다. 따라서 무엇보다 축소의 위기와 새로운 시작의 갈림길에 선 도시에 다시 활력을 불어넣는 방식에 대한 시사점을 얻어야 할 것이다. 앞서 살펴본 사례들을 보면, 축소 도시를 먼저 경험한 도시의 공통점은 위기를 직시하고 새로운 경제 엔진을 찾고 있다는 점이다. 축소는 성장의 끝이 아니라 새로운 시작이 될 수도 있다. 축소 트렌드를 정책 방향 전환의 계기로 삼아 근본적인 문제 해결을 모색해야 축소에 내포된 부정적 기제를 걷어내는 데 성공할 수 있을 것이다.

축소 사회의
현실적 유토피아

2020년대 중반에 이른 현재, 세상은 갖가지 경고음으로 가득하다. 세계 곳곳에서 일어나고 있는 군사 분쟁과 국제적 갈등, AI의 빠른 발전에 따른 각종 위협, 이제는 문제를 수습하기 힘든 듯 보이는 기후변화의 심각성까지, 우리는 긍정적인 신호보다 각종 위험을 알리는 경고음에 더 많이 노출돼 있다. 국내적으로는 걷잡을 수 없이 하락하는 출생률과 심화하는 고령화로 이 암울한 사회의 미래에 대한 고민이 반복되지만, 이렇다 할 대책도 내놓지 못하고 있다. 빛나는 성장, 희망찬 개발과 발전의 시대가 지나고, 정체와 수축의 감각이 우리에게 낯선 미래의 새로운 정상 상태new normal로 감지되고 있다.

성장이 더는 당연한 것이 아닌 낯선 시대에 진입한 우리는 이제 어떠한 태도와 감각을 지니고 살아가야 하는가? 서구에서 수백 년에 걸쳐 경험한 것을 빨리 감기로 수십 년이라는 기간에 이른, 세계적으로도 드문 압축적 근대화를 달성한 한국 사회와 한국인은 이러한 정체와 축소의 시대를 어떻게 받아들일 것인가?

풍요와 번영의 꿈

'코르뉴코피아cornucopia'라는 상징이 있다. 직역하면 '풍요의 뿔'로 그 뿔에서 과일이나 채소 같은 먹거리, 꽃 같은 것이 솟아 나온다. 이 코르뉴코피아는 고대 그리스의 많은 신, 위인과 함께 그려지고, 서양의 다양한 예술 작품과 신화 등에 등장한다. 코르뉴코피아는 과거 인간들이 갈망했던 번영, 그리고 풍성함을 상징한다.

풍요와 번영에 대한 희구는 사실 인류의 역사와 함께해왔다. 모든 것이 부족하고 결핍이 일상이던 시절, 추석이나 추수감사절 같은 명절은 1년 중 그러한 풍족함을 누릴 수 있는 최고의 명절이었다. 성장, 번성, 그리고 확장은 인간 역사와 늘 함께한 모두의 꿈과 같은 이상이었다. 한국 사회에서 많은 사람이 가난하고 배고팠던 시절이 그다지 먼 과거의 일이 아니기에, 잘 먹고 잘 사는 것에 대한 욕망과 열망이 다양한 차원에서 아직 문화적 습속으로 남은 것을 우리는 종종 발견할 수 있다.

사실 지속적인 성장과 팽창이 가지는 관성적 힘, 그리고 그것을 당연한 것으로 여기는 우리의 무의식은 따져보면 근대에 접어들어서 생겨난 것은 아니다. 과학자 바츨라프 스밀이 자신의 책 《성장Growth》에서 잘 보여주듯 성장은 언제나, 어디에서나 목격된다.[24] 시간을 거슬러 올라가면 인간이라는 생명체는 단세포 생물 같은 미소 생물에서 출발해 긴 시간을 거쳐 훨씬 더 복잡하고 거대한 유기체로 진화해왔다. 그러한 생명체가 모여 집단을 만들고 도시를 만들고 우주까지 진출하는 현대의 복잡하고 거대한 사회를 만들어낸 것이다. 그래서 성장은 어디에서나 발견할 수 있으며, 우리의 몸, 우리가 사는 세상, 우리를 둘러싼 환경이 성장과 팽창과 거대화의 산물 그 자체라고 할 수 있다. 즉 존재하는 모든 것은 어느 정도 성장과 팽창의 결과물이다. 그렇기에 우리가 세상을 바라보는 감각에는 지속적 성장을 당연시하는 인식이 깔려 있다.

이러한 인식은 중세 이후 근대를 거쳐 현재까지 이어져오는 역사적 과정에서 더욱 강화됐다고 할 수 있다. 역사의 진행에서 강한 것이 살아남고 그렇지 못한 것은 쇠락하거나 없어지는 현상이 더욱 분명하게 드러났기 때문이다. 근대에 접어들며 유럽에서 근대적 민족국가라는 것이 미약하나마 존재의 틀을 갖추었는데, 그것이 현대 세계에 들어와 보편적으로 존재하는 정치적 집합체의 형태가 된 것은 민족국가가 다른 형태의 집합체들보다 더 강력하고 경쟁 우위에 있었기 때문이다. 유럽 민족국가들이 전 세계 국가를 점령하며 제국주의적 성장과 확장을 이룬 것이 20세기까지 이어졌고, 그 결과 현대는 강력한 민족국가로 이루어진 세계가 됐다.

큰 것이 작은 것을 압도하는 것은 어쩔 수 없는 일이니, 때로는 정당하고 바람직한 일로 여겨졌다. 미국은 서부 개척 과정을 정당화하기 위해 그러한 팽창 과정이 신의 뜻에 의한 것이라는, '명백한 운명manifest destiny'이라는 수사를 사용했다. 서구가 세계 곳곳을 식민지화하는 과정을 뛰어난 영국의 시인 러디어드 키플링은 '백인이 짊어진 짐the white man's burden'이라는 시적 묘사로 정당화했다. 팽창과 확산은 그것이 비록 고통과 파괴를 의미한다 하더라도, 강한 것이 그렇지 않은 것을 대체하는 어쩔 수 없는, 그리고 당연한 일로 여겨졌다.

자연에 대한 관점 또한 마찬가지이다. 자연은 인간이 자신의 번영을 위해 마음껏 사용할 수 있도록 제공된 자원이라는 것이 근대의 산업화와 개발 과정의 지배적 관점이었다. 그것이 적극적으로 나타나면 인간을 자연을 지배하는 주인master으로, 약간 양보하면 지구의 생명체를 잘 돌볼 책임이 있는 주체stewardship로 보았다. 어떤 쪽이든 결국 성장하고 번영하는 인간은 지구를 지배하고 다스리는 존재로 살아왔다.

축소 사회로 가는 변곡점

이러한 성장 패러다임에 대한 경고는 20세기에도 강력하게 제기된 바 있다. 대표적인 것이 1968년에 결성된 로마 클럽이 1972년에 내놓은 보고서 〈성장의 한계〉이다. 이 보고서는 인류에게 위기를 초래하는 여러 요인을 분석하고 그러한 위험에서 벗어날 방법을 제시한다. 고삐 풀린 성장이 가져올 수 있는 파국적 미래에 대한 인식은 이렇게 수십 년 전에도 분명히 존재했다.

이 유명한 보고서에서 제시하는 분석과 진단 중에는 2020년대를 살아가는 우리의 경험을 어느 정도 예측한 것도 있고, 약간 다른 부분도 있다. 당시만 하더라도 세계는 본격적으로 성장하는 과정이었기 때문에 그때의 예측은 지금 사회에서 우리가 느낄 수 있는 것과는 결이 다른 측면이 있다. 예를 들어 〈성장의 한계〉에서는 인류에게 위기를 가져오는 것으로 천연자원의 고갈이나 개발도상국의 폭발적 인구 증가를 언급했는데, 현시점에서는 천연자원의 고갈보다 환경문제가, 인구 팽창보다 인구 감소가 더 심각한 문제로 여겨지고 있다. 우리나라뿐 아니라 선진국에서도 출생률 감소는 점차 심각한 문제로 인식되고 있고, 많은 개발도상국의 출생률도 20세기에 비해 평균적으로 많이 감소했다.

즉 약 50년 전에 사람들이 지적했던 팽창의 문제는 현재 우리가 고민하는 것과는 조금 다르다. 축소 사회가 안고 있는 고민거리는 인류가 이전에 잘 경험해보지 못한 것들이다. 출생아 수는 많은 국가에서 '인구절벽' 현상이라 불릴 정도로 급속히 감소하고 있는데 그것을 되돌릴 방법은 잘 보이지 않는다. 많은 국가와 기업이 에너지 소비와 탄소를 줄이기 위한 노력을 하고 있음에도 기온 상승의 마지노선이라 여겨지는 지구 평균기온 1.5℃ 상승은 2024년 현재 이미 무너졌거나 조만간 우리가 어찌할 수 없이 무너질 것으로 여겨지고 있다. 새롭게 등장하는 AI의 괴력이 지금으로부터 그다지 멀지 않은 시점에 수많은 직업을 없애고 결과적으로 인간의 경제활동은 기계로 대체될 것이라는 전망이 나오지만 인류는 어떻게 대비해야 할지 감조차 잡고 있지 못하는 상태이다. 이러한 인구학적 수축이나 경제활동의 수축은 현시점이 팽창의 시대를 지나 축소의 시대로 넘어가는 변곡점임을 시사한다.

익숙했던 세계와의 작별

축소 사회로 점차 진입하는 현재, 우리가 앞으로 경험할 것은 축소 그 자체뿐 아니라 쇠약과 몰락이라는 감각이기도 하다. 인간 사회의 큰 궤적이 팽창에서 축소로 전환되고 있다는 징조는 새로 태어나는 아이들 수가 계속 감소하면서 태어나는 사람보다 사망하는 사람의 수가 많은 패턴이 이어지는 데서 분명하게 나타난다. 이러한 추세가 일시적인 것이 아니라, 수십 년 전부터 많은 국가에서 이어져왔기에 이는 되돌릴 수 있는 가역적 과정이 아닐 것으로 예측된다.

그런데 태어나는 사람의 수가 줄어든다는 것은 단순히 인구가 줄어든다는 것 이상의 의미를 지니고 있다. 새로운 것이 점점 줄어들고, 오래되고 낡은 것이 남아 있는 사회에서 활력과 에너지, 창조적 파괴와 혁신의 힘은 줄어들고, 기존 것들이 지배적인 위치를 점하게 된다는 것이다. 수축이라는 변화가 쇠약과 몰락이라는 감각, 좌절의 감정과 궤를 같이한다는 의미이다. 성장률 같은 수치가 줄어들고 끝나기만 하는 것이 아니라 우리가 마주하는 현실이 낡고 쇠약해진다는 것이다.

사실 어떤 것이 수축한다고 해도 그와 동시에 단단해질 수도 있고, 규모가 작아져도 더욱 내실 있고 건강해질 수도 있다. 하지만 인구·사회학적으로 지금의 수축은 건강하고 단단한 수축으로 다가오지 않는다. 지금의 축소 사회가 주는 이미지는 활기찬 마을이었던 곳에서 사람들이 대부분 떠나고 난 뒤의 쓸쓸함, 버려진 동네의 황량함이다. 젊은 사람들의 활력과 어린아이들의 활발함으로 에너지가 가득하던 공간에 노인만 남아 지나간 세월을 되돌아보는 허전함과 아쉬움. 앞으로 거의 확실하게 맞이할 미래 고령사회의 모습에는 이러한 쇠약의 그림자가 진하게 드리워져 있다.

게다가 인구학적 수축이 기후변화로 인한 생존의 위기, AI에 의한 실업 등 인간 삶의 확장성을 제약하는 다양한 수축의 힘과 중첩되면서, 인류 역사상 거의 처음으로 쇠약을 넘어선 몰락의 기운이 미약하지만 분명히 감돌고 있다. 개구리를 찬물에 넣고 그 물을 서서히 데워 온도를 올리면 나중에 물이 뜨거워져도 느끼지 못해 죽을 때까지 개구리가 가만히 있게 된다는 이야기가 있다. 이는 이제 단순한 비유가 아니라 지금 인류 문명의 상태를 문자 그대로 표현하는 이야기라 할 수 있다. 에어컨 바람 앞에 있지 않으면 견딜 수 없는 폭염의 나날, 주거지를 통째로 휩쓸어버리는 자연재해, 이상 고온 혹은 이상 저온으로 펼쳐지는 기이한 풍경 등 우리가 익숙하게 알고 있던 세계와의 작별은 그동안 인류 문명이 저지른 잘못으로 이 세계가 몰락하고 있다는 징조처럼 우리 앞에 펼쳐지고 있다.

오래된 유토피아, 새로운 유토피아

성장과 팽창의 언어와 문법에 익숙한 우리에게 새로운 축소 사회의 특징이 쇠약과 몰락을 의미한다면 어떠한 희망을 지닐 수 있을까? 축소하는 시대에도 우리는 사회에서 자긍심, 긍정적 정체성, 의미를 찾을 수 있을까? 인구, 기후, 기술 등 여러 이유로 이전과 같은 성장의 열매를 취할 수 없다면, 그때 우리는 사회에 어떤 의미를 부여하고 어떤 긍정적 서사로 미래를 이야기할 수 있을까?

물론 우리는 새로운 희망의 서사를 직조하고, 새로운 비전을 만들어 제시할 수 있을 것이다. 하지만 축소 사회가 뿜어내는 쇠락과 좌절의 감각에 맞서 그러한 작업을 하는 일이 쉬울까? 성장이라는 세상을 보는 익숙한 프레임을 걷어내고, 다른 프레임을 가지고 세상을 보고자 하는 것은 문명의 근본을 바꿀 수 있는 시도이다. 이를 위한 문화적, 상징적 자원을 새로이 만들 수 있을까? 이에 대해 생각해볼 점은 역사적으로 인류는 팽창과 성장뿐만 아니라 그와는 다른 다양한 지향점과 가치를 제시하면서 여러 가지 이상적 사회의 모습을 꿈꾸어왔다는 것이다.

살기 좋은 이상적 세상, 유토피아의 이야기는 인류의 가장 오래된 이야기 중 하나이고, 사람들이 역사적으로 다양한 방식으로 끊임없이 그려온 사회적 모델이다. 성경의 에덴동산에서 플라톤의 《국가》, 토머스 모어의 《유토피아》, 19세기 사회주의자, 그리고 현재의 테크노 유토피아를 꿈꾸는 사람들까지, 수없이 많은 작가, 지식인, 개혁가, 종교인, 활동가가 각자의 유토피아를 제시해왔다. 그렇게 유토피아의 비전은 다양한 내용과 지향점으로 등장했다.

유토피아와 관련한 지난 이야기를 바탕으로 인간이 생각해온 유토피아의 종류를 분류한 연구에 따르면, 사람들의 지향을 대략 다음과 같이 구분할 수 있다. 사람들이 누릴 것과 자원이 풍요로운 세상, 인간과 자연이 조화롭게 사는 세상, 모든 인간이 도덕적이고 윤리적으로 살아가는 세상, 종교적이거나 초월적인 것에 의해 인간 사회가 근본적으로 바뀌는 세상, 법과 정부가 자원 분배와 규제를 완벽하게 하는 세상, 과학 기술이 모든 문제를 해결하고 변혁한 세상이다.[25] 물론 이러한 구분보다 더 많은 유토피아의 구분을 제시한 경우도 있다.[26] 각각의 유토피아 모델은 사람들에게 영감을 불어넣고, 자신을 헌신하게 하고, 생각을 실천으로 옮기게 했다. 어떻게 보면 인간 역사의 통시적 흐름에서 중요한 부분은 항상 유토피아를 상정하고 그 실현에 자신을 헌신한 것과 관련된 부분이라고 할 수도 있다.

인류가 지난 수백 년 동안 누려온 성장과 팽창에 기초한 사회는 다양한 유토피아 모델 중에서 특히 '풍요 모델'과 관련된 것이라 볼 수 있다. 하지만 인류는 풍요 모델 이외에도 다양한 유토피아적 상상을 해왔다. 축소 사회의 등장은 인간에게 지난 수백 년 동안 이어져온 성장의 신화와 그 단맛을 포기하도록 만드는 면이 있지만, 우리가 그것을 대체할 수 있는 미래상을 가지지 못하는 것은 아니다. 풍요와 성장의 모델을 대체할 수 있는 문화적, 상징적 자원은 풍부하다. 인간이 꿈꾸어온 이상적 사회의 종류, 꿈꿀 수 있는 사회의 모습에 단지 팽창과 성장만 있는 것은 아니다. 그 대안적 삶의 형태를 인간은 충분히 다양한 모습으로 상상하고 그려왔다. 팽창과 성장의 언어만으로는 그 모든 이상적 사회에 대한 다양한 꿈을 표현할 수 없을 것이다.

현실적 유토피아를 향하여

이러한 맥락에서 미국의 사회학자 에릭 올린 라이트Erik Olin Wright가 제시한 '현실적 유토피아Real Utopia' 프로젝트는 우리에게 영감이자 좌표가 될 수 있다. 인류가 지난 몇백 년간 누려온 산업화와 도시화, 인구와 경제의 끊임없는 성장 모델은 사실상 지속 가능하지 않은 모델이었고, 이제는 지속할 수 있는 현실적 유토피아 모델을 기획해야 한다.

성장과 팽창에 기반을 둔 사회가 서서히 끝을 향해 가고 있다고 해도, 이는 그러한 사회 모델이 수명을 다했다는 뜻일 뿐 그것이 곧 인간이 사는 세상의 근본적 몰락을 의미하지는 않는다. 기후 위기로 자원 소비를 줄여야 하는 것이 디스토피아일까? 다양한 문화, 수많은 작품은 인간이 자연과 조화를 이루며 건강한 삶의 방식을 영위하는 것을 유토피아로 제시했다. 생태적 이상향을 그린 어니스트 칼렌바크의 소설《에코토피아Ecotopia》가 그러하다. 인구 감소로 사람들의 수가 크게 줄어든 사회는 디스토피아일까? 데이비드 소로의 에세이《월든》에서 이야기하는 월든 연못에서의 삶, 고독, 마을, 단순성, 명상, 진보의 의미 등에 대해

읽은 후에는 그 답이 달라질 수 있다.

우리가 축소로 향하는 변곡점에서 해야 할 것은 기존 모델을 계속 지키려 하면서 좌절하는 것이 아니라, 새로운 현실적 유토피아를 만들고 추구하는 것이다. 우리가 꿈꿀 수 있는, 그리고 현재의 사회시스템이 지닌 다양한 모순을 극복할 수 있는 이상적인 유토피아의 모습을 상상하고 지향점으로 삼되, 그 모델을 절대화해서 현실을 부정하는 것이 아니라, 다양한 제약을 고려하고 현실적으로 존재하는 조직적 힘과 제도를 활용하면서 미래를 향해 한 걸음씩 나아가는 것이다.

현재 축소 사회는 매우 낯설고 불확실한 모습으로, 그리고 쇠약과 몰락의 모습으로 다가오는 것 같지만, 결국 그러한 사회가 실제로 어떤 사회가 될지는 우리의 집합적인 상상과 대응에 달려 있다. '유토피아'라는 단어는 '없다ou'와 '땅topos'을 조합해 만든 단어로, 그 어디에도 없는 땅이라는 뜻이다. 이상적인 사회라는 것은 실제로는 존재하지 않는, 그 어디에도 없는 땅이다. 하지만 그러한 사실이 인간에게 끊임없는 영감과 꿈, 도전을 불러일으킨다. 그 어디에도 없는 땅을 향해 모험을 떠나는 것, 그리하여 이 세상을 현실적 유토피아로 만드는 것이 축소 사회에 직면한 우리가 꿀 수 있는 꿈일 것이다.

이러한 축소의 시대에 우리가 다음 세대에게 물려줄 것은 죄책감, 패배감, 무력감이 아니라 새로운 사회를, 어쩌면 이제야 진정한 유토피아를 만들 수 있다는 기대감과 희망일 것이다. 우리가 걱정하거나 두려워하는 팽창 이후의 사회 모습이, 사실은 알고 보면 그동안 역사적으로 많은 경우에 유토피아로 생각했던 바로 그 모습일 수 있다.

준비되지 않은
다문화사회에 대한 경고

저출산고령사회위원회는 2024년 6월 열린 회의에서 '인구 국가비상 사태'를 강조했다. 그만큼 한국 사회는 저출생 기조와 급속한 고령화로 위기 국면을 맞고 있다. 여러 정책적 대응에도 초저출생이 이어진다면 우리 사회는 인구절벽을 거쳐 국가의 미래가 불안한 축소 사회로 진입할 것이다. 급격한 인구 감소는 생산 인력, 소비인구, 병역자원, 학령인구의 감소는 물론이고 세수 감소와 재정 부담으로 이어져 경제, 고용, 복지, 교육, 국방 전반에 걸친 국가적 위기를 초래할 수 있다. 어떤 정책을 펴도 백약이 무효한 상황이라는 비관적 전망도 많다. 그러나 한국의 미래를 정확히 예측할 수는 없다. 인구 감소 추세에도 위기는 숙명이 아니며, 적절한 대응에 따라 미래가 변화할 가능성도 충분하기 때문이다.

가령, 출생률을 크게 반등시켜 역동적 사회로 재도약할 수도 있고, 혁신적인 기술로 돌파구를 마련할 수도 있을 것이다. 아니면 어떠한 변화도 이끌어내지 못한 채 소멸 위기를 맞거나 준비 없이 이민정책을 급속하게 확대하면서 실패한 다문화사회가 될 수도 있다. 이러한 가상의 시나리오 중 미래가 어떤 것에 가깝게 펼쳐질지는 알 수 없다. 하지만 어떠한 경우든 우리 사회는 다민족·다문화 사회가 될 가능성이 크다.

출산 장려 정책의 성공으로 한국의 내국인 출생률을 어느 정도까지는 높일 수 있겠지만, 그것만으로 인구문제를 해결하는 것은 거의 불가능하다. 내부적인 출생률 제고와 함께 노동력 부족을 해결하기 위해서는 해외 노동력 및 이주민 유입 또한 이뤄져야 할 것이다. 그러나 다민족·다문화 사회에 대한 사회·문화적 준비가 미비하다면, 적잖은 부작용이 생겨날 수도 있을 것이다. 약 1세대 후, 준비가 안 된 채 맞이한 2050년 미래 한국 다문화사회의 어두운 측면을 상상하면서 가상의 시나리오를 그려본다.

시나리오 1: 정치·문화적 반목·갈등·혼란의 다문화사회

2050년 현재, 대한민국에는 600만 명 이상의 외국 출신 이주민이 거주하고 있다. 2020년 5,184만 명이던 한국의 총인구는 계속 줄어 2050년 4,700만 명을 기록하면서 인구 4,000만 시대에 접어들었다. 외국인 이주민은 한국인 인구의 8분의 1 정도인데, 이주민은 계속 늘고 한국인은 줄어드는 추세이다. 이주민 중에는 한민족 혈통이지만 중국 국적을 보유하면서 취업을 위해 장기 체류하는 이주민이 가장 많은 비중을 차지하고 있다. 그 밖에도 동남아와 동유럽, 중동 등 다양한 지역 출신의 자발적 이민도 많다.

2023년 재외동포청이 신설되고, 2025년에는 이민청이 새로 출범하면서 한국 정부는 적극적인 동포·이민 유입 정책 드라이브를 걸었고,

이후 해외 이주 노동자가 대거 유입됐다. 초기에는 외국인 노동력 유입으로 부족한 노동 인력을 메울 수 있었으며, 노동생산성도 어느 정도 유지할 수 있어 동포·이민 정책이 효과를 거두는 것처럼 보였다. 하지만 이주민 상당수가 한국 사회에 동화되지 못했고 시간이 흐를수록 이것이 고질적인 사회 이슈로 떠올랐다. 한국에서 태어난 이민 2세와 3세는 한국 사회에 적응하지 못한 채 극심한 정체성의 혼란을 겪고 있다. 이들은 학교에서 심한 차별과 따돌림을 당하고, 대학을 졸업해도 보이지 않는 차별로 좋은 직장을 구하기가 어려운 실정이다.

오랫동안 단일민족 신화에 길들어왔던 한국 사회는 정부의 적극적인 이민정책에도 외국인 이주민이나 이들의 2세를 포용하기보다 잠재적 경쟁자로 보거나 혐오하는 태도로 일관했다. 2030년대 중반 이후 해외에서 저임금 노동력이 대량으로 유입되자 국내 저소득층과의 취업 경쟁이 심화됐고, 정부의 공공 지출 부담도 증가했다. 해외 이주민들은 그들 나름대로 차별에 대한 불만을 토로하면서 조직화하고 단체 행동에 나섰다. 이를 통해 이주민에 대한 차별 시정과 복지 혜택을 주장했고, 정부는 이러한 요구를 방관할 수만은 없어 조금씩 수용하기 시작했다.

하지만 내국인들 사이에서 외국인 이주민에 대한 복지 혜택 부여를 거부하는 움직임이 나타나 반反이주민 정서를 부추겼다. 특히 이슬람권 이주자에 대한 반감과 차별 의식은 극심했다. 이런 차별과 혐오는 단순 노동을 하는 저임금 근로자에게만 국한된 것이 아니라 고액 연봉을 받는 전문인력에서도 나타났다. 외국인 출신 엔지니어나 과학자, SW 개발자도 노골적 차별에 시달려야 했다. 이에 따라 외국인 이주자들은 한국 사회에 적응하기보다는 특정 지역을 중심으로 공간적·문화적 게토를 형성했다. 뉴욕 할렘가나 파리 외곽의 저소득층이 모여 사는 방리유

banlieue처럼 서울을 비롯한 대도시 외곽에는 외국인 이주민 밀집 지역이 형성되고 점점 우범지대화되고 있다. 문제는 이주자들이 문화적으로 이질적인 게토를 형성하는 차원을 넘어 정치집단화하고 있다는 점이다.

애초 부족한 노동력을 보충하고 고령화 속도를 늦추기 위해 추진한 개방형 이민정책이었지만, 이주자가 늘면 늘수록 국가적 편익보다는 공공 지출의 증가, 이주민 자신의 소외와 일탈, 이질적 문화 간 갈등과 물리적 충돌 등 심각한 사회문제가 생겨났고, 이를 해결하기 위한 사회적 비용도 점점 커져 이주민 집단은 한국 사회의 계륵이 돼버렸다. 이주민들은 출신 국가별로 갈라져 각자 정치조직을 만들었고, 이주민 간 주도권을 둘러싼 분쟁도 끊이지 않는다. 이질적 언어, 문화, 종교를 지닌 구성원들이 오랫동안 공존하면서 이해관계는 복잡할 대로 복잡해져 사회 통합은커녕 공존·공생 자체가 어려운 파국으로 치닫고 있다.

시나리오 2: 저임금 이주민에 의존해 혁신에 실패한 다문화사회

저출생·고령화에 대한 특별한 대안이 없었던 정부는 2025년부터 적극적 이민 유입 정책으로 선회할 수밖에 없었다. 그 결과, 국내 체류 외국인 이주민 수는 2030년 300만 명을 돌파했고, 2040년에는 400만 명, 2050년에는 600만 명으로 증가했다. 외국인 이주민 일부는 한국 국적을 취득해 한국 사회에 통합되기도 했지만, 대다수는 주변부 소외 계층에 머물렀다. 초기에는 해외 이주민이 대거 유입되면서 인구 감소 및 노동력 부족 문제가 일시적으로 해소됐다. 저임금의 단순노동 이주민이 많아 제조업체들은 인건비 부담 없이 풍부한 인력을 쉽게 활용할 수 있었고, 덕분에 내국인의 개인 소비가 늘어나는 효과도 나타났다.

하지만 긍정적 효과는 그리 오래가지 못했다. 2030년대 중반부터 부정적 영향이 하나둘 나타나기 시작했다. 해외 이주민은 대부분 비숙련 노동자여서 국내의 저소득층 노동자와 일자리를 두고 경쟁했고, 이는 결과적으로 국내 저소득층 노동자의 임금까지 감소하는 결과를 초래했다. 아울러 외국인 이주민 증가로 도시의 집값 등 물가가 상승하고 도심 교통 혼잡과 외국인 거주 지역의 슬럼화 현상도 나타났다. 한국의 문화적 배타성과 외국인 수용에 대한 제도적 준비 미비로 상당수 외국인 이주민은 적응에 실패하고 빈곤층으로 전락했다.

건설 현장직, 영세한 공장의 일자리, 청소 노동자 등 어렵고 힘든 직종은 거의 외국인 노동자로 채워졌으며, 이들 직종의 임금은 10년 전과 비슷하거나 오히려 더 낮아지기도 했다. 기업 부담을 줄인다는 이유로 외국인 노동자에게는 최저임금을 적용하지 않으면서 법정 최저임금제의 존립이 위기를 맞았고, 그 영향으로 일부 내국인 비숙련 노동자도 최저임금을 받지 못하는 등 사각지대가 발생했다. 영세한 제조업체들은 경영 효율화나 기술 혁신을 꾀하기보다 저임금 비숙련 노동력에 의존했고, 이는 노동생산성 저하로 이어졌다.

2030년대 중반부터 계속된 경제성장 둔화와 경기 악화로 고용 시장은 구조적 불황에 봉착했다. 대규모 외국인 이주민 유입과 저임금 정책으로 노동력 부족을 해소하려던 정책은 결국 파탄에 이르고, 한국 경제는 혁신에 실패한 채 상시적 고용불안과 장기 불황의 늪에 빠졌다. 외국인 이민 유입이 단기적으로는 인구 감소와 고령화에 효과가 있었지만, 복지 없는 저임금 정책에 의존하다 보니 이주민과 내국인 노동자 모두 삶의 질이 저하되는 악순환에 빠져든 것이다. 설상가상으로 외국인 노동자 유입은 완전히 정체되고 오히려 해외로 이주하려는 내국인이 훨씬 더 많아 인구 소멸과 국가 소멸이라는 위기가 고조되고 있다.

미래 다문화사회를 위한
준비와 정책 과제

앞에서 제시한 암울한 시나리오들은 극단적 상황을 묘사하지만, 그런 암울한 미래가 오지 않으리란 보장은 절대 없다. 인구 급감을 넘어 인구 절벽으로 치닫는 한국 사회는 국가 존립과 소멸을 걱정하고 있다. 과감한 인구정책으로 출생률을 대폭 높이는 것이 바람직하겠지만 이는 쉽지 않은 일이다. 인구 감소에 대한 대책으로 이민 문호를 더 개방하면서 다문화사회로 이행할 미래의 한국 사회는 복잡한 변화를 겪을 수밖에 없다. 예기치 못한 변수가 나타날 수도 있고 극단적 사건, 사고가 발생할 수도 있다.

외국인 이민과 동포 유입 정책은 긍정적 측면과 부정적 측면을 동시에 지니고 있다. 긍정적 측면으로는 노동력 부족 해소, 새로운 활력과 다양성 증진, 세수 증가에 따른 사회 안전망 강화, 글로벌 시대에 걸맞은 적응력과 국가경쟁력 등을 들 수 있다. 반면 부정적 측면으로는 사회 갈등 요소 증가, 고용 시장의 경쟁 심화, 소외 계층 증가와 양극화 심화, 문명 충돌로 인한 문화적 정체성 위기 등을 꼽을 수 있다.

점차 다문화사회가 될 한국 사회는 과도기적 변화를 거칠 것이다. 그 과정에서 변화에 적응하면서 지속 가능한 발전을 이루기 위해서는 몇 가지 과제를 성공적으로 해결해야 한다. 우선, 사회 통합이다. 이민자와 한국인 모두가 사회 구성원으로서 동등한 권리와 기회를 누리도록 사회 통합 정책을 추진해야 한다. 교육, 취업, 주거, 의료, 복지 등 다양한 분야에 걸친 지원과 제도 개선이 이뤄져야 한다.

둘째, 내국인의 인식 개선이다. 동포나 외국 이주민, 다문화가정에 대한 차별이나 편견을 없애고, 보편적 인권에 기반을 둔 인식 전환이 필요하다. 정책 추진만이 능사가 아니라 교육, 홍보, 문화 교류 등을 통한 상호 이해와 존중이 먼저이다.

셋째, 효율적 정책과 제도이다. 동포와 이주민이 경제활동에 참여하고 사회에 기여할 수 있게끔 최대한 기회를 보장하고 제도를 확충해야 한다. 직업교육, 창업 지원, 고용 제도 개선, 사회 적응 훈련 등이 실효성 있게 이뤄져야 한다.

넷째, 문화적 다양성 존중이다. 다양한 배경을 지닌 이민자들의 문화를 존중하고 서로를 이해하는 태도가 필요하다. 다문화 예술 활동, 다문화 축제, 문화 다양성 교육 등을 통해 다문화사회로의 이행을 내실 있게 추진해야 한다.

이민족 집단을 혐오하고 배척하는 '제노포비아xenophobia'가 만연한 사회는 인구정책에 실패한 다문화 한국 사회의 미래 시나리오이다. 이런 최악의 상황을 피하려면 여러 극단적 시나리오를 가정해 미래 문제를 준비하고 대응해야 한다. 극단적 시나리오를 그려봐야 극단적 미래를 피할 수 있다. 파국의 가상 시나리오가 현실이 되지 않도록 정부와 시민사회가 함께 노력을 기울여야 한다. 제대로 된 인구 및 다문화 정책의 실행은 정부 의지만으로는 부족하며, 시민사회와 국민 개개인의 관심, 참여, 인식 전환이 필수적이다. 외국인 이주민과 한국인이 폭력적으로 대결하는 것이 아니라 서로 이해하고 존중하는 톨레랑스tolérance 문화를 조성하는 것이 중요하다. 톨레랑스 없는 다문화사회는 고장 난 시계, 어우러지지 않는 오케스트라가 될 것이다.

위기를 기회로 전환하는
새로운 사회계약

인구 규모가 국력의 모든 것일까? 인구가 늘어야 국내총생산이 늘어나며, 국방과 안보가 유지되고, 기업이 성장하고 국민이 성장하며 사회가 안정될까? 인구 규모가 군사력은 물론 다른 국제적 힘의 균형에 영향을 미친다는 주장은 충분히 설득력이 있다. 제1차 세계대전 당시 미국이 참전하면서 연합군의 승리로 추가 기울었는데, 미국이 안정적으로 승전한 원인 중 하나로 미국의 인구 규모가 꼽힌다. 1800년대 유럽 대륙을 지배한 프랑스가 1900년대에 선두에서 떨어진 데도 인구 요인이 존재한다. 1800년 유럽 전체 인구에서 프랑스의 인구 비율은 약 20%였으나 1900년에는 약 10%로 하락했다.[27] 중국이 글로벌 강국으로 성장한 배경에도 인구가 있다. 2050년 인도가 미국을 제치고 국내총생산 규모 2위로 올라갈 것으로 전망되는 가장 중요한 이유 중 하나가 세계 1위의 인구 규모이다. 아프리카 인구 강국인 나이지리아가 2050년 국내총생산에서 한국을 제칠 것으로 예측되는데, 그 배경에도 인구 규모 그리고 평균연령이 낮은 인구구조가 있다.[28] 그렇지만 인구 규모로만 모든 것을 설명할 수 있을까?

인구가 국력이고 힘의 유일한 원천이라면 19세기 영국의 성공을 설명하기 어렵다. 1800년 영국의 잉글랜드와 웨일스의 인구는 930만 명 정도로 추산된다. 영국과 치열하게 경쟁하던 프랑스나 러시아의 인구는 당시 3,000만 명 안팎이었다.[29] 이처럼 인구만으로 국력을 설명할 수 없다. 문명 연구가 재레드 다이아몬드는 세계적 베스트셀러《총 균 쇠》에서 무기, 감염병, 기술이 그간의 유럽과 아시아의 역사적 격차를 만들었다고 주장한 바 있다. 국가의 힘이 인구수에만 의존하지 않는다는 이야기이다.

낮은 출생률로 인구 감소 국면을 맞은 우리나라 또한 AI, 로봇 등의 기술을 전략적으로 활용하고 내적으로는 정년 제도 등을 조정해 생산활동 참여를 높이며, 외적으로는 외국인 이민자를 유치함으로써 성장을 향한 새로운 모멘텀을 만들 수 있을 것이다.

기술 혁신적이고 다원적인 미래 유토피아

급격한 인구 감소는 사회에 큰 변화를 가져온다. 중세에 흑사병이 창궐해 유럽 인구의 3분의 1이 줄어들면서 노동력이 감소했다. 그런데 노동력 감소가 노동자의 실질임금을 증가시키며, 삶의 질을 개선하는 계기로 작동하기도 했다.[30] 인구 감소가 오히려 중세 유럽에 혁신의 계기로 작용한 것처럼, 한국 사회의 인구 감소를 사회적 혁신의 배경으로 삼을 수는 없을까? 만약 한층 지능화한 AI 시스템을 갖춘 다양한 산업용 로봇이 제조 현장에 투입돼 줄어든 생산연령인구(15~64세)의 역할을 하고, 의료용 로봇이 의사와 간호사, 그 외 돌봄 인력의 역할을 대신하며, 국방 분야에서도 줄어든 병역자원을 대체·보완할 수 있다면 인구 감소로 사회 곳곳에서 나타날 인력 감축의 충격을 떨칠 수 있을 것이다. 또 인구 감소와 고령화가 두드러지며 소멸 위기에 처한 지방의 경우, 현실 공간과 가상 공간을 융합하는 공간 컴퓨팅 기술을 활용해 다양한 원격 하이브리드 서비스를 만들어냄으로써 인구 감소로 축소되거나 위축돼 가는 물리적 공간과 인프라 문제를 완화할 수도 있을 것이다.

그런가 하면, 다원적 사회로의 전환도 생각해볼 수 있다. 창의적인 사회로 나아가기 위해서는 다양한 가치관과 문화를 인정해야 한다. 그래야 다양한 지식이 인정될 수 있다. 다양한 지식이 존재해야 이들 지식을 연결할 수 있고, 그 지식을 연결해야 새로운 지식이 탄생한다. 산업혁명 전까지 중국의 총생산이 높았으나 그 이후 유럽과 영국에 주도권이 넘어간 것은 이 다원적 사회와 지식 간의 열린 경쟁에서 뒤처졌기 때문이다.[31] 한국 사회도 해외의 우수 인력을 비롯한 다양한 이민자를 적극적으로 수용함으로써 다원적 지식과 가치가 넘쳐나는 사회를 만들 수 있을 것이다.

한편 인류는 오래전부터 시공간을 넘어서는 유토피아를 꿈꿨다. 도연명의《도화원기》에 등장하는 이상향 무릉도원, 구약성경에 나오는 젖과 꿀이 흐르는 약속의 땅 가나안, 중세 프랑스 농부들이 꿈꿨던 풍요로운 세상 코케뉴Cockaigne, 토머스 모어가 소설을 통해 이야기한 유토피아, 그리고《홍길동전》의 '율도국'은 모두 그 예이다. 젖과 꿀이 흐르는 가나안이나 길이 빵으로 덮여 있고 하늘에 구운 오리가 날아다니며, 강에

포도주가 흐르는 코케뉴는 당시의 굶주림과 궁핍을 이해하게 한다. 무릉도원은 전쟁 없는 삶을, 율도국은 신분 차별을 극복한 사회를 그린다. 토머스 모어의 유토피아는 당시의 새로운 사회 개혁과 사회계약의 필요성에 대한 성찰적 고민이다. 이러한 연장선에서 21세기의 우리는 현재의 상황을 직시하고 냉정하게 고민하면서 새로운 유토피아를 그려갈 수도 있을 것이다.

불가능을 꿈꾸며 새로 맺는 사회계약

한국사에서 인구 감소를 겪은 시기가 없었던 것은 아니다. 외세의 침략이나 대기근이 있을 때마다 인구가 줄었다. 그러나 이러한 재난과 재해 뒤에 출생률이 높아져 인구가 다시 늘었으므로, 우리가 지금 겪는 초저출생 현상의 지속은 한국 역사에서 처음 겪는 일이다. 전염병과 전쟁을 제외한다면 이렇게 빠른 속도로 인구가 감소하는 것도 인류 역사상 전례가 없는 일이다.

그러나 이 위기를 새로운 돌파구로 만들기 위해서는 새로운 사회계약이 필요하다. 예컨대, 전통적 가족제도가 변화하는 것을 수용해야 한다. 다양한 가족제도와 이에 따른 양육 환경을 조성해야 한다. 동시에 초고령사회 노령층의 삶도 지원하는 공동체를 마련해야 한다. 복잡성에 기민하게 대응할 수 있는 기업 환경과 금융 환경을 조성해야 하며, 노동유연성을 막고 있는 노동시장의 이중구조를 해결해야 한다. 기업과 노동조합 및 노동조합 없는 노동자를 대표하는 NGO 등이 넓은 원탁에서 긴 대화를 나눌 수 있어야 한다. 교육 시스템의 전면적 전환도 필요하다. '지식 반감기' 단축에 대한 체계적 대응, 기대수명 증가에 따른 반복적 집중 교육 시스템, 시험 성적으로 모든 것을 결정하는 메리토크라시meritocracy의 극복 등 사회적 합의가 필요하다.

그 밖에도 새로운 사회계약에서 논의할 것이 적지 않을 것이다. 새로운 사회계약이 쉬울 리도 없을 것이다. 그러나 우리가 걸어왔던 길만 뒤돌아보면 눈앞의 거대한 산맥 사이로 나 있는 길이 보이지 않는다. 호주의 미래학자 조지프 보로스Joseph Voros는 미래를 확률적 미래, 그럴듯한 미래, 가능은 한 미래, 선호 미래, 그리고 잠재 미래로 나누었다. 백미러로 보는 미래가 확률적 미래이다. 역사적 경험과 상식, 물리학적 법칙과 인류의 심리적 성향 등으로 충분히 일어날 것으로 생각되는 미래가 그럴듯한 미래에 해당한다. 논리적으로 가능하긴 하나 달성하기 어려운 미래가 가능은 한 미래, 그 사회가 가야 할 미래가 선호 미래, 가능성을 점치지도 못하는 미래가 잠재 미래이다. 보로스는 여기에 '불가능한 미래preposterous futures'를 추가했다.

미래학의 대부로 존경받는 짐 데이토Jim Dator 하와이대학교 교수는 미래에 대해 의미 있는 것은 현재 '터무니없는ridiculous' 것으로 보인다고 말했다. 위성통신과 우주 엘리베이터를 상상한 SF 작가 아서 클라크는 '상상력의 부재'를 경계했다. 지금 우리에게 필요한 것은 불가능한 것을 꿈꾸고 가능하게 만들 실천의 자세이다.

2

인구 위기
어떻게 막을 것인가?
저출생의 시계 돌리기

'가족 꾸리기 힘든 사회'의
원인과 해법

2023년 합계출산율은 역대 최저인 0.72명. 2024년 1분기에는 0.6명 대로 더 낮아졌다. 2065년이면 인구가 3,500만 명 이하로 줄고, 65세 이상 노인이 전체의 46%를 차지할 것이라는 5년 전 정부 예측이 현실로 다가오고 있다. 흑사병이 창궐했던 중세의 유럽에서보다 더 빨리 인구가 줄어들고 있는 셈이다. 인구 감소는 선진국들이 오래전부터 골머리를 앓던 문제이지만, 2018년 '출산율 1'이 무너진 후 더 가파른 하락을 보이는 우리의 저출생 기조는 이제 세계의 이목을 끌 정도가 됐다.

저출생 현상을 놓고 다양한 논의가 쏟아지는 가운데, 눈에 띄는 건 우리 사회의 저출생 현상이 정책의 부족이나 잘못에 앞서 기저에 깔린 사회문화 전반의 구조적 변동에서 기인했으리라는 지적[34]이다. 지나친 교육열과 잔인한 입시 경쟁, 힘겨운 취업 등이 주요 원인으로 꼽혔다. 특히 사회적 통념이 강한 문화적 보수주의와 급격한 사회경제적 근대화가 빚은 충돌로 전통적 가치관에 저항하는 기류가 등장하고, 그로 인한 성별 대립과 갈등을 포함해 사회적 갈등의 영향이 작용했다는 것이다.

이러한 상황은 재정 투입 등 특정 대책만으로는 문제 해결에 한계가 있으며, 다양한 영역에서 저출생을 유발하는 사회·문화적 장애물을 걷어내는 일이 함께 이뤄져야 한다[35]는 것을 시사한다. 다시 말해, 가족 중심 공동체 문화가 무너지면서 청년들이 결혼이나 출산 자체를 원하지 않는다면, 육아 위주 예산 지원은 밑 빠진 독에 물 붓기가 될 수 있다. 가족을 꾸리기 힘들게 하는 요인을 다양한 측면에서 들여다보고, 아이를 낳아 기르고 싶은 환경과 문화를 조성하는 방향으로 정책의 초점을 맞출 필요가 있다.

경제적 요인보다는 '사회·문화적 생존 동기'

이탈리아는 유럽에서도 출생률이 낮은 나라이다. 여러 세대가 함께 사는, 아이들로 가득 찬 전통 대가족의 모습이 자취를 감춘 지 오래됐다. 조르자 멜로니 총리와 프란치스코 교황이 이탈리아가 사라질지 모른다고 경고했을 정도이다. 하지만 이탈리아 최북단 알토 아디제-사우스티롤 지역은 이러한 추세를 뒤집고 오랫동안 높은 출생률을 유지해 나라 안팎의 관심을 받고 있다.[36] 오스트리아와 인접한 이 지역 출생률의 비결은 중앙정부가 제공하는 일회성 육아 지원을 뛰어넘는 지방정부의 두텁고 촘촘한 가족 친화적 정책이다.

이곳의 학부모는 보육원, 유아용품, 식료품, 건강보험, 에너지 요금, 대중교통, 방과 후 활동, 여름 캠프 등 다양한 항목에서 할인을 받는다.

주 정부는 국가에서 지급하는 수백 유로의 지원금과는 별도로 아이 1명당 만 3세까지 200유로를 추가로 지급한다. 지역 차원에서 지속적이고 신뢰할 만한 재정 투자가 이뤄지는 것이다. 하지만 더 주목받는 건 지역사회가 합심해서 아이를 키우기 편하고, 아이가 잘 자랄 수 있는 환경을 만들어가고 있다는 점이다.

직장에서는 유연근무제와 더불어 여성은 물론 남성에게도 모유 수유를 위한 시간을 별도로 보장하고, 주 정부는 지역 여성들이 자신의 집을 보육원으로 바꾸어 아이를 돌볼 수 있도록 보육원 인증·등록을 지원하는 '카사 빔보Casa Bimbo'라는 프로그램을 운영한다. 옛 동독의 타게스무터Tagesmutter(일일 엄마) 보육 시스템을 도입한 것으로 마을 공동체가 육아를 공동으로 부담할 수 있도록 했다. 노인들은 공동체를 꾸려가는 자원봉사자로서 '도보 버스' 프로그램을 운영해, 아침마다 아이들을 학교에 데려다준다. 직장 여성들이 경력 단절 걱정 없이 일할 수 있도록 권장하고 배려한 덕분에 1인당 주민 소득은 이탈리아에서 가장 높다.

문제는 이러한 성공 사례가 다른 곳에서도 같은 효과를 얻는 건 아니라는 사실이다. 알토 아디제-사우스티롤과 이웃한 트렌티노주는 더 많은 돈을 들여 유사한 시스템을 적용했으나 합계출산율은 1.36명으로 이전보다 더 떨어졌다.[37] 그렇다고 효과가 없었다고 말할 수도 없다. 이탈리아 전국 평균(1.2명)보다는 비교적 높은 수준을 유지하고 있기 때문이다. 다만 저출생 흐름을 극복할 정도의 차이를 만들지 못했을 뿐이다. 여기에는 또 다른 요인이 작동한다고 봐야 한다. 알토 아디제주는 1900년대 초 이탈리아에 합병되기 전까지 오스트리아의 영토였다. 지금도 '이탈리아의 작은 오스트리아'라고 불리며, 다른 지역보다 세금과 재정 집행에서 독립성을 유지하고, 문화적으로도 오스트리아에 더 가깝다.

이와 관련해 전문가들은 알토 아디제-사우스티롤 지역의 문화적 특성에 주목한다.[38] 즉, 역사적으로 분쟁이 많았던 지역의 소수민족 문화가 사람들에게 더 많은 자녀를 갖도록 장려함으로써 정체성을 유지하려는 '문화적 생존' 동기가 작용한 결과로 보고 있다. 가족 중심의 생활방식을 존중하고, 마을 전체가 자녀를 돌보고 지원하는 문화적 풍토는 다른 지역에 쉽사리 이식하거나 모방하기 힘들다. 선진국들 사이에서 예외적으로 출생률이 높은 이스라엘도 같은 맥락에서 설명한다. 유대인의 나라를 보존해야 한다는 종족 차원의 사명감과 생존 기제가 작동했다는 것이다.

종교적 요인도 출생률과 높은 상관성을 띠는 것으로 알려져 있다. 미국에서 5명 이상의 자녀를 둔 여성들을 심층 인터뷰한 연구[39]에 따르면, '계획적 부모 역할'이라는 저출생 패러다임을 거부하고 아이를 많이 낳은 여성들의 삶은 예외 없이 종교적 신념에 뿌리를 두고 있었다. 출산과 육아 부담보다 대가족이 주는 혜택을 더 소중히 여기며 인생의 전성기를 아이들과 보낸다. 이들은 저출생이 결혼율 감소에서 기인하며, 그 자체가 신앙심이 줄어든 탓이라고 여긴다. 미국에서 5명 이상의 자녀를 둔 여성 비율은 1970년대 후반 20%에서 1990년대 초 5%로 떨어진 후 그대로 유지되고 있다. 이 때문에 세금 공제 등 재정적 보조금에 초점을 맞춘 정책은 속임수에 불과하며, 국가 복지 기능을 종교 단체에 이양해야 한다고까지 주장하는 이들도 있다. 하지만 소수 집단에서 나타나는 사례를 일반화해 보편적으로 적용하기에는 문제의 소지가 많다. 저출생 흐름을 낳는 사회·문화적 측면의 요인을 보다 다각적으로 살펴야 한다.

출생률에 영향을 미치는
삶과 가치관의 변화

현대사회는 여러모로 출산을 권하지 않는다. 아이를 낳고 기르는 일은 엄청난 노력이 필요하고, 제대로 하기란 거의 불가능에 가까운 일이 돼버렸다. 저출생의 문화적 측면을 살핀 최근 연구들은 북유럽 같은 선진국에서 육아 지원에 초점을 맞춘 가족정책이 출생률 증가로 이어지지 않는 이유로 크게 3가지를 꼽는다.[40]

첫째, 완벽한 양육을 위해선 엄청난 시간과 노력을 투자해야 한다고 믿고 자녀를 과잉보호하는, 이른바 '헬리콥터 맘helicopter mom'의 급속한 증가이다. 이들은 특히 자녀들의 학습에 지나치게 관여해 성인이 돼서까지 일일이 통제하고 간섭한다. 최고 수준의 교육 없이는 편안한 삶을 사는 것이 불가능해진 경쟁 사회가 초래한 현상 중 하나이다. 선진국에서 엄마가 자녀와 함께 보내는 시간은 1965년 하루 평균 1시간 남짓에서 2018년에는 3시간으로 늘어났다. 한국의 헬리콥터 맘들은 4시간에 가까운 것으로 조사됐지만, 실제로는 더 많은 시간을 자녀와 함께한다. 출생률은 그 시간만큼 반비례하는 것으로 나타났다.

둘째, 청년들의 최우선순위가 자녀보다 '한 인간으로서의 성장과 경력'으로 변화한 것이다. 퓨리서치센터에 따르면, 미국인들의 만족스러운 삶에서 '아이를 갖는 것'이 차지하는 비중은 1993년 61%에서 최근 26%로 하락했다. 이러한 변화는 청년들의 불안이나 우울과도 연관이 있다. 이들은 대체로 함께 어울려 사는 지역사회와 분리된 채 스마트폰 속 가상 세계에서 낯선 사람들의 경쟁적인 피드백을 받으며 성장한 세대이다. 서유럽, 동아시아, 영미권의 30세 미만 젊은 층이 노인들보다 더 불안하고 스트레스를 더 많이 받는 것도 이 때문이라고 할 수 있다.

셋째, 부부로 생활하는 청년들의 감소이다. 여성들이 재정적으로 스스로를 부양할 수 있게 되면서 파트너십을 맺어야 하는 전통적 이유 중 하나가 사라진 것이다. 두 자녀 대신 한 자녀를 낳는 것이 아니라, 자녀를 아예 낳지 않기로 한 사람들의 비율이 증가한 것도 여기서 비롯된 바가 크다. 따라서 기존 정책은 자녀를 갖기로 선택한 사람들에게만 긍정적으로 작용했다고 볼 수 있다.

이러한 요소들은 아무리 많은 예산을 들여 정책을 잘 세우더라도 어찌할 수 없는 관행이나 쉽사리 바꿀 수 없는 인식의 문제이다. 현재의 대응 정책은 마치 정부가 '당신의 결혼 상대나 자녀에 대한 기대치를 낮추라'라고 권고하는 식이다. 이처럼 가치관의 변화 등 다양한 문화적 요인이 출생률을 예측하는 지표로서 더 강력한 영향을 미치는 현실은 저출생 대응 해법이 좀 더 장기적 관점에서 복합적으로 실행돼야 성공할 수 있음을 의미한다.

지나친 경쟁과 공감하지 않는 관계가 한국의 저출생 주범

선진국들 사이에서 논의되고 있는 이러한 문화적 변동은 한국의 저출생 문제가 왜 그렇게 급격하고 더 심각하게 진행되고 있는지 잘 설명해준다. 무엇보다 '입시 지옥'이라고 불리는 한국의 학교 교육은 세계에서 가장 길고 경쟁이 치열하기로 정평이 나 있다.[41] 교육, 특히 명문 대학 학위가 부와 성공의 열쇠라고 믿기 때문이다. 2022년 기준 대학에 등록한 고등학교 졸업생은 73%에 이른다. 사교육비는 웬만한 중산층 가정도 버거울 정도이다. 초등 및 중등 학생의 약 80%가 학교 밖에서 개인 교습을 받는다. 학원에서 긴 시간을 보내는 학생들의 삶은 암울하다. 이런 까닭에 치료가 필요한 정신 질환이 10대 중·후반부터 24세 이전인 청소년기에 집중 관찰되고 있다.[42] 공황장애, 우울 등의 증세로 치료받은 청소년은 최근 5년(2018~2022년) 사이 65%나 늘었다. 취업과 결혼은 그만큼 늦어질 수밖에 없다. 지난해 한국 여성의 첫 출산 평균연령은 33.6세로 OECD 평균 29.7세보다 네 살가량 늦다.[43]

더 심각한 것은 청년층 사이에 퍼져 있는 미래에 대한 비관론이다. 스스로가 지나친 경쟁과 압박에 시달려온 탓에 자신의 자녀가 자신보다 더 나은 삶을 살 것이라는 확신을 가지지 못한다. 연애·결혼·출산의 포기라는 이른바 '삼포 세대'의 등장은 이러한 현실을 그대로 반영한다. 사정이 이렇다 보니 아이에 대한 인식과 그 가치도 달라졌다.[44] 아이를 낳아 기르는 일이 지나치게 많은 일과 스트레스를 수반한다고 확신하고, 가정을 꾸리면서 발생하는 사회적·경제적 부담을 피하려 든다. 대신 파트너, 친구와 더 많은 시간을 보내고, 자신의 경력과 독립을 위해 더 큰 비용과 에너지를 쏟는다.

젊은 여성들이 결혼은 물론, 이성과의 교제조차 피하는 경향은 늘어나는 여성 혐오 범죄, 데이트 폭력, 불법 촬영 등 디지털 성범죄의 증가와도 무관하지 않다. 경찰청에 따르면 지난해 데이트 폭력으로 검거된 피의자는 2020년 대비 55.7% 증가했지만 구속된 비율은 수년째 1~2%대에 머물고 있다. 이성과의 교제가 실존적 위협이 된 것이다. 더구나 배우자에게 육아나 가사 노동에서 여전히 전통적 역할을 기대하는 남성 중심의 한국 사회에서 여성이 자율적으로 살아갈 길은 결혼하지 않는 것뿐이라는 정서도 확산되고 있다. '여자는 이래야 한다'라는 가부장제 규범을 '코르셋'에 비유해 화장과 긴 머리, 하이힐, 치마 등의 미용 관습을 거부하는 '탈코르셋 운동'이 2018년부터 소셜 미디어를 타고 퍼졌던 것도 이러한 맥락에서 바라볼 수 있다.

통계청의 2022년 조사에서도 결혼해야 한다고 생각하는 비율이 남성은 55.8%인 데 비해 여성은 44.3%에 그쳤다. 미혼 남녀 인식의 차이는 더 컸다. 결혼 의향이 없는 주된 이유로 남성들은 '결혼 자금 부족'을 들었지만, 여성들은 '결혼할 필요를 느끼지 못해서'라고 답했다. 사회경제적 지위가 향상된 여성들이 경제력보다 감성적·정서적으로 의미 있는 동반자 관계를 추구하지만, 마땅한 상대를 찾지 못한다는 의미이다. 미국에서도 대졸 여성의 절반 가까이가 싱글로 살아간다. 이들 역시 자신의 연애 경험과 관련해 무엇보다 정서적 측면을 문제 삼았다.[45] 감정면에서 관계에 진지하게 임할 의지가 부족하다는 것이다. 대학에 진학하지도 않고, 일자리를 구하지 못해 노동시장에서 이탈하고, 건강을 돌보지 않는 미국 사회의 '표류하는 남성male drift'을 꼬집은 것이다.

초연결 네트워크 사회에서
더 고립되는 남과 여

Z세대 남녀 사이 신념과 가치관의 극명한 차이는 지역사회와 분리된 삶을 살아온 데서 비롯된 문화적 변화의 소산이라고 할 수 있다.[46] 디지털 원주민인 이들은 부모 세대와는 비교할 수 없을 정도로 파편화되고 고립된 환경에서 성장했다. 미국 사회의 공동체 문화 붕괴를 다루면서

사회적 자본의 논쟁을 부른 로버트 퍼트넘의 저서 《나 홀로 볼링》이 묘사한 풍경 그대로이다. 출간 당시 텔레비전, 장거리 출퇴근, 맞벌이 증가의 여파로 더불어 살던 지역사회의 생활은 급격한 변화를 맞았다. 마을 동호회나 사교 모임도, 교회에 다니는 사람도, 친구의 수도 급격하게 줄어들면서 미국인 대부분은 직장이나 공동체에서 소속감보다는 소외감을 더 느꼈다. 지역사회에서 여러 세대가 함께 어울리는 행위와 사회적 교류의 감소는 디지털 미디어의 대중화와 더불어 더 두드러졌다.

요즘 10대의 사회생활은 스마트폰과 소셜 미디어로 집중된다. 소셜 미디어 이용이 늘어난 만큼 현실 세계에서 이성과의 데이트, 스포츠를 하거나 친구를 사귀는 횟수는 줄어든다.[47] 미국에서 페이스북을 비활성화했더니 친구와 어울리는 시간이 그만큼 늘어났다는 실험 연구는 소셜 미디어와 사회성 감소의 직접적인 상관관계를 그대로 드러낸다. 사회심리학자들은 스마트폰이 건강한 청소년 발달에 필요한 물리적 세계와의 관계를 감소시킴으로써 청소년들에게 심각한 우울감이나 불안을 초래한다고 본다. 지역사회와 분리된 채 스마트폰에 빠진 일상은 성향과 성별에 따라 전혀 다른 삶의 경험으로 이어진다. 한데 섞여 어울리는 일이 적다 보니 차이는 더 벌어지고, 공동체에 필요한 관계 맺기는 더 힘들어진다. 소셜 미디어는 이 틈을 더 극단적으로 벌려놓았다.

소셜 미디어에서 끼리끼리 어울리며 생각이 다른 사람을 배척하는 '집단 양극화'는 낯선 사람과 자연스럽게 만나 이야기 나눌 기회를 원천 차단한다. 젊은 남성은 남자들 사이에서만 친숙한 커뮤니티에서 지내고, 젊은 여성은 여자들만 아는 세상 속에서 산다. 초연결 시대에 사람들은 즉각적 의사소통과 상호작용이 가능한 미디어 환경에 놓여 있지만, 입맛에 맞는 정보만 끝없이 소비하는 네트워크 안에서 더 분리되고 고립되고 있다. 미국에서 여성들이 사람보다 반려동물과 보내는 시간이 지난 20년 동안 2배 가까이 늘었다는 사실은 '21세기 군중 속의 고독' 이 얼마나 심각한지 보여준다. 젊은 세대 사이에서 일과 경력에 너무 많은 의미를 부여하며 일 자체를 인생의 목적으로 삼는 워키즘workism이 부상한 것도 같은 맥락에서 이해할 수 있다.

함께 어울려 사는 지역사회와 공동체 문화 복원

이처럼 사회·문화적 측면에서 나타나는 저출생의 배경 요인은 기존 대책을 원점에서 재검토하고, 정책 방향을 새롭게 설정할 것을 요구한다. 수십 년 동안 국내총생산 대비 3%가 넘는 자원을 투입해온 독일에서는 출생률이 기대만큼 높아지지 않자 자국의 가족정책과 출생률의 상관관계를 분석했다. 이 연구들은 많은 시사점을 준다. [48]

이에 따르면, 출생률 감소라는 현재의 인구학적 추세는 개인주의 확산, 여성의 교육 기회 확대, 양육 부담에 따른 무자녀가정 증가 등 주로 문화적 변화에서 비롯됐다. 결과적으로 사회·문화적 요인이 가족정책을 결정하는 새로운 출발점이 되고 있다. 특히 가족 친화적 정책의 효과는 문화적 맥락에 따라 달라지며, 문화의 양식과 사회의 구조 개편, 즉 성평등 및 육아 인프라 등에 대한 투자를 늘리자 변화가 나타나기 시작했다는 사실은 주목할 만하다. 정책이 실효를 거두려면 여러 가지 목표를 복합적으로 추구하고 실행해야 한다는 의미이다.

따라서 우리 사회의 저출생 대책 또한 지나친 경쟁과 입시 위주 교육 시스템을 개편하는 데서부터 시작돼야 한다. 이는 공동체 구성원의 선택적 문제인 동시에, 사회 각 분야에서 근본적인 가치관의 변화가 수반돼야만 하는 문제이다. 이를테면, 인구 감소를 겪는 대부분의 나라에서 문제시되는 것 중 하나가 기성세대가 자녀를 대하는 태도와 가치관이다.[49] 본인은 어린 시절 무제한에 가까운 자유를 누렸으면서, 자녀는 철저히 계획된 틀 안에서 자유롭게 뛰어놀지 못하게 하고, 입시 스펙을 채울 행위만 허락했다. 그 결과, 아이들은 성인이 돼서도 사회성과 독립심이 떨어져 다른 이와 잘 어울리지 못하고 이성 친구를 사귀는 것도 어려워한다. 시간이 걸리더라도 부모 세대의 인식과 과보호를 줄이고, 아이들이 실수와 경험을 통해 스스로 문제를 해결하며 자기 주도적 삶을 살 수 있는 환경을 조성하고 제도적으로 지원하는 일이 중요하다.

이를 위해서는 정부는 물론 지역사회가 합심해서 아이들을 인간의 삶과 공동체의 기초라고 여기는 문화적 풍토를 복원해야 한다. 언제부터인가 공적 영역에서 '노키즈 존'이라는 말이 등장하고, 아이들을 시끄럽고 물건을 부수고 공간을 차지하는 귀찮은 존재로 여기며 적대시하는 분위기가 팽배해졌다. 현실에서 쫓겨난 아이들이 갈 곳은 스마트폰 속 가상 세계이다. 그러면서 협동 놀이 대신 폭력과 성적 갈등이 넘쳐나는 온라인 속으로 더 몰입한다. 10대들의 디지털 라이프 증가는 불안, 우울증, 자해 및 자살 시도의 급격한 증가와도 연결된다. 아이들이 안심하고 친구들과 어울리며 자랄 수 있는 가족 친화형 인프라를 확충하고, 지역사회가 함께 아이를 돌보고 키울 수 있는 제도적 장치를 마련하는 데 정부가 적극적으로 지원하고 투자해야 한다.

이런 맥락에서 외로움을 질병으로 간주하고 공중 보건 차원에서 '외로움부Ministry of Loneliness'를 신설해 운영 중인 영국의 사례는 저출생 대책이 어디에 초점을 맞춰야 하는지 잘 보여준다. 외로움은 지역사회와의 단절, 즉 사회적 고립과 밀접하게 연관돼 있다. 외로움부는 민·관이 협력해 자연 속에서의 산책, 함께 배우는 작곡, 마을 사람들과 점심 먹기, 동네 환경 미화 등의 프로그램을 통해 수백만 명이 서로 만나 교류하는 행사나 사업을 지원하고 관장한다.⁵⁰ 유럽에서 지역사회 연대를 다지는 일은 종교 단체가 맡아왔다. 이제는 시민단체, 지역사회 기관이 교회 공간을 활용해 행사를 연다. 함께 시를 쓰고, 책을 읽고, 노래하고, 펍에 모여 식사하는 비용을 정부가 댄다. 이용자들은 대부분 여성과 어린이로 다양한 세대가 집 밖으로 나와 자연스럽게 친구를 사귀고 어울릴 수 있다.

저출생 흐름을 되돌리는 일이 결국 아이를 낳아 기르고 싶은 사회를 만드는 데 있다면, 이처럼 더불어 살 수 있는 사회적 구조를 강화하고 우리 사회의 공동체 문화를 복원하는 작업이 선행돼야 한다. 이는 사람들이 서로 어울리는 데 필요한 물리적 토대일 수도 있고, 육아 부담을 나눌 수 있는 지역사회 자원봉사자, 그리고 맞벌이 가정 등을 한데 묶는 사회적 연결망일 수도 있다. 이러한 토양이 조성될 때 계층과 세대, 성별에 따른 성향이나 가치관의 차이도 상당 부분 극복될 수 있을 것이다.

인구 감소 위기 극복에 나선 국가들

우리나라의 최근 출산 관련 지표는 OECD 국가 중에서 가장 높거나 가장 낮은 수준을 넘나들고 있다. 여성 1명이 가임 기간에 낳을 것으로 예측되는 평균 출생아 수인 합계출산율은 2023년 0.72명으로 OECD 회원국 중 가장 낮다. 여성이 자녀를 출산하는 평균연령은 33세로 가장 높고, 전체 출생아 가운데 셋째 아이 이상이 차지하는 비중은 가장 낮다. 이러한 모습은 우리나라에서 나타나고 있는 초저출산 현상이 얼마나 심각한지 잘 보여준다.[51]

출산율 하락이 비단 우리나라에서만 나타나는 현상은 아니다. 우리나라보다 사회경제적 변화가 먼저 일어난 OECD 회원국에서도 점점 더 적은 자녀를 더 늦은 나이에 낳고 있다. OECD 회원국의 평균 합계출산율은 1960년대 초반부터 감소했으며 2002년에는 인구 대체 수준 이하인 1.65명으로 하락했다. 1990년대 OECD 회원국 사이에서 나타난

출산율 하락은 여성이 사회에 활발하게 진출하면서 자녀 출산을 늦은 나이로 미뤘기 때문이다. 여성들이 연기한 출산을 늦은 나이에 실현함에 따라 2000년대에 출산율이 반등하기도 했다. 하지만 2007~2008년 세계적 경제 불황을 경험하면서 OECD 회원국의 합계출산율은 다시 하락해 2022년에는 평균 1.51명을 기록했다.[52]

출산에 미치는 영향 요인의 변화

출산에 영향을 미치는 요인은 불임 같은 자연 출산력, 혼인, 자녀 출산 경험, 자녀에 대한 가치관, 원하는 가족의 규모, 사회제도, 문화 규범, 경제 및 환경 조건, 개인의 사회경제적 특성 등 다양하다.[53] 그런데 지금까지 관찰돼온 이러한 전통적 요인이 최근 들어 변화하고 있다.

제2차 세계대전 이후 1990년대까지 학력 높은 여성이 학력 낮은 여성보다 자녀를 적게 낳았으나 이러한 모습은 더는 일반적으로 관찰되지 않는다. 과거 십수 년 동안 여성들의 교육 수준과 노동시장 참여는 함께 증가해왔으며, 양성평등을 강조하면서 가족 내 젠더 역할이 변화됐고, 일과 가족생활 균형을 지원하는 정책의 확대로 고학력 혹은 전문직 여성이 직면하는 출산에 따르는 기회비용이 이전보다 감소한 측면도 있기 때문이다.

경제 여건이나 불확실성으로 자녀 출산을 주저하거나 연기하는 것도 최근 출생률 하락을 가져온 중요한 원인이다. 일반적으로 출생률은 경제 상황과 관련이 높아서 경제 호황기에는 출생률이 높고 불경기에는 출생률이 낮다. 하지만 실제적인 경제 상황과 무관하게 불안정하다고 느끼는 사람들의 인식이나 출산과 양육에 대한 불안한 인식, 태도 또한 출산에 적잖은 영향을 줄 수 있다. 과거보다 부모가 자녀를 양육하는 데 많은 시간을 투입해야 하고 부모의 역할에 대한 요구나 기대감도 과도해짐에 따라 '이상적인 부모'가 될 수 없다는 불안감도 자녀 출산을 가로막는 원인으로 작용하고 있다. 자녀를 낳고 부모가 되는 것에 대한 태도와 인식에 변화가 나타나 적지 않은 청년들이 부모가 되는 것 외의 삶에서 더 많은 의미를 찾고 있기도 하다.

실제로 통계청이 발표한 〈한국의 사회 동향 2023〉 분석 결과는 결혼 및 출산에 대한 우리나라 청년들의 태도가 과거와 비교해 많이 달라졌음을 보여준다.[54] 무엇보다 혼인에 대해 긍정적으로 생각하는 청년의 비중이 최근 들어 크게 줄었다. 2008년에는 20~30대 청년 중 결혼을 긍정적으로 생각하는 비중이 남성 약 70%, 여성 약 50%에 가까운 수준이었으나, 2022년 기준 20~30대 남성과 여성 각각 약 40%와 약 30%만이 결혼을 긍정적으로 생각했다. 우리나라 사람들 대부분이 아직은 결혼을 긍정적으로 생각하는 경향이 크지만, 20~30대 청년은 50대 이상 중·장년층과 비교해 결혼을 긍정적으로 생각하는 비중이 낮고 '해도 좋고 하지 않아도 좋다'고 생각하는 비중이 높았다.

청년들이 결혼하지 않는 주된 이유는 결혼 자금 부족이 첫 번째로 꼽혔고, 결혼의 필요성을 느끼지 못해서가 두 번째였다. 성별로 구분해보면 남성은 '결혼 자금이 부족해서' 혹은 '직업이 없거나 고용 상태가 불안정해서'라고 응답한 비중이 높았던 반면, 여성은 '결혼 생활과 일을 동시에 잘하기 어려워서' 혹은 '출산과 양육이 부담돼서'같이 일·가정 양립과 자녀 부담을 지적한 비중이 상대적으로 높았다.

'둘만 낳아 잘 기르자'라는 표어가 보여주듯 우리나라 국민이 이상적으로 생각하는 자녀 수는 오랫동안 2명이었다. 하지만 최근에는 가임기인 30~40대 기혼 여성이 이상적으로 생각하는 자녀 수가 2명 이하로 나타났다.[55] 이상적으로 생각하는 자녀 수가 감소하고 있어 실제 출산하는 자녀 수와 이상적 자녀 수의 간극이 좁아진 셈이지만, 여전히 그 간극은 존재한다. 출산에 대해 가지고 있는 이상과 현실의 차이를 좁히기 위해서는 정부의 역할이 중요하다는 점을 시사하는 대목이기도 하다.

가족정책이 출산에 미치는 효과

가족정책의 효과는 국가별로 추진하는 세부적인 정책 내용과 각 국가가 처한 상황에 따라 서로 다르게 나타나고 있다. OECD 국가 중 출생률이 적정한 수준을 보이는 국가는 가족 관련 정부 지출이 GDP에서 차지하는 비중이 약 3% 이상으로 높다.[56] 유사한 수준으로 정부가 가족에 대해 지출하더라도 국가마다 중점을 두는 정책은 다르다. 북유럽 국가들은 영유아 보육·교육 서비스와 현물성 지원에 초점을 두어 여성이 육아휴직 후 1~2세 자녀를 보육 시설에 맡기고 노동시장에 복귀하는 것을 돕는다.

OECD의 분석 결과에 따르면 전반적으로 유급 육아휴직 기간과 합계출산율 간에는 양의 상관관계를 보이지만, 국가마다 정책 효과성이 다른 것으로 나타나고 있다. 즉 육아휴직이 출산율에 미치는 영향은 양성평등성, 육아휴직에 대한 국민 수용성, 근로 환경 등 그 사회가 처한 배경과 문화에 따라 달랐다.

현금성 지원의 경우, 출산에 크게 영향을 미치지 않거나 영향을 주더라도 미미하거나 일시적인 효과만 있는 것으로 나타났다. 국가별 연구 결과에서도 현금성 지원이 출산율에 주는 효과는 서로 다른 것으로 나타났는데, 이는 가족정책에서 현금성 지원이 차지하는 비중이 다르기 때문이다. 가족을 대상으로 하는 재정적 지원에만 초점을 두는 정책은 제한적인 성공만 가져왔다는 데 주목할 필요가 있다.

영유아 보육·교육 서비스에 대한 국가 지출이 출생률에 끼치는 영향은 다양하게 나타나고 있다. 일본, 독일, 노르웨이 등지에서는 출생률에 긍정적인 영향을 주었지만, 오스트리아와 한국 등지에서는 출생률에 뚜렷한 효과를 주지 못했다. 실제로 우리나라에서 그동안 영유아 보육·교육 서비스에서 지원 확대가 적잖게 이뤄졌으나 이러한 정책의 확대가 출생률 제고로 이어지지는 못했다.

주요 국가의 가족정책 동향

전반적으로 유럽 국가의 출생률이 하락하는 상황에서도 국가별 차이가 발견되고 있다. 가족과 아동에 대한 정책적 지원과 양성평등 정도가 높은 국가에서는 상대적으로 출생률 하락 정도가 완만하게 나타나고 있는 반면, 가족에 대한 지원 수준이 낮고 가정 내 성별 역할 분업이 뚜렷한 국가에서는 출생률이 크게 하락했다.

예를 들어 전통적으로 가족정책이 발달한 프랑스는 가족수당의 보편적인 특성을 강화하고 보육 서비스 제공 확대 등을 통해 출생률 제고를 도모하고 있다.[57] 양성평등 수준이 높고 일·가정 양립 제도가 발달한 스웨덴은 부모가 함께 육아휴직을 할 수 있는 기간인 '더블데이'를 30일에서 60일로 확대하는 방안도 추진하고 있다.[58] 또 독일은 2022년 '즉시 지원금'을 신설해 기본 아동수당을 도입하기 위한 출발점으로 삼았으며, 2023년부터 아동수당과 아동 보조금의 급여액을 인상하는 등 아동 정책을 강화하고 있다.[59] 헝가리의 경우, 2019년 7월 1일부터 결혼한 여성의 나이가 18~40세이고 부부 중 1명 이상이 3년 동안 사회보험에 가입해온 경우 1,000만 HUF(약 3,800만 원)의 대출을 신청할 수 있도록 했다. 대출 신청 후 5년 이내에 자녀를 1명 이상 출산하면 3년간 상환이 면제되며 전 기간에 걸쳐 무이자 대출 혜택을 받을 수 있다. 둘째 자녀 출산 후에는 대출 원금의 30%가 면제되고, 셋째 자녀를 출산하면 대출 원금 전액이 면제된다.[60]

반면 이탈리아는 출생률 제고를 위한 정책적 지원 수준이 높지 않고 성 역할 구분이 뚜렷해 일·가정을 양립하기 힘든 환경으로 주로 꼽힌다. 2010년 1.44명이었던 이탈리아의 합계출산율은 2023년 1.20명의 초저출산 수준으로 하락했다. 이는 OECD 회원국 가운데 우리나라에 이어 두 번째로 낮은 출산율이다. 이탈리아는 EU 회원국 유지에 요구되는 재정 건전화 요건을 준수하기 위해 2022년 3월에 출산 보너스, 다자녀수당 등 아동 대상 지원을 단일 보편수당으로 통폐합하면서 아동 관련 정책을 축소한 바 있다.[61]

유럽 국가의 사례로 볼 때 일관성과 지속성을 갖고 가족정책, 아동 정책, 양성평등 정책을 강화하는 국가에서 출생률이 적정하게 유지되고 있으며, 반대로 정책적 지원을 축소하는 국가에서는 출생률이 하락하고 있는 것을 알 수 있다.

한편 우리나라와 유사하게 출생률이 낮은 아시아 국가인 일본과 싱가포르는 자녀 양육을 위한 현금성 지원, 보육 서비스 지원, 육아휴직 제도를 계속 강화하고 양성평등 확대 및 장시간 근로 문화 개선을 추진하고 있다. 가족 돌봄을 활성화하는 방안으로는 손자녀 양육을 위해 함께 살거나 근거리에 살길 원하는 가족에게 입주 우선권, 집세 인하, 주거수당 지급 등의 정책을 추진하고 있다.[62]

출생률 제고를 위한 정책 방향

유럽 국가에서 출생률을 제고하기 위한 정책 수단은 가족정책이다. 이는 가족정책의 목적을 아동과 가족의 빈곤 퇴치, 영유아기 아동 발달과 아동 웰빙 증진, 양성평등 강화, 여성 노동 공급 증대, 부모의 일과 가족생활의 양립 지원, 원하는 수의 자녀를 가질 수 있는 환경 조성 등에 둔 것에서도 알 수 있다.

물론 가족정책에서 강조하는 부분은 국가마다 다양하다. 다양한 사회경제적 요인과 개인적 상황이 상호 연관돼 출산에 영향을 미치기 때문에 국가가 출생률을 획기적으로 높이는 정책을 고안해내는 것 또한 어려운 일이다. 예컨대, 자녀 보육 지원 정책은 주거 비용 혹은 장시간 근로시간같이 부모가 직면한 다른 문제를 해결해주지 못하는 것처럼, 한두 가지 정책만으로는 출생률을 높일 수 없다.

따라서 다차원적 접근으로 대응하는 정책을 설계하는 것이 필요하다. 가족정책은 기본적으로 사람들이 출산을 결정할 때 자녀를 원하는 만큼 갖도록 도와주는 것을 목적으로 하고, 일과 가족생활의 양립을 지원하는 정책이 돼야 할 것이다. 또 가족정책이 출생률에 장기적으로 긍정적인 효과를 미치게 하려면 그 정책이 미래에도 계속될 것이라는 신뢰가 바탕이 돼야 한다.

이와 함께 낮은 출생률에 '적응'하기 위한 정책도 고려할 필요가 있다. 출생률이 증가한다 하더라도 생산연령인구로 이어지려면 20년 혹은 그 이상 걸릴 것이다. 따라서 고령자 등 유휴 잠재 인력을 발굴해 활용하고 생산력을 높이는 기술적 방안을 통해 저출생에 따른 인구 감소가 초래할 사회경제적 문제에 대응해나가야 할 것이다.

가족의 재구성: '정상 가족'은 없다

    저출생·고령화에 따른 인구 위기의 대안으로 다양한 가족을 포용하자는 논의가 확대되고 있다. 현재의 법과 제도는 가족의 범위를 '배우자, 직계혈족 및 형제자매, 생계를 같이하는 직계혈족의 배우자, 배우자의 직계혈족 및 배우자의 형제자매'로 한정하고, 가족을 혼인·혈연·입양으로 이뤄진 사회의 기본단위로 정의하고 있다. 하지만 최근 1인 가구와 더불어 비혼·동거 같은 비친족가족, 한부모·다문화·재혼 가족 등의 파트너십이 늘고 있는 만큼 다양한 형태의 삶이 공존하는 사회 환경을 조성해야 한다.

제도권 밖 관계의 다양화와 가족의 재구성

현재 우리가 유지하고 있는 결혼 제도는 수백 년 전 형성된 근대의 산물이다. '가정(집)'을 기반으로 남편과 아내의 분업화를 추구하고, 가부장제에 따른 여성의 희생을 요구한다. 그러나 결혼에 대한 환상이 무너지고, 여성의 활발한 경제활동으로 기존 결혼 제도의 틀도 흔들리고 있다. 해외에서는 훨씬 급진적인 변화가 진행되고 있다. 출생률 감소, 결혼율 감소와 이혼율 증가, 무자녀 가구와 동거 등 다양한 파트너십의 증가, 비혼 출산, 한부모가족과 재혼가족의 증가 등은 OECD 국가 대부분에서 공통으로 나타나는 가족 변화의 특징이다.[63] 이러한 현실에서 지난 20년간 가족과 관련해 가장 큰 논쟁을 불러온 사안은 가족 다양성의 증가이다. 다양한 가족의 모습이 우리 앞에 대두되면서 새로운 가족 new family에 대한 논의가 시작된 셈이다.

가족에 대한 인식의 변화

최근 조사에 따르면 청년 10명 중 8명은 결혼하지 않고도 함께 살수 있다고 생각하고, 비혼 출산childbirth outside marriage에 동의하는 비중도 꾸준히 늘고 있다.[64] 국민 10명 중 7명은 혼인과 혈연을 뛰어넘는 다양한 가족 형태를 지지한다.[65] 비친족 가구는 2022년 기준 전년도보다 10.8% 늘어난 51만 3,889가구로 통계 작성 이래 가장 많았다.[66] 비친족 가구는 일반 가구 가운데 친족이 아닌 남남으로 구성된 5인 이하 가구를 의미한다. 마음이 맞는 친구들끼리 살거나, 결혼하지 않고 동거하는 가구 등이 여기에 포함된다. 또 1인 가구 비중은 2023년 전체 가구의 33.6%를 차지했다.[67] 65세 이상 고령 비율이 계속 높아지는 가운데 혼자 사는 1인 가구도 늘어나고 있다. 모두 전통적 가족에 대한 인식이 바뀌고 형태가 재구성되고 있음을 보여준다.

프랑스는 1999년 시민 연대 제도인 '팍스PACS'를 도입해 자유로운 동거 형태를 인정하고 세액공제, 건강보험, 비자, 양육수당 등에서 법적으로 결혼한 부부와 동일한 혜택을 받을 수 있도록 했다. 덕분에 출생률도 높아졌다. 우리의 경우, 지난 21대 국회에서 비혼·동거가족에도 사회보험, 주거 복지, 공동 입양 등 혼인에 준하는 권리와 의무를 부여하자는 〈생활동반자법〉이 발의된 바 있다. 법무부 또한 저출생·고령화, 1인 가구 증가 등에 맞춰 가족법을 개정하기 위한 '가족법 특별위원회'를 2023년 출범시키기도 했지만, 사회적 논의와 합의, 그리고 법 제정까지는 여전히 요원하다.

다양한 생애주기 선택

1인 가구 증가 현상이 우리보다 먼저 시작된 곳은 유럽이다. 유럽연합 통계청에 따르면 2019년 기준 유럽 가구의 34%가 1인 가구인 것으로 조사됐다. 프랑스에서는 1975~1990년 파리 등 10대 도시를 중심으로 1인 가구가 급격히 증가했으며, 2016년 1인 가구 비중은 36%였다. 2018년 기준 독일은 41.9%, 스웨덴은 56.6%에 달하는 가구가 1인 가구였다. 리투아니아, 덴마크, 핀란드 등지에서도 이 비중은 40%를 넘어선다.[68] 우리나라의 경우, 1인 가구 비율이 빠르게 증가한 데는 비자발적 이유뿐 아니라 청년 세대의 새로운 라이프스타일이 그 원인으로 꼽히고 있다.[69] 이에 대해서는 개인 선택권 증가, 비혼, '나 홀로 삶'을 즐기려는 경향 등 다각적 측면의 해석이 가능하다. 1인 가구는 생활과 관계 단위가 분리되는 삶의 양식이다.

1인 가구 증가에는 크게 3가지 배경이 존재한다.[70] 첫째, 개인화이다. 공동체로서 가족을 구성하고 유지하는 것보다 개인적 공간과 시간을 중시하고, 개인의 성취와 그로 인해 안녕한 삶을 추구하고자 하는 개인 주의적 경향이 전 사회적으로 증가하고 있다. 둘째, 출산·육아기, 부모 역할기 등 정형화된 생애주기 논의에서 벗어나 개인이 다양한 생애 경로를 선택하는 방식이다. 결혼 및 출산 시기를 선택하거나 포기 혹은 배제하는 등 개인은 한 단계에서 다른 단계로 차례대로 이전할 수도 있지만, 단계별로 자신의 시간을 재량껏 사용할 수도 있으며, 결혼이나 부모 역할기를 뛰어넘을 수도 있다. 셋째, 가족 가치관의 변화이다. 청년층 남녀 인터뷰 조사에 따르면, 현재 1인 가구 생활자 중 상당수는 새로운 가족 구성을 큰 부담으로 인식한다. 다만 남성과 여성이 인식하는 가족 부담의 내용은 앞서 살펴본 것처럼 서로 다르게 나타났다.

재정의가 필요한 가족의 개념

남녀가 결혼하지 않고 동거하거나, 아이를 낳는 것에 대한 사회적 수용도는 계속 증가하고 있다. 이는 가족에 대한 인식이 혈연·혼인 관계라는 개념에서 '심리적 유대감을 느끼는 친밀한 관계', '내가 선택하고 구성할 수 있는 관계' 등으로 확대되고 있음을 보여준다. 전통적 가족의 독점적 지위가 더는 공고하지 않으며, 삶의 형태가 다양해지고 있음을 말한다. 이러한 현실을 두고 부부 사회학자 울리히 벡Ulrich Beck과 엘리자베트 벡게른스하임Elisabeth Beck-Gernsheim은 '가족 이후의 가족the post-familial family'이라고 부르기도 했다.[71]

이렇게 다양해진 가족의 모습을 수용하기 위해서는 가족의 정의와 범주에 대한 인식의 변화가 필요하다. 가령, 출생신고 때 '혼외자'와 '혼중자'를 구분해야 하는데(〈가족관계의 등록 등에 관한 법률〉 제44조 제1항 2호), 이는 실재하는 다양한 가족 형태에 대한 차별과 배제를 초래할 수 있다. '건강가정'이라는 단어도 이분법적 가족 경계를 상정해 정상 가족 외 다른 가족을 '불건강가정'이나 비정상 가족으로 간주할 수 있다. 2021년 여성가족부 조사[72]에서 '생계와 주거를 공유하면 가족'이라는 응답이 61.7%에 이르렀다. 우리 사회는 이제 가족 형태에 생긴 거대한 변화를 수용함과 동시에 전통적 가족의 개념과 정의를 확대하고 재정의해야 할 과제를 안고 있다.

미래에 대응하는 정책

가족정책은 오랫동안 부계 중심의 가부장제 사회 체제에서 작동해왔다. 가족 형태 변화에 대응하고 다양한 변화를 포용하기 위해선 무엇보다 젠더 역할과 책임의 평등을 기반으로 해야 한다. 특히 여성의 취업이 증가한 현실에서 청년 여성은 일에 대한 사명감과 의지가 강할수록 출산·육아와 일을 병행할 수 있을지에 대한 현실적 타진을 할 것이고, 병행하기 어렵다고 판단할 때는 출산·육아를 포기하게 된다. 따라서 여성의 사회참여와 출산·육아가 가능한 사회 여건을 조성하고 가족정책을 마련하는 것은 저출생 문제 극복과 우리 사회의 미래를 위해 아주 중요한 과제라고 할 수 있다.

1인 가구에 대한 사회적 돌봄 강화

1인 가구 소득수준은 2022년 기준 전체 가구의 44.5% 수준에 불과했다. 1인 가구는 다인 가구에 비해 범죄에 노출될 가능성도 크고 여성의 경우 더 취약해 정책적으로 보호가 필요하다. 실제로 2022년 1인 가구는 사회의 가장 큰 불안 요인으로 경제적 위험(13.5%)과 범죄 발생(12.8%)을 주요하게 뽑았다.[73] 또 1인 가구는 전체 가구 대비 자가 거주 비율은 낮고 월세 비중은 현저히 높은 점을 볼 때, 1인 가구에 대한 맞춤형 지원 등 정책의 범주를 확대해나갈 필요가 있다.

고령화로 노인 1인 가구가 급증하는 점도 간과해선 안 된다. 노인의 돌봄 공백과 고독 문제는 요양 시설 확충으로 해결되지 않는다. 기존 돌봄 체계는 가족 구성원에게 책임을 전가하고 있다. 이는 법률혼·혈연 중심의 경직되고 협소한 가족 개념에서 나온 것으로 변화하는 가족 유형과 문화에 맞지 않는다. OECD 국가 가운데 노인 빈곤율 1위, 자살률 1위라는 불명예는 이러한 과거의 통념에 젖은 문화와 무관하지 않다.

노인 1인 가구 증가는 전 세계적 흐름으로 해외 대응 사례는 주로 돌봄 시스템 구축에 초점이 맞춰져 있다. 프랑스는 노인 1인 가구의 간병 제도를 마련했고 공공기관, 노인 관련 국공립 기관과 협회로 구성된 단체인 모나리자MONALIZA를 통해 사회적 관계 형성과 방문 프로그램을 활성화해 노인들의 사회적 고립에 대응하고 있다.[74] 일본은 노인 중심 1인 가구 통합 지원 센터를 운영한다. 사회복지사, 케어 매니저 등이 연계해 종합적 지원 시스템을 구축하고 있으며, 고령자 권리 옹호(성년 후견 제도·학대 방지), 포괄적·지속적 케어 등의 지원을 제공한다.[75]

가족 구성원 역할 및 관계 설정

유럽 국가에서 최근 나타나고 있는 정책 변화는 남성의 육아와 가족 생활을 지원하고 참여를 장려하는 것이다. 정부 정책의 목표와 대상이

'여성의 노동'을 지원하던 데서 '남성의 육아'를 지원하는 방향으로 전환·확대되고 있다.

예컨대 영국, 독일 등지에서는 여성들이 주로 사용하던 육아휴직 제도를 남성이 함께 사용할 수 있도록 하고 있다. 육아휴직 제도에 '아버지 쿼터daddy-quota'를 두어 남성이 더 적극적으로 육아휴직을 이용하고 참여할 수 있도록 제도적으로 지원하는 형식이다.

특히 세계 최초로 부모 모두 유급 육아휴직을 쓸 수 있도록 '부모 보험' 제도를 도입한 스웨덴에서는 이 제도의 시행으로 남성의 육아휴직 이용률을 시행 전 0.5%에서 30%로 끌어올리기도 했다. 부모 보험 제도는 부모 각각 약 3개월의 의무 사용을 포함해 아이가 태어나 12세가 될 때까지 부모가 약 16개월의 유급 육아휴직을 나눠 쓸 수 있게 보장하고 있다. 스웨덴은 또 2024년 7월부터는 리투아니아와 헝가리처럼 조부모에게 유급 육아휴직을 최대 3개월까지 양도할 수 있도록 했다.[76]

일본의 경우 그간 남성의 육아휴직 이용률은 그리 높지 않았다. 물론 2012년 1.9%에서 2022년 17.1%로 높아졌으나, 여성(80.2%)과 비교하면 크게 낮은 비율이다. 이에 일본 정부는 일정 규모 이상의 기업을 대상으로 남성 육아휴직 비율 목표치를 설정·공표하는 방안을 추진하고 있으며, 민간 부문 남성 육아휴직 이용률 목표를 2025년까지 50%, 2030년까지 85%로 끌어올리겠다는 계획이다.[77]

우리나라 역시 육아휴직 제도를 계속 강화하고 있다. 2024년 6월 열린 저출산고령사회위원회 회의에서는 특히 남성의 육아휴직 비율을 2023년 6.8%에서 2027년 50%로 높이겠다는 목표를 내놓았다.[78] 하지만 우리나라 남성 육아휴직 이용 비율은 2021년 기준 OECD 가입국 중 가장 낮은 수준이며,[79] 추가 대책에도 불구하고 의무 조항이 없으면 실효성이 떨어질 수밖에 없다는 우려가 제기되고 있다.

한편 청년층 남성과 여성이 경험하거나 인식하고 있는 가족 위기와 가족 부담이라는 문제를 근본적으로 해소하기 위해서는 이러한 부분적 정책 지원에서 한발 더 나아가 젠더 관계와 젠더 역할도 새롭게 정립해야 한다. 양성평등 문제는 미래 가족의 모형을 새롭게 구축하는 데 가장 중요한 주춧돌이기 때문이다.

다양한 파트너십 지원으로 정책 전환

1인 가구와 더불어 다양한 형태의 가족이 등장함에 따라 소득, 돌봄, 주거, 안전 등에서 정책 변화와 더불어 가족정책 전반의 패러다임 전환이 요구된다. 1인 가구에 한정되는 보조금이나 혜택 같은 정책 범주에만 국한하지 말고 1인 가구와 다양한 형태의 가구가 겪는 상황 전반의 변화를 살펴야 한다. 이를테면 기초생활보장제도 개편, 돌봄 서비스와 사회 안전망 구축, 고독사 예방, 1인 가구 생애주기(청년, 중·장년, 노년 등)별 맞춤 지원, 새로 등장한 다양한 유형의 가족 지원 등에 관한 전방위 정책이 필요하다.

기존 정책과 제도가 4인 구성의 핵가족을 기반으로 했다면, 이제는 한부모가족, 입양가족, 노인동거가족, 1인 가구, 비친족 가구 등이 정책 사각지대에 놓이지 않도록 조치해야 한다. 또 결혼 제도 밖의 대안적 가족 구성을 보장하고 친밀성과 돌봄 기반의 대안적 관계에서 생활과 재산 등 권리를 보호할 방안을 마련해야 한다. 아울러 가족 다양성에 대한 사회적 감수성을 높이고 가족 문화에 대한 인식을 개선하기 위한 정책적 지원도 뒤따라야 할 것이다.

여성가족부가 2025년까지 추진하는 〈제4차 건강가정 기본계획〉에는 사실혼 부부, 노년 동거 부부, 위탁가족 등 현실적으로 존재하는 다양한 형태의 '실질적' 가족을 지원하는 방안 등이 담겨 있지만, 법률상 가족으로 인정받을 수 있도록 법을 개정하는 데까지는 이르지 못했다. 가족 형태의 변화를 법과 제도로 포용하고 확대해나가는 것은 우리 사회 전체의 성장을 의미하기도 한다. 따라서 가족의 정의와 범위를 재설정하는 논의는 사회적으로 더 확대돼야 하고 현실의 변화를 반영하는 노력도 더 필요하다.

법무부 또한 '1인 가구의 사회적 공존을 위한 법제도 개선' 논의를 모아 2022년에 그 결과를 발표하면서 주거침입죄의 법정형을 상향하는 내용의 형법 개정안, 현재 혼인 중인 부부만 가능한 친양자 입양을 독신자에게도 허용하는 방안, 상속권 상실 제도 등을 제안한 바 있다.[80] 하지만 저출생·고령화와 더불어 가족의 형태에도 다양한 변화가 나타나는 상황에서 특정 가족 형태에 집중한 대응만으로는 한계가 있다. 새로운 가족 형태를 포함하는 보편적이고 통합적인 입법과 지원 방향 논의가 본격화돼야 한다.

발상의 전환으로 만들어지는
저출생 극복 아이디어

　기업 진화 이론의 대가인 미국 스탠퍼드대학교 윌리엄 바넷William Barnett 교수는 "천재를 원한다면 바보스러움이 허용되는 시스템에서 찾으라"[81]라고 말한 적이 있다. 다른 인터뷰[82]에서도 그는 "미래를 예측하는 건 어려운 일이다. 사람들이 동의하는 아이디어라면 그건 나쁜 징조이다. 당신의 아이디어가 사람들이 현재 전망하는 미래와 일치한다는 뜻이기 때문이다. 사람들이 동의하지 않는 아이디어가 더 낫다. 인터넷을 개발한 사람들도 당시엔 그게 필요한지 몰랐다"라며 "엉뚱함이 넘치는 조직에서 천재가 많이 배출된다"라고 했다. 실리콘밸리에서 일어난 수많은 기술 혁신도 처음에는 대다수 사람이 웃어넘긴 '미친crazy' 아이디어에서 시작됐다는 이야기이다. 사람들이 겨우 30년 전만 해도 손에 컴퓨터를 들고 다니는 세상을 상상할 수 없었던 것처럼 말이다.

　그렇다면 우리의 국가적 난제인 인구 위기를 돌파할 창의적이면서도 혁신적인 아이디어는 없을까? 혁신을 불러오려면 우선 아이디어의 질에 앞서 양이 중요하다.[83] 주어진 시간 동안 특정 문제를 풀기 위해 개인이나 팀이 낼 수 있는 아이디어의 수는 그 조직의 혁신 정도를 알려주는 중요한 지표이기도 하다. 황당한 아이디어라도 꾸준히 제안하고 이를 응용하고자 노력하는 것은 결국 '쓸모없는 것들을 먼저 쏟아내 훌륭한 아이디어가 나올 통로를 만드는 과정'이기 때문이다.[84]

이런 맥락에서 KAIST는 2022년부터 'Crazy Day 아이디어 공모전'을 진행해오고 있다. 국가나 인류가 직면한 난제를 해결하기 위해 고정된 틀 밖에서 접근하는 파격적인 사고방식을 장려하는 것을 목표로 한다. 특히 2024년 주제는 '우리나라의 인구 위기를 극복할 수 있는 과학기술을 활용한 아이디어'였다. 그중 눈에 띄는 아이디어를 소개한다.

초저출생에 가려진 의외의 인구 위기 요인: 유산율

공모전에서 대상을 받은 아이디어는 '유산율 감소를 위한 AI 기반 피부 부착형 유산 위험 측정 기기'이다. 참가 팀은 지난 10년(2013~2022년)간 우리나라의 출생아 대비 유산 비율이 누적 평균 30.9%에 이르고, 계속 상승하고 있다는 점을 주목했다.[85] 유산이란 일반적으로 임신 20주 이전에 임신이 종결되는 것을 의미한다.[86] 특히 2022년에는 24만 9,186명 출산에 8만 9,175건의 유산이 발생해 유산율이 35.8%까지 치솟은 것으로 나타났다.[87] 각 시도별로 유산율을 비교해보면, 모든 지역에서 증가세를 보인 가운데 2022년 서울과 전북의 경우에는 40%를 넘어서기도 했다.

한편 통계청에서 발표한 자료에 따르면 2022년 우리나라 여성의 평균 출산 연령은 33.5세로 전년 대비 0.2세 상승했으며, 지난 10년간 첫 아이를 낳은 여성의 나이는 계속 올라가고 있다. 문제는 출산 연령이 높을수록 난임으로 어렵게 임신하며 유산의 위험도 커진다는 점이다.

다시 말해 정부와 민간 차원에서 결혼을 장려하고 출생률을 높이기 위한 다양한 제안이 쏟아져 나오지만, 정작 임신부터 출산까지 전 과정을 안정적으로 관리하는 데 필요한 관심이나 지원은 부족한 편이다. 아이를 갖게 하는 것도 중요하지만 잉태된 아이들이 건강하게 세상에 나오게 하는 것은 더 중요하다. 그동안 우리는 산모 유산에 대한 문제를 간과했거나 소홀히 대해왔다. 과학기술계는 의료계와 연계해 유산율 감소를 위한 더욱 적극적인 관심과 연구·개발에 매진할 필요가 있다. 정부도 난임·불임 시술에 대한 지원처럼 유산 방지에 관련된 지원책을 마련해야 할 것이다.

그런가 하면 지난 2019년 서울대 의대 연구 팀은 국민건강보험공단 데이터베이스에 등록된 2013년 출산(유산 포함) 여성 37만 1,341명을 분만 취약지(4,239명)와 그렇지 않은 지역(36만 7,102명)으로 나눠 17개의 임신 관련 지표를 비교·분석했는데, 그 결과 분만 취약지에 거주하는 임신부의 유산율이 다른 지역의 평균치보다 최대 3배나 높게 나왔다고 밝힌 바 있다.[88] 이는 임신부의 유산만 사전에 잘 방지해도 출생률 제고에 도움이 된다는 사실을 시사한다.

AI 기반 피부 부착형
유산 위험 측정 기기[89]

피부 부착형 패치보다 더 얇게 제작한 초박형 패치를 임신부에게 장착한 뒤 AI 기술을 활용해 태아의 건강 상태를 24시간 실시간으로 관찰하는 방식의 기기이다. 기기를 임신부의 복부에 부착하면 태아의 심박음, 임신부의 맥파와 산소포화도까지 측정할 수 있다. 이 기기는 수면 같은 요소에 구애받지 않고 태아와 임신부의 건강 상태를 상시 확인할 수 있다. 센서가 피부와 밀착돼 임신부가 일상생활을 하면서도 측정 신호가 끊기지 않아 장기간 신뢰성 높은 정보를 수집하는 것도 어렵지 않다.

특히 AI 기술을 활용해 단순 관찰뿐 아니라 태아의 건강 데이터 축적과 위험 요소의 신속한 발견 및 원활한 의료 지원 시스템의 공급으로까지 연계한다. AI는 데이터 수집에 동의한 개인 혹은 의료 기관에서 전송받은 태아 심박수와 태동 정보를 학습·분석하고, 기기를 사용하는 임신부의 데이터를 수집·가공하는 과정을 거쳐 학습된 건강한 상태의 태아와 그렇지 않은 경우의 비교 결과치를 도출한다. 임신부가 기기를 사용해 태아의 심박동 데이터와 태동 패턴을 측정하면 AI가 학습한 데이터와 자동으로 비교·분석한다.

만약 기기 부착 중 AI 데이터에 따라 태아에게 유산 위험 상황이 발생했다고 판단되는 경우 임신부가 정기적으로 검진받는 의료 기관과 인근 의료 기관에 태아의 건강 정보를 실시간으로 전송하고, 임신부와 보호자에게도 전용 스마트폰 앱을 통해 관련 정보를 즉시 통지한다. 결과적으로 해당 기기를 통해 태아의 건강 상태를 바로 확인할 수 있고, 적절한 의료 서비스를 곧바로 공급받게 함으로써 임신부의 유산 위험을 예방할 수 있다. 의료 접근성 악화는 유산 같은 모자 보건에 직접 영향을 주므로 시공간에 제약받지 않는 'AI 기반 피부 부착형 유산 위험 측정 기기' 개발과 더불어 분만 취약지 권역 의료 시설과의 연계가 이뤄진다면, 의료 인프라 개선을 통한 출산율 증가로 이어질 수 있을 것이다.

복잡한 고령화 문제에 대한 발상의 전환

우리나라는 2025년에 고령인구가 20%를 넘어서며 초고령사회로 진입한다. 또 약 50년 후에는 우리나라 인구의 절반이 만 65세 이상의 노인이 될 전망이다. 초고령사회가 된다는 것, 즉 고령인구가 많아진다는 것은 전통적 의미의 노인 돌봄 대상자의 증가를 의미하기에 한국의 급속한 인구 고령화는 사회적 위험이며 노인 빈곤, 청장년층의 재정 부담과 세대 간의 갈등, 노동력 부족 등의 문제를 유발한다. 하지만 고령화 현상을 다른 측면에서 볼 수도 있다.

아메리카 원주민들은 아주 오랜 옛날부터 작물을 심을 때 궁합을 고려하는 '동반 농업 기술companion planting'을 활용해왔다. 대표적인 사례가 '우애 좋은 세 자매'라 불리는 옥수수, 콩, 호박이다. 옥수수는 콩이 자랄 수 있도록 지지대 역할을 하며, 콩의 뿌리는 토양에 이로운 질소를 만들고, 호박은 그늘을 제공해 적절한 온도와 수분을 유지함으로써 서로의 성장을 도와준다.[90] 텃밭에 동반 작물인 토마토와 바질을 함께 심으면 병충해를 예방하고 이로운 영양분을 공급해 동반 성장을 위한 시너지 효과를 일으킨다. 마찬가지로 노인을 사회적인 도전으로만 인식할 게 아니라 우리나라의 지속 가능한 미래를 위한 동반자로 보는 발상의 전환이 해결책의 첫걸음일 수도 있다.

할말, 할머니 할아버지가 알려주는 말(마을) 구경[91]

GPS, 3D 거리뷰 기술을 적용한 '할말'은 일종의 여행 서비스 인데, 특히 노인들의 삶의 지혜와 경험을 기반으로 하는 지역 여행 서비스이다. 여행객들은 특정 지역에서 오랫동안 거주해 온 노인 큐레이터와 1:1로 매칭돼 AR 안경을 통해 실시간 시각 공유 및 음성 대화를 하며 지역의 숨겨진 이야기와 명소를 탐방한다.

사용자가 직접 선택하거나 매칭 알고리즘을 활용해 여행지를 선택하면 해당 지역의 가이드·큐레이터 리스트가 제공되고 여행 스타일(맛집, 명소, 휴양 등)이나 관심사를 기반으로 노인 큐레이터가 매칭된다.

관광객과 큐레이터는 AR 안경을 통해 서로의 시각을 실시간 으로 공유한다. 큐레이터는 편안한 공간에서 안경을 착용하고 관광객에게 지역의 이야기와 명소를 소개한다. 지역에 대한 깊은 이해와 경험을 갖춘 노인이 큐레이터나 도슨트로서 여행객에게 역사, 문화, 전설 등 숨겨진 이야기를 전달하고 여행객은 눈으로만 보는 관광이 아닌 그 지역의 정서와 역사를 깊이 있게 체험하고 이해하는 기회를 얻는다.

노인이 가진 지적 자본을 활성화함으로써 생산 가능한 인구로 전환할 수 있으며, 경제·사회적 참여를 통해 개인 차원에서는 노인 소외나 무기력 이슈를 해결하고, 지역 차원에서는 지역 경제 활성화와 지방 소멸 위기 완화에 도움이 될 것이다.

집 속의 작은 병원, HousePital [92]

'HousePital' 시스템은 노인들이 병원에 가지 않아도 건강에 이상이 생겼을 때 빠른 속도로 대처하고 심각한 질병을 예방하는 역할을 할 수 있다. 마치 영화 〈아이언맨〉에 나오는 비서 '자비스'처럼 노인들의 건강을 위한 교류형 시스템 구축이 최종 목표가 될 것이다.

노인의 건강관리를 위한 일상적 장치로는 체중계, 자가 진단기, 스마트 변기 등을 꼽을 수 있다. 건강 신호등 역할을 하는 체중을 HousePital 시스템에 연동함으로써 건강 상태를 모니터할 수 있고, 여러 자가 진단기도 시스템과 연결해 건강을 체계적으로 관리할 수 있다. 기술이 발전하면 대화형 AI 로봇이 좀 더 정밀하게 자가 진단을 하도록 도와줄 것이다. 스마트 변기 또한 세균이나 바이러스 감염 여부를 실시간으로 파악할 수 있는 환경을 만들 것이다. 이러한 시스템을 통해 노인의 신체적 활동성을 증진함으로써 생산 가능한 노령인구 증가와 더불어 부양에 대한 사회적 부담도 감소시킬 수 있다.

융합적 사고에서 해결의 실마리를 찾다

현대는 복합 위기의 시대라는 말처럼 우리가 맞닥뜨린 문제는 단순하지 않고 복잡하며, 특정 분야의 학문이나 기술만으로는 해결할 수 없다. 다양한 분야의 학문과 전문가가 함께 풀어야 할 문제이며, 이는 융합을 시장이나 기술의 관점이 아니라 우리 삶과 사회, 문화의 관점으로 옮겨 와야 가능하다. 융합적 사고나 연구는 개인의 차원에서 일어날 수도 있고 경계 지어진 전문 분야 간의 협업을 통해서도 일어날 수 있다. 그 어느 경우든 융합은 경계를 넘나드는 다양한 시도와 도전, 발상의 전환과 새로운 접근이 필수이다.[93] 우리나라의 인구 위기야말로 출산율을 높이고 고령인구의 복지에만 신경 쓰는 단편적·분절적 시각이 아닌 종합적이고 전체적인 측면에서 고민해야 한다.

아프리카 반투어에는 '우분투ubuntu'라는 말이 있다. '네가 있어 내가 있다I am because you are'라는 뜻으로 남에 대한 배려와 존중, 공동체 의식, 인류애 등을 포함한 아프리카의 전통 사상이다. 인간은 서로에게뿐만 아니라 인간을 둘러싼 환경과도 유기적으로 연결돼 있으며, 이 연결망을 통해 생각이나 태도, 느낌, 심지어 친절까지 공유한다. 이런 통합적 관점은 심신의학에서도 잘 나타난다. 심신의학은 마음(정서)과 신체 기능과의 상호작용(건강 유지나 질병 치료 등)을 체계적으로 연구하는 분야

로 심신의학 권위자 데이비드 R. 해밀턴David R. Hamilton 박사는 자신의
책《우분투: 한 사람이 세상을 바꾸는 생각의 전염력》에서 인간의 뇌 속
에 있는 '거울 신경세포mirror neuron'는 다른 사람의 표정이나 행동, 습관
뿐 아니라 행복감, 우울감, 두려움의 감정도 무의식중에 따라 하게 만들
어 마치 감기처럼 주위에 퍼져나간다고 했다.

　결혼과 출산, 육아의 당사자가 될 우리나라의 많은 젊은 세대는 스스
로 불행하다고 느끼는데, 매해 떨어지는 합계출산율은 이런 감정이 젊
은 세대 사이에 빠르게 확산하고 있음을 방증한다. 우리나라만의 사회·
문화적 문제 외에도 요즘 젊은 세대는 기후 위기에 따른 우울증을 앓는
경우도 많다. '기후 우울증climate anxiety'이란 기후 위기로 더 이상 희망이
없거나 미래가 사라졌다는 인식이 슬픔과 체념, 좌절과 분노 등의 부정
적 감정으로 이어지는 심리 상태를 말한다.[94]

　저출생은 일자리와 주거, 양육 비용, 그리고 문화적 요인까지 복잡하
게 겹치면서 발생한 현상이다. 청년이 스스로 행복하다고 느껴야만 이
행복을 내 아이들과 함께 나누고 싶은 마음이 들 것이다. 그래야만 아이
를 낳고 키울 수 있다.[95]

행복한 감정을 키우는
행복 루틴 앱 챌린지[96]

인구 위기를 해결하기 위해서는 근본적인 문제인 불행한 사람
들을 행복하게 만들어야 한다. 적절한 재정적·정책적 지원과
더불어 행복한 마음을 키워줄 방법이 추가로 필요하다. 마음의

힘을 기르고 행복해질 수 있는 행동을 꾸준히 습관화한다면 그것이 '행복 루틴' 발판이 될 것이다. 기분이 좋아지는 미션을 제시하고 이를 달성한 사람에게 보상하는 앱(캐시워크)을 개발한다면, 억지스러운 웃음과 칭찬, 감사에서 시작했더라도 이를 반복하면서 뇌를 착각하게 만들어 진짜로 행복한 감정을 느끼게 될지도 모른다. 가령 감사 인사 전하기, 미소 짓기 등의 미션 제시 ⇨ 앱으로 수행 상황 촬영·전송 ⇨ AI가 성공 여부 판별 ⇨ 포인트 지급 순으로 앱을 구성할 수 있으며, 운영 재원은 지방자치단체와 연계하거나 광고를 통해 수익을 올리는 방법 등을 고안할 수 있다.

나비잠, 아이와 부모의 유대감 형성을 돕는 원격 조종형 아기 요람

맞벌이 부부처럼 보육 시설에 영유아를 맡길 경우, 아이가 부모와 안정적인 애착 관계를 형성하도록 도와주는 '원격 조종형 요람'이다. 카메라가 움직임, 표정, 울음소리, 체온 등 관련 자료를 수집하고 패턴을 분석하는 등 아이의 건강 상태를 관찰한다. 스피커를 통해 엄마의 목소리나 심장 소리를 들려주고 부모가 실시간 말을 걸어줌으로써 아이의 정서적인 발달을 도와준다. 또 공기를 주입하면 부풀어 오르는 (포옹) 장치를 요람 안에 설치해 아이가 마치 부모에게 안긴 듯한 느낌을 줌으로써 평정심을 제공한다. 앱으로 카메라, 스피커, 포옹 장치 등을 원격으로 제어하며, 아이의 이상 반응이 감지되면 알림을 통해 부모에게 즉시 연락한다.

지나가유, 고령층을 위한 공유 모빌리티

초고령화사회가 될수록 안전하면서도 조작하기 쉬운 고령층을 위한 개인 교통수단에 대한 필요성이 커지고 있다. '지나가유'는 고령층의 체형과 신체적인 제한을 고려해 제작한 노인 특화형 공유 모빌리티로 최고 속도는 17km/h로 제한된다. 충돌 시 부상의 위험을 줄이기 위해 차체의 앞부분과 앞바퀴 두께를 더 두껍게 디자인함으로써 차량의 안전성과 탑승감을 높인다. '지나가유'는 고령층 대상으로 모빌리티를 특화함으로써 노인의 사회적 활동을 지원할 수 있을 것이다.

e-코너 시스템을 적용한 사용자 추종 및 운반 보조 로봇

현대 물류 산업에서 노동 인력 부족 문제는 심각한 과제로 대두되고 있다. 대규모 물류 센터와 달리 소규모 업체에서는 노동력 부족을 해결하기 위해 로봇 자동화 시스템을 도입하기에 적합한 환경을 갖추고 있지 않으며, 여전히 인간의 노동력에 의존한다. 그러나 자동차에 적용될 차세대 전기 구동 기술인

e-코너 시스템e-Corner System의 제로 턴(제자리에서 360도 회전)이나 크랩 주행(옆으로 평행 이동)을 적용한 '사용자 추종 및 운반 보조 로봇'으로 이 문제를 완화할 수 있을 것이다. e-코너 시스템과 깊이 감지 카메라를 활용해 사용자를 추적하고 운송하는 이 로봇은 물류 작업의 효율성을 높이고 노동 인력 부족 문제를 해결하는 데 도움이 될 수 있다.

사막 지역 식물의 광합성 방식을 이용한 식량문제 대응

지구온난화에 따른 기후 위기는 전 세계 식량 생산에 큰 타격을 입히고 식량 부족과 가격 상승을 초래하는 등 식량 안보에 대한 경각심을 고조시키고 있다. 유전자를 조작해 척박한 환경에서도 잘 자랄 수 있는 식물을 재배하면 식량 위기를 극복할 수 있지 않을까. 선인장처럼 사막에서 자라는 식물CAM, Crassulacean Acid Metabolism은 밤에 이산화탄소를 흡수해 저장하고, 주간에는 저장된 이산화탄소를 사용해 광합성을 하면서 물의 증발을 최소화하고 수분을 효율적으로 보존한다. 따라서 CAM 광합성을 이용한 농작물은 대기오염을 감소시키고 물을 최적으로 사용할 수 있어 기후 위기에서도 재배할 수 있을 것이다. 이런 CAM 광합성 방식을 유전자 조작을 통해 다른 식물이나 작물에 이식한다면 식량 위기를 해소할 대안을 찾을 수 있을 것이다.

육아 도우미, 쓰담

'쓰담'은 텔레햅틱telehaptics 기술과 인간 피드백을 통한 AI 강화학습을 활용한 육아 도우미로서 개인화된 촉각 모델을 기반으로 부모의 손길을 재현한다. 센서를 통해 수집한 정보에 근거해 촉감을 재현하고 양방향으로 촉감 신호를 송수신할 수 있어 부모와 아이 간의 감각 교류를 지원한다. 이 기술이 성숙해지면 두께나 무게 면에서 사용자가 불편을 느끼지 않을 정도로 소형화가 가능해져 온스킨on-skin 기기로도 활용 가능할 것이며 부모의 체온, 촉감, 손의 질감 등을 현실과 최대한 유사하게 재현해 아이에게 전달할 수 있다. 또 고령층의 육아 노하우를 바탕으로 표준화된 딥러닝 모델을 학습시켜 아이와 부모의 개인적인 선호도가 반영된 맞춤형 육아 경험을 제공할 수 있다.

3

인구 위기 어떻게 적응할 것인가? 새로 짜는 분야별 대응 전략

AI 로봇 경제에서 찾는
새로운 성장 동력

저출생·고령화의 심화는 곧 생산연령인구의 급감으로 이어진다. 출생률을 단번에 반등시키지 못한다면 생산연령인구 감소에도 대응해야 한다는 뜻이다. 그 해법 중 하나로 떠오르는 것이 로봇 활용이다. 우리나라 법령을 살펴보면, 지능형 로봇을 '외부 환경을 스스로 인식하고 상황을 판단해 자율적으로 동작하는 기계장치(기계장치의 작동에 필요한 소프트웨어를 포함한다)'로 정의한다(〈지능형 로봇 개발 및 보급 촉진법〉제2조 1호). 이 정의대로 인간처럼 인식·판단·동작 능력을 지닌 로봇이 개발돼 생산 활동과 생활환경에 적용된다면 전 세계가 직면한 생산인구 감소와 고령화 문제에 대처할 수 있을 것이다. 초고령사회 진입을 눈앞에 둔 우리나라 상황에서는 로봇이 더욱 필수적인 대안이다.

그런데 지능형 로봇은 AI, 로봇공학, 배터리, 반도체, 센서 등 모든 첨단산업의 집약체로 높은 기술력이 바탕이 돼야 한다. 또 상용화를 위해서는 경제성은 물론 인간과 공존할 만큼의 안전성도 확보해야 한다. 아직 도전 과제가 많지만, 로봇산업의 파급력과 성장 잠재력이 매우 크기 때문에 이를 선점하려는 주요국의 경쟁 또한 치열하다. 우리도 인구 감소 시대의 대안으로 로봇을 활용하고, 나아가 관련 산업의 경쟁력을 갖추기 위해서는 K-로봇 경제 전략을 더 체계화해야 한다.

AI 로봇 활용 영역의 확대

그동안 로봇 대부분은 기계적 단순 반복 기능, 정형화된 업무, 조립형 장치산업에 국한된 독립형 제조 장비stand alone였다. 하지만 최근 AI, 5G 등과 융합, 로봇의 지능화 수준이 고도화되면서 로봇은 스스로 판단·제어·작동하며 비정형화된 업무까지 수행하고 제조업을 넘어 서비스업으로 활용 영역을 넓히고 있다. 특히 로봇에 챗GPT 같은 생성형 초거대 AI가 접목되면서 지능형 학습을 위한 훈련 시간도 대폭 줄었다. 사전에 입력된 프로그램 환경에서만 동작했던 것과 달리 초거대 AI를 적용하면서 환경의 변화에 스스로 빠르게 대처할 수 있게 됐다.

AI 로봇 시장 동향

전 세계 AI 로봇 시장은 2022년 91억 달러에서 2030년 510억 달러 규모로 성장할 것으로 예상되며, 2022년에는 미국이 전체 시장의 32%(29억 달러)를 차지했지만 2030년에는 중국이 70억 달러 규모까지 빠르게 성장, 추격할 것으로 전망된다.[47] 주로 로봇 하드웨어 경쟁력을 갖춘 로봇 기업이 기존 로봇에 AI를 융합하는 방식으로 AI 로봇 개발이 이어져왔으며 최근 구글, 테슬라, 삼성 등 빅테크 기업이 로봇 사업에 뛰어들면서 합종연횡이 활발하게 이뤄지고 있다.

분야별로 보면, 제조 분야는 산업용 로봇 기업인 스위스 ABB 등이 AI 융합에 적극적이지만 조립 등 정밀 작업에는 아직 AI를 적용하지 못하고 AI로 다양한 물건을 인식해 상자에 집어넣는 수준의 로봇이 상용화되고 있다. ABB는 2023년 4월 AI를 활용한 '상품 물류 선별picking 로봇'을 출시한 바 있다. 최근에는 로봇 기업과 ICT 기업이 협업해 제조 로봇에 초거대 AI를 적용, 자동화 수준을 고도화하는 기술이 본격적으로 개발되고 있다. 우리나라는 아직 산업용 로봇이나 협동 로봇에 AI를 적용한 사례는 없으며 두산로보틱스가 2023년 8월 MS와 업무 협약을 맺고 AI를 활용한 솔루션 개발에 착수한 단계이다.

서비스 분야에서 AI가 적용돼 상용화된 사례는 자율주행 로봇이 대표적이다. 로봇청소기 등 실내 환경에서의 AI 자율주행 구현은 이미 기술적으로 완성 단계이며 실외 환경 배송 로봇도 상당한 수준에 도달했다. AI 로봇청소기 글로벌 시장은 미국의 아이로봇iRobot, 중국의 샤오미 등이 주도하며, 자율주행 로봇 대표 기업은 미국의 스타트업 스타십Starship으로 2021년부터 미국 세이브 마트의 온라인 배송에 자율주행 로봇을 투입하고 있다. 우리나라의 경우 현대위아, 유진로봇 등 로봇 기업이 AI 자율주행 기반 물류 로봇을 개발해 물류 센터와 제조 공장 등에 투입하고 있으며 배송 로봇은 2023년 11월 〈지능형로봇법〉* 개정으로 상용화를 앞두고 있다.

● 배송 로봇 정의, 안전기준 마련, 보험 가입 의무를 규정해 배송 로봇의 비즈니스화를 지원한다.

최근에는 인간을 닮은 휴머노이드 로봇에 AI를 활용한 로봇도 등장하고 있다. 이를 통해 농업, 건설, 안전 등 생활과 밀접한 분야에 적용할 수 있는 다양한 맞춤형 AI 로봇이 개발되고 보급될 전망이다. 현재 AI를 적용한 휴머노이드는 미·중 양강 구도로 개발 진행 중이다. 세계 주요 휴머노이드 로봇 개발은 중국의 유비테크(워커S), 유니트리(유니트리H1), 샤오미(사이버원), 푸리에인텔리전스(GR-1), 그리고 미국의 피겨AI(피겨01), 테슬라(옵티머스), 앱트로닉(아폴로), 어질리티로보틱스(디지트) 중심으로 이뤄지고 있다. 한국은 현대차가 인수한 보스턴다이내믹스사의 2족 보행 로봇 아틀라스Atlas의 개발·보급 단계에 있다.

주요국의 다각적 로봇산업 지원

주요 로봇 선진국에서는 AI를 장착한 첨단 로봇을 미래 전략산업이자 산업 경쟁력을 높이는 핵심으로 인식하고 다각적인 지원 정책을 추진하고 있다. 우선 미국에서는 AI 반도체(엔비디아)와 소프트웨어(MS, 구글) 등 AI 로봇의 핵심 기술을 기반으로 민간 기업에서 전 세계 로봇 투자의 60%가 집중되고 있으며, 정부 차원에서도 10대 핵심 기술 분야에 로봇을 포함하고 R&D 프로그램을 비롯해 국방부와 NASA 중심의 국방·우주 분야 활용을 지원하고 있다.

중국은 거대한 내수시장, 강력한 보조금 등을 통해 정부 주도의 톱다운top-down 방식으로 로봇산업에 집중 투자하고 있다. 미국에 이어 세계 2위의 AI 기술력을 보유하고 있고, '중국제조 2025'의 10대 핵심 영역에 로봇을 포함한 가운데 100개 이상의 R&D 프로그램과 200개 이상의 시범 실증을 추진 중이며, 8대 전략적 신흥 산업을 통해서도 로봇산업을 육성하고 있다.

일본의 경우 소재·부품·장비(소부장) 분야에서 세계 최고 수준의 기술력을 바탕으로 로봇을 개발 중이며 고령화, 재해 등 사회문제 해결 차원에서 활용하기 위해 기술 개발, 규제 개선, 보급 확산을 추진하고 있다. 〈경제안전보장추진법〉의 주요 분야에 로봇을 포함하고 2050년까지 자동으로 학습하고 인간과 함께 행동하는 AI 로봇을 개발한다는 목표이다.

한편 국가별 산업용 로봇 연간 설치량을 보면, 2022년 국가로봇연맹 기준으로 중국 29만 258대(52%), 일본 5만 413대, 미국 3만 9,576대, 한국 3만 1,716대, 독일 2만 5,636대이고, 중국의 산업용 로봇 자급률은 2015년 8%에서 2023년 44%로 높아졌다.

2017년 중국 가전업체 메이디가 지분 가치보다 60% 높은 6조 원 규모에 독일의 산업용 로봇 제조사 쿠카를 인수할 당시만 해도 당시 단순 근로자가 많은 중국이 로봇산업을 육성하는 것에 대해 자기 파멸적이라는 의견도 많았지만, 이는 '메이드 인 차이나' 상품의 경쟁력을 비교 불가능할 수준으로 끌어올리려는 중국 정부의 전략적 결정이었다. 중국은 자국산 자동화 로봇을 자국 내 산업 현장에 투입해 생산 비용을 획기적으로 줄이고 있으며, 중국의 휴머노이드 로봇 전문 기업 유비테크만 해도 글로벌 1위 전기차 제조사 비야디BYD의 중국 내 물류 창고에 자동화 로봇을 공급하고 있다.

최근 중국 정부는 AI 휴머노이드 분야에 막대한 보조금과 정부 지원으로 산업을 부양한 뒤 수많은 기업 경쟁을 통해 글로벌 최고의 휴머노이드 로봇 기업 5~10개를 육성한다는 목표를 세웠다. 이를 위해 2023년 11월에 중국 공업정보화부는 '휴머노이드 로봇 혁신 발전 지도의견'을 발표하고 2025년부터 휴머노이드 로봇 양산을 시작하여 2027년에 세계적 수준의 기술을 갖추겠다는 계획이다. 2024년 2월에는 중국의 7개 부처가 휴머노이드 혁신을 위한 지원을 강화하겠다고 발표하기도 했다. 중국 휴머노이드 로봇의 내수시장 규모만 2030년까지 한화 155조 원에 달할 것으로 예측된다.

정부가 추진하고 있는 K-로봇 경제 실현 방안

우리 정부도 인구변화 대응의 효과적 수단이자 미래 성장 동력인 로봇산업의 중요성을 인식하고 글로벌 로봇 시장을 선도하는 'K-로봇 경제' 실현을 비전으로 제시했으며, 2028년까지 〈제4차 지능형 로봇 기본계획〉을 추진할 예정이다.

로봇의 핵심 경쟁력 강화

로봇산업의 핵심적 경쟁력은 바로 기술, 인력, 그리고 기업이다. 우선 기술 측면에서는 로봇 핵심 부품의 국산화율을 2030년까지 80%대로 높이기 위해 더 강력한 기술 확보 체계를 구축한다는 전략이다. 5대 부품(감속기, 서보모터, 그리퍼, 센서, 제어기), 3대 SW(자율이동, 자율조작, 인간-로봇 상호작용) 등 8대 핵심 기술을 확보하기 위해 민관 합동으로 3조 원 이상을 투자할 예정이다. 핵심 기술의 신속한 사업화가 이뤄지도록 개발 과정에서 수요 기업의 참여를 강화하고 로봇 선진국인 미국(소프트 로봇), 유럽(AI 기반 로봇 플랫폼), 일본(사회적 로봇) 등과 글로벌 공동 R&D 프로젝트도 추진한다.

2030년 1만 5,000여 명에 달할 추가 인력 수요에 맞추기 위해서는 국내 로봇 전문 대학원, 글로벌 인력 교류 등을 통해 첨단 로봇 특화 인재 4,000명을 육성하는 한편, 기계나 전자 등 다른 분야 인력 양성 과정에 로봇 교육을 포함하고 대학 간 공유 협력 프로그램을 강화해 AI와 SW 분야 로봇 인재 6,000명과 현장 실무 인재 5,000명도 양성할 계획이다. 이와 함께 로봇 전문 기업을 2030년까지 150개로 확대하기 위해 〈지능형로봇법〉상의 로봇 전문 기업 지원 제도를 재설계하고 로봇 전문 펀드를 신규 조성하며 로봇산업을 국가 첨단 전략 산업에 추가할 예정이다.

K-로봇 시장의 글로벌 진출 확대

정부는 2030년까지 첨단 로봇 100만 대 보급을 목표로 설정했는데, 제조업, 농업, 물류 등 산업적 활용에 49만 대, 국방, 재난 대응, 의료, 복지 등 사회적 활용에 2만 대를 보급하겠다는 방침이다. 이를 위해 로봇 보급을 저해하는 규제를 개선해나가고 로봇 보급을 위한 실증 사업 연계도 강화할 예정이다. 동시에 로봇 기업의 해외 진출을 위해 정부 간 협력 채널을 확대하고 홍보 등도 지원할 계획이다.

로봇 친화적 인프라 구축

정부는 로봇과 공존하는 시대에 앞서 로봇 친화적 인프라도 계속 구축해갈 예정이다. 〈지능형로봇법〉을 전면 개정해 테스트베드 구축, 공공기관의 로봇 구매 촉진 등을 포함하는 지원 정책을 다양화하고 개발 단계 로봇의 실증과 비즈니스 연결도 지원할 계획이다. 지역의 주력산업과 로봇 융합 프로젝트를 통해 로봇의 지역 인프라를 확충하고, 로봇 활용의 안전성과 신뢰성도 높이며, 2023년 말 보도 통행이 허용된 실외 이동 로봇의 안전 인증 제도를 확립해 사고 이력 관리 시스템을 구축하고, 다양한 로봇 전용 보험도 출시한다는 구상이다.

한편 정부는 로봇이 올바른 방향으로 개발·활용될 수 있는 사회적 공감대 형성을 위해 로봇 윤리 가이드라인을 마련하고 로봇의 날 지정 등을 통해 로봇에 대한 인식도 높인다는 방침을 세웠다.

로봇 경제 사회 실현을 위한 과제

미국의 로봇공학자 한스 모라벡Hans Moravec은 1970년대에 인간에게 어려운 것은 컴퓨터에 쉽고 인간에게 쉬운 것은 컴퓨터에 어렵다는 표현으로 인간과 컴퓨터의 능력 차이를 강조한 바 있다. 이른바 '모라벡의 역설'이다. 그러나 최근 AI 로봇의 등장으로 이 역설은 깨지고 있다. 미국의 AI 반도체 기업 엔비디아의 CEO 젠슨 황은 한발 더 나아가 "차세대 물결은 물리적 AI이고 모든 것이 로봇화가 될 것"[98]이라고 강조했다.

이런 전망 속에서 인구 감소와 초고령화에 대응하는 로봇 경제 정책이 성공하기 위해서는 무엇보다 굳건한 로봇 생태계를 구축할 의지와 노력이 필요하다. 정부의 선제적이고 지속적인 산업 기반 조성, 기업의 공격적 투자, 그리고 국민의 적극적 참여가 있어야 한다.

물론 현재 우리나라가 안고 있는 문제점부터 해결해나가야 한다. 우리나라는 제조업 분야에서의 로봇 사용은 세계 1위지만, 핵심 부품 등의 해외 의존도가 높고, 성장세가 유망한 서비스 로봇의 보급률은 기대보다 낮다.

구체적으로 보면, 로봇의 부품 국산화율은 44% 수준이다. 특히 정밀한 움직임을 담당하는 구동부의 수입 비중은 80.4%이고 센서나 SW 등에서의 기술경쟁력은 일본, 독일 등 선진국의 3분의 2 수준이다. 우리의 강점 분야도 협소한 편이다. 제조업 종사자 1만 명당 로봇 수를 말하는 제조 로봇 밀도는 2022년 기준 1,012대로 세계 1위이지만 전자, 자동차 등 특정 업종에 편중돼 있고, 정밀함이 요구되는 로봇은 대부분 수입에 의존하고 있다. 2025년 이후 제조 로봇 시장을 추월할 것으로 전망되는 서비스 로봇의 국내 시장 규모는 제조 로봇의 3분의 1에 불과하고 청소나 서빙 용도의 로봇은 저가의 중국산 비중이 높아지는 추세이다. 서빙 로봇의 경우 중국산 로봇 점유율이 절반 이상(53%)으로 추정된다. 이처럼 기술경쟁력뿐 아니라 중국의 저가 공세로 가격경쟁력도 뒤처져 있으며, 결국은 기술 혁신을 통해 부품의 국산화율을 높이고 차별화된 기술로 경쟁력을 갖춰나가야 한다.

한편 AI 로봇이 제조업 현장뿐 아니라 다양한 서비스 분야와 일상으로 퍼져나가기 시작했지만, 고가의 비용은 로봇 상용화의 큰 걸림돌이다. 로봇은 표준 상품처럼 대량으로 찍어내기도 어렵다. 많은 정부 보조금, 대량생산, 다양한 공급망(중국 내 로봇 제조 기업과 부품 장비 기업은 20만 개에 달하는 것으로 추정된다)으로 규모의 경제가 가능한 중국에서조차 대부분의 로봇 기업이 적자를 감내하고 있다. 중국 기업 유비테크만 해도 2012년 창업한 이후 흑자를 낸 적이 없다. 2023년 매출 2,004억 원에 2,400억 원의 순손실을 냈다. 당분간 로봇 시장은 누가 적자를 감내할 수 있느냐의 싸움일 것이다. 그런 점에서 기술 혁신은 더욱 중요할 수밖에 없다.

인력을 확보하는 것도 절실하다. 한국산업기술진흥원이 2023년 실시한 조사[99]에 따르면, 2021년 기준으로 로봇산업 종사자는 약 3만

5,000명이다. 그러나 2030년에는 5만여 명이 필요하고, SW공학, 기계설계, AI 등 다양한 분야의 인력 수요가 예상된다. 따라서 다양한 인력 양성 프로그램을 정책적으로 지원하고 해외의 우수 인재를 영입하는 노력도 더해져야 한다. 최근 삼성전자, 현대차 등 대기업들이 M&A 등을 통해 로봇 공급자로 전환 중이고 스타트업들이 배송, 서빙, 돌봄 등 서비스 로봇 시장에 나서고 있는 것은 주목할 만하다. 그러나 2,500여 개로 집계되는 국내 로봇 기업의 99%가 중소기업이고 매출 10억 미만 기업이 70%에 달한다. 이러한 중소기업이 인력을 확보하는 것은 더욱 어려운 상황이다. 기업 환경 개선, 중소기업의 비용 부담을 낮출 공공 데이터 확대와 협업 생태계, 공공 시장의 선제적 로봇 도입 등 구조적 측면에서의 지원이 이루어져야 한다.

그 밖에도 사람 중심으로 설계된 제도나 안전기준 부재 등의 이슈도 해결하면서 로봇과 공존하는 사회를 준비해야 한다. AI 로봇의 활용 범위가 확대될수록 로봇 안전사고, 로봇 윤리 등이 더 중요한 문제로 떠오를 것이다. 규제같이 제도적 걸림돌을 개선해나가는 한편 AI 로봇을 도입하는 과정부터 범정부 차원에서 안전성과 건전한 로봇 윤리 등의 논의도 확대돼야 한다. 또 AI 로봇이 생산성을 강화하고 생산연령인구 부족 문제도 완화하겠지만 동시에 인간의 노동을 점점 대체하면서 일자리 이슈가 다시 커질 수 있다. 따라서 제로섬 게임의 관점이 아니라 협업 형태와 새롭게 창출할 부가가치 등도 함께 살펴보면서 AI 로봇과 공존하는 로봇 경제 시대를 대비해야 한다.

병역자원 급감에 대응하는
국방 혁신

　최근 우리나라가 직면할 가장 치명적인 도전 중 하나로 인구 감소가 거론되고 있다. 급격하게 줄어들고 있는 신생아 수, 초등학교에 입학하는 신입생 수, 그리고 폐교되는 학교 수 등에서 인구절벽 조짐이 점차 가시화되고 있다. 이와 같은 인구절벽 현상은 대한민국의 정치, 경제, 사회, 인프라 등에 적지 않은 영향을 주고 있는데, 노동집약도가 높은 군사 분야에서의 인구절벽도 예외 없이 현실화되고 있다. 실제로 병역 의무 대상인 만 20세 남성 인구는 2020년 33만 4,000명이었으나, 2025년에는 23만 6,000명으로 5년 사이 약 10만 명이 줄어들 것으로 전망되고 있다.

　따라서 우리나라가 인구 감소에서 촉발된 병역자원의 급감 문제를 해결하기 위해서는 기존 병역제도에 대한 철저한 창조적 파괴가 필요하다. 다시 말해, 인구가 급감하는 현재 상황에서 병역자원을 국적, 성별, 나이, 체력 등으로 한정하지 말고 최근 전쟁에서 나타나고 있는 경향, 4차 산업혁명으로부터 창출되는 기회 요인 등을 반영해야 한다는 의미이다. 예를 들면, 첨단 과학기술 전문인력, 지능형 무인 체계, 그리고 글로벌 IT 기업 등 협업 가능한 국내외 모든 자원의 융·복합을 토대로 하이브리드 형태의 병역자원을 확보할 필요가 있다.

병역자원 급감과 '국방혁신 4.0'

대한민국 국방부는 병역자원의 급감에 대비하기 위해 2023년 3월부터 '국방혁신 4.0'을 추진하고 있다. 국방혁신 4.0은 4차 산업혁명의 주요 기술인 AI, 사물인터넷, 클라우드, 빅데이터 등을 국방 전 분야에 접목해 군의 노동집약적인 체질과 체형을 기술집약적으로 전환한다는 것이 주요 골자이다. 이를 바탕으로 육해공군은 전장 상황에 따라 AI를 활용해 유인 체계와 무인 체계를 실시간 융복합해 전투 효율성을 극대화한다는 '지능형 유·무인 복합 전투 체계manned and unmanned teaming' 개발에 박차를 가하고 있다. 즉 대한민국 국방부는 일종의 디지털 트랜스포메이션인 국방혁신 4.0을 추진함으로써 인구절벽으로 촉발된 병역자원 급감이라는 위기를 상쇄할 수 있는, 작지만 강한 첨단 과학기술 기반의 강소군을 건설해나가고 있다.

하지만 언제나 그렇듯 정책과 현장의 괴리는 존재하기 마련이다. 국방혁신 4.0도 마찬가지이다. 국방혁신 4.0의 핵심인 지능형 유·무인 복합 전투 체계는 자동화·반자율화·자율화 단계를 거쳐 고도화된다. 하지만 현재의 기술 수준은 이에 미치지 못한다. 관련 데이터의 부족과 윤리적 문제 등으로 지능형 유·무인 복합 전투 체계는 단기간 내에 전력화되기가 쉽지 않다. 그렇지만 병역자원은 앞서 언급한 것처럼 5년 사이에 약 10만 명이 줄어들 것이 예상된다. 즉 병역자원이 감소되는 속도가 지능형 유·무인 복합 전투 체계의 전력화 속도를 압도하고 있다. 이 때문에 대한민국 국방부가 병역자원 급감에 대한 대안으로 내세우는 국방혁신 4.0의 실효성 문제가 대두될 수밖에 없다.

이런 국방혁신 4.0의 시간 격차에 대한 비난은 국가안보에 도움이 되지 않는다. 우리 스스로가 비난만 하는 동안 북한의 도발, 중국과 대만의 마찰, 미국과 중국의 전략적 경쟁 등으로 한반도의 전략 환경이 급변할 수 있고, 이로 인해 우리나라의 국가안보와 이익이 침해당할 수 있기 때문이다. 결국 비난하기보다 국방혁신 4.0의 문제점을 해결할 방안을 제시하는 발전적 비판이 필요한 시점이다. 솔직히 인구문제는 일정 부분 시간을 두고 지켜봐야 하는 난제에 가깝다. 그렇지만 안보와 국방은 죽고 사는 문제로 무작정 시간의 처방을 기다릴 수는 없다. 따라서 국가적 차원에서 병역자원 급감 문제를 바라보면서 전 국민의 집단지성을 발휘해 이 문제를 해결하는 창의적 접근 방법이 필요하다. 병역자원의 급감 문제는 국방혁신 4.0만으로 해결할 수 없고, 국가적 역량을 총동원해 다양한 대안을 촘촘히 엮어야 한다는 의미이다.

병역자원의 하이브리드화

점점 심화하는 병역자원 급감 문제에 대한 대안을 찾기 위해 민·관·군·산·학·연의 안보 및 국방 전문가 50명을 대상으로 2024년 5월

1일부터 31일까지 표적집단면접법FGI을 실시했는데,[100] 그 결과 대부분이 병역자원 급감 문제를 국방혁신 4.0만으로 해결할 수 없는 국가적 난제로 보고 있었다. 이들은 또한 이 문제를 해결하기 위해서는 국민, 정부, 군 등이 국가 총력전 차원에서 긴밀히 협력해 기존 체계에 얽매이지 않는 창조적 파괴를 일으켜야 한다고 강조했다. 이들이 제안한 아이디어 중 유의미한 100개를 범주화해보면 크게 첨단 과학기술 기반 병역제도 재설계(26%), 드론봇군 창설(23%), 글로벌 IT 기업 활용(20%), 예비 전력 혁신(18%), 기타(13%) 등으로 나누어볼 수 있다. 전문가들이 내놓은 아이디어의 의미를 세부적으로 살펴보면 다음과 같다.

첨단 과학기술 기반 병역제도 재설계

현재의 병역제도에 적용되고 있는 성별(남성 위주), 나이(만 18~28세), 체력(1~4급) 등의 한계를 국방부에서 표방하는 '첨단과학기술군'에 최적화되도록 재정립하자는 의미이다. 예를 들어 전문가들은 여군으로만 구성된 우크라이나의 드론 부대를 언급하면서 드론, 로봇 등 무인 체계 분야에서 여성의 강점인 정교함이 발휘될 수 있다고 내다봤다.[101] 또 사이버, 전자기 스펙트럼, 인지 등 비물리적 영역에서는 성별, 나이, 체력보다 관련 전문성이 중요하다고 언급했다. 우리 군이 현재 노동집약형에서 기술집약형으로 체형과 체질을 전환하고 있는 만큼 병역제도도 첨단과학기술군에 맞춰 전문성 중심으로 최적화해야 한다고 강조한 것이다.

드론봇군 창설

인구절벽으로 감군이 불가피한 상황에서 군의 생존성을 강화하면서 전투 효율성을 극대화할 수 있는 새로운 군을 창설하자는 의미이다. 현재 오랜 전쟁으로 병력난에 시달리고 있는 우크라이나도 2024년 초부터 드론군 창설을 본격화하고 있고, 미국 의회에서는 중국 무인 체계의 물량 공세를 실질적으로 견제하기 위한 드론 군단 창설이 논의되고 있다.[102] 이처럼 현재 전쟁이나 분쟁을 치르고 있는 국가에서는 부족한 병력의 생존성과 전투 효율성을 동시에 강화하기 위해 드론 중심의 군이나 병과를 창설하려는 움직임이며, 전문가들도 이와 같은 맥락에서 '드론봇군 창설'을 제안한 것이다.

글로벌 IT 기업 활용

국방부가 국방혁신 4.0을 추진하는 과정에서 시간, 예산, 기술력 등의 한계로 신속하게 획득이 제한되는 분야는 글로벌 IT 기업들이 제공하는 상용 서비스를 활용하자는 의미이다. 전문가들은 이와 관련해 현재 진행되고 있는 우크라이나와 러시아의 전쟁에서 우크라이나가 군사적으로 활용하는 스페이스X, 팔란티어Palantir, 맥사테크놀로지Maxar Technologies, 클리어뷰AIClearview AI, 호크아이360HawkEye 360 등 글로벌 IT 기업들이 제공하는 상용 서비스를 예시로 언급했다. 전문가들은 국방혁신 4.0을 추진하는 데 필요한 역량 중 부족한 부분은 성능이 검증된 글로벌 IT 기업의 상용 서비스를 활용하면서 채워나가자는 주장이다. 글로벌 IT 기업들이 제공하는 상용 서비스를 우리 군의 국방혁신 4.0을 뒷받침하고 기술적 공백을 메워주는 일종의 '갭필러gap-filler'로 활용하자는 뜻이다.

표 1 우크라이나가 활용하고 있는 글로벌 IT 기업 상용 서비스 현황

글로벌 IT 기업	제공 서비스	군사적 활용
스페이스X	우주 인터넷(Starlink)	데이터 실시간 송수신
팔란티어	데이터 분석 AI(Gotham)	표적 처리
맥사테크놀로지	인공위성 사진	정찰 및 감시
클리어뷰AI	안면 인식	전사자 신원 확인
호크아이360	전자파 감시	전자전 장비 위치 식별 및 무력화

예비 전력 혁신

현역 군이 국방혁신 4.0에 따라 첨단과학기술군으로 변모해간다면, 이와 동시에 현역을 뒷받침하는 예비 전력에도 최첨단 과학기술을 덧입혀야 한다는 의미이다. 전문가들은 우크라이나가 2015년 초 돈바스 전쟁 이후 예비군에게 드론을 집중적으로 교육한 결과 현재 진행 중인 러시아와의 전쟁에서 끊임없이 드론 전투를 수행하고 있다는 것을 강조했다. 이들은 이스라엘군이 지난 2023년 10월 하마스의 급습을 받은 이후, 헤르메스-900 무인기를 운용하는 166 비행단이 예비군을 신속히 소집해 현역과 함께 작전 속도를 높여 반격에 나선 사례도 언급했다.[103] 군사 전문가들의 예상과 달리 장기전으로 치닫고 있는 우크라이나-러시아 전쟁과 이스라엘-하마스 분쟁을 봤을 때, 전투법이나 무기 체계 및 조직·편성에서 노동집약적인 우리 예비 전력을 기술집약적으로 혁신하는 것을 국방혁신 4.0의 핵심으로 삼을 필요가 있다.

교육 체계 개선과 민간의 참여

전문가들은 또한 교육 기간을 단축해 국방혁신 4.0의 핵심인 유·무인 복합 전투 체계 전문인력을 대규모로 양성하자는 의견도 피력했다. 기존 군 특성화 고등학교(3년)와 군 협력 대학교의 군사학과(4년) 교육 기간 7년을 드론, 로봇, AI 등 첨단 과학기술에 특화되도록 5년으로 단축해 짧은 기간에 다수의 전문인력을 양성하자고 주장했다. 이민자와 디아스포라diaspora를 포함한 재외 동포 중 첨단 과학기술 인재를 발굴하자는 의견도 있었다. 그 밖에 전문가들은 다양한 국방 부문의 민간 아웃소싱 방안을 언급했다. 경제적 가치를 추구하는 민간군사기업PMC보다 애국심에 기초한 민군협력기업Civil-Military Cooperation Company을 비전투 활동에, 방산 기업을 무기 체계 유지·보수·운영에 참여하게 하는 등 구체적인 예를 제시했다.

병역제도 전환과 평시 위기관리

첨단 과학기술 기반의 하이브리드형 병역제도가 우리 사회에 단기간 내에 구축될 수는 없다. 새로운 제도는 기존 제도와의 마찰이 불가피하고, 새로운 제도가 우리 사회에 최적화되기 위해서는 국민적 공감대가 필요하기 때문이다. 특히 지능형 무인 체계에 대한 적확한 이해가 필요하다. 지능형 무인 체계는 데이터가 축적되면서 자동화, 반자율화, 자율화 순서로 발전하는데, 이런 진화적 발전에는 시간, 예산 등 상당한 노력이 소요된다. 따라서 지능형 무인 체계는 단기가 아니라 장기적인 관점에서 병역자원 대체 효과를 기대해야 할 것이다.

한편 병역제도를 전환하는 과정에서 또 다른 도전이 예측된다. 그것은 한반도 주변의 현존 및 잠재적 위협이다. 한반도를 둘러싼 위협이 고조되는 속도가 병역제도 전환 속도보다 빠르다면 우리나라의 안보는 풍전등화의 기로에 설 수 있다. 따라서 병역제도의 전환도 중요하지만, 실시간 발생하는 한반도의 위협을 상쇄하는 위기관리도 무엇보다 중요하다.

학령인구 감소와 지식 반감기 단축 시대의 AI 교육

교육을 둘러싼 외부 환경의 변화가 예측할 수 없을 정도로 가파르다. 인구, 기술, 안보 등 사회변화를 주도하는 요소가 모두 급변하고, 상호작용을 통해 서로 영향을 미치고 있다. 인구 감소는 학령기 학생 감소뿐만 아니라 생산연령인구 감소를 불러와 국가의 총생산을 감소시키고, 연금, 조세, 건강보험 등 각종 사회제도를 지탱하기 어렵게 만들고 있다. 한 해에 100만 명을 출생하던 시기에 형성된 사회시스템을 20만 명 출생 시대의 세대가 감당하기는 거의 불가능하다. 미래학자 짐 데이토가 제시한 미래 사회의 모습에서도 인구 감소는 전형적인 하강 성장곡선의 요인으로 나타난다. 혁신적인 변화의 기제 없이는 그 흐름을 바꾸기 쉽지 않을 것이다.

한편 기술의 발전은 눈이 부실 정도이다. AI와 반도체 기술의 발전은 디지털 사회로의 전환을 가속하고 있다. 인간의 노동을 대체했던 자동화 기술에서 훨씬 더 나아가 사람의 생각까지 모방하는 단계에 들어섰다. 교육계로서는 가히 충격적인 상황이다. 발전하는 AI 대규모 언어 모델Large Language Model은 인간의 지적인 활동을 대체하거나 보완하고 있고, 인류 전체의 지성을 합친 것보다 더 뛰어난 초인공지능의 출현 시점을 앞당기고 있다. 기존 지식의 유용성이 떨어지는 기간을 뜻하는 '지식 반감기'도 가파르게 단축되고 있다. 또 한층 치열해진 첨단 기술 경쟁은 국제 질서를 재편하고 국가안보를 결정짓는 주요 요인으로 등장했다. 이러한 경쟁의 기저에는 인재 쟁탈전이 도사리고 있다. 고급 인재를 얼마나 확보하느냐에 따라 국가의 운명이 결정되는 시대이기 때문이다.

그렇다면 학령인구가 감소하고 지식 반감기가 단축되는 시대에 우리는 어떤 교육 전략을 세워야 할까? 이를 논의하기 위해서는 먼저 우리가 지향하는 미래 사회의 모습을 그려봐야 한다. 선호하는 미래 없이는 전략을 구사할 수 없다. 우리는 한국전쟁 이후 세계 최빈국에서 세계 10위권의 경제력을 보유한 국가로 성장했다. 이제는 양적인 성장을 넘어 교육, 문화, 생활수준 등 질적인 측면에서 진정한 선진국으로 진입해야 할 시기이다. 누구나 풍요롭고, 평안하며, 문화적이면서 지탱 가능한 사회를 바란다. 영국이나 프랑스 같은 전통적인 선진국 수준으로 올라서기 위해서는 기술적 특이점이 도래할 것으로 예고된 2045년 무렵에 세계 5위권 정도의 선진국으로 성장해야 한다.

인구가 감소하고, 기술이 비약적으로 발전하고 있음을 고려하면 우리나라는 사회 전체의 체질을 개선하는 전략을 택해야 할 것이다. 사람 한 명 한 명이 소중한 시대에 기술을 활용한 개개인의 능력 증강과 저마다 행복과 자아실현을 추구할 수 있는 트리거trigger를 만들어내는 것이 교육 전략의 핵심 요소가 될 것이다.

AI를 활용한 학습자 중심의 개별 맞춤형 교육

AI 기술의 급속한 발전은 학교, 기업, 군대뿐만 아니라 사회 전반의 변화를 예고하고 있다. 고도화된 AI 대규모 언어 모델은 보수적인 교육계에 파란을 불러일으키기 충분하다. AI 서비스가 개별화된 고객 서비스 형태로 진화하고 있고, 교육계도 예외일 수 없다.

지금까지 상업용 교육 서비스는 학원 등 사교육 시장 위주로 이뤄져 왔지만, 이제는 AI 기술을 접목해 공교육을 포함한 교육계 전체로 그 범위를 확대하고 있다. 세계 각국은 AI를 학교 교육에 도입할 것인지 말 것인지, 도입한다면 어떻게 도입할지 혼란스러운 상황에 놓여 있다. 사용자가 아동, 청소년 등 민감한 연령대이므로 특정 정책을 결정하기가 더욱 쉽지 않을 것이다. AI를 학교 교육에 도입하지 않을 수도 없지만, 도입을 허용하기도 쉽지 않은 듯 보인다.

한국의 경우 2025년부터 AI 디지털교과서를 전국 초·중·고등학교에 전면 도입한다. 교과서 체계의 변화를 통해 다른 나라에 앞서 처음으로 교육의 디지털 전환을 시도하는 것이다. 학령인구가 가파르게 줄어들고, 기술은 급속히 발전하는 상황에서 AI를 이용한 개별 맞춤형 교육으로 전환하겠다는 것은 적절한 선택으로 평가할 수 있다. 교육부는 2023년 상반기에 AI 디지털교과서 기본계획과 가이드라인을 제시하면서 민간 기업이 개발하는 AI 디지털교과서를 단위 학교 교사들이 선택해서 사용할 수 있도록 구독 모델을 예고한 바 있다. AI 디지털교과서가 원래 취지를 살리기 위해서는 적응형 교육 기능adaptive learning, 학습 분석 기능learning analytics, 그리고 사용자 중심의 디자인student-centered design을 제대로 갖춰야 한다.[104]

AI 디지털교과서를 학교 교육에 도입하려는 것은 데이터를 이용해 학습자의 정확한 지식수준을 측정하고 이에 따라 개인별 맞춤형 교육을 제공하기 위해서이다. 학습자가 AI 디지털교과서를 사용하는 동안 남긴 학습활동 데이터를 분석함으로써 학습자의 지식수준과 학습 패턴을 파악해 학습이 최적화되도록 지원하는 것이다. 데이터를 통해 학습자의 학습 패턴을 분석할 수 있으면 학습자가 취약한 부분, 틀린 유형, 문제 풀이 습관, 공부하는 행태 등을 파악할 수 있어 교육에 일대 혁신을 불러일으킬 것으로 보인다. 학습자가 AI 디지털교과서를 사용하는 시간이 길면 길수록, 학습활동 데이터가 쌓이면 쌓일수록 AI 분석은 더욱 정교해질 것이다.

결국 AI 디지털교과서의 핵심은 가르치고, 배우고, 틀리고, 맞히는 학습활동 전 과정을 담은 데이터이다. 학생들의 학습활동 데이터의 축적과 분석을 통해 학생 개개인의 학습 효율성을 증대하는 데 도움을 주고, 학습이 뒤처지는 학생에게는 개별적 처방을 할 수 있어 격차 완화에도 도움이 될 것으로 기대된다.

AI를 이용한 개별 맞춤형 교육은 특히 학생들을 능동형 학습자로 만들 가능성이 크다는 데 의미가 있다. 학생이 스스로 뭔가를 하는 주체, 뭔가를 만드는 주체로 성장할 수 있도록 해준다는 점에서 학생의 행위주체성student agency을 기를 수 있다. 개인별로 쌓일 학습활동 데이터는 마이데이터 형태로 학습자의 전체 생애주기 교육 데이터와 연계돼 학습자에게 최적화된 학습활동을 분석·추천해주는 기능을 하면서 지식 반감기 단축 시대의 평생교육과 평생학습도 지원할 수 있을 것이다.

교사의 역할 변화:
학습 환경 디자이너이자 사회·정서적 멘토

AI가 학교 교실에 도입되면 교사의 역할도 달라져야 한다. 수업이 학생의 생각을 끌어내는 교육으로 변화하면, 단순한 지식의 습득보다 이를 활용할 수 있는 역량을 키우는 데 초점을 맞추게 된다. 그런 점에서 교사는 학생의 자발성을 이끌어내고 격려하는 학습 환경 디자이너이자 사회·정서적 멘토가 돼야 한다.

AI 서비스의 진단·분석·예측을 기반으로 학생 개개인의 특성에 맞는 수업을 진행하고, 학생의 역량을 최대한 끌어내는 역할을 하는 것이다. 마치 축구 대표 팀 감독 같은 역할이다. 선수의 장점을 찾아내고, 데이터를 분석하고, 격려하고, 선수 스스로 노력하고 연습할 수 있도록 지도하며, 선수가 어려워하는 고비마다 페이스메이커 역할을 하는 존재여야 한다.

학생들을 이해시키고 학습시키는 기초적인 교육 활동을 AI가 담당함으로써 확보한 교사들의 수업 시간은 토론, 글쓰기, 발표 등 지식을 적용·분석·평가하는 고차원적 교육 활동에 할애해야 한다. 강의식 교육은 교사의 지식을 학생들에게 전달할 뿐 학생의 창의성 발현에 큰 도움이 되지 않는다. 학교 교육은 단순한 지식 전달이 아니라 지식을 활용하고, 새로운 것을 창조하는 역량을 기르는 데 초점을 맞춰야 한다. 사람과 AI가 공존할 미래 사회에 인간은 새로운 것을 창조할 능력을 갖추어야 생존할 수 있다. 새로운 개념을 만들고, 의미를 부여하며, 능동적으로 응용하는 능력은 인간이 AI보다 잘할 수 있는 영역이기 때문이다.

이처럼 학교 교육의 디지털 전환은 단지 AI를 학교 수업에 도입한다는 것만을 의미하지 않는다. 전통적인 교육 체제를 변화시키고, 교실 내 수업 방식을 근본적으로 혁신하는 데 목적을 두어야 한다. AI 디지털교과서 사용 환경에서 학생은 자기 주도적 학습자로서 지식을 단순히 전달받는 것을 넘어 프로젝트·토론·글쓰기 등을 통해 친구들과 함께 수업을 만들어가는 능동적 학습자로 성장해야 한다. 따라서 교사들은 집단적 교육과 설명 위주의 수업을 줄이고, 개별화된 교육과 탐구적 내용을 통해 수업 방식을 근본적으로 바꿔야 한다.

대학의 새로운 역할: 지식 반감기 시대의 평생교육 시스템

세계적인 대학들은 지역과 함께 성장하는 경우가 많다. 보스턴, 실리콘밸리, 런던 등의 사례에서 보듯 대학, 인재, 기업이 지역과 동반 성장하며 지식 생태계를 만들고 있다. 단일 대학 단독으로는 지식 생태계가 잘 조성된 글로벌 대학들과 경쟁하는 것이 거의 불가능하다. 미국같이 대학에 대한 정부 기관의 R&D 투자가 넘쳐나는 곳이 아니고서는 유럽도, 중국도 규모의 경제를 이루지 못하면 경쟁력을 가지기 어렵다.

우리는 오랜 기간 대학을 국제적 경쟁 영역에서 논외로 해왔다. 우리 대학들은 입학시험 성적으로 매긴 대학 간 서열을 마치 확정된 질서처럼 여겨왔다. 입학 자원이 넘쳐나던 시절 대학마다 입학하려는 학생들이 입학 정원을 초과하니 걱정할 게 없었다. 그러나 이제는 학령인구 감소 여파가 초·중·고등학교를 넘어 대학에까지 영향을 미치고 있다. 출생인구와 대학의 입학 정원, 그리고 대학의 수를 단순 비교해보더라도 현재와 같은 대학의 수와 입학 정원을 유지할 수 없다. 지역 또한 인구가 줄어들어 소멸 위험이 급속도로 높아지고 있다.

그렇다면 우리에게 주어진 활용 가능한 자원은 무엇인가? 우리는 지금까지 경제활동의 주체로 가계, 기업, 정부의 역할과 기능에 초점을 두어왔다. 하지만 지식 중심의 고도화된 사회로 접어들면서 대학의 기능과 역할에 주목하지 않을 수 없게 됐다. 지방자치단체의 기능과 역할도 마찬가지이다. 어떤 대학이 어떤 도시에 있느냐에 따라 그 지역 산업 클러스터의 성패가 좌우되거나 국가의 성장 엔진 역할을 해내는 경우를 많이 보아왔다. 따라서 대학과 지방자치단체를 어떻게 활용하느냐에 따라 결과에 큰 차이가 있을 것이다.

우리와 같이 고등교육 분야 R&D에 절대적인 재원 투입이 많지 않은 경우, 가용 자원의 혼합 전략을 통해 대응하는 수밖에 없다. 지역-대학-산업의 협력으로 R&D 재원의 부족 공간을 메워야 한다. 대학은 지역과 산업의 동반 성장 허브로 탈바꿈해야 하고, 역량에 따라 연구 중심 대학과 교육 중심 대학으로 각자 잘할 수 있는 영역에서 선두가 돼야 한다.

디지털 전환 사회에 진입하면서 기업의 생산과정과 사무 환경에는 근본적인 변화가 일어나고 있다. 고등학교나 대학에서 배운 지식과 역량으로는 대응할 수 없다. 따라서 기업 재직자 재교육 문제는 이 시대의 대학이 해결해야 할 과제이자 새로운 교육 수요인 셈이다. 지금과 같은 평생교육이나 직업교육 시스템으로는 역부족이다. 대학이 평생교육과 직업교육에 관련된 체계적인 교육과정을 마련하고, 사회 전반의 디지털 전환을 염두에 두어 업종과 수준별 재직자 전체를 대상으로 한 교육 프로그램을 제시해야 한다. 대학은 산업계와 협력해 시간과 장소의 제약

없이 재직자들이 새로운 산업 환경에서 필요한 역량과 기술을 학습할 수 있도록 온라인과 오프라인의 플렉스 교육을 동시에 제공할 수 있도록 프로그램을 설계하고 전문가들을 배치해야 한다.

대학이 평생교육을 대하는 태도도 변해야 한다. 학령인구 감소로 대학에서 교육할 학생이 줄어드는 상황에서 재직자를 학령기 학생과 다르게 취급할 이유가 없다. 대학은 지역사회는 물론 산업과 연계해 재직자 재교육과정을 맞춤형으로 제공할 수 있도록 준비해야 한다. 또 모든 연령대의 학습자에게 개방해야 하고 전문성도 갖추어야 한다.

이와 함께 대학은 시간과 공간의 제약 없이 교육이 이루어지는 지식 생태계의 허브로 탈바꿈해야 한다. 대학이 다양한 평생교육과 직업교육을 모두 감당할 수는 없을 것이다. 일반 사회인 교육의 경우, 각종 평생교육 기관이 교육 프로그램을 고도화하고, AI를 이용한 학습 분석과 추천 시스템을 활용해 개별 맞춤형 교육 프로그램을 제공해야 한다. 학령인구 감소 시대에 교육은 고도의 개별 맞춤형 교육으로 진화해야 하고, 지식 반감기 단축 시대에 대학은 AI 디지털 환경에서의 새로운 교육 수요를 바탕으로 기업 재직자 재교육과 평생·직업교육에 더욱 초점을 맞추는 시스템도 필요할 것이다.

'호모 헌드레드' 사회,
달라지는 노인의 기준

한 해의 사망자 중 가장 많은 연령(최빈사망연령, modal age at death)이 90세를 넘는 경우 '호모 헌드레드' 국가로 분류하는데, 한국은 2015~2019년 기준 여성 90세, 남성 85.6세로 호모 헌드레드 국가 진입을 앞두고 있다.[105] UN의 2009년 〈세계 인구 고령화〉 보고서에 처음 등장한 용어인 호모 헌드레드는 '사람, 인류'를 뜻하는 라틴어 호모homo와 '100'을 뜻하는 영어 헌드레드hundred를 합친 것으로 100세 장수가 보편화한 시대의 인간을 의미한다. 평균수명 80세 이상의 국가가 2000년에는 6개국에 불과했지만 2020년에는 31개국으로 늘어나면서[106] 100세까지 사는 것이 일반적인 사회가 될 것이라는 전망을 통해 이러한 변화를 준비할 필요가 있다는 것을 시사한다.

호모 헌드레드는 고령 세대뿐만 아니라 모든 세대의 삶에 영향을 주는 사회적 변화를 의미한다. 이에 따라 개인 차원에서는 장기적 시각으

로 자신의 삶을 바라봐야 하고, 정부 역시 이러한 변화에 맞춰 사회제
도와 시스템을 정비해야 한다. 그러나 우리 사회의 인식과 제도는 기존
시대에 머물러 있다. 노후 소득 보장과 노인복지가 촘촘히 마련되지 않
은 한국에서 장수는 '축복'이 아니라 '재앙'일 수 있다는 말이 나오는 이
유이다.[107] 따라서 호모 헌드레드 시대, 그리고 이보다 앞서 맞이하게 될
초고령사회에 적절히 대응하는 것이 시급한 과제이다.

고령자의 초고령화 현상

저출생은 전 세계적인 현상이다. 저출생의 여파로 출생아 수만 줄어
드는 것이 아니라 이들이 성장하면서 시차를 두고 학령인구, 생산연령
인구가 줄어든다. 따라서 저출생의 장기화는 인구의 연령 분포에서 상
대적으로 젊은 인구의 비율을 줄이고, 반대로 나이 든 인구의 비율을 늘
리며 인구 고령화를 불러온다.

한국의 저출생 현상은 1983년부터 시작돼 약 40년간 계속되고 있다.
그 결과 한국의 인구 고령화는 전 세계에서 가장 빠른 속도로 진행 중
이다. 통계청 장래인구추계에 따르면 2025년 한국은 전체 인구에서 고
령인구가 20.3%를 차지하며(2024년 19.2%로 고령사회) 초고령사회에 진
입할 것으로 예상된다.[108]

이때 주목해야 할 현상이 고령자의 초고령화 현상이다. 통계청 생
명표에 따르면 한국의 2022년 출생 시 기대수명life expectancy at birth은
82.7세로 최근 40여 년 동안 15세 증가했다(1983년 67.7세). 통계청 장
래인구추계(중위 기준)를 구체적으로 살펴보면, 65세 이상 인구의 비율
은 2020년 15.7%에서 2070년 46.4%로 급증할 것으로 보이며, 같은 기
간 75세 이상은 6.8%에서 30.7%로, 85세 이상은 1.5%에서 14.4%로 증

가할 전망이다. 즉 베이비붐 세대(1955~1963년 출생)의 영향으로 향후 약 50년 동안 고령인구 내에서도 연령대가 높은 집단의 비율이 더 급격하게 늘어날 것으로 예측된다. 한 국가의 국민을 연령순으로 줄 세워 가장 가운데에 있는 연령(중위 연령)을 살펴보더라도 2020년 43.7세에서 2070년 63.2세로 증가할 전망이다. 또 15~64세의 생산연령인구 100명당 부양해야 하는 고령인구의 수도 같은 기간 21.8명에서 103.3명으로 크게 높아질 것으로 보인다.[109]

달라지는 노인의 기준

전국 노인 실태 조사에 따르면,[110] 노인 스스로 생각하는 노인 기준 연령은 70세 이상이다. 그러나 대부분의 국가 제도나 문헌에서는 오늘날보다 기대여명이 크게 낮았던 19세기 말 독일 비스마르크 시대에 연금 지급 대상 기준을 마련하기 위해 설정한 65세를 사용하고 있다. UN이 1956년 이 기준을 따르면서 국제적 표준처럼 사용됐고, 우리나라도 1981년 노인복지법의 경로 우대 대상이 65세 이상이 되면서 65세를 노인의 기준 연령으로 삼게 됐다. 그러나 당시 독일인의 평균수명이 49세였던 것을 생각하면 지금의 기준이 적정한지 되짚어볼 수밖에 없다.

물론 이러한 맥락에서 노인 기준 연령을 재설정하는 논의가 이어져 왔다. UN도 2015년에 고령화 추세를 반영해 '미성년자(0~17세)', '청년(18~65세)', '중년(66~79세)', '노년(80~99세)', '장수 노인(100세 이상)' 등 5단계로 새로운 기준을 제시한 바 있다. 대표적 고령국가인 일본을 비롯해 많은 국가에서 고령 기준에 대한 논의가 커지고 있지만, 공식적으로 고령 기준을 상향한 국가는 없다. 다만 연금 시스템의 한계 혹은 복지 재정적 부담으로 정년을 연장하거나 연금 수급 개시 연령을 늦추는 식으로 대응하고 있다. 우리의 경우, 노인의 기준 연령을 상향 조정하자는 논의가 〈제3차 저출산·고령사회 기본계획〉 때부터 시작됐고, 제4차 기본계획에서는 노인 연령을 포함한 생애 연령 기준을 재정립하려는 논의가 좀 더 비중 있게 제시돼 있다. 그러나 노인 연령 기준 조정은 연금, 정년, 보건, 돌봄 등 많은 노인복지 정책의 수혜 기준과 연동돼 정책화하는 데 어려움이 있다.

초고령사회 대응 정책

이러한 인구변동에 대응해 정부는 2005년 〈저출산·고령사회기본법〉을 제정하고 2006년부터 인구문제에 대한 범부처 종합 대응 계획인 〈저출산·고령사회 기본계획〉을 수립해 추진하고 있다. 현재 추진 중인 〈제4차 저출산·고령사회 기본계획〉(2021~2025)은 고령인구에 진입한 고령층의 고용, 보건·의료, 돌봄, 주거 관련 정책을 비롯해 지역 상생 기반 구축, 고령 친화 사회로의 도약, 생애 말기 관련 정책 등을 담고 있다.[111] '세대 공존', 그리고 '지속 가능한 사회'라는 비전을 실현하기 위한 정책의 주요 이슈를 되짚어본다.

의료·돌봄 연계 혁신

2020년 노인 실태 조사에 따르면, 노인의 83.8%는 건강 유지 시 현재 집에서 계속 살기를 희망하며 건강이 나빠져 움직이기 힘들더라도 56.5%는 장기요양보험 등의 재가 서비스를 받으며 집에서 계속 살기를 희망한다. 노인 요양 시설에서 살길 희망하는 노인은 31.3%에 불과

했다.[112]

이런 맥락에서 정부가 제시한 의료·돌봄 관련 정책도 고령자가 살던 곳에서 계속 거주하는 삶을 보장하는 통합적인 돌봄 체계 마련에 초점을 두고 있다. 고령자가 정든 마을에서 계속 살 수 있도록 지원하기 위해 2023년 7월부터 실시한 노인 의료와 요양 통합 지원 시범 사업, 2026년 시행을 앞둔 지역 돌봄 통합 지원에 관한 법률 제정, 의료 기관별 분절적인 노인 의료 서비스의 환자 중심 통합, 예방적 건강관리 확대 등이 이러한 정책의 일환이다.[113]

그런데 문제는 돌봄 인력이 부족하다는 것이다. 초고령사회 돌봄 수요자, 즉 고령인구는 계속 증가하지만 돌봄 공급자인 생산연령인구는 반대로 계속 감소하기 때문이다. 장기요양 등급에 따라 재가 서비스를 받아야 하는데도 요양보호사 인력이 부족해 서비스 제공에 어려움을 겪는 사례가 적지 않은 이유이다.[114] 아동을 돌보기 위해 외국인 가사·육아 도우미를 2024년 9월부터 국내에 도입한 서울시의 외국인 돌봄 인력 도입 시범 사업은 앞으로 노인, 장애인 등 모든 돌봄 분야로 확대될 것으로 예측된다. 그러나 이주 노동자 차별 철폐와 양질의 돌봄 일자리 창출을 촉구하는 국제노동기구의 방향성에 부합하려면 해결해야 할 현실적 처우 문제 등이 적지 않다. 따라서 국제 정책 방향에도 맞추고 돌봄 인력 부족 문제도 해결하기 위해서는 세심하게 정책을 설계하는 것은 물론 이민정책 등과도 연계한 정책 대응이 필요하다.

고령 친화적 주거 환경 확대

고령자 복지주택, 고령 친화 마을 등은 고령자의 주거 수요를 반영한 맞춤형 주거지를 일컫는다. 고령자의 특성에 맞춘 무장애barrier free 설계와 돌봄 서비스를 연계한 것이 가장 큰 특징이다. 정부는 이러한 고령자 복지주택을 2027년까지 5,000호 이상 공급하고, 지방으로 이주하는 고령자의 정착은 물론 돌봄이나 일자리 등을 통합적으로 지원함으로써 고령 친화 마을을 조성한다는 계획이다.[115]

그런데 고령인구의 비율이 높은 지역은 생산 활력이 떨어져 일자리도 감소한다. 이는 결국 생산연령인구가 다른 지역으로 유출되는 악순환을 일으켜 지역의 고령화를 더욱 심화시킨다. 따라서 고령 친화 마을 조성과 관련해서는 인구구조의 특성이 불러올 다양한 여파를 고려해야 한다. 다만, 고령인구와 청년 인구의 이분법적 구조에 갇힌 접근은 바람직하지 않다. 오히려 경제력 있고 활력 있는 중·장년 인구가 많은 지역에서는 다른 곳에서보다 경제·사회 활동이 활발히 이뤄질 수도 있기 때문이다.

가령 미국 애리조나의 선시티Sun City는 미국 최초의 대규모 은퇴자 마을retirement community로 전국에서 이주해 온 3만 명 이상이 거주한다. 은퇴자 마을은 국가 또는 지방자치단체의 자금으로 운영하는 양로원이나 요양원과 달리 입주자들이 개인적으로 비용을 지불하며, 사는 동안 필요한 모든 서비스를 제공받는다. 입주자들은 모두 노인 자치회에 참여해 시설 운영의 방안을 결정하고 도시 정책에 영향력을 행사한다. 캘리포니아의 팜스프링스Palm Springs 역시 관광지, 휴양지이자 고령자가 많이 거주하는 대표적 실버타운이다. 선시티와 팜스프링스는 노령의 은퇴자가 다수 거주하지만 활력이 넘치는 매력적인 도시이다.

이러한 해외 사례가 시사하는 바는 자연환경 관리, 의료 시설 확충, 은퇴자 친화형 인프라에 대한 투자 등을 통해 활동성 있는 고령자의 유치를 지역 경제의 기회 요인으로 활용할 수 있다는 것이다. 고령자 맞춤형 인프라같이 한두 가지 특성만 고려할 것이 아니라 이처럼 지역의 날씨, 위치, 문화, 역사 등 여러 맥락적 요인도 반영하는 복합적 접근이 필요하다.

고용·일자리 지원 강화

2016~2017년 60세 이상 정년 의무화 법안 시행 이후, 고령 임금 근로자의 정년퇴직 시점이 연기되고 주된 일자리에서의 고용 기간이 늘어나고 있다. 그럼에도 주된 일자리의 은퇴 연령은 여전히 49세 전후라는 점에서 고용·일자리 지원 정책의 강화가 필요하다. 정년퇴직자의 절반 정도는 퇴직 이후 1년 내 임금 근로자로 재취업하고, 재취업한 정년퇴직자의 절반 정도는 같은 사업장에 재고용되고 있다. 그러나 경제활동인구 조사에 따르면, 장래 근로를 희망하는 고령층 비중이 68.5%이고 평균 은퇴 희망 연령이 73세이다. 정년퇴직 후 재취업하기 어려운 고령자가 많다는 것을 뜻한다.[116]

한편 일본이나 독일처럼 법정 정년을 65세, 67세 등으로 상향 조정하거나 영국이나 미국처럼 아예 정년을 폐지하자는 의견도 있다. 그런데 60세 이상으로 정년을 의무화한 법 개정 시 정년을 연장하는 사업주와 노동조합은 임금 체계 개편 등의 조치를 취해야 한다고 법에 규정했다 (〈고용상 연령차별금지 및 고령자고용촉진에 관한 법률〉 제19조). 그러나 구체적인 처벌 규정 없이 노력 의무를 부과하는 선에 그치면서 다수의 기업은 노사 합의를 통해 임금 체계 개편 없이 정년만 연장한 경우가 많다.[117] 임금 체계 개편과 별개로 추진되는 정년 연장이나 폐지는 기업의 비용 부담만 키울 수 있는 점에서 추가적인 정년 연장을 어렵게 만드는 요인이 될 수 있다. 따라서 중·장년 친화적인 일자리 사업을 지속적으로 확대하되 임금 체계 개편과 연계된 정년 연장 등의 논의도 확대해야 한다.

고령 친화적 기술 연계 사회 서비스 혁신

OECD는 2040년 장기요양 서비스 분야에서 돌봄 인력이 가장 부족한 국가로 한국을 꼽으며, 돌봄 인력 공급 문제 해결 방안으로 기술 활용을 제안한 바 있다.[118] 즉 ① 기술의 더 스마트한 촉진, ② 노동력 인력 구성 혼합workforce skill mix 개선, ③ 건강하게 나이 들기age well 지원을 제시했다.

이런 맥락에서 고령 친화 기술age-tech을 활용한 돌봄 서비스 제공 정책이 추진되며, 돌봄·의료 자원의 한계를 보완하고 사각지대 없는 돌봄을 제공하는 데 초점을 맞추고 있다.[119] 그러나 더 나아가 디지털 격차 해소는 물론 AI 돌봄 로봇 등을 확대하고, 관련 혁신 기술의 R&D와 활용 연계 등을 위해 고령 친화 산업 생태계도 구축해나가야 할 것이다.

복지 시스템 지속 가능성 제고

인구 팽창기에 도입된 현재의 복지 시스템에 대한 점검과 개혁을 통해 지속 가능한 사회복지 시스템을 구현해야 한다. 고령사회는 고령 세대에 국한된 문제가 아니라 모든 세대와 관련이 있다. 고령인구의 증가는 곧 이들을 부양하는 생산연령인구의 감소를 의미하며, 사회적인 부양 부담을 증가시킨다. 따라서 복지 시스템의 지속 가능성은 노인의 건강·소득수준의 변화, 노인의 사회참여 욕구 등을 고려한 사회보장제도 전반의 큰 변화를 의미한다. 여기에는 복지 시스템의 수혜 대상인 노인의 기준 연령을 재검토하는 사회적 논의도 포함될 것이다. 그러나 기준 조정은 노인 빈곤율, 정년 연장, 임금 체계, 연금 개혁 등의 난제와 얽혀 있다. 따라서 긴 안목으로 충분한 사회적 논의와 사회적 대타협을 이루어가야 할 것이다.

초고령사회의 행복

초고령사회가 된다는 것, 즉 고령인구가 많아진다는 것은 전통적인 의미의 노인 돌봄 대상자가 많아진다는 것을 의미하기 때문에 한국의 급속한 인구 고령화는 사회적 위험이다. 그러나 신속하게 정책을 도입하고 혁신할 수 있는 사회적 역량을 보탠다면, 베이비붐 세대처럼 교육·건강 수준이 높은 신노년층의 등장이 우리 사회에 새로운 기회 요인이 될 수도 있다.

이를 위해서는 명확한 비전과 방향성을 유지하면서 정책을 안정적으로 일관성 있게 추진하는 것도 중요하지만, 고령사회 대응이 '모든 세대가 공존하며 행복하게 사는 방법을 찾아가는 여정'이라는 인식 또한 중요하다. OECD의 더 나은 삶 지수Better Life Index에 의하면, OECD 회원국 41개국 중 한국의 순위는 일본 30위보다 낮은 32위(1위 노르웨이, 2위 아이슬란드, 3위 스위스)에 불과하다.[120] 더 나은 삶의 지수는 국가별 행복 수준이나 삶의 질 수준을 의미한다. 국민의 행복 수준은 나이에 따라 다르며, 아동-청소년-청년-중장년-노년 순으로 만족도가 하락하는 경향이 있다. 고령인구가 다수인 초고령화사회에서 이들 고령인구의 행복에 관심을 가져야 국민 전체의 행복 수준을 높일 수 있을 것이다.

지방 소멸을 막는
지속 가능한 로컬 전략

예측한 시기보다 더 빨라진 2020년, 우리나라는 출생아 수가 사망자 수보다 적은 데드크로스를 처음 경험하면서 인구가 감소하는 시대를 맞이했다. 앞으로 10년 후 우리나라가 인구절벽에 직면할 것이라는 우려는 현실로 다가오고 있다. 그런데 이러한 어려움이 전 국토 공간에서 고르게 발생하는 것이 아니라 지방 중소 도시, 농촌, 어촌 등지에서 더욱 심각한 위기 상황이 초래되고 있다.

지방의 인구 위기는 저출생에 따른 인구 자연 감소 때문만이 아니다. 지방 인구 유출이라는 사회적 이동에서도 기인한다. 우리의 저출생 속도, 청년층의 수도권 쏠림, 수도권과 지방의 양극화, 지역 격차는 그간의 균형 발전 정책에도 심각한 수준이다. 지금처럼 인구 위기를 제대로 관리하지 못했을 때 장차 위기의 성격이 바뀌면서 더 큰 위기로 번질 가능성에 대비해야 한다. 인구 위기는 단순히 생산연령인구의 감소나 취약한 지역의 경제 위기에 한정되지 않는다. 국가의 지역 시스템은 유기체이다. 한 지역의 인구 위기는 다른 지역으로 파급되면서 예상치 못한 전체 시스템의 위기를 초래할 수 있다. 더욱이 인구 감소와 지방 소멸 위기가 앞으로 가속될 것으로 전망됨에 따라 미래 대한민국의 지속 가능한 발전 전략을 마련하기 위한 전 사회적 대응이 필요하다.

지방 소멸 대응 정책 패러다임의 전환

지방의 인구 규모, 구조, 그리고 이동 패턴 모두 급격히 바뀌고 있는 상황에서 그동안 추진해온 출생률 제고 위주의 인구 사회 정책만으로는 지방 소멸 위기에 대응할 수 없다. 정책의 패러다임 자체를 전환하는 것이 불가피하다.

무너진 지방의 '인구 댐'

인구의 데드크로스 시점 분석 결과, 2022년 기준 229개 기초 지자체 중 89%인 203개 지역에서 절대 인구가 감소하는 '인구 데드크로스'를 경험한 것으로 나타났다. 아직 인구 데드크로스가 도래하지 않은 26개 지역은 수도권과 지방 대도시가 대부분이며, 비수도권 중에는 천안시가 유일하다. 데드크로스의 수준도 심각하다. 전남 곡성군의 경우 1명이 태어날 때 12.2명이 사망한 것으로 나타나는 등 절대 인구의 감소세가 심각하다.[121] 지속적 유출에 의한 사회적 감소뿐만 아니라 코로나19 이후 출생아 수 대비 사망자 수가 높아지면서 자연 감소 역시 지방 인구 감소의 주된 요인으로 작용했다.

인구 감소 규모뿐만 아니라 속도도 문제이다. 비수도권 지자체 A의 경우 인구가 1966년 17.7만 명에서 2023년 4.9만 명으로 72%가 감소하는 데 57년이 소요됐다. 그러나 앞으로 3만 명으로 감소하는 데는 수년밖에 걸리지 않을 것으로 예측된다. 비수도권 지자체 대다수가 소요 시간에 차이는 있지만 추세는 크게 다르지 않을 것이다. 그런데 지방의 현저한 인구 감소는 자립 기반 자체를 와해할 수 있다. 지방 소멸 대응에 관한 백가쟁명식의 다양한 주장과 처방 아이디어가 제기되는 까닭이다. 소멸 위기에 대응하기 위해서는 성장 중심의 과거 정책의 패러다임부터 전환해야 한다.

저출생과 초고령화, 그리고 청년들이 수도권과 대도시로 떠나면서 맞이한 지방 소멸 위기는 앞으로 상당 기간 반전시키기 어려울 것으로 예측된다. 그동안 지방은 '인구 댐' 역할을 수행해왔으나 코로나19 이후 자연 감소가 증가하면서 더는 인구 댐 역할을 지속하기가 곤란해졌다.

2000~2022년 합계출산율이 높은 지자체와 낮은 지자체를 비교한 결과, 상위 10개 지자체는 모두 군 단위이고 합계출산율이 증가한 지자체도 있었다. 반면 하위 10개 지자체는 대부분 수도권과 지방 대도시로 나타났다. 예를 들어 전남 영광군(1.80명)은 합계출산율이 가장 높은 지자체로 서울의 관악구(0.42명)보다 약 4배 이상 높았다. 비수도권의 지자체들은 높은 출산율에도 수도권으로의 청년 유출이 이어지면서 소멸 위기에 놓였다는 의미이다.

이와 달리 수도권과 지방 대도시의 합계출산율은 지난 20여 년간 비수도권 지자체와 비교해 현저하게 낮았는데, 인구밀도가 높은 도시에서 흔히 나타나는 생애 전략, 즉 재생산보다 자신의 생존 본능이 더 높은 인구학적 현상을 그대로 적용해볼 수 있다.[122]

인구 감소 추세에 맞춘 지역 발전 전략

인구가 성장했던 시기의 지역 발전 전략은 더는 유효하지 않기에 그간 성장 중심의 지역 발전 전략이 이뤄낸 성과와 한계에 대해 깊이 있게 성찰해야 한다. 먼저, 인구가 성장하던 시대의 지역 발전 정책이 대규모 산업 단지 조성 등 인구와 산업의 성장 거점을 육성하고 물리적 인프라를 확충하는 전략 위주로 전개됐다면, 인구 감소 시대에는 인구 변화에 적응하면서 지역 주민 삶의 질 향상에 초점을 두어 유휴 시설 활용, 생활 서비스 제공 등을 중심으로 하는 전략이 필요하다. 즉 인구가 줄어드는데도 지역 수요에 걸맞지 않은 물리적 인프라는 재정적 여건과 자원의 비효율적 배분을 악화시킬 수 있으므로 지역 주민 삶의 질 제고를 위한 지역 발전 정책을 마련해 인구 유출을 방지하고 정주 여건을 개선하는 전략을 펴는 것이 바람직하다.

특히 인구의 양적 측면에 매몰돼 인구 감소를 부정적 요소로만 바라보기보다는 기회로 전환할 수 있는 요인을 찾아 전략을 수립하는 방식을 취해야 한다. 지방 소멸 위험이 큰 지역은 노동력 부족이 문제가 되지만, 혁신 기술을 활용해 생산성을 높이는 식으로 새로운 돌파구를 찾는 방안도 검토할 수 있을 것이다.

지역 주도의 맞춤형 전략

지금까지의 지역 발전 전략이 기존의 사회경제 시스템을 유지한다는 전제에서 지역의 인구 규모 유지에 초점을 맞췄다면, 이제는 인구구조 변화에 맞추어 기존 시스템을 개선하려는 노력도 필요하다. 지속적인 저출생 등 시대적 흐름은 인구 감소를 필연적으로 수반할 수밖에 없다. 따라서 이러한 흐름을 상수로 설정해 미래전략을 수립하되 사회의 시스템이 대응할 수 있도록 변화 속도를 둔화하기 위한 노력을 병행해야 한다.

이를 위해서는 무엇보다 중앙정부와 지자체의 역할부터 재정립해야 한다. 출생률을 제고하기 위한 지자체 간 출혈 경쟁은 제로섬 게임이나 마찬가지이다. 중앙정부는 출생률 제고를 위한 인구 사회 정책을 주도하되, 지자체는 도시와 농산어촌 등 지역 특성에 맞는 소멸 대응 정책을 추진해야 한다. 이를 위해서는 정책 조합policy mix, 즉 인구 사회 정책과 지역 발전 정책을 아우르는 협업과 융합이 필수이다.

지방 소멸 위기에 대응하는 전략과 과제

중앙정부 주도의 획일적 정책 대응 방식으로는 현장의 다양성과 정책 수요 변화에 적절히 대응하는 데 한계가 있다. 따라서 지방의 주도성을 확보하는 것이 중요하며, 중앙정부 의존적인 지역 정책의 관행도 개선해야 한다. 나아가 지방의 현실을 공유하고 소멸 위기에 대응하는 과정에서 사회적 공감대를 높여야 한다. 이런 공감대가 형성돼야 살기 좋은 지역을 만들기 위한 더 구체적이고 현실적인 방안을 모색할 수 있을 것이다.[123]

어디서나 전 생애에 걸쳐 건강하게 살 수 있는 환경 조성

지방 소멸의 근본적 원인이자 해결책은 저출생 극복이다. 절대적으로 낮은 저출생 상태가 계속되는 한 지방 소멸을 막을 수 없다. 그런 점에서 저출생 흐름을 최대한 둔화하기 위해서는 대한민국 전체를 살기 좋고 행복한 지역으로 만들어야 한다. 즉 필수적인 생활 인프라의 지역 간 격차로 인한 생활 불편을 최소화함으로써 어디서나 적정 수준의 삶을 누릴 수 있어야 한다.

예를 들어 출산과 보육 여건을 개선하기 위해서는 출산 장려 국가책임제를 도입해 국가와 지방의 역할을 재정립하고, 공공 산후조리원과 국공립 어린이집 등 출산과 보육 인프라를 갖춰야 한다. 또 학령인구의 유출을 방지하기 위해서는 교육 기반 확충, 농산어촌 유학 활성화, 도-농 교류 및 체험 프로그램 확대, 방과 후 학교 특성화 교육 지원, 지자체-기업-대학 간 협력 프로그램 운영 등을 실효적으로 지원해야 한다. 또 의료·건강 인프라를 조성하기 위해서는 재택 진료 및 방문 치료 사업 확대, 마을 주치의 제도 도입과 지역사회에서 계속 거주하는 삶 기반 마련, 한국형 건강 마을K-CCRC, K-Continuing Care Retirement Community 조성이 요구된다. 전 생애에 걸쳐 어디서나 행복하게 지내는 것이 가능한 지역이라면 수도권 집중 현상을 완화할 수 있을 것이다.

매력적 공간 창출로 생활 인구 확보와 유연 거주 활성화

가임 여성 인구나 출생아 수의 절대 규모가 줄어들고는 있으나 지방은 여전히 도시보다는 상대적으로 출생률이 높다. 그러나 서울과 수도권이 주는 기회와 잠재력을 찾아 이주하면서 지방 소멸 위기가 더해지고 있다. 따라서 지역다움localism과 개성이 있는 매력적인 공간을 조성해 정주 인구뿐만 아니라 체류 인구 등 생활 인구를 확충해가야 한다.

특히 코로나19 이후 재택근무가 확산하고 4도 3촌, 한 달 살기, 워케이션 등 라이프스타일이 변화했으며, 평생 한곳에서 살던 사회place-bound tradition에서 인생주기와 추구하는 삶의 목적에 따라 생활공간을 변화시키는 사회time-bound tradition로 빠르게 전환되고 있다. 이런 맥락에서 다지역 거주, 복수 주소제 도입 등 유연 거주 촉진을 위한 제도를 마련해야 하고, 1세대 2가구 중과세 감면 확대나 빈집 리모델링 지원 등이 필요하다. 프랑스는 농촌 등 지방을 매력적인 공간으로 조성해 생활 인구를 확대하기 위해 '제3의 장소'* 프로그램을 추진 중이다.[124] 일본은 이주나 관광이 아닌, 지역과 계속적이고 다양한 형태로 관계를 맺고 지역 문제 해결에 도움을 주는 관계 인구 시책을 추진하고 있다. 〈제3차 국토형성계획〉(2025~2034)에서 관계 인구를 코로나19 이전에 비해 향후 10년 동안 2배 이상 확대하겠다는 계획을 발표했다.[125]

지역 자원과 디지털 기반의 생산·소득 및 일자리 확충

지방에서 수도권으로 이동하는 사유로는 교육과 취업이 여전히 높은 비율로 조사된다. 지방에서 정주 인구가 유출되면 정주 인구의 소비액에 해당하는 구매력이 저하하고 결국 지역 경제가 위축된다. 따라서 지역 특산물의 부가가치를 높이고, 스마트팜이나 스마트팩토리 같은 디지털 전환으로 지역 산업의 기반을 고도화해야 한다. 지역 특산물에 대한 도시민의 구독경제 활성화로 도농 교류와 기업의 지방 이전이나 인력 교류를 촉진하고, 유휴 시설을 활용한 워케이션 시설을 운영해 재택근무와 원격근무가 가능한 스마트 인프라를 구축해야 한다.

미국의 도시경제학자 리처드 플로리다Richard Florida도 코로나19 이후 기업의 본사 입지가 대도시 중심부로의 집중과 교외로의 분산이 동시

• 미국의 도시사회학자 레이 올든버그가 《제3의 장소》에서 제시한 제1의 장소, 제2의 장소, 제3의 장소를 토대로 한다.

에 진행될 것으로 전망하면서 기업 본사가 대도시 중심부에 머물더라도 백 오피스back office 같은 형식으로 위성 오피스를 구축해 원격근무와 쾌적한 주거 환경 선호 추세에 대비할 필요가 있다고 주장한 바 있다.

인구변화를 고려한 공간 계획과 데이터 기반의 정책 수립

지역 인구가 감소하면 기존의 공공 서비스를 유지하는 것이 곤란한데, 일부 서비스와 생활시설은 규모의 경제에 의해 제공되기 때문이다. 이전 행정구역 단위의 서비스 제공이 아니라 서비스 범위와 기준을 재검토해 인구변화를 반영하는 공간 계획을 수립해야 한다.

쇠퇴하는 지방 중소 도시, 농어촌 등 지역 간의 기능적 연계를 유지하고 의료, 문화, 사회 서비스 등에 대한 접근성을 높이기 위해서는 거점별 적정 입지와 연계가 중요하다. 서비스별 도달 범위, 주변 지역의 인구 규모, 공간상 거리, 교통 조건 등을 고려한 생활권 중심의 거점 지역 육성과 주변 지역과의 연결성 강화가 필요하다.

실제로 지방자치단체의 공공시설 운영 실태를 보면, 운영 수익보다 비용이 더 많아 적자를 내는 경우가 허다하다. 지방의 재정적 여건과 자원의 비효율적 배분을 더 악화시킬 수 있음은 물론이다. 이러한 결과는 인구가 감소하는 추세와 맞지 않는 대규모의 문화·체육·복지시설 등 물리적 인프라의 건립에서 비롯된다. 따라서 확장과 팽창에 익숙했던 기존 사업 추진 방식에서 벗어나 지방 현장과 지역다움에 토대를 두면서도 실증 데이터를 기반으로 한 정책 결정 시스템을 갖춰야 한다.

인구 감소 시대에 맞춰 규제 개선

지방의 인구 감소 속도가 이미 놀라울 정도인데, 인구 성장기에 제정된 법제가 지역 발전을 저해하거나 걸림돌로 작용하는 사례도 늘고 있다. 예를 들어 귀농인 자격 기준(연령), 보건진료소 설치 기준(인구), 농어촌 민박 기준 등을 조정하고 유연 거주 활성화를 통해 인구가 감소하는 시대에 걸맞은 지역 발전 시스템을 갖춰야 하며, 불합리한 상황을 초래하는 규제를 개선하는 것도 시급하다.[126]

다인종·다문화 사회의
새로운 이민정책

이민정책은 한국 사회가 지향하는 바를 한눈에 보여주는 결정체이다. 인구정책과 달리 이민정책은 해외 인구를 국내로 유입시키는 것에서 끝나지 않고, 한국 사회가 유입된 사람들과 어떤 관계를 맺는지, 그 '법적 지위'를 결정하는 것까지 포함한다. 법적 지위에 따라 이민자가 수용국 사회에서 누릴 수 있는 권리와 준수해야 하는 의무의 범위가 달라지는데, 이 범위를 결정하는 것 역시 이민정책의 영역으로 볼 수 있다.

이민정책의 중요성

저출생과 고령화로 요약되는 인구구조 급변에 대응하는 방안 중 하나로 국내로의 이민 확대에 대한 관심이 증가하고 있다. 물론 해외에서 생산연령층 인구를 받아들여 인구구조가 변화하는 속도를 늦출 수는 있겠지만, 인구의 유입과 정착은 다양한 사회경제적 파급효과를 가져올 수 있기에 생산연령인구 공급 차원에서만 이민정책을 바라보아서는 안 된다. 이민자들도 수용국 사회에 정착하면 고령화를 통해 결국 피부양 인구가 되기에 이민이 인구구조 변화의 해결책은 아니다.

이민정책이 중요한 이유는 이주 배경 인구(본인 또는 부모 중 적어도 1명이 출생 시 또는 현재 외국 국적인 사람)의 구성, 나아가 전체 인구의 구성에 영향을 미치는 주요 요인 중 하나이기 때문이다. 즉 이민정책은 인구의 다양성을 관리하는 정책이기도 하다.

해외 인구는 출신국, 성별, 나이, 학력 등에 따라 다양한 특성을 띠기 때문에 국내 유입에 따른 긍정적 사회경제직 효과가 예상되는 집단을 우선 대상으로 하는 것이 국가 차원의 합리적 의사 결정이라고 볼 수 있다.

그러나 정부가 외국인의 유입을 완벽하게 통제하고 관리하는 것은 쉽지 않은 일이며, 국제 이주에 영향을 미치는 요인은 개인 수준부터 국가 수준까지 다양해서 정부가 의도한 대로 이민의 흐름이 관리되는 것도 아니다. 또 국제사회의 일원으로서 한국 정부가 준수해야 하는 국제 규범에서 벗어난 의사 결정도 지양해야 한다. 그럼에도 정부는 일정 정도 이민자를 '선발'할 여지가 있고, 이러한 선발의 원칙과 내용, 절차 등이 이민정책의 핵심 요소이다.

사회의 새로운 구성원,
외국인 이주민과 이민자의 증가

국내 체류 외국인의 수는 계속 늘어날 것으로 보인다. 법무부의 〈출입국·외국인정책 통계월보〉에 따르면 2024년 5월 기준, 국내 체류 외국인 규모는 약 243만 명이다. 지난 2007년 처음으로 100만 명을 넘어선 이래 2016년에는 200만 명을, 또 2019년에는 250만 명을 돌파한 바 있다. 코로나19 팬데믹으로 다소 주춤했지만, 2022년부터 다시 증가 추세로 전환됐으며, 대한민국 전체 인구의 5%에 육박하는 규모이다.

통계청이 2023년 발표한 〈2022년 기준 장래인구추계를 반영한 내·외국인 인구추계〉에서도 국내 체류 외국인은 2022년 3.7%에서 2042년 5.7%로, 만약 이 수치에 이민자 2세나 귀화자 등까지 더하면 그 비중은 2022년 4.3%에서 2042년 8.1%로 증가할 것으로 예측됐다. 통상 한 나라의 외국인 비율이 5%를 넘는 경우 다문화사회로 본다는 점에서 우리 사회 또한 본격적인 다인종·다문화 사회 진입을 코앞에 둔 셈이다.

그런데 이처럼 다인종·다문화 사회로의 변화와 달리 한국 사회의 수용성은 여전히 높지 않은 편이다. 여성가족부가 3년마다 실시하는 '국민 다문화 수용성 조사'에 따르면, 우리나라 성인의 다문화 수용성 지수는 2021년 52.27점을 기록했다. 2015년(53.95점), 2018년(52.81점)보다 더 떨어진 수치이다. 이는 다문화 수용성이 크게 개선되지 않고 있음을 말해준다. 실제로 '인종·종족·문화적 다양성 확대가 국가의 경쟁력에 도움이 된다'는 항목에도 38.1%만 동의했다. 또 다른 조사에서도 달라지지 않는 인식을 확인할 수 있는데, 한국행정연구원이 해마다 실시하는 '사회통합실태조사'에 따르면, '외국인 이민자·노동자를 사회 구성원으로 인정하지 않는다'는 응답 비율이 2013년 약 9.8%에서 2022년 약 10.0%로 나타나 10년 가까운 시간 변화에도 크게 바뀌지 않은 것을 알 수 있다.

하지만 인구가 감소하고 있는 한국 사회에서 내국인과 달리 외국인 이주민의 증가는 국가 및 지역 단위에서 경제, 사회, 정부 재정 등 다방면에 상당한 영향을 끼칠 것으로 예상된다. 따라서 이들이 생산 현장에 미치는 영향, 국가와 지역 경제에서 소비자로 미치는 영향, 중앙과 지방 정부 재정 측면에서 납세자인 동시에 공공 서비스 수요자로 미치는 영향, 그 밖에 이들 때문에 발생할 수 있는 사회현상에 관한 파급효과를 다각적으로 분석·예측할 수 있어야 한다. 특히 노동력 보완을 위한 단순한 정책이나 한국 사회로의 일방적 동화주의 관점에서 벗어나 이민자와 내국인 간 상생과 통합 관점에서 사회적 인식을 개선하고 공감대 형성을 함께 고려하는 정책으로 패러다임을 전환해야 한다.

이민정책과 사회정책은 어떤 방향을 취해야 할까?

그렇다면 이민에 따라 인구의 다양성이 증가한다는 것은 사회정책 측면에서 어떤 의미를 시사할까? 기존의 인구학적 특성인 성별이나 나이 외에도 '이주 배경'이 또 다른 정책 지표가 될 수 있음을 의미한다. 인구정책 관점의 이민정책은 인구를 보충하기 위해 이민을 받아들여야 한다는 단순 논리를 넘어 인구의 다양성을 인식하고, 다양한 배경을 지닌 사람들이 사회에 편입하는 과정에서 차별을 경험하지 않고, 개인의 역량을 온전히 발휘할 수 있어야 한다는 관점이 반영돼야 한다.

최근에야 인구문제에 대응하는 방식으로 이민정책을 논의하고 있지만, 이미 한국에서는 오래전부터 해외로부터 인구가 유입됐고, 그중 일부는 한국 사회의 일원으로서 우리와 생활하고 있다. 예를 들어 화교가 몇 세대에 걸쳐 한국에서 생활해왔고, 이 가운데 많은 이들은 한국 국적을 취득해 한국인으로 살아가고 있다. 화교가 국내에 정착하는 과정에서는 이들을 포용하는 국가의 사회정책이 없었고, 이들은 차별의 대상이 되기도 했다. 물론 화교의 존재로 2002년 국내 외국인 체류 자격에 '영주'라는 개념이 도입됐다는 점에서 이들은 국내 이민정책의 변화에 중대한 영향을 미친 집단임은 분명하다.

화교를 제외하고 국내에서 오랫동안 생활해온 이민자들은 크게 2개 집단으로 구분할 수 있다. 한국인과 가족관계 형성을 토대로 한국에서의 생활 기반을 마련한 소위 결혼이민자, 그리고 1980년대부터 일자리를 찾아온 중국 출신 동포(한국계 중국인)가 이에 속한다. 이 2개 집단은 지난 30년간 꾸준히 국내로 유입됐다.* 그동안 이들을 대하는 정부의 태도는 상당히 달랐다. 먼저 전자인 결혼이민자와 관련해서는 2008년 〈다문화가족지원법〉이 제정돼 결혼이민자와 그 가족을 위한 각종 지원이 이뤄졌다. 결혼이민자는 한국인의 배우자이자 한국인의 양육자이기 때

---

* 1993년 한국 국적 남성과 외국 국적 여성의 혼인 건수는 3,109건이었는데, 2005년 3만 719건으로 10배 정도로 급증했고, 2023년 기준으로는 1만 4,710건으로 다시 줄어들었다. 반대로 한국 국적 여성과 외국 국적 남성의 혼인 건수는 1993년 3,436건으로 한국 남성-외국 여성 혼인 건수와 비슷한 수준으로 출발했고, 마찬가지로 2005년 1만 1,637건으로 최고치를 기록했으며, 2023년 5,007건으로 감소했다(통계청 KOSIS '외국인과의 혼인 건수').

문에 정부의 우선 정책 대상이 됐다. 물론 결혼이민자의 한국 사회 편입과 통합을 위한 무차별 정책(사회경제적 지위와 무관하게 국제결혼 가족에 대한 차별 없는 지원을 의미)이 '역차별' 논란을 불러일으키기도 했다. 그러나 특정 지원이 과도하다는 주장 역시 관점의 차이에 따른 것일 수 있다. 누군가는 결혼이민자 가정을 방문해 한국어 등을 교육하는 것이 서비스의 접근성을 높이는 방안이라 주장할 수 있고, 누군가는 교통약자도 아닌 이들에게 이러한 서비스를 제공하는 것은 과도하다고 볼 수도 있다. '다문화가족'에 대한 국민임대주택 특별 공급 혜택에 대해서도 마찬가지로 의견이 엇갈릴 수 있다.

이에 반해 지난 30여 년간 국내 노동시장에서 유연한 노동력을 제공했던 중국 출신 동포들은 대부분 사회정책으로부터 소외됐다. 국내 노동시장 보호를 위해 이들에 대해 정부가 철저한 체류 관리를 하면서 많은 중국 동포가 체류의 안정성조차 확보하기 어려웠던 게 사실이다. 하지만 관련 정책이 달라지면서 중국 동포들도 오랜 기간 국내에 거주할 수 있게 됐다. 그런데 이러한 배제의 관점은 중국 동포만의 특수한 문제에 그치지 않을 수 있다. 앞으로도 경제 활성화 등을 위해 해외에서 취업 목적 이민자가 계속 유입되고 이들 중 일부가 정착 경로를 밟는 과정에서 사회적으로 배제된 또 다른 집단이 형성될 가능성이 있는 것이다.

이처럼 인구구성이 다양해진다는 것은 기존 자원 배분에서 또 다른 층위의 고민과 논의가 필요하다는 것을 의미한다. 따라서 한국 사회에서 오래 살아왔음에도 각종 법과 제도로부터 배제된 집단이 있는지, 실제 접근성에 장벽이 있는지 파악하고, 이를 개선하는 방안을 마련해야 한다. 한국 사회에 상당한 기여를 할 것으로 기대되는 이민자 집단을 유치하기 위해서는 때에 따라 적극적인 사회정책이 필요할 수도 있다. 예를 들어 해외 인재들이 가족 단위로 국내에 이주하는 것을 꺼리는 이유 중 하나로 자녀 교육 문제를 꼽기도 하는데, 이들의 가족 단위 정착이 정책의 우선순위라면 국제학교 설립 등 교육제도 개선 방안을 고민할 필요도 있을 것이다.

해외 사례의 시사점

최근 한국과 일본의 이민정책 변화를 살펴보면 닮은 점이 상당히 많다는 것을 알 수 있다. 2023년 일본 정부는 2033년까지 외국인 유학생 40만 명을 유치하겠다는 발표를 했고, 같은 해 한국 정부도 2027년까지 30만 명을 유치하겠다는 계획을 발표했다. 주목할 점은 양국 모두 유학생 정책을 단순히 교육정책 차원에서만 바라보는 것이 아니라, 인력 활용과 관련된 정책의 측면에서도 고려하고 있다는 점이다. 재학 중에는 유학생들이 아르바이트로 생활비를 벌 수 있도록 하면서 이들을 유연한 노동력으로 활용하고, 졸업 후에는 취업을 통해 유학생의 인적 자원을 활용하도록 하는 것이다.

한국과 일본의 외국인 취업(고용) 관련 정책도 유사하게 변하고 있다. 한국의 경우 그동안 육체노동 위주의 단순 노무직 외국인의 취업이 활발했던 데 반해 일본에서는 전문직 종사자를 제외하고는 취업을 허용하지 않겠다는 방침을 고수하면서 '실습'이라는 명목하에 외국인을 인력 부족 사업장에서 활용해왔다. 사실상 일을 하는 근로자를 실습생으로 간주한다는 점에서 일본 내에서 기능 실습제에 대한 비판이 있었는데, 최근 일본 정부는 외국인 고용에 관한 정책 개편을 준비하고 있다. 다소 차이는 있지만, 한국과 일본 모두 학력이나 공인된 자격증으로 증명되지는 않아도 특정 분야에서 오랜 기간 현장 경험을 쌓은 '숙련 인력semi-skilled'에 대한 수요가 증가하는 추세이고, 결국 동일한 인력 풀을 두고 양국이 경쟁하는 상황에 놓일 것으로 예측된다.

한국이 외국인 고용허가제를 도입할 당시 참고로 했던 '손님노동자Gastarbeiter'라는 제도를 두었던 독일에서도 2000년대 이래 인구구조 변화라는 난제에 직면하면서 이민에 대한 관점이 변화했다. 독일에서는 제2차 세계대전 이후 서독의 경제가 다시 성장하는 가운데 노동력 부족에 대응하기 위해 해외에서 노동자를 불러들였는데, '손님노동자'라는 명칭에서도 알 수 있듯 애초 한시적으로만 독일에서의 취업을 허용했다. 다시 돌아갈 이방인으로만 바라봤고 내국인과 철저하게 분리되는 집단으로 여겼다는 의미이다. 정부가 공식적으로 '이민자 국가'임을 선언하고 이민자 통합의 의지를 보인 것은 2000년대 들어 인구문제에 맞닥뜨린 이후였고, 이러한 독일의 사례는 취업이민자의 가족 단위 이주와 정착에 대한 선제적 정책의 필요성을 보여준다.

EU의 경우, 역내 이동을 촉진하면서 노동력 수급 불균형에 대응해왔는데, 2020년 유럽위원회European Commission가 〈새로운 이주와 비호 협약New Pact on Migration and Asylum〉을 발표하면서 EU 차원의 해외 인재 풀을 구축하기로 합의했다. 이러한 정책 변화의 기저에는 호주나 캐나다 같은 오래된 이민자 국가와 비교해 EU 회원국이 해외 인재 유치에 성공적이지 못했다는 문제의식이 있었다. 유럽위원회는 EU 내 기업들이 해외 인재를 효율적으로 구인하는 것을 목표로 2023년 11월 온라인 플랫폼인 EU 인재 풀EU Talent Pool을 출범시켰다. 개별 EU 회원국 차원에서도 역외 이민 희망자들에게 주요 목적지로 자리매김하기 위한 시도를 하고 있다. 예를 들어 최근 독일 정부는 아시아로 눈을 돌려 독일이 다른 이민자 국가들처럼 매력적인 이민 목적지임을 홍보하고 있다. 독일 사업체가 필요로 하는 훈련된 노동자들을 베트남에서 유치하기 위해 현지에서 노동자들을 훈련하는 사업을 시범적으로 진행하고 있기도 하다. 인구와 노동력, 기술 부족을 경험하고 있는 세계 각국이 인재를 확보하기 위한 전쟁에 돌입한 듯하다. 이러한 최근의 글로벌 환경 변화는 우리가 원하는 이민자들이 한국이 아닌 다른 나라를 선택할 가능성이 더 커질 수 있음을 의미한다.

바람직한 이민정책 방향과 국가 전략

앞서 이민정책이 인구의 다양성을 관리하는 정책이고, 이민자 선발의 원칙과 내용, 절차는 한국 사회의 지향점을 반영해야 함을 지적했다. 또 단기적 노동 수급에 대응하기 위한 정책만으로는 국가 간 경쟁에서 우위를 점할 수 없고, 예상치 못하게 사회 내 주변화된 집단을 형성할 수도 있다. 이러한 차원에서 향후 이민정책의 중심에는 영주이민이 자리 잡아야 하고, 어떤 사람들이 어떤 경로를 통해 영주권, 나아가 한국 국적을 취득하도록 할지, 그 과정에서 정부는 어떤 사회정책을 펼쳐야 할지에 초점을 두어야 한다.

이민 데이터 축적과 분석의 중요성

호주인구센터가 2023년 발표한 보고서에 따르면, 2006~2007년에 유학생이었던 사람 중 39% 정도가 10년 후인 2016~2017년에는 영주권을 취득했고, 17% 정도가 한시 비자로 호주에 머무는 것으로 나타났다. 또 44% 정도는 호주를 떠났다. 그런가 하면 취업비자로 호주에서 일하던 사람의 67%는 10년 이후 영주권을 취득했다.

이러한 자료는 호주가 그동안 해외로부터 바로 영주이민자를 받아들여왔지만, 한시에서 영주이민으로의 전환이 더욱 활발해지고 있다는 것을 보여준다. 특히 한시이민자(유학생, 취업자, 워킹홀리데이 메이커)가 시간이 지남에 따라 어떤 지위로 호주에 머물고 있는지, 혹은 어느 시점에 호주를 떠나게 됐는지 보여준다는 점에서 이민제도의 운영 방식을 점검할 토대가 된다. 이렇듯 영주이민을 유치하려는 국가들에서는 한시적으로 유입된 이민자들이 어떤 경로를 거쳐 영주권을 취득하는지에 관련된 정보를 수집·분석하고 있다.

반면 현재 한국 정부가 공개하는 행정 데이터로는 국내에 유입된 외국인들이 시간이 지남에 따라 어느 정도 국내에 머물고 있는지 분석할 수 없고, 정부도 이러한 입체적인 정보를 생산해내지 않고 있다. 대중에게 공개된 행정 데이터로 정보를 재구성하면 제한적이나마 정책적으로 의미 있는 결과를 도출해낼 수 있는데, 취업 자격으로 국내에서 일하고 있는 이민자 가운데 영주 자격을 취득해 국내에 계속 머무는 경우는 상당히 적음을 확인할 수 있다.[127]

2023년 말 기준으로 취업 기반 영주 자격자는 총 4,730명이고, 전체 영주 자격자의 2.6% 남짓이다. 이 규모가 취업 자격에서 영주 자격으로 전환하는 비율이 낮다는 것을 의미하는지, 전환한 후 국외로 유출되는 비율이 크다는 것을 의미하는지는 확인하기 어렵지만, 분명한 것은 2가지 모두 인재를 유치하고 유지한다는 정책 목표에 비춰볼 때 부정적으로 평가할 수 있다는 사실이다. 향후 이민정책에 대한 중·장기 계획을 수립하기 위해서는 이민 관련 데이터의 수집, 체계적 관리, 그리고 고도화된 분석에 관심을 기울여야 한다.

이민 1세대를 넘어선 논의 필요성

인재 유인 지표Indicators of Talent Attractiveness를 개발한 OECD는 각국의 현황을 비교해 발표하고 있는데, 인재들의 거주지 선택 시 기회의 질이나 경제적 혜택, 미래 전망이나 기술 환경 외에도 가족 환경이나 포용성, 삶의 질도 중요한 요인이 될 수 있음을 보여준다. 한국의 경우 기술 환경은 전반적으로 양호한 데 반해 기회의 질이나 사회의 포용성은 떨어지는 것으로 분석된다. OECD 지표는 해외 출생자 비율이 높을수록 포용적 사회로 보기 때문에 이민의 역사가 상대적으로 짧은 한국의 점수가 낮은 것은 당연할 수 있지만, 이는 우리에게 분명한 정책적 시사점을 제시한다. 즉 우리가 과학자, 사업가 등 높은 부가가치를 창출하는 이민자를 유치하고자 하지만, 이들을 유치하기 위해서는 이민에 대한 사회 전반의 수용성이 제고돼야 하고, 이는 결국 소수의 이민자만 좇아서는 달성하기 어려울 수 있다는 것이다.

정부는 그동안 산업 현장의 요구에 대응하기 위해 해외에서 '인력'을 도입·활용하기 위한 다양한 방안을 마련해왔다. 하지만 이들의 일상생활이나 가족의 거처, 정착 등에 대한 정책적·사회적 관심은 상대적으로 떨어진다. 많은 취업이민자 중 상당수는 일정 기간 국내에서 일한 후 자신의 본국으로 되돌아가기도 하고, 제3국으로 이주해 가기도 한다. 또 다른 이들은 한국에서 정착하기 위해 노력할 수도 있다. 이들 중 일부는 한국에 배우자나 자녀가 있을 것인데, 특히 한국의 교육을 받고 성장하는, 한국 사회와 문화에 대한 이해도가 높은 이민자의 자녀 세대는 미래 한국의 산업 현장에서 중요한 역할을 할 수 있는 사람들이다. 우리보다 앞서 손님노동자와 그 가족의 통합 문제를 고민해온 독일의 사례에서 확인할 수 있듯 사회 내 '배제된 정주자'의 존재는 사회갈등을 불러오고, 사회 통합을 저해하는 요인이 되기 때문에 향후 인구변화에 대응하는 차원에서 이민에 관한 사회정책의 체계화가 필요한 때이다.

축소 사회의
미래 행정

인구의 규모는 행정 서비스 수요나 공급 등 행정 환경을 결정하는 주요인이어서 인구 감소는 행정 체제의 변화로 이어질 수 있다. 인구 규모가 정점 대비 절반 또는 3분의 2 이상 축소된 지자체가 속출하면서 적정한 서비스 전달 범위와 행정구역 개편에 대한 논의가 불가피해졌기 때문이다. 특히 수도권 인구 집중은 수도권과 비수도권의 발전 격차를 더 벌리고 지역 내 공공·행정 서비스의 효율성과 경쟁력도 떨어뜨리는 요인이 된다. 인구가 줄어들면서 지방행정의 인적·재정적 자원의 감소, 이로 인한 공공·행정 서비스 공급 능력의 축소와 제약, 물적 자산의 유휴화 등으로 이어지기 때문이다.

수도권으로의 인구 집중과 대도시로의 인구 쏠림 현상은 심화될 전망이며, 이러한 인구 쏠림 과정에서 전국적으로 30% 이상에 해당하는 소규모 기초자치단체, 특히 군 지역은 인구 감소와 함께 심각한 인구 고령화로 인한 행정적·재정적 어려움을 겪게 될 것이다. 따라서 행정구역 통합이나 개편, 지방자치단체 간 협력 등을 통해 행정 서비스의 효율성을 높이는 방안을 모색해야 한다.

대한민국 인구의 과거, 현재, 미래

대한민국의 인구 현황을 보여주는 통계청의 인구 상황판을 보면 2024년 기준(추계 인구) 대한민국의 인구는 5,175만 1,065명이다. 60여 년 전인 1960년 인구는 그 절반 수준(약 2,500명)이었다. 그러면 지금으로부터 약 50년 후인 2072년 미래 대한민국의 인구는 어느 정도가 될까? 약 3,600만 명이 될 것으로 추정된다. 60여 년 만에 인구가 약 2배로 늘었다가 50여 년 후에는 현재 인구의 3분의 2 수준이 되는 것이다. 인구 규모는 정체되는 것이 아니라, 2020년 5,184만 명을 정점으로 감소하기 시작했으며 지금도 감소세가 이어지고 있다.

유소년인구(0~14세), 생산연령인구(15~64세), 고령인구(65세 이상) 등으로 구분되는 연령 계층별 구성비는 더욱 심각하다. 1960년의 유소년인구, 생산연령인구, 고령인구는 각각 42.3%, 54.8%, 2.9%로 피라미드 형태의 구조를 이뤘지만, 지금은 각각 10.6%, 70.2%, 19.2%로 항아리 형태를 이룬다. 아직은 생산연령인구가 가장 높은 비율을 차지하고 있지만, 2072년쯤에는 각각 6.6%, 45.8%, 47.7%로 변화할 것으로 예측된다. 즉 고령인구가 가장 높은 비율로 인구의 절반에 육박하면서 역피라미드 형태의 인구구조로 바뀔 전망이다.

이러한 변화는 인구가 계속 늘어날 것이고 이에 힘입어 경제 또한 늘

성장할 것이라는 전제에서 계획되고 실행되던 사회경제적 정책을 전면적으로 재검토해야 한다는 것을 뜻한다.

인구 감소에 대한 2가지 관점

인구 감소 문제는 지방의 인구 감소와 더 밀접하게 연결돼 지방 소멸이라는 우려를 낳고 있다. 대한민국 전체의 인구가 감소 추세로 돌아섰을 뿐 아니라 지방 인구가 서울과 주변 지역으로 이동하면서 발생하는 수도권 인구 집중과 연동돼 지방에는 더욱 심각한 위기 상황을 만들어내고 있다.

이러한 변화가 주는 충격에 대응하는 데 있어, 특히 지방 인구 감소에 어떻게 대처해야 할 것인가에 대해서는 다양한 시각과 논의가 있을 수 있다. 크게 2가지 관점으로 나눠볼 수 있는데, 첫 번째 관점은 지역 인구의 감소를 막아야 한다는 완화mitigation적 관점으로, 인구 증가에 초점을 둔 정책으로 귀결된다. 즉 출생률을 높이고 지역 인구 유출을 막기 위한 정책안, 지역의 경쟁력 제고와 일자리 창출, 정주 여건 개선, 교육 투자 등 지역의 균형 발전 정책이 이에 해당한다.

두 번째 관점은 적응adaptation적 관점으로, 인구를 늘리는 데 초점을 두는 것이 아니라 줄어든 인구에 맞도록 정책과 제도를 발전시키는 데 방점을 둔다. 이러한 측면에서는 감소 중인 또는 감소한 지역의 인구 규모에 맞춘 행정구역·행정 계층 조정, 공공·행정 서비스 공급의 적정성 재검토, 성장 추세 지역 정책의 결과로 유휴화되거나 과잉 공급된 공공 인프라의 재정비 등 압축 도시compact city 전략을 통해 더 효율적인 공공·행정 서비스를 제공하도록 하는 정책이 강조된다.

지방행정 체제의 수립 과정과 현황

지방행정 체제는 지방행정을 구성하는 체제를 의미하며, 〈지방분권 균형발전법〉에서 정의하는 것과 같이 지방행정의 계층구조, 지자체의 관할 구역, 지자체 간 기능 배분의 3가지 요소로 구성된다.

우리나라의 지방행정 체제는 1896년 기존 조선 8도를 확대 개편해 13도 7부 1목 329군의 기본적 지방행정 골격을 형성한 후, 일제강점기의 부·군·면 통합을 거쳐 1949년 정부 수립 초기에 1특별시 9도 19시 139군·구 체제가 확립됐다. 1990년대 시군 통합 등으로 1특별시 6광역시 9도 체제를 유지하다가, 2006년 제주도가 제주특별자치도가 되고 2012년 기존 연기군을 폐지하고 세종특별자치시가 설치됐다. 이후 2023년 6월 강원도가 강원특별자치도로, 2024년 1월 전북이 전북특별자치도로 전환됨에 따라, 현재의 1특별시 6광역시 1특별자치시 6도 3특별자치도 226시군구 행정체제를 유지하고 있다.

1995년 민선 지방자치 출범 후 30여 년간 지방행정 체제에 약간의 변화는 있었으나 행정 환경 변화에도 커다란 변화 없이 이어져왔다고 할 수 있다. 최근 인구 감소와 지방 소멸이라는 위기의식 속에서 행정 계층·구역·기능 등 지방행정 체제 개편에 관한 사회적 논의와 개편 요구가 증대하고 있는 배경이다.

인구 감소에 대한 정부의 정책 방향

인구 감소가 전국적인 위기로 인식되면서 국가적 차원에서 대응하는 정부의 정책이 수립됐고, 그 기조는 최근 20여 년간 이어지고 있는 〈저출산·고령사회 기본계획〉으로 추진돼왔다. 여기에 드러나는 정부의 정책 기조를 일별하면, 〈제1차 저출산·고령사회 기본계획〉(2006~2010)과 〈제2차 저출산·고령사회 기본계획〉(2011~2015)에서는 출산, 육아, 고령화 등에 대한 제도적 지원에 중점을 두었고, 〈제3차 저출산·고령사회 기본계획〉(2016~2020)에서는 제도적 지원 외에 교육 등의 사회 시스템과 저출산·고령화에 대한 사회적 인식 개선, 일자리 창출 등을 강조했다. 현재 진행 중인 〈제4차 저출산·고령사회 기본계획〉(2021~2025)의 경우, 인구구조의 변화에 대한 적응 정책과 지역 소멸 위기를 반영했다는 것이 특징이다. 여기에는 함께 일하고 돌보는 사회 조성, 건강하고 능동적인 고령사회 구축, 모두의 역량이 고루 발휘되는 사회, 인구구조 변화에 대한 적응의 세부 전략 등이 담겨 있다.

인구 감소가 지방자치단체 행정에 미치는 영향

인구 감소와 지역사회 고령화가 지방행정에 미치는 영향을 구체적으로 살펴보면, 우선 재정적 측면의 부정적 여파가 있다. 지방소득세와 재산세 감소, 소득·소비 감소로 인한 부가가치세 감소와 교부금 배정의 악영향, 보건·의료·복지·주거·교통 등 기초 행정 서비스에 대한 지방 재정의 부담 확대 등 결과적으로 지방자치단체의 세입과 세출 간의 불균형이 심화되고, 중앙정부에 대한 의존성도 커지게 된다. 특히 지역사회의 고령화는 더욱 두드러지고 있는데, 이에 따라 노인복지·장기요양 등 고령화 대응 행정 서비스 비용의 증가가 예측되며, 공공시설의 노후화나 유휴화로 인한 재정 부담도 나타날 것이다. 고령층이 증가하는 반면 유소년과 청장년층은 줄어들면서 지방행정이나 지역사회 활동에 대한 주민 참여가 위축돼 사회적 자본 또한 축소될 것으로 예상된다.

인구 감소에 대응하기 위한 지방행정 체제 개편 논의

〈지방자치분권 및 지역균형발전에 관한 특별법〉, 이른바 '지방분권균형발전법'에 근거해 2021년 전국의 89개 시군구가 인구 감소 지역으로 지정됐고, 〈인구감소지역 지원 특별법〉이 2023년부터 시행되면서 지방소멸 대응 기금 설치 및 운영, 지역활성화투자펀드 조성 및 운영, 지역소멸 대응 사업의 확대 시행, 교육·주거·의료 등 인구 감소 지역 맞춤형 특례의 발굴 및 법률 개정 등도 추진되고 있다.

2020년을 전후로 인구 감소와 관련해 완화 전략과 적응 전략을 동시에 고려하기 시작한 셈인데, 지방으로의 권한 위임과 함께 행정구역과 계층구조의 재검토, 지방자치단체 간 연계·협력 방안 모색 등이 이러한 정책 맥락이다. 행정구역과 계층구조의 재검토는 기존 행정구역 단위에서 나타나는 비효율성을 개선하고, 광역과 기초로 나누어진 2단계 행정계층의 유연화를 포함한다. 지방자치단체 간 연계·협력 방안 모색은 메가시티, 인구 감소 지역과 인근 지자체 간 '특별지방자치단체', '행정협의회', '지방자치단체조합 협력 제도' 등의 활성화를 통해 사무 위탁이나 자원의 공동 활용 방안을 모색하는 내용을 포함한다.

지방행정 체제 개편의 기본 방향과 논점

지방행정 체제는 지방자치 및 지방행정의 계층구조, 지방자치단체의 관할 구역, 특별시·광역시·도와 시·군·구 간의 기능 배분 등과 관련한 일련의 체제로 정의된다. 그러나 지역 경쟁력 제고와 공공·행정 서비스 효율화 차원에서 자치단체 간 통합과 기능적 연계·협력이 확대되면서, 전통적인 국가-광역-기초의 계층과 행정구역 및 기능에 관한 구분이 희미해지고 있는 것도 현실이다. 8도제를 근간으로 하는 광역 행정구역과 그에 따른 지방행정 체제는 초광역 행정의 메가시티를 구현하거나 지방화라는 변화에 탄력적으로 대응하기 어렵다는 비판 또한 존재한다.

따라서 행정구역과 계층구조의 유연화, 광역자치단체와 기초자치단체의 기관 구성 다양화나 적절한 기능 재배분 등을 통해 지역의 인구 감소에 대한 대응을 종합적으로 검토해야 한다. 즉 전국의 모든 지방자치단체에서 같은 행정 서비스를 지방자치단체별로 독립적으로 생산하고 전달할 것이 아니라 지역적 특성에 따라 특화된 행정 서비스를 생산하고 전달하는 방식으로 상호 협력 체제를 구축해 지방행정의 효율화를 추구해야 한다. 소규모 기초자치단체의 행정 기능 축소에 대비한 행정의 효율성과 공공·행정 서비스의 유지와 효율성을 확보하기 위한 노력 또한 필요하다.

〈지방자치분권 및 지역균형발전에 관한 특별법〉 제43조는 1항에서 지방행정 체제의 개편 시 반영돼야 할 사항을 규정하고 있는데, ▽지방자치 및 지방행정 계층의 적정화, ▽주민 생활 편익 증진을 위한 자치구역의 조정, ▽지방자치단체의 규모와 자치 역량에 부합하는 역할과 기능 부여, ▽주거 단위의 근린 자치 활성화 등이 그것이다. 지방행정 체제를 개편할 필요성이 어느 하나의 측면에서 발생하는 것이 아니라 여러 요소가 혼재된 만큼 해결 방안 역시 이들 요소를 복합적으로 고려해 마련해야 한다는 것을 뜻한다. 따라서 인구가 감소하는 행정 환경의 변화에 대한 대응 정책도 종합적 관점을 취해야 하며, 이런 맥락에서 기존의 경직된 행정구역과 구역 통합 위주의 개편 전략에서 벗어나 중앙-

광역-기초지자체로 이뤄지는 행정 계층의 유연화, 인구 감소를 반영한 적절한 행정구역의 재구조화, 지방자치단체 간 협력 제도 등 기능적 보완을 중심으로 접근할 필요가 있다.

한편 지방행정 체제 개편을 통해 효율성, 민주성, 통합성, 대응성을 동시에 달성할 수 있다면 가장 이상적이겠지만, 이 과정에서 정치적·행정적·경제적·사회적·문화적 가치 등 상충할 수 있는 여러 가치에 대한 충분한 논의가 우선해야 한다. 이를 위해서는 무엇보다 민의를 대변해야 하는 국회에서 지방행정 체제 개편에 관한 논의를 확장하고 개선 방향을 마련함으로써 인구 감소와 행정 환경 변화에 따른 지방행정 체제 개편에 관한 사회적 요구에 적극적으로 대응해야 한다.

나아가 통상적인 인구 개념인 정주 인구 중심에서 생활 인구 중심의 인식도 지방행정 체제 개편 논의에 포함해야 한다. 최근 교통·통신의 발달과 생활권·경제권의 확대를 토대로 직주 분리 현상도 확장하고 있는 측면에서 이전과는 다르게 지역 거주 인구를 파악해 정책에 반영하는 논의도 이뤄져야 한다.

아울러 데이터 기반의 행정 수요 파악과 정책 마련도 필요하다. 인구의 증감과 행정구역의 면적에 한정을 두는 것이 아니라 구체적인 데이터를 토대로 행정 수요를 정의하고 정량화하는 방안을 연구할 필요가 있다. 이러한 내용을 기반으로 행정조직의 설계, 행정 기능의 재배분, 행정구역의 조정, 행정 계층 적정화 등 구체적이면서도 적확한 행정 공급이 가능해질 것이다.

2

변화에 대처하는 STEPPER 전략

KAIST
FUTURE
STRATEGY
2025

1

사회 분야 미래전략
Society

지능형 알고리즘의
위험과 기회

AI는 이제 컴퓨터 과학 분야를 넘어 기술적 선택과 사회적 관행이 융합된 복잡한 사회기술 시스템으로 자리 잡았다. 특히 생성형 AI가 등장한 이후 많은 국가가 AI를 국가 전략의 중심에 두고 개발 경쟁을 벌이고 있다. 그러나 편향되지 않은 중립성과 개인정보 보호 체계 등을 확보하지 못하면 AI는 인류에게 유용한 도구가 되는 것이 아니라, 상상 이상의 부정적 여파를 몰고 올지도 모른다. 그런 '위험사회'를 만들지 않으려면 AI의 복잡성이 인간의 개입 능력을 초과하기 전인 지금, 위험 요인에 대응할 수 있는 기반을 꼼꼼하게 마련해야 한다.

의료나 사회복지 분야에서 사용되는 지능형 알고리즘은 사회적 영향과 파급력이 크기 때문에 음악 생성에 사용되는 알고리즘보다 훨씬 더 많은 사회적 검토와 관리가 필요하다. 이는 의학·자동차·항공기 산업 등 인간 삶에 직접적인 영향을 미치는 모든 산업에 안전 규제가 존재하는 이유와 같다. 따라서 지능형 알고리즘을 국가나 기업, 소수의 전문가에게만 맡겨둘 것이 아니라, 사회 전체에 영향을 미치는 사회기술 시스템으로 인식하고, 투명하고 설명할 수 있는 안전한 AI로서 인류의 삶에 기여할 수 있게 하는 제도적 틀을 구축해야 한다.

수동형 AI 시대에서 능동형 AI 시대로

그리스신화의 프로메테우스는 제우스의 명령을 어기고 인간에게 불을 가져다주었다. 이 불은 인류에게 다양한 분야에서 문명과 기술을 비약적으로 발전시킬 수 있는 계기를 마련해주었지만, 화재 같은 치명적인 재해를 초래할 수 있는 위험 요소를 내포한다. 지능형 알고리즘 기반의 AI 역시 인류에게 엄청난 혜택을 제공할 수 있는 새로운 도구이지만, 동시에 잠재적인 위험도 포함하고 있다. 중요한 것은 이러한 도구를 어떻게 활용하고 관리해 위험을 통제하면서도 최대한의 혜택을 만들어낼수 있느냐이다.

생성형 AI로 대변되는 AI의 확산에도 현재의 AI는 발전 단계상 수동형 AIpassive AI로 분류될 수 있다. 이는 질문이나 요청이 있을 때만 반응하는 구조를 의미한다. 그러나 머지않아 능동형 AIactive AI로 발전할 것이다. 능동형 AI는 특정 과업 목표가 설정되면 그 목표를 달성하기 위해 스스로 학습하고 행동하는 AI를 말한다. 'AI의 대부'로 불리는 캐나다 토론토대학교의 제프리 힌턴 교수는 "AI가 자율성을 가지게 되면 우리는 그것의 행동을 예측하기 어려울 수 있으며, 이는 우리가 반드시 해결해야 할 중요한 문제"라고 강조한 바 있다. 이는 능동형 AI 단계까지

가지 않더라도, AI의 구조가 너무 복잡해지면 인간이 이를 완전히 이해하기 어려워지고 통제할 수 없는 상황으로 이어질 수 있음을 경고하는 것이다.

지능형 알고리즘이 사람의 개입 없이 규정에 따라 결정을 내리는 자율 기능 기술을 ADMAutomated Decision Making이라고 한다. 실제로 이러한 자동화된 의사 결정 기능은 은행의 온라인 대출 심사에서도 작동하며, 탄소 감축을 위해 아마존이 사용하는 과대 포장 감소 기술 알고리즘에까지 인간의 편의성 증진을 위해 사용처와 적용 범위가 확대되고 있다. 이와 동시에 지능형 알고리즘에 내재된 결함과 취약성, 특히 개인의 프라이버시에 관한 문제점도 실제 상황에서 나타나고 있다.

미국의 경우, 잘못된 안면 인식으로 뉴저지의 한 남성이 절도 등의 혐의를 받은 사례가 있다. 또 백인에게 편향된 의료 검사 알고리즘이 발견됐는데, 이는 백인 남성을 기반으로 데이터 장비를 개발했기 때문에 여성이나 유색인종에게서 이상 징후를 포착하는 데 실패한 경우이다. 아마존의 AI 채용 프로그램도 남성에게 편향된 작동으로 폐기됐는데, 이는 알고리즘의 학습에 사용된 데이터가 남성이 많은 핵심 부서의 고과를 기반으로 했기 때문이다. 그리고 안면 인식 기술이 가장 발전한 중국은 이를 감시 기술로 활용해 권위주의적 정치 체계를 유지하는 도구로 사용하고 있다.

이러한 사례들은 AI의 부정적 영향 중 극히 일부분이며, AI의 적용 범위가 확대되면 취약성 역시 더 확대될 것이다. 따라서 우리는 AI의 발전과 확산 경로를 고려하면서 위험에 대응할 방안을 고민해야 한다.

AI의 발전과 확산

AI에 대한 연구·개발은 70년 이상 이어져왔다. 1950년 영국의 수학자 앨런 튜링이 〈계산 기계와 지성Computing Machinery and Intelligence〉이란 논문을 발표하며 연구의 시작을 알렸고, 1956년 다트머스 학회에서 존 매카시가 처음으로 '인공지능artificial intelligence'이라는 용어를 사용했다. 같은 시기 마빈 민스키는 최초의 AI 기계라고 할 SNARCStochastic Neural Analog Reinforcement Calculator를 설계하고 구축했다. 이후 2015년 알파고의 발표까지 연구는 꾸준히 진행됐다.

그러나 그때까지만 해도 AI는 과학자나 일부 전문가만 사용할 수 있는 한정된 도구로 여겨졌으며, 위험한 업무를 대체하거나 휴먼 에러가 많은 산업 분야에서 사용되며 서서히 확산될 것으로 예상했다. 하지만 이러한 예측은 2020년 11월 챗GPT가 등장하면서 완전히 무너졌다. 2017년 발표된 〈어텐션이 전부다Attention is All You Need〉 논문에 등장한 트랜스포머Transformer 모델은 기존의 알고리즘인 순환신경망RNN, Recurrent Neural Network과 컨볼루션 신경망CNN, Convolutional Neural Network을 능가하는 성능을 보였으며, 이는 전 세계 사람들이 AI의 파워와 유용성, 그리고 가능성에 대해 인식하게 되는 계기가 됐다.

생성형 AI에서 매개변수(파라미터)는 인간의 뇌에서 뉴런과 뉴런을 연결하는 시냅스, 즉 신경세포 접합부와 같은 역할을 한다. 매개변수의 숫자가 늘어날수록 연산력이 강화되고 활용 가능 범위가 넓어진다. 초기 GPT-1의 매개변수는 1억 1,700만 개였고, GPT-3는 1억 7,500만 개였다. 반면 GPT-4는 매개변수가 1.8조 개에 달한다. GPT의 성능과 관련해 예를 들어보면, 2024년 5월 발표된 음성과 시각 서비스가 추가

된 챗GPT 4o 버전은 세계 최고 수준의 개인 영어 교사 역할을 할 수 있다. 영어뿐만 아니라 대부분의 주요 언어를 가르칠 수 있으며, 코칭 및 롤플레잉까지 완벽하게 수행한다. 이외에도 챗GPT는 금융 관리, 언어 번역, 실생활 조언, 휴가 계획, 코딩 지원 등 다양한 편의성을 제공하며, 이는 생성형 AI가 제공할 수 있는 편의성 중 일부에 불과하다. 머지않은 미래에 개인 맞춤형 서비스가 지원되는 AI 비서가 등장하게 되면 생활의 전 영역에서 변화를 가져올 것이다.

생성형 AI의 뛰어난 능력은 대규모 데이터 학습과 트랜스포머 모델 기반의 병렬 처리를 통해 빠르고 효율적으로 데이터를 학습하고 추론할 수 있는 데서 기인한다. 기존 알고리즘보다 매개변수 간의 상호작용과 복잡한 연관성을 이해하는 데 뛰어나며, 다양한 유형의 데이터 형식을 효율적으로 처리하고 통합할 수 있다. 희소한 데이터에서 패턴을 인식하고 추론하는 능력도 갖추었으며, 기존 데이터를 기반으로 새로운 데이터를 생성해 데이터 세트의 크기를 확장하고 모델의 일반화 성능을 높일 수 있다.

이러한 능력으로 생성형 AI는 바이오, AI 팩토리 등 산업 현장과 과학 분야에서도 혁신적인 변화를 일으키고 있다. 생성형 AI의 연산능력과 적용 범위가 확대됨에 따라 생활 편의성 증진을 넘어 각 산업 분야에서 산업혁명을 넘어서는 AI 혁명의 조짐이 나타나고 있다. 생성형 AI에 연산 칩을 제공하는 엔비디아가 미국 주식시장에서 선두권에 올라 주식 랠리를 주도하고 있는 것은 AI 기반으로 전 세계 산업구조가 변화하고 있음을 보여주는 사례 중 하나이다.

AI를 지탱하는 컴퓨팅 파워, 빅데이터, 알고리즘의 3대 요소가 급격한 발전을 지속하면서, AI는 이제 교육, 의료, 법률, 금융 등 전 산업 영역과 인간의 삶에 가장 많은 영향을 미치는 실질적인 도구로 자리 잡아가고 있다.

AI의 부작용에 대한 우려와 규제 강화

AI의 성능과 영향력이 급속하게 확대되면서 혹시 이것이 잘못 사용될 경우 발생하는 위험, 즉 인간의 통제와 제어를 벗어나 걷잡을 수 없는 위험으로 확산하는 데 대한 경고도 이어지고 있다. 챗GPT를 개발한 오픈AI CEO 샘 알트먼은 "AI가 가장 위대한 기술이 될 수도 있지만, 허위 정보 확산에 활용되고 권위주의 정부가 사용함으로써 AI가 악용될 우려가 있다"라고 말하며 제프리 힌턴 교수 등에 이어 AI의 위험성에 대해 경고를 이어가고 있다. 최근에도 "생성형 AI로 인한 가짜 이미지와 텍스트가 너무 많아졌다. 앞으로 인간은 진실과 거짓을 구분하지 못하는 세상을 마주하게 될 것이다. 이 점이 가장 두렵다"라고 강조하기도 했다. 이외에도 빌 게이츠, 일론 머스크 등 많은 관계자가 이러한 경고에 동참하고 있다.

이런 맥락에서 각국 정부와 세계 기구들은 AI에 대한 규제를 강화하는 중이다. 강제력이 없어 비판받았던 유네스코가 2021년에 채택한 AI 윤리 프레임워크부터 EU의 매우 강력한 AI 규제 법안까지 다양한 방안이 제시되고 있다. 그중에서도 의미 있는 몇 가지 법안과 최근의 논의를 살펴보면 AI 통제와 관리를 위해 각 기관이 어떤 부분을 고민하며 중요하게 생각하고 있는지 파악할 수 있다.

예를 들어 2023년 5월 G7 정상회의에서는 AI 규제 방안이 핵심 의

제로 논의됐는데, 이는 AI의 신뢰성과 투명성을 강화하고 인권을 침해하는 활용을 금지하며, 개발과 활용 주체의 책임을 명확하게 하고 생성형 AI를 포함한 저작권 정비를 목표로 했다.

또 미국은 2022년 10월에 백악관에서 '미국 AI 권리장전 청사진'을 발표했다. 이는 AI를 이용할 때 국민의 권리를 보호하기 위한 주요 원칙을 포함했는데, 즉 AI 시스템은 안전하고 공정하게 설계돼야 하며, 데이터 프라이버시를 보호하고, 사용자는 시스템의 작동 방식과 결과를 이해할 수 있어야 하며, 필요할 경우 시스템 사용을 거부하고 문제를 해결해줄 것을 요구할 수 있어야 한다는 원칙을 제시했다. 이러한 노력은 2023년 10월 바이든 대통령의 AI 관련 행정명령으로 이어졌다. 이 행정명령은 안전하고 신뢰할 수 있는 AI 개발 및 배포를 위한 안전지침 수립, 사이버 방어 강화, 지적재산 보호, 의료 분야 감독, 글로벌 AI 리더십과 표준 촉진 등을 아우르는 포괄적인 내용을 담고 있다.

그런가 하면 2023년 6월 14일에 유럽의회가 발표한 'AI 규제 법안AI Act'은 고위험 AI 시스템의 규제, 금지된 AI 사용 사례 명시, 투명성과 책임성 강화, 데이터 관리 기준 강화, 그리고 AI 연구 및 혁신 촉진을 포함해 안전하고 윤리적인 사용을 보장하는 포괄적인 규제 내용을 제시하고 있다. 데이터 관리와 운영 투명성은 물론 개발 회사는 AI에 대한 인간의 감독을 보장하고, 시스템 오작동 시 보고 의무를 갖게 되며, 공공장소에서의 안면 인식 기술 사용 금지, 직장과 학교에서의 감정 인식 기술 사용 금지 등이 포함돼 있다. 또한 이 규제를 심각하게 위반했을 경우, 전 세계 연간 매출의 최대 7%에 달하는 벌금이 부과될 수 있도록 규정하고 있다. 현재까지 발표된 AI 규제 관련 법안 중 가장 넓은 적용 범위와 제재 사항을 포함하는 법안이다.

이 법안은 EU의 강력한 데이터 보호 및 프라이버시 규정인 GDPR General Data Protection Regulation과 일관된 대응 기조를 보여주며, 개인의 데이터 보호와 관련된 권리를 강화하려는 데 목적을 두고 있다.

AI의 부작용을 막기 위한 기술적 대응

각국 정부와 국제기구에서 내놓는 다양한 규제 방안과 별개로 AI의 개발과 운영 단계에서 안정성을 확보하고 강화하기 위한 여러 기술적 연구도 병행되고 있다. 연구되고 있는 주요한 기술 몇 가지를 살펴보면 다음과 같다.

첫째, 근사 삭제 기술이다. 소비자는 개인정보가 무단으로 사용되거나 잘못 사용될 경우 AI 운영 업체에 데이터 삭제를 요청할 수 있다. 그러나 이러한 데이터 삭제는 일반 애플리케이션 데이터 테이블의 셀을 지우는 것처럼 간단하지 않다. 수집된 개인정보는 대규모 기계학습 알고리즘을 훈련하는 데 사용되며, 그 학습 결과는 여러 영역에 걸쳐 재학습되고 반복적으로 사용된다. 따라서 개인정보를 삭제하려면 부정확성이나 편향을 유발하는 특정 데이터 포인트의 근사 범위를 찾아 삭제하거나 수정해야 한다. 즉 잘못 저장된 데이터뿐 아니라 그 데이터 때문에 학습 과정에서 발생한 순차적 영향을 제거하는 기술이 필요하다.

그런데 이러한 일련의 기술을 실행하려면 많은 시간과 비용이 필요하므로 AI 기업은 모델 배포 후 발생할 수 있는 손해를 막기 위해 처음부터 학습에 사용할 데이터를 신중하게 검토할 것이다. 근사 삭제 기술은 AI 기업에 추가적인 책임감을 부여하고 잘못된 데이터 사용을 억제하는 데 도움을 줄 수 있다.

둘째, 감사 에이전트audit agent의 가동이다. 지능형 알고리즘의 평가는 현실적으로 매우 어려운 일이다. 알고리즘의 독점적 성격 때문에 내부를 들여다보며 오류나 편향을 검사하는 것은 현재로서는 불가능하기 때문이다. 이를 해결하기 위해 AI 내부의 감사 기능 작동에 관한 연구가 진행되고 있다. 규제 기관이나 사회가 설정한 규정과 규칙을 잘 수행하는지 감시하고 확인하는 기능인 셈이다. 규정을 위반할 경우 감사 에이전트가 AI 작동을 제약하거나 중지할 수 있으며, 주기적으로 감사 결과를 외부에 보고하는 기능도 제공한다.

셋째, 워터마킹 기술이다. 워터마킹은 디지털 콘텐츠에 고유한 식별 정보를 삽입해 원본을 보호하고 무단 사용을 방지하는 기술이다. 최근 몇 년간 딥페이크deep fake와 합성 미디어가 증가해 콘텐츠가 인간에 의해 생성됐는지 기계에 의해 생성됐는지에 대한 우려가 커지고 있다. 이에 대한 대응책으로 콘텐츠 출처를 명시하는 워터마킹과 탐지 방법 연구가 진행되고 있다. AI 언어 모델에 대한 워터마킹 방법은 아직 초기 단계이지만, 앞으로 실효성 있는 문제 해결 방법이 될 것으로 기대된다. 이러한 기술들은 AI 관련 기업이 원래 목적과 일치하지 않는 용도로 데이터를 모으고 재사용하는 것을 방지하는 데 초점을 맞추고 있다.

안전한 AI의 조건과 설명 '가능한 AI'

AI 위험성의 근원적 이유는 AI의 내부 알고리즘 체계가 블랙박스와 마찬가지이기 때문이다. 즉 인간의 두뇌처럼 입력과 그에 따른 출력만 보이고 내부에서 어떤 일이 벌어지는지 정확하게 알 수 없다. 이렇게 되면 사람들이 자신도 잘 모르는 이유로 신용 점수가 낮게 매겨지거나 행동이 제약받는 결과를 초래할 수도 있다.

이런 근원적인 문제를 해결하기 위해서는 AI가 정보 데이터를 활용하는 과정에서 각 요소에 대한 가중치를 어떻게 사용하고 어떤 내부 알고리즘 절차를 통해 최종 판단을 내렸는지에 대한 정량 분석치를 제공하는 기능을 포함하고 있어야 한다. 다시 말해 안전한 AI를 가능하게 하며 인간이 AI의 통제권을 갖기 위해서는 '설명성explainability'과 '투명성transparency'이 확보돼야 한다.

설명성은 내부 알고리즘에 대한 공개 요청이 있으면 운용 책임 기관이나 기업이 이에 대해 충분히 설명할 수 있어야 한다는 것이다. 투명성은 알고리즘의 작동 기준과 알고리즘이 가동될 때 가중치를 어떤 비율로 두는지 투명하게 공개해야 한다는 것을 말한다. 이것이 투명하게 공개됨으로써 AI에 불공정 감시 혹은 차별과 편견의 요소가 포함됐는지 등을 사용자가 감시할 수 있도록 해야 한다.

이러한 요구에 맞춰 나온 개념이 '설명 가능한 AIeXplainable AI, XAI'이다. XAI는 AI 시스템의 결정을 인간이 이해할 수 있게 설명하는 기술과 방법론을 지칭한다. AI 모델이 특정 결정을 내린 이유를 이해할 수 있도록 설명하는 모델의 해석 가능성과 시스템의 내부 작동 방식을 공개하고 그 과정이 어떻게 이뤄졌는지 명확히 하는 투명성, 그리고 비전문가도 AI의 결정을 쉽게 이해할 수 있도록 설명하는 설명성을 포함한다. 설명성과 투명성을 AI 설계 단계부터 반영해 신뢰성, 공정성, 책임성을 확보하도록 한 것이다. 앞으로 가동되는 모든 AI는 더 많은 개발 비용과 일정 부분의 성능 저하를 감수하더라도 XAI가 필수 요건이 되도록 해야 한다.

　아울러 AI와 함께 살아가는 세상을 만들기 위해 더 고려할 사항을 짚어보면, 첫째는 무엇보다 안전성이다. AI 기술은 안전하고 의도된 대로 설계되고 사용돼야 하며 인간은 안전하지 않거나 비효율적인 시스템으로부터 보호받아야 한다는 기준을 만족시켜야 한다. 이런 의미에서 역시 XAI는 유효한 대안이 될 수 있다. 둘째는 민감한 데이터를 보호하는 일이다. AI에서 사용하는 개인정보는 최소한으로 수집되고 데이터 악용으로부터 보호받을 수 있는 내장된 안전장치를 갖춰야 한다. 셋째는 차별 방지 보장이다. 알고리즘이 차별과 고정관념을 내재하지 않도록 설계되고 형평성 있게 사용돼야 한다는 기준을 만족해야 한다. 넷째는 인간 대체성 보장이다. AI 시스템에 문제가 발생하거나 사용자가 요구할 경우 AI 대신 인간 관리자의 서비스를 받을 수 있는 대체성이 보장돼야 한다.

새로운 형태의 다툼,
디지털 사회갈등

디지털 기술의 진보는 생산성을 높이고 생산방식을 바꾸는 데 그치지 않고 사람들이 살아가는 모습까지 변화시키고 있다. 이 과정에서 2019년 말에 발생한 코로나19는 디지털 기술을 이용한 비대면 상호작용이 더욱 빠르고 광범위하게 확산하는 계기가 됐다.

스마트폰을 손에 들고 디지털 세상과 연결해 SNS로 소통하는 것은 이제 남녀노소 모두의 일상이다. 일상생활에서의 디지털 기술 사용은 온라인 플랫폼을 통해 이뤄진다. 현장field에서 사람과 사람이 직접 만나서 상호작용하던 것을 온라인 플랫폼을 매개로 디지털 방식을 통해 구현한다. 배달 앱을 이용한 음식 주문, 화상회의 앱을 이용한 재택근무, OTT 앱을 통한 미디어 콘텐츠 시청, 메타버스 앱을 통한 소통이 대표적이다.

이처럼 온라인 플랫폼을 통한 일상의 디지털 전환은 사회경제적 상호작용에서 발생하는 거래비용을 줄이고, 디지털을 기반으로 하는 새로운 경험을 가능하게 한다. 대면 접촉에서 발생할 수 있는 감염병의 위험을 원천적으로 차단하고, 남과 만나지 않고서도 온전한 삶을 살아갈 수 있게 만든다. 그러나 그 이면도 존재한다. 사회 환경과 방식이 달라지면서 발생하는 새로운 형태의 다툼, 바로 디지털 사회갈등이다.

온라인 플랫폼과 디지털 사회갈등

온라인 플랫폼은 인터넷에서 여러 주체가 원활하게 상호작용할 수 있도록 만든 응용프로그램 또는 서비스이다. 정해진 규칙을 따른다면 누구나 쉽게 온라인 플랫폼에 자신의 상품과 정보를 등록하거나 타인의 것을 이용·구매할 수 있다. 사람과 사람의 직접적인 상호작용이 온라인 플랫폼을 매개로 하는 간접적인 상호작용으로 바뀐 것이다.

인간의 상호작용이 온라인 플랫폼으로 옮겨 가면서 기존 방식에 기반을 둔 사업자들은 금전적·비금전적 손해를 보게 되므로 변화에 저항하고, 이것이 당사자 간 갈등으로 확대된다. 온라인 플랫폼에서 발생한 새로운 형태의 다툼이 적절한 해결 수단을 찾지 못해 갈등으로 남기도 한다. 이러한 갈등을 해결하기 위해서는 적절한 사회적 규범 또는 법·제도가 필요한데, 현실적으로 규범과 법·제도는 여러 절차와 논의를 거쳐야 하므로 기술 진보의 속도를 따라가지 못한다.

결국 온라인 플랫폼 기술 변화에 상응하는 사회규범 및 법·제도의 공진화co-evolution가 이뤄지지 못해 당사자 사이의 갈등은 사회적 비용을 유발하는 '사회갈등'으로 번진다. 사회갈등이란 민간의 사적 갈등에서 출발하지만, 문제의 심각성과 영향력이 크고 해결이 쉽지 않아 정부나 공공의 공적인 개입이 필요해 궁극적으로 공적 갈등이 된 것을 의미한다.[128]

디지털 사회갈등의 유형과 사례

지금까지 나타난 디지털 사회갈등을 구분해보면, 갈등의 당사자를 기준으로 기존 산업(전통 산업)과 플랫폼 사업자 사이의 갈등, 플랫폼 사업자와 입점 업체(판매자) 사이의 갈등, 입점 업체와 이용자(소비자) 사이의 갈등, 플랫폼 이용자 사이의 갈등으로 유형화할 수 있다.[129]

기존 산업과 플랫폼 사업자 사이의 갈등

플랫폼 이용이 늘어나면서 시장 위축을 경험한 기존 산업과 플랫폼 사업자 사이에서 갈등이 발생한다. 승차 공유 플랫폼 '타다'의 사례가 대표적이다.

타다는 이용자들이 스마트폰 앱을 통해 운전기사가 딸린 11인승 승합차를 호출해 이용할 수 있도록 한 서비스이다. 이 서비스는 차량 공유 업체 '쏘카'의 자회사 'VCNC'가 쏘카에서 렌터카를 빌려 운전기사와 함께 다시 고객에게 대여하는 방식이다. 개정 전 〈여객자동차운수사업법〉 제34조 제2항 및 시행령 제18조는 사업용 자동차를 임차한 자에게 운전자를 알선하는 것을 원칙적으로 금지하지만, 예외적으로 11~15인승 승합자동차를 임차한 사람에게는 운전자 알선을 허용했는데, 타다는 이 예외 규정에 따라 운전자가 딸린 11인승 승합자동차를 빌려주는 서비스를 제공할 수 있었다.

그런데 타다를 이용하는 고객이 증가하자 택시 이용자가 줄어들었고, 이에 택시업계는 타다를 '불법 렌터카·대리기사 호출 서비스'로 규정하고 강하게 반대했다. 타다와 택시 사업자의 갈등이 격화되자 국토교통부는 2019년 8월에 상생발전 실무 기구를 운용했지만, 택시 사업자 단체의 참여 거부로 이해관계자 간의 자발적 조정은 진행되지 못했다. 한편 택시업계는 2019년 2월 타다 관계자를 〈여객자동차운수사업법〉 위반 혐의로 검찰에 고발했다.

표 2 '타다' 관련 〈여객자동차운수사업법〉 개정 내용

개정 전	개정 후
여객자동차운수사업법 제34조(유상운송의 금지 등) ② 누구든지 자동차대여사업자의 사업용 자동차를 임차한 자에게 운전자를 알선하여서는 아니 된다. 다만, 외국인이나 장애인 등 대통령령으로 정하는 경우에는 운전자를 알선할 수 있다. **여객자동차운수사업법 시행령** 제18조(운전자 알선 허용 범위) 법 제34조제2항 단서에서 "외국인이나 장애인 등 대통령령으로 정하는 경우"란 다음 각 호의 경우를 말한다. 1. 자동차대여사업자가 다음 각 목의 어느 하나에 해당하는 자동차 임차인에게 운전자를 알선하는 경우 가~마. (생략) 바. 승차정원 11인승 이상 15인승 이하인 승합자동차를 임차하는 사람	**여객자동차운수사업법** 제34조(유상운송의 금지 등) ② 누구든지 자동차대여사업자의 사업용 자동차를 임차한 자에게 운전자를 알선하여서는 아니 된다. 다만, 다음 각 호의 어느 하나에 해당하는 경우에는 운전자를 알선할 수 있다. 〈개정 2015.6.22., 2020.4.7.〉 1. 자동차대여사업자가 다음 각 목의 어느 하나에 해당하는 자동차 임차인에게 운전자를 알선하는 경우 가~마. (생략) 바. 관광을 목적으로 승차정원 11인승 이상 15인승 이하인 승합자동차를 임차하는 사람. 이 경우 대여시간이 6시간 이상이거나, 대여 또는 반납 장소가 공항 또는 항만인 경우로 한정한다.

이러한 갈등은 택시 사업자의 입장이 반영된 입법을 통해 강제로 수습됐다. 다수의 〈여객자동차운수사업법〉 개정안이 발의됐고, 국회 국토교통위원회가 마련한 대안이 2020년 3월 4일 국회 법제사법위원회에서 수정의결로 통과된 다음, 3월 6일 국회 본회의에서 가결됐다. 개정법의 핵심 사항은 렌터카 사업자가 렌터카를 임차한 자에게 운전자를 알선할 수 있는 예외 사유를 시행령이 아닌 법률 제34조 제2항에 직접 규정하고, 예외적 대상을 축소한 것이었다. 개정법에 따라 기존의 방식으로 영업할 수 없게 된 타다는 결국 2020년 4월 11일부로 '타다 베이직 서비스'를 중단했다.

플랫폼 사업자와 입점 업체 사이의 갈등

온라인 플랫폼을 이용하는 소비자가 증가하면서 판매자는 소비자와의 접점을 만들고 넓히기 위해 개별 상점·홈페이지보다 온라인 플랫폼, 특히 대형 플랫폼을 이용(입점)할 수밖에 없다. 이 과정에서 플랫폼 사업자와 판매자인 입점 업체 사이에 여러 갈등이 발생하게 된다. 대표적인 갈등은 입점 업체가 내는 수수료 때문에 일어난다. 플랫폼 사업자는 초기에는 입점 업체와 이용자 확대를 위해 무료 또는 낮은 수수료로 서비스를 제공하다 일정 시간이 지난 다음에는 수익을 창출하기 위해 수수료를 올리거나, 성능이 향상된 서비스를 만들어 추가 비용 부담을 거부하기 어렵게 만든다.

배달 앱의 경우를 살펴보면, 음식을 판매하는 입점 업체는 광고료, 카드 결제 수수료, 입점 업체 몫의 배달비 등을 수수료로 내야 한다. 이 비용이 음식값의 30% 정도를 차지한다는 분석도 있다. 입점 업체 측면에서는 큰 부담이 아닐 수 없다. 중소벤처기업부가 온라인 플랫폼 입점 업체 978개 사를 대상으로 조사한 온라인 플랫폼 실태 조사에서도 온라인 플랫폼 이용 수수료의 적정성에 대해 66.1%가 부당하다고 응답했고, 광고비에 대해서도 66.0%가 부당하다고 응답했다.[130] 수수료를 더 인상하려는 플랫폼 사업자와 낮추려는 입점 업체 사이의 갈등이 빈번하게 발생한다.

국회와 정부는 지난 제21대 국회에서 온라인 플랫폼 중개 거래 공정화에 관한 다수의 법률안을 발의하면서 제도적 대안을 모색했으나 성과를 거두지는 못했다. 그중 정부가 제안한 '온라인 플랫폼 중개거래의 공정화에 관한 법률안' 내용을 살펴보면, 플랫폼 사업자가 자신의 거래상 지위를 악용해 입점 업체에 부당한 행위를 해서는 안 되고, 플랫폼 사업자가 법을 위반해 입점 업체에 손해를 끼치게 되면 고의나 과실이 없음을 입증한 경우를 제외하고는 그 손해에 대해 배상 책임을 지도록 했다.

입점 업체와 이용자 사이의 갈등

판매자인 플랫폼 입점 업체는 비대면 방식으로 소비자인 플랫폼 이용자와 상호작용하기 때문에 그 과정에서도 갈등이 발생한다. 각종 댓글이나 별점을 둘러싼 갈등이 대표적이다. 온라인 플랫폼에서 제품과 서비스를 구매하는 이용자는 입점 업체의 상품을 직접 눈으로 확인할 수 없기 때문에 앞선 이용자의 댓글과 별점에 의존하는 경향이 크다. 제품 또는 서비스를 경험했던 사람들이 남긴 댓글과 별점이 온라인의 비대면 거래에서 발생하는 정보 비대칭성을 완화하는 기능을 수행하는 셈이다.[131]

대다수 소비자가 자신의 이용 경험을 토대로 평가하고 댓글과 별점을 달지만, 일부 소비자는 이렇다 할 근거 없이 '맛없다' 등의 악성 댓글을 달거나, 0점을 주는 이른바 '별점 테러'를 하는 경우가 있다. 온라인 비대면 거래에서 입점 업체 매출액에 대한 댓글의 영향력이 커지면서 부정적 댓글에 대한 입점 업체의 불만이 많다. 특히 악성 댓글과 낮은 별점이 달리면 입점 업체가 이의를 제기할 틈도 없이 후속 소비자가 그 별점과 리뷰를 보고 구매를 포기하기 때문에 입점 업체의 경제적 피해와 불필요한 감정 소모 등이 발생한다.

지난 제21대 국회에서는 이와 관련해 다수의 '정보통신망 이용촉진 및 정보보호 등에 관한 법률 일부개정법률안'이 발의됐다. 리뷰 작성자의 아이디와 IP 주소를 표시하도록 하는 이른바 리뷰 실명제 도입 법안, 플랫폼 사업자의 리뷰 게시판 운영 중단과 임시조치를 규정한 법안, 플랫폼 사업자에게 악성 댓글의 유통을 막는 의무를 부여하고 자율 규약을 정하며 방송통신위원회가 자율 심의 기구를 지정하는 법안, 악성 댓글로 타인의 영업을 방해하는 자를 처벌하는 법안 등이다. 그러나 이들 법률안은 제21대 국회 임기 만료로 폐기되어 제도적 해법을 찾지 못한 상태이다.

플랫폼 이용자 사이의 갈등

온라인 플랫폼에서 서로 다른 이용자들이 비대면 또는 익명이나 가명으로 만나게 되는데, 이 과정에서 이용자 사이에 갈등이 발생한다. 메타버스 플랫폼의 아바타 스토킹과 성희롱 사례가 이에 속한다. 메타버스는 개인 간의 상호작용을 가상 공간에 그대로 구현하는 것이기 때문에 이용자 사이의 모욕·비하·인신공격 같은 개인 간 갈등이 발생할 수 있다. 특히 문제가 되는 것은 메타버스가 새로운 성범죄의 도구로 악용될 수 있다는 점이다. 예를 들어 어느 이용자가 자신의 아바타를 조정해 타인의 아바타에 불필요한 신체 접촉을 하거나 성행위를 연상시키는 동작을 반복하는 경우가 발생할 수 있다.

상대방에게 직접적인 불안과 성적 수치심을 초래할 때는 〈스토킹 범죄 처벌 등에 관한 법률〉, 〈정보통신망 이용촉진 및 정보보호에 관한 법률〉, 〈성폭력 범죄의 처벌 등에 관한 특례법〉 등을 적용해 처벌할 수 있다. 그러나 사람이 아닌 아바타 자체에 대해 가해지는 스토킹·성희롱 등의 행위에 대해서는 효과적인 보호 수단이 없다. 정부와 국회는 아바타에 대한 보호를 강화하는 정책과 입법을 논의하고 있지만, 이 또한 아직 구체적인 결론에 도달하지는 못했다.

디지털 사회갈등 대처 방안

현재의 법률과 사회제도·질서·문화는 사람 사이에 벌어지는 직접적 갈등을 해결하는 데 초점을 두기 때문에 온라인 플랫폼에서 발생하는 새로운 사회갈등, 즉 '디지털 사회갈등'을 해결하는 데는 한계가 있다. 디지털 사회갈등에 대한 적절한 대응 방안이 마련되지 않는다면 일상의 디지털 전환이 중단되거나, 과거로 회귀하는 문제가 발생할 수 있다. 혹은 사회갈등 우려가 없는 분야에서만 디지털 전환이 시도되면서, 거대한 변화의 잠재력이 찻잔 속 돌풍으로 끝날 우려도 있다.

온전하게 디지털 전환을 이루기 위해 우리는 디지털 사회갈등 대응 방안을 찾아야 한다.

디지털 사회갈등 문제의 주류화

우리나라에서 디지털 기술은 진흥의 대상이었다. 4차 산업혁명 관련 정책이나 AI 관련 정책에서도 그러하듯 연구·개발, 산업적 활용 지원, 기업 육성 등의 우선순위가 높다. 그 결과 디지털 사회갈등 해결은 중요한 입법·정책 의제가 되지 못하고 우선순위에서 밀려나면서 번번이 제도화에 실패했다. 이를 해결하기 위해서는 디지털 사회갈등을 입법·정책 과정의 주류에 편입시키기 위한 노력이 필요하다. 정치적 지지와 자원을 확보해야 여러 논의를 결집하고 실질적 대안을 찾을 수 있을 것이다.

디지털 사회갈등 영향평가

디지털 사회갈등의 검토와 조정을 제도적으로 반영하기 위해서는 정확한 평가가 바탕이 되어야 한다. 즉 일상의 디지털 전환이 초래할 편익과 사회갈등이 무엇인지 파악하고, 그 크기를 합리적으로 예측·비교해 대응 방안을 설계하는 노력이 필요하다. 영향평가의 결과를 근거로 입법과 정책을 추진함으로써 근거에 기반한 갈등관리를 제도화하는 효과도 기대할 수 있다.

디지털 사회갈등 조정 거버넌스 정립

디지털 사회갈등을 해결하고 사전에 대비하기 위해서는 조정 거버넌스를 정립해야 한다. 정보통신전략위원회가 이해관계를 조정하고 갈등관리를 구체적으로 실현할 수 있도록 〈정보통신 진흥 및 융합 활성화 등에 관한 특별법〉(제7조 제3항 제5의 2호)의 세부 규정을 마련해야 한다. 이와 함께 정보통신전략위원회가 사회갈등을 조정하는 데 필요한 정보와 전문성을 확보할 수 있도록 실무위원회나 전문위원회, 또는 전문 연구 기관을 운영할 필요가 있다.

디지털 사회갈등 전담 기관

디지털 사회갈등을 겪는 개인이 편리하게 갈등 조정을 신청할 수 있는 환경을 만들려면 이를 책임지고 처리하는 단일화된 통로가 필요하다. 일상의 디지털 전환은 다양한 분야에서 발생하고 그 결과 갈등 요인이 융합돼 있어 이해관계자가 해당 문제를 담당하는 부처와 부서를 일일이 찾아 문제 해결을 시도하는 것은 상당히 어려운 일이다.

따라서 사회갈등 문제를 접수할 수 있는 단일 창구를 마련하고, 해당 창구에서 사회갈등 해결에 관계된 부처와 부서에 사무를 배분하는 역할을 맡아 확인하고 책임지도록 하는 것이 중요하다. 특정 부처에 속하더라도 독립적으로 운영되고, 여러 부처를 대상으로 상시적·체계적으로 사회갈등 조정 신청을 접수·처리하는 디지털 사회갈등 옴부즈맨 제도를 신설하는 방안을 검토해볼 수 있다.

디지털 시대의 사회적 자본 제고

디지털 사회갈등 중에는 법·제도적 해결보다 당사자 사이의 자율적 협의가 효과적인 경우도 있다. 이 경우 민간의 자율규제를 장려하고 지원하는 입법도 가능하겠지만, 문제는 자율규제의 주체인 민간 사이 신뢰와 협력 기반이 약하다는 것이다.

사람들이 서로 신뢰하고 협력하기 위해서는 내부적으로 핵심 가치를 공유하며 상대방을 배려하고 이해해야 하는데, 이를 사회적 자본이라고 한다. 우리 사회는 오랜 역사를 거치는 동안 사회적 자본을 형성해왔는데, 최근 디지털 전환을 겪으면서 사회적 자본이 줄어들고, 기존의 사회적 자본으로는 해결하기 어려운 새로운 문제가 발생하게 됐다. 따라서 디지털 시대에 필요한 사회적 자본이 무엇인지 살펴보고, 더 많은 디지털 사회적 자본을 형성할 수 있는 방안을 모색해야 한다.

AI 시대의
부와 문화

    기술 트렌드나 기업의 흥망성쇠 흐름을 전망하면서 신조어가 등장하곤 한다. 가령 'FAANG'은 페이스북, 아마존, 애플, 넷플릭스, 구글의 이니셜을 딴 용어이고, 'MAGA'는 마이크로소프트ms, 아마존, 구글, 애플을 일컫는다. 모두 IT 산업을 이끄는 빅테크 기업들이다. 이런 가운데 최근에는 'DONDA'에 주목하고 있다. 이 역시 AI 시대에 떠오르는 유망 기술 기업 5개의 이니셜을 딴 것인데, D는 알파고를 개발한 구글의 자회사 딥마인드Deepmind, O는 생성형 AI를 선도하는 오픈AI OpenAI, N은 엔비디아Nvidia, 두 번째 D는 빅데이터 기업 데이터브릭스Databricks, A는 최근 생성형 AI 클로드Claude로 주목받는 앤스로픽Anthropic을 가리킨다.

    물론 하루가 다르게 변화하는 기술 경쟁에서 누가 언제 새롭게 떠오를지 장담할 수 없다. 다만, 시장과 기술 경제는 모두 AI에 주목하고 있고 앞으로도 상당 기간 그러할 것이다. 미래는 AI 없이는 사업도, 교육도, 일상생활도 하기 어려운 시대가 될 가능성이 크다. 그런 의미에서 AI가 바꾸는 부의 지도와 문화의 미래는 곧 우리 모두 경험하게 될 미래의 한 측면일 것이다.

AI 시대의 도래

한 시대를 규정하는 요소는 여러 가지이다. 르네상스시대는 '인문주의'라는 시대정신이 중요했고, 석기시대, 철기시대 등의 구분은 주로 사용하는 '도구'나 '재료'를 기준으로 하며, 대항해시대 등은 중요한 사건에 주목한다. 이러한 사회변동 과정에서 과학기술은 결정적인 동인이었으며, 그중에서도 특히 범용 기술에 주목할 필요가 있다.

범용 기술은 특정 분야에만 적용되는 것이 아니라 문자 그대로 범용으로 사용할 수 있는 기술을 가리키며, 기존 경제나 사회구조에 엄청난 영향을 미쳐 사회를 근본적으로 변화시킬 수 있는 기술이다. 가령 산업혁명기의 증기기관, 정보 혁명기의 컴퓨터, 인터넷 시대의 웹world wide web 등이 범용 기술이다. 오늘날 가장 주목받는 범용 기술은 단연 생성형 AI이다. 2016년 이세돌 9단과 대국을 벌인 구글 딥마인드의 알파고는 바둑용으로 개발된 AI지만, 이후에는 의료, 교육, 금융 등 범용 AI로 발전해 사회변동을 주도하는 범용 기술이 됐다.

한국연구재단 부설 정보통신기획평가원IITP은 정보통신기술ICT 관련 연구비를 지원하면서 정보통신 관련 기획 및 평가, 조사·분석을 하는 기관인데, 매년 연말 'ICT 10대 이슈'를 선정·발표하고 있다. '2021

년 ICT 10대 이슈'를 보면 두 번째가 '인공지능: AI+X에서 X+AI로의 전환'이다. 보통 X는 미지의 영역 또는 모든 것이라는 의미로 사용된다. AI+X는 AI가 새로운 영역에 활용되며 적용 영역을 넓혀나간다는 의미이다. 예컨대 AI+교육이 되면 AI 에듀테크가 되고, AI+법률이 되면 AI 법률 상담 챗봇이 될 수 있다. 이렇게 지금까지는 AI가 적용 영역을 하나씩 넓혀가는 단계였는데, 이제는 모든 영역(x)에 AI가 적용되는 X+AI 단계로 접어들었다는 것이다.

4차 산업혁명과 유사한 의미로 사용되는 '디지털 대전환'은 디지털 기술 전환이 산업·기술·경제 영역에만 국한되는 것이 아니라 교육, 문화, 비즈니스 등 생활 영역 전반에 걸쳐 근본적인 변화를 일으키는 것을 말한다. 디지털 기술이 '모든 것을 변화(x)'시킨다는 의미에서 디지털 대전환은 약칭 DX로 표기한다. 디지털 기술의 총아이자 가장 고도의 기술은 AI일 것이다. IITP가 선정한 이슈처럼 X+AI 시대로 이행하고 있다면, 디지털 대전환을 넘어 AI 대전환이라고 해도 틀린 말이 아닐 것이다.

미국 증시를 통해 보는 기술 변화 트렌드

주지하다시피 산업혁명 이후 첨단 기술은 사회변동의 핵심적 동인으로 작동해왔다. 혁신적 기술 발명은 산업 생산과 일자리를 근본적으로 변화시켜왔다. 신기술은 신산업을 만들고 새로운 일자리를 창출해가는 식이다. 기술 변화를 보면 사회변동의 흐름을 읽을 수 있고 미래 변화도 어느 정도 예측할 수 있다. 주식시장의 변화를 살펴보는 것도 의미 있는 일이다. 주식시장은 단지 기업의 흥망성쇠뿐 아니라 기술 트렌드 변화와 함께 새로운 산업 패러다임을 확인할 수 있는 장場이기 때문이다.

무엇보다 미국의 주식시장은 세계경제를 가늠하는 단면이다. 미국 증시는 세계 전체 증시의 40% 이상을 차지하고 있으며, 미국 증시 시가총액 1위 기업의 변화를 보면 경제를 주도하는 기술 기업을 파악할 수 있다. 2005년부터 2010년까지 6년 동안 시총 1위는 석유 기업 엑슨모빌Exxon Mobil Corporation이었고, 애플은 2011년 처음으로 1위에 오른 바 있다. 2011년부터 2023년까지는 애플의 시대였다. 애플은 2018년을 제외하고 줄곧 1위 자리를 지켰으며, 혁신의 아이콘으로 군림해왔다. 하지만 2024년 들어 MS가 난공불락으로 보이던 애플과 선두 다툼을 이어가고 있다. 이런 돌풍의 엔진은 다름 아니라 AI이다. 오픈AI에 거액의 자금을 투자하고 챗GPT를 MS의 검색엔진 '빙Bing'에 적용하는 등의 전략이 주효했던 셈이다.

최근의 주식시장 동향에서 주목할 만한 특징은 이처럼 AI 이슈에 매우 민감하고 즉각적으로 반응하고 있다는 점이다. 그런 점에서 2024년은 세계 증시와 경제 패러다임의 변화에서 전환점이 될 만한 해이다. 미국 시총 1위는 사실상 세계 1위라는 상징적 의미가 있는데, 2023년부터 AI 돌풍을 주도하며 무서운 상승세를 이어온 AI 반도체 기업 엔비디아가 2024년 6월 18일(현지 시각 기준)에는 MS와 애플을 제치고 처음으로 시총 1위에 올라서며 증시의 역사를 새로 썼다. 물론 MS, 애플, 엔비디아 간의 시총 차이는 근소해서 3개 기업 간에 벌어진 1위 쟁탈전은 더 치열해질 것이다.

또 최상위권에 포진한 기업만 놓고 보면 MS, 애플, 엔비디아가 선두 그룹을 형성하고 있고, 알파벳(구글 모회사)과 아마존이 그다음 그룹이며, 메타(구 페이스북)가 조금 떨어져서 추격하는 양상이다. '3강 2중 1약' 구도라 할 수 있는데, 진격의 도약을 계속하고 있는 엔비디아는 MS, 애플과 함께 '빅3 체제'를 굳히고 있다. 2024년 상반기 기준으로 시가총액 2조 달러를 넘은 기업은 애플, MS, 엔비디아, 알파벳, 아마존 등 5개 기업밖에 없다. 전 세계적으로 보더라도 역대 2조 달러를 돌파한 기업은 이들 미국의 5개 기업과 사우디아라비아의 석유 기업 아람코가 전부이다.

한편 AI 돌풍 덕분에 최근 주가 상승세가 두드러졌던 엔비디아는 빅3 기업 중 가장 젊은 기업으로 현재의 CEO인 젠슨 황이 1993년 커티스 프리엠, 크리스 말라초프스키와 함께 창업한 반도체 회사이다. 대만 출신의 젠슨 황은 엔지니어로 게임광이었고 스타트업으로 출발해 지금은 전 세계가 가장 주목하는 기업의 사령탑이 됐다.

원래 엔비디아는 콘솔 게임이나 PC, 노트북을 위한 그래픽GPU 카드를 디자인하는 회사로 시작했다. 반도체 기업은 반도체를 설계하기만 하는 팹리스 기업fabless semiconductor company과 반도체 설계 회사에서 설계도를 받아 위탁 제조하는 파운드리foundry로 나뉘는데, 엔비디아는 전자에 해당한다. 후자, 즉 파운드리 기업 중 1위는 대만의 TSMC이며, 삼성전자나 인텔은 반도체 설계도 하고 제조도 하는 기업이다. GPU는 게임 등에서 그래픽을 처리하기 위해 만든 반도체지만, 엄청난 양의 데이터 처리와 학습이 필요한 생성형 AI에 적합하기에 엔비디아는 생성형 AI 기술 발전의 최대 수혜자가 됐다.

지금 같은 AI 개발 경쟁이 계속된다면 MS, 애플, 그리고 엔비디아의 질주는 상당 기간 지속될 가능성이 크다. MS는 AI 소프트웨어 시장을 주도하고 있고, 엔비디아는 하드웨어인 AI 반도체의 절대 강자이다. 애플의 온디바이스 AI 전략에도 주목할 필요가 있다. 전 세계에서 20억 대 이상 사용되고 있는 아이폰, 아이패드, 맥북의 생태계에 AI가 본격적으로 합쳐진다면 애플은 AI 산업의 판도를 바꿀 수 있을 것이다. MS, 애플, 엔비디아 간 격차가 크지 않아 빅3 순위는 언제든 바뀔 수 있다. 하지만 AI 트렌드를 주도하는 기업이 선두에 설 것은 분명해 보인다.

새로운 혁명적 부, AI와 문화자본

AI는 디지털 대전환 시대의 게임 체인저이며, 미래 사회 부의 생태계 형성과 문화적 변화 측면에서 결정적 동인이 될 것이다. AI는 인간 지능을 모방한 혁신 기술로 단순한 첨단 기술을 넘어 산업과 경제의 성장 엔진이 되고 있다. 무엇보다 빅데이터를 기반으로 정보와 지식을 생성하는 도구라는 점에서 지식 기반 사회에서 비교할 수 없는 지위를 확보하게 될 것이다.

지식의 중요성을 강조한 미래학자 앨빈 토플러는 '혁명적 부 revolutionary wealth'라는 개념을 제안한 바 있다. 혁명적 부란 '지속적인 기술 발전과 지식 기반 경제가 만들어내는 새로운 형태의 부'를 말하며, 토지, 노동, 자본에 기반을 둔 기존의 전통적 부와는 본질적으로 다르다. 혁명적 부는 지식과 정보를 기반으로 하고, 무료 또는 최소 비용으로 배포·확산 및 무한 복제 가능하며 전통적 부의 형태와 달리 소모되거나 감가상각이 이뤄지지 않는다. 새로운 부는 혁명적이며 정치, 경제, 사회, 문화에 지대한 영향을 미치고 더 민주적으로 배분·공유된다. 전통적인 부는 소수의 손에 집중되는 반면 지식과 정보는 기술과 도구를 갖춘 모든 사람이 접근해 사용할 수 있는 민주적 부이다. 혁명적 부는 또한 물질적 부와 생산에만 국한되지 않고 지식, 경험, 관계, 인간적 잠재력 등 비물질 자산까지 포괄한다.

이러한 '혁명적 부'는 토플러 부부가 2006년 공저로 내놓은 책 제목이기도 한데(국내에는《부의 미래》라는 제목으로 출간됐다), 이 책은 토플러에게 세계적인 미래학자라는 명성을 안겨준 1980년의 '제3의 물결' 논의를 계승한다는 점에서 그 이론적, 사상적 확장판이라고 할 수 있다. 한 세대의 시차를 두고 출간됐던지라 이 책에는 앞서 나온《제3의 물결》에는 없던 새로운 2가지 중요한 요소가 추가됐다. 하나는 사이버 공간, 인터넷, 소셜 미디어 등 신기술 관련 내용이며, 또 하나는 어떤 종류의 경제가 화폐 시스템을 대체하게 될지, 즉 부를 창출하는 시스템에 대한 견해이다. 토플러는 부를 창출하는 토대로서의 지식의 중요성을 강조하고 있으며, 그런 점에서 본다면 강력한 지식 생성 도구인 AI는 토플러의 혁명적 부 개념과 맞닿아 있다고 할 수 있다.

AI 시대에는 문화자본에도 주목해야 한다. 원래 자본은 경제적인 개념이지만, 20세기 최고 석학으로 손꼽히는 프랑스 사회학자 피에르 부르디외Pierre Bourdieu는 전통적인 자본 개념을 확장해 문화자본이라는 새로운 개념을 고안했다. 부르디외가 고안한 문화자본은 3가지이다. 첫째는 경험, 학습 등을 통해 얻는 '체화된 문화자본'으로 지식이나 기술, 취향, 교양 등을 말한다. 둘째는 보유·소장·수집하고 있는 미술품, 골동품 등을 가리키는 '객체화된 문화자본'이다. 셋째는 학위, 자격증, 수료증 등 사회적으로 공인된 '제도화된 문화자본'이다. 이 셋 중 가장 중요한 것은 체화된 문화자본이다.

첨단 기술 도구나 미디어를 활용하고 다루는 능력은 몸에 지니고 다니는 체화된 문화자본에 속한다. 가령 컴퓨터를 잘 다루고 소프트웨어를 잘 사용하는 능력, 컴퓨터언어를 알고 코딩을 잘하는 능력, 스마트 디바이스나 AI 사용법을 빨리 익혀 능수능란하게 다루는 능력 등은 디지털 시대에서 가장 주목할 만한 체화된 문화자본이다. 앞으로 AI는 더 편리한 삶을 위해 배우고 익히는 차원이 아니라 업무와 교육, 산업에서의 역할이 절대적인 만큼 AI 역량 자체가 경쟁력이 될 수 있다는 것을 시사하는 것이기도 하다.

생성형 AI는 훌륭한 디지털 도구이지만 사용자의 역량에 따라 결과는 달라진다. 질문, 지시어, 명령어를 적절히 구성해 최적의 답을 얻는 과정을 의미하는 '프롬프트 엔지니어링prompt engineering'이 중요한 것은 이 때문이다. AI 시대에는 프롬프트 엔지니어링같이 AI와 관련된 노하우, 지식, 경험, 활용 능력 등 체화된 문화자본이 점점 더 중요해질 것이다.

AI 산업 생태계와 미래 문화

신기술은 연구·개발, 산업 생산, 소비, 유통 등을 아우르는 부의 생태계를 창출한다. AI 시대 부의 생태계에서 AI는 중심 역할을 할 것이고, 이를 둘러싸고 새로운 산업 생태계가 형성된다. AI의 상용화와 함께 인간의 업무 처리 방식, 정보 지식의 습득과 학습 방식, 활용·적용 방식과 범위도 크게 바뀔 것이며, AI와 함께 일하고 생활하게 되면 지금과는 다른 새로운 문화가 생겨날 것이다.

AI 기술이 계속 발전하면 어떤 산업 생태계와 문화가 만들어질까? 현재 사용되는 챗GPT, 제미나이, 클로바X, 클로드, 미스트랄, 뤼튼 등 다양한 종류의 생성형 AI가 내놓은 답변을 참고하면서 AI가 가져올 미래 문화에 대해 예측해본다.

　AI 산업은 기술 연구·개발, 플랫폼, 클라우드, 응용 서비스의 개발과 유통, 데이터, 인력 양성 등을 포함해 광범한 생태계를 만들 것이다. 머신러닝, 딥러닝 알고리즘, 자연어 처리 엔진 개발 등 연구·개발 생태계 형성과 함께 AI 모델의 개발·학습·배포·관리 등을 지원하는 클라우드 서비스와 플랫폼이 활성화될 것이다. 현재의 생성형 AI는 방대한 데이터의 축적·관리·처리 등을 위해 클라우드 컴퓨팅을 사용하는 클라우드 기반이다. 따라서 AI 산업이 발전하면 클라우드 산업도 함께 커질 수밖에 없다. AI의 학습과 훈련에 필수인 데이터 산업도 커지고, 전문인력을 양성하기 위한 교육산업도 커질 것이 예측된다. AI라는 혁신적 도구를 어떻게 사용하고 발전시킬지는 인간의 고유한 문화가 될 것이다. 앞으로 다가올 AI 시대의 새로운 문화로는 몇 가지를 예측해볼 수 있다.

　우선, 인간과 AI의 관계에 따라 다양한 삶이 가능할 것이고, 그 관계가 개인의 삶과 집단의 문화를 규정할지도 모른다. AI와 협업하면서 잘 활용하면 혁신가나 '얼리 어답터'로서 문화를 주도할 가능성도 크다. 예술, 문학, 음악 등 다양한 문화예술 분야에서 AI가 인간과 함께 작품을 창작·생성하거나 새로운 아이디어를 제공함으로써 인간과 AI의 협업이라는 새로운 문화가 생겨날 수도 있다.

　개인 맞춤형 문화의 확대 또한 전망된다. AI 기술은 이미 개인 취향과 수요 분석을 가능하게 하며 맞춤형 서비스의 범위를 넓혀가는 중이다. 이러한 연장선에서 산업화 시대의 획일적 대중문화 대신 개인 맞춤형 문화가 자연스러운 문화로 자리 잡을 것이다. 이 과정에서 AR, VR

등의 기술이 AI와 융합되면서 새로운 경험과 가상 체험도 일상화할 것으로 보인다. AI 기술을 활용해 세계의 다양한 문화 콘텐츠를 쉽게 접할 수 있게 되면 문화의 글로벌화가 이뤄지고 문자 그대로 국경 없는 문화가 펼쳐질 가능성도 크다.

한편 교육의 중요성은 더 강조될 것이다. AI 시대를 살아가려면 AI에 대한 이해와 활용 교육은 기본이 돼야 한다. 미래 사회에서 AI는 계속 심층학습deep learning을 하고 인간은 평생학습을 해야 한다는 것은 이러한 상황을 강조하는 표현이다. 이와 동시에 AI의 윤리 문제도 더 강조될 것이다. AI 프로그램을 만드는 개발자의 윤리, 이를 사용하고 AI와 협업해야 하는 인간의 윤리, 프로그램 작동과 관련된 AI 윤리 등으로 세분화한 대처 방안을 준비해야 하는 이유이다.

AI가 완전히 새로운 문화를 불러오면서 그에 따른 부작용과 위험도 커질 것이다. 모든 기술은 새로운 위험을 동반하며 첨단 기술일수록 어떤 위험이 닥칠지는 더 불확실하다. AI의 오남용에 따른 사회적 부작용과 이를 해결하려는 사회적 비용도 커질 수밖에 없다. 극단적으로 AI가 사이버 테러나 해킹 등 범죄에 악용될 가능성도 있다. 지금껏 경험하거나 상상하지 못했던 극단적 사건이 일어날 가능성도 있다. 따라서 AI가 불러오는 새로운 시대의 문화에 대한 전망은 이러한 부작용과 위험에도 대비해야 한다는 것을 시사한다.

2

기술 분야 미래전략
Technology

안전하고 오래가고 값싼
미래 이차전지 격전

 우리 삶에서 전기를 빼놓고는 이야기할 수 없게 됐다. 우리가 실생활에서 사용하는 다양한 전자 기기 모두 전기로 구동한다. 과거에는 벽에 설치된 콘센트에 플러그를 꽂아 사용하는 전자 기기가 주를 이루었다면, 현재는 이동하면서 이용하는 것이 주를 이룬다고 해도 과언이 아니다. 스마트폰이나 노트북 같은 소형 전자 기기가 발전하는 것은 물론 탄소 중립carbon neutrality을 향한 지구적 과제로 수송 수단의 연료 전환이 요구되면서 전기 자동차 등이 확장세를 보이고 있다.

 그런데 이런 환경이 마련되려면 휴대할 수 있는 소형 전자 기기나 자동차 기술도 중요하지만, 여기에 전기에너지를 공급하는 것이 관건이 된다. 즉 전기도 언제 어디서나 이동할 수 있어야 한다. 이런 것이 가능하게끔 해주는 것이 배터리이다. 배터리 중에서도 충전해서 여러 번 사용할 수 있는 충전지인 이차전지가 매우 중요하다. 이처럼 이차전지는 탄소 중립 시대의 전기 자동차 동력원이자 디지털 전환의 핵심 장치로서 세계 기술 패권 경쟁의 중심에 놓여 있다. 우리나라의 이차전지 기술은 세계 선두권이지만, 중국의 무서운 추격과 공급망 이슈 등에 맞서기 위해서는 기술 혁신이 끊임없이 이뤄져야 한다.

이차전지란 무엇인가?

전지 혹은 배터리는 전기에너지를 화학에너지의 형태로 저장했다가 필요할 때 다시 전기에너지로 내놓아 사용할 수 있게 하는 장치를 뜻한다. 그림에서 볼 수 있듯 화학에너지가 전기에너지의 형태로 변화하는 것을 방전이라고 하며, 이는 우리가 전기를 사용하는 상태를 뜻한다. 반대로 전기에너지를 공급해 다시 화학에너지의 형태로 변화시키는 것을 충전이라 한다. 전지 중 방전만 가능한 것을 일차전지 혹은 통상적으로 건전지라고 부르며, 충전과 방전을 의미 있는 횟수만큼 반복적으로 진행해 재사용 가능한 전지를 이차전지 혹은 충전지라고 한다. 학술적으로는 일차전지와 이차전지라는 용어를 사용한다.

그림 1 이차전지의 원리

충전과 방전은 우리가 사용하는 스마트폰을 예로 들면 이해하기 쉽다. 방전은 평상시 스마트폰을 사용할 때 배터리에서 일어나는 현상이다. 저녁에 집으로 돌아가 충전기에 연결해 다시 스마트폰 배터리의 에너지 상태를 높이는 것이 충전이다. 충·방전을 반복할 수 있는 횟수가 곧 배터리의 수명이다. 스마트폰을 2년간 거의 매일 충·방전한다고 가정하면 그 횟수가 600~700회 정도 된다. 통상 첫 번째 충·방전에서의 용량 대비 80% 수준으로 떨어지면 수명이 다한 것으로 본다. 이러한 배터리 수명 문제는 대형 시스템일수록 중요성이 더 높아진다.

배터리의 발전사

배터리의 역사는 매우 길다. 최초의 배터리는 약 2,200년 전 파르티아제국 시대에 바그다드에서 탄생한 것으로 추정된다. 달걀형 항아리 안에서 구리 원통과 철심이 같이 나왔는데, 여기에 식초나 와인을 전해액으로 사용하면 전기를 발생시킬 수 있어 당시 귀족들의 장신구를 도금하는 데 사용했을 것으로 여겨진다.

현대적 형태의 배터리 원형으로는 볼타전지Voltaic pile를 들 수 있다. 볼타전지는 이탈리아 물리학자 알레산드로 볼타Alessandro Volta가 1799년에 발명했다. 구리와 아연판을 적층한 뒤 소금물을 적신 종이 디스크를 끼워 넣은 것으로, 서로 다른 금속 간에 일어나는 반응을 이용해 전기를 발생시켰다. 볼타전지는 배터리의 원형이었다는 점에서 과학적 의미는 매우 크지만, 실제로 상용화에 성공한 전지였다고는 볼 수 없다.

일차전지에서 이차전지로

최초로 실용화한 전지는 영국 화학자 존 프레더릭 대니얼John Frederic Daniell이 만든 대니얼 셀Daniell Cell이다. 구리와 아연 금속을 산 용액에 담가 전류를 생성하는 원리를 적용했는데, 안정적인 전압과 전류를 공급할 수 있어 전신electrical telegraph에 주로 사용됐다. 이후 일차전지는 건전지, 알카라인 전지 등으로 발전하며 다양한 곳에서 쓰인다.

한편 최초의 이차전지는 1859년 프랑스 물리학자 가스통 플랑테Gaston Planté가 발명한 납축전지이다. 기존 배터리는 한번 쓰고 버리는 형태였지만 충전지, 즉 이차전지가 출현하자 여러 번 사용할 수 있게 되었다. 이름에서 알 수 있듯 납축전지는 납 전극에 전해질로 황산을 사용한다. 현재는 내연기관 자동차의 전기 공급 장치로 주로 쓰이며, 가격이 저렴하고 신뢰성이 큰 것이 장점이다. 납축전지는 최초로 상용화한 이차전지로서 주요 응용처가 생겼다는 데 큰 의미가 있다.

납축전지 이후로 개발된 이차전지는 니켈카드뮴Ni-Cd전지이다. 1899년 스웨덴 과학자 발데마르 융그너Waldemar Jungner가 발명했으며, 초기의 침수형 형태에서 현재와 같은 밀봉 형태의 전지로 발전했다. 니켈카드뮴전지가 본격적으로 생산되면서 소형 전자 기기, 장난감, 전동공구, 무선전화기, 비상 조명 등 우리 생활 곳곳에서 쓰이는 전자 기기로 이차전지가 퍼져나갔다. 그러나 니켈카드뮴전지에 사용되는 카드뮴에 독성이 있어 그 대안을 찾기 위한 연구가 이뤄졌으며, 카드뮴 대신 수소 저장 합금을 사용한 니켈수소전지가 개발됐다. 니켈수소전지는 에너지밀도가 높다는 특성을 바탕으로 현재 하이브리드 자동차 등에 접목되고 있다.

리튬이온전지의 출현과 이차전지 시장의 폭발적 성장

2019년 노벨 화학상은 리튬이온전지를 개발한 3명의 원로 과학자에게 돌아갔다. 미국 텍사스대학교 오스틴 캠퍼스의 존 B. 구디너프John B. Goodenough 교수, 미국 뉴욕주립대학교 빙엄턴 캠퍼스의 M. 스탠리 휘팅엄M. Stanley Whittingham 교수, 그리고 일본 메이조대학교 교수 겸 아사히카세이旭化成사의 명예 연구원 요시노 아키라吉野彰 박사가 그 주인공이다. 노벨위원회에서는 이 3명의 과학자가 충전할 수 있는 세상을 만들었다며 그들의 공로를 높이 평가했다. 이러한 연구를 토대로 1991년 일본 소니를 통해 리튬이온전지가 상용화된 이후 리튬이온전지는 기존 이차전지 시장의 일부를 대체했을 뿐만 아니라 새로운 시장을 창출하며 휴대전화, 노트북 컴퓨터, 디지털카메라, 태블릿 PC 등 거의 모든 분야에서 사용되고 있다.

이제는 특히 사물배터리Battery of Things의 시대에 들어섰다고 해도 과언이 아니다. 사물배터리란 사물인터넷IoT, Internet of Things과 유사한 개념으로 모든 것에 배터리가 적용된다는 뜻이다. 전자 기기 대부분이 이동형으로 변화하고 있으며, 이차전지를 필수적으로 적용하고 있다.

최근엔 전기 자동차 시장의 성장과 더불어 이차전지 시장도 매우 빠른 속도로 팽창하고 있다. 이차전지 시장이 메모리 반도체 시장의 규모와 맞먹고, 우리의 주력 먹거리 산업 중 하나로 성장할 것이라는 예측도 있다.[132] 특히 미래의 자동차는 지금처럼 기계장치가 아니라 전자 기기에 더 가까운 형태로 바뀔 것이다. 그리하여 자동차는 이동만을 위한 수단이 아니라, 차량 내부에서 운전자에게 다양한 정보와 편의를 제공하고, V2LVehicle to Load 기능, 즉 자동차에 탑재한 배터리에서 전력을 공급받아 다양한 전자 기기를 사용하는 일이 더 늘어날 것이다.

자율주행차가 상용화한다면 이러한 현상은 더욱 가속될 전망이다. 자율주행 환경에서는 자동차 안에서 업무, 오락, 일상이 이뤄질 것이기 때문이다. 이동하면서 이러한 일을 할 수 있으려면 무선통신이 연결돼야 하므로 디스플레이, 입력장치 등 디지털 환경으로의 강화도 일어날 것이다. 이 모든 환경에 전기를 공급할 수 있는 장치가 이차전지이다. 미래 주요 동력원으로 사용될 이차전지의 역할이 더 커질 수밖에 없는 이유이다.

차세대 이차전지의 필요성

이차전지가 발전하면서 연관된 새로운 시장이 계속 생겨나고 있다. 기존에는 생각하지 못했던 환경에서도 전력을 공급받으면서 전선에서 자유로워졌고, 이를 십분 활용하는 새로운 응용처가 늘어나고 있다. 새롭게 창출될 시장 중 주목받는 분야 중 하나가 전력 저장 장치ESS, Energy Storage System이다.

전기 자동차 시장이 성장하면 이를 위한 인프라의 중요성이 높아진다. 화석연료로 전기를 공급하는 것은 경제성, 자원의 한계는 물론 탄소중립을 달성하기 위한 환경적 맥락에서 더 제약을 받을 것이며, 신재생에너지 등을 이용해 전기를 생산하게 될 것이다. 그런데 신재생에너지는 연속적으로 전기를 생산하지 못하는 간헐성뿐 아니라 품질 또한 시기에 따라 편차가 있어 ESS를 같이 설치해야 한다. 전기 자동차를 급속충전하기 위해서도 ESS는 필요하다. 이 ESS의 핵심적 부품이 이차전지인 것은 물론이다.

그런가 하면 완전 자율주행 자동차의 상용화를 위해서는 기술의 완비도 필요하지만, 이와 함께 동력원을 개발해야 한다. 자율주행 자동차는 시간당 4테라바이트 이상의 데이터를 생성하고 처리할 것으로 예측된다. 이는 초고화질 영화 기준으로 5,000편 이상에 해당한다. 몇 시간 거리만 이동해도 운행 자체에 수십 테라바이트 이상의 데이터를 생성·처리해야 하는 자율주행 자동차는 전기 또한 엄청난 양을 사용할 것이다. 지금보다 에너지밀도가 높은 이차전지가 필요한 까닭이다.

한편 코로나19 팬데믹 이후 급속하게 진전되고 있는 디지털 시대로의 전환을 위해서도 이차전지의 역할이 중요해지고 있다. 디지털 전환은 곧 전자 기기 사용이 늘어난다는 것이며, 이는 곧 전기에너지 사용량 증가로 이어질 수밖에 없다. 그러나 앞서 짚은 것처럼, 탄소 중립을 달성하기 위해서는 비화석에너지 이용을 확대해야 하고 이 과정에서 ESS용 차세대 이차전지의 개발은 더욱 중요해질 것이다.

이런 배경에서 차세대 이차전지에 대한 필요성과 기대가 계속 높아지고 있다. 우선 고려되고 있는 차세대 이차전지는 전고체전지solid-state battery이다. 전고체전지는 전극 2개의 바이폴라 기술을 적용해 셀 내부에서 직렬연결이 가능하다. 이를 바탕으로 기존 리튬이온전지보다 에너지밀도를 높일 수 있다. 아직 상용화 단계까지 가지 못해 정확한 수치를 제시하기는 어려우나 리튬이온전지의 2~5배 정도 될 것이라는 예측이 나온다. 전고체전지는 또한 극강의 안전성을 갖췄다. 즉 불이 붙지 않기 때문에 전기 자동차의 안전한 동력원으로도 기대된다. 이외에도 금속공기전지, 리튬황전지 등도 모빌리티용 차세대 이차전지로 관심받고 있고, 나트륨이온전지, 대형수계이차전지, 레독스흐름전지Redox Flow Battery 등이 ESS용 이차전지로 연구되고 있다.

이차전지 산업 강국 유지를 위한 우리의 대응

현재 우리나라의 이차전지 산업 경쟁력은 세계 선두권이다. 중국이 풍부한 내수시장을 바탕으로 시장점유율 1위를 차지하면서 우리나라는 2위에 머무르고 있기는 하지만, 중국을 제외한 세계시장에서의 상황과 이차전지의 품질과 기술력 등을 종합적으로 판단했을 때 실질적인 선두라는 평가도 있다. 그러나 중국의 추격이 매우 무섭다. 우리나라는 셀을 제조하는 기술은 뛰어나지만, 원자재 부문의 해외 의존도가 높고 국내 수요 기반이 취약한 것이 성장의 한계 요인으로 꼽힌다. 따라서 우리가 배터리 1등 국가가 되기 위해서는 원료 및 소재 관련 공급망을 확보하고, 초격차 기술을 확보하기 위해 노력해야 한다. 이는 지속적인 투자 및 연구·개발을 통해서만 이뤄질 수 있을 것이다.

이차전지 소재·부품 기술 강화 및 원료 확보

이차전지의 이름을 보면 대부분 소재의 이름 혹은 특징과 연관이 있다. 납축전지, 니켈카드뮴전지, 니켈수소전지, 리튬이온전지 등의 이름에서 드러나듯 이차전지에서는 소재가 매우 중요하다는 것을 알 수 있다. 2019년 촉발된 일본의 수출규제 사태 당시, 이차전지 분야로 수출규제가 확대된다면 우리의 생산이 아예 멈출 수도 있다는 우려가 나왔다. 그만큼 우리의 소재·부품 의존도가 크다는 것을 시사한다. 따라서 소재·부품의 공급망을 다변화할 필요가 있고, 그보다 더 좋은 방법은 우리 기업들이 소재·부품 분야의 기술경쟁력을 갖추는 것이다.

우리 기업들의 셀 제조 기술력과 비교할 때 소재·부품 기술력은 다소 뒤처지는 것이 사실이다. 그러나 일본의 수출규제 사태로 우리나라의 연구·개발 투자에는 오히려 긍정적인 분위기가 형성되기도 했다. 소재·부품에 대한 연구·개발 투자가 확대되고 산·학·연이 힘을 합쳐 연구·개발을 효율적으로 수행한다면, 우리나라의 소재·부품 기술경쟁력도 크게 높아질 것이다.

그런데 2021년 촉발된 중국발 요소수 사태는 또 다른 고민을 던져주었다. 중국에서 요소수를 수입할 수 없게 되자 경유 자동차들은 운행에 제약을 받았고, 이에 따라 물류 운송에 큰 차질이 빚어졌다. 그렇다면 이차전지의 원료를 수급할 수 없는 상황이 되면 어떻게 될까? 일본의 소재·부품 수출규제는 우리의 적극적인 기술 개발을 통해 어느 정도 극복할 수 있었지만, 원료 자체의 수급 중단은 차원이 다른 문제가된다. 결국은 원료를 미리 확보해놓는 것이 가장 좋은 방안일 수밖에없다.

그러나 기술의 개발을 통해 원료 수급 문제를 해결할 방법이 전혀 없는 것도 아니다. 시간이 걸리기는 하지만, 이차전지의 종류를 다변화하면 된다. 응용처가 다양해지면 이차전지 요구 조건도 달라지는데, 응용처별 적절한 이차전지를 개발하고, 이를 여러 종류로 다변화한다면 원료 수급 문제를 완화할 수 있다. 아예 원료 수급 문제가 적은 원료를 사용하는 이차전지를 개발한다면 더욱 그러할 것이다. 예를 들어 대규모에너지 저장 장치에 현재의 리튬이온전지뿐 아니라 나트륨이온전지나레독스흐름전지 등을 혼용해 사용할 수 있다면 특정 자원에 대한 의존도를 낮출 수 있다. 또 나트륨이온전지같이 구하기 쉽고 매우 흔한 원료를 사용하는 이차전지를 사용한다면 원료 수급에서 더 자유로워질 수도 있다.

추세 대응과 인력 양성

리튬이온전지가 현재로서는 가장 우수한 이차전지이지만, 세계 각국이 경쟁적으로 기술을 개발하고 있으므로 차세대 이차전지도 머지않아 시장에 등장할 것으로 예측된다. 우리도 셀 제조 기술 기반의 상용화 중심에서 부품·소재 및 원천기술력까지 폭넓게 기술을 개발해야 한다. 그러나 주요 선진국과 비교하면 이차전지에 대한 우리나라의 투자는 여전히 부족한 것이 현실이다. 우리 정부도 이차전지 관련 연구·개발 투자를 효율적으로 확대해야 한다.

이차전지 시장에서 선두권 경쟁을 이어가려면 인력 양성도 시급하다. 현재는 성장세가 이전보다 다소 주춤하지만, 조만간 다시 급격한 성장세로 돌아설 것으로 예측되므로, 고급 인력을 계속 육성해야 한다. 그런데 기본적으로 전문인력이 부족한 것도 문제인데, 여기에 더해 우리의 고급 인력이 해외로 빠져나가는 현상도 심각하다. 이차전지 전문인력 양성은 결국 대학원 과정에서 연구·개발을 직접 수행하면서 이뤄지기 때문에 학·연에서의 원천기술 개발과 연계하는 것이 효율적일 수 있다. 또 전문인력의 해외 유출을 최소화하기 위한 사회적 차원의 논의도 필요하다.

우리는 현재 이차전지 수출 강국이지만, 세계 각국이 디지털 전환과 에너지 전환 등의 추세에 맞춰 자국 내 생산체계 구축을 서두르고 있음을 간과해서는 안 된다. 지속적인 기술 개발과 종합 전략으로 '더 안전하고 더 오래가는' 배터리, 그리고 에너지밀도는 높지만 '더 작고 더 가볍고 더 값싼' 배터리를 향한 무한 경쟁의 시대를 선도해나가야 할 것이다.

우주로 가는 6G에
주목하라

　이동통신 기술은 10년 주기로 발전해왔다. 1세대 아날로그 방식을 시작으로 2세대 CDMA, 3세대 WCDMA, 그리고 4세대 LTE를 거쳐 현재는 5세대 이동통신인 5G 상용 서비스를 제공하고 있다. 그리고 2028년에서 2030년 무렵에는 6세대 이동통신인 6G 서비스가 시작될 것으로 예측된다. 6G는 기존 5G 대비 전송속도 및 용량(50배), 지연시간(10분의 1) 등 주요 성능이 대폭 개선될 뿐만 아니라 위성통신과의 결합을 통해 서비스 영역을 지상에서 해상과 공중으로 대폭 확장할 전망이다. 그렇다면 왜 우리는 6G 기술에 주목해야 할까? 6G 기술은 다른 첨단 전략 기술과 마찬가지로 산업적 측면에서 경제적 가치가 있을 뿐 아니라 데이터가 기반이 되는 국가 차원의 기술 안보와 연결되기 때문이다. 6G 기술의 전략적 중요성을 인식하고 세계적 기술 주도권을 확보하기 위한 전방위적 노력이 절실하다.

6G 기술이 가져올
우주 인터넷 초공간 네트워크

6G 이동통신은 기존 지상 네트워크TN, Terrestrial Network의 한계를 뛰어넘어 위성을 활용한 비지상 네트워크NTN, Non Terrestrial Network와의 연계를 통해 지상의 일상 공간에서 우주 공간으로 통신 영역을 확장할 전망이다. 위성통신은 그간 높은 지연시간과 낮은 전송속도로 제한적으로 활용돼왔다.

그러나 최근 저궤도위성의 대규모 발사와 지상과의 결합 기술 발전으로 새로운 국면을 맞고 있다. 무엇보다 저궤도위성은 기존 정지궤도위성보다 훨씬 낮은 고도에서 운용돼 지연시간이 5G 수준으로 단축되고 전송속도도 수백 Mbps에 이른다. 지상의 인프라와 관계없이 통신 서비스가 어느 곳에서나 가능해지는, 말 그대로 우주 인터넷 시대가 도래하는 것이다.

이미 스타링크, 원웹 등 글로벌 위성통신 서비스 사업자는 수천 기의 소형 위성을 발사해 전 지구적 위성통신망 구축에 속도를 내고 있다. 이동통신 장비 제조업체도 위성통신이 가능한 스마트폰 단말과 모뎀 등을 출시하며, 위성통신 사업자와 파트너십을 구축하고 있다. 세계 주요국의 자국 위성망 확보 경쟁도 치열한데, 특히 미국과 중국은 6G 시대 위성-지상 통합망 주도권을 둘러싼 경쟁을 본격화하고 있다.

위성통신은 인터넷 서비스가 불가능하거나 제한적이었던 산간, 비행기, 선박 등에서의 수요를 충족시킬 수 있으며, 지진, 화재, 전쟁 등 비상상황에서도 대안이 될 수 있다. 또 자율주행 자동차나 도심 항공 모빌리티, 자율운항 선박 등 데이터 통신이 바탕이 돼야 하는 새로운 부가가치

산업에서도 큰 영향력을 발휘할 것으로 기대된다. 이에 이동통신 국제 표준화 협력 기구인 3GPP는 지상망과 위성을 연계한 초공간 서비스 구현을 위해 지상-위성 통합 표준화를 진행 중이다.

산업 혁신과 디지털 전환의 핵심 인프라

6G는 단순히 새로운 이동통신 기술이 아니다. 산업 전반에 혁신을 가져올 디지털 전환 과정에서 핵심적 기술이 될 것이다. 6G를 통해 제조, 의료, 자동차, 에너지 등 주력산업의 경쟁력이 강화되고, 메타버스, 자율주행, 스마트시티 등 미래 신산업 창출의 동력이 생겨날 것이다.

에릭슨, 화웨이 등은 6G 기술을 기반으로 한 융합 서비스 시장이 2030년 1조 5,000억 달러에 이를 것으로 전망했다. 골드만삭스의 경우, AI 기술 도입에 따른 생산성 향상이 세계경제를 연간 7%씩 더 성장시킬 것으로 예측했는데, 이러한 효과를 창출할 수 있는 디지털 전환의 핵심 인프라가 6G 기술이다. 이에 따라 6G 기술이 국가 간 전략적 경쟁의 새로운 축으로 떠올랐다. 5G에서는 후발 주자였던 미국과 일본이 6G 연구·개발에 적극적으로 투자하며 재기를 노리고 있고, 5G를 선도했던 중국은 6G에서도 원천기술의 확보와 주도권 유지에 사활을 걸고 있다.

우리의 현주소와 도전 과제

우리나라는 현재 세계 최고 수준의 이동통신 인프라를 구축하고 있으며, 5G 조기 상용화를 통해 글로벌 리더십을 발휘해왔다. 구체적으로 예를 들어보자면, 삼성전자는 스마트폰 시장 점유율 1위(20%), 기지국 장비 시장 점유율 5위(8%)를 기록하고 있다. ICT 기술 수준 평가에서도 우리나라의 이동통신 기술 수준은 최고 기술국인 미국의 97.8% 수준이며, 무선전송과 이동통신 단말의 기술 격차는 최고 수준 대비 0.3년에 불과하다.

하지만 최근 미국과 중국의 기업이 약진하면서 통신 장비와 단말 시장에서의 입지가 좁아지고 있다. 네트워크 장비 시장에서는 유럽계와 중국계 업체에 대한 집중도가 강화되고 있으며, 특히 중국 업체의 급부상으로 국내 업체의 입지가 약해지고 있다. 5위인 삼성전자의 최근 점유율 상승에도 상위 업체와의 격차는 여전히 크다. 디바이스 시장에서는 애플의 생태계 장악력과 중국 업체의 부상, 핵심 부품의 해외 의존도 등으로 국내 업체의 경쟁력이 떨어지고 있다. 위성통신 장비 시장에서는 미국 기업들이 생태계를 주도하고 있으며, 핵심 부품 분야에서도 해외 주요 업체들이 시장을 점유하고 있다.

이처럼 위성통신 기술에 대한 주요국의 경쟁력이 강화되고 있으며, 우리 정부가 국제전기통신연합ITU에 국제 등록한 위성망 수는 전체의 1.4%에 불과한 실정이다.

전문가들은 현재와 같은 추세라면 6G 시대 한국의 통신 경쟁력은 하락이 불가피할 것으로 전망한다. 선도국들이 6G 기술이 가져올 통신 영역 확장에 대비한 초공간 네트워크 주도권 선점 경쟁에 뛰어든 것처럼, 우리도 위기와 기회가 공존하는 변화의 갈림길에서 대응할 방안을 마련하는 것이 시급하다.

우주 시대의 개막과 디지털 전환은 통신산업과 기술 발전에 새로운 기회를 제공할 수 있다. 위성-지상 통신이 연계된 우주통신과 AI를 접목한 디지털 전환 기술을 활용해 기존 통신 서비스의 품질 향상과 부가가치 창출은 물론 신규 제품과 서비스 시장으로 진출할 기회를 포착할 수도 있다. 예를 들어 글로벌 위성인터넷 서비스, 해양·항공 위성통신 서비스, 사물인터넷 위성통신, 재난·긴급통신, 국방·정부 전용 위성통신, 원격 교육·의료, 자율주행차량·드론 관제, 우주 자원 개발 등 다양한 분야에서 새로운 사업 기회를 찾을 수 있다.

따라서 이미 보유한 우리의 통신산업 생태계와 ICT 기술경쟁력, 네트워크 인프라 구축 경험을 바탕으로 6G 시대가 의미하는 우주통신 시대의 기회를 선점하기 위한 전환에 대비해야 한다. 현재 통신산업에서 나타나고 있는 경쟁력 하락을 막고 초공간 네트워크 분야에서 신규 기회를 창출할 수 있도록 산업구조의 과감한 전환이 필요한 시점이다.

6G 시대 초공간 네트워크 분야에서 주도권 확보를 위한 전략

민간 기업은 저궤도위성의 발사와 운용의 경제성, 글로벌 위성통신 사업자 대비 경쟁력, 6G 융합 서비스에 대한 비즈니스 모델 검증 부족, 수익성 문제 등으로 투자를 주저하고 있다. 저궤도위성통신 서비스를 구현하기에는 투자 비용이 만만치 않다. 그러나 미래 시장을 주도하게 되면 큰 파급력을 지닌, 전형적인 고위험 고수익 분야이다. 따라서 정부 주도의 초공간 네트워크 프로젝트를 통해 민간의 위험 부담을 줄이고 원천기술에 대한 경쟁력을 선제적으로 확보해야 한다.

세계 최고 핵심 기술경쟁력 확보 및 산학연 협력

위성통신 분야의 핵심 기술을 확보하려면 차세대 통신 표준화 단계에 따라 주요 기술을 개발해가는 전략을 추진해야 한다. 즉 단말국 측면에서는 모뎀·SW, RF·안테나 기술을, 지상국 측면에서는 모뎀·SW, 지능형 관제, 지상망 연동 기술을, 통신 탑재체 측면에서는 안테나, OBPOn-Board Processing 기술 등을 개발해야 한다. 특히 경쟁 우위를 확보할 수 있는 세부 기술 분야를 중심으로 순위를 정해 진행할 필요가 있다.

한편 독자적인 통신위성 개발과 발사를 위해서는 공공 목적용 정지궤도 통신위성을 우선 개발하고, 점차 저궤도위성통신 시범망 구축을 추진해야 한다. 시범망을 활용해 기술 성능과 효율성, 서비스 여건 등을 검증하고, 독자적인 저궤도 위성통신망 확보 타당성을 검토해야 할 것이다.

또 도심 항공 모빌리티, 자율운항 선박, 위성 IoT 등 신규 서비스 분야에 위성통신 연계 R&D를 지원해야 하며, R&D 체계는 산업계의 수요 제기, 학계의 기초 원천 연구, 연구계의 원천 및 응용 연구, 산업계의 상용 연구를 연계하는 이어달리기 방식으로 산학연의 역할을 분담하고 협력 체계를 강화해야 한다. 아울러 도서 지역과 국방 분야의 위성통신 활성화 기반을 탄탄하게 조성함으로써 통신 서비스의 한계를 극복하고 국가의 전략적 안보 측면도 강화해야 할 것이다.

초공간 네트워크 표준화 선도 및 글로벌 협력

과거 우리나라의 이동통신 시장 개척 단계에서 입증됐듯, 해당 시장과 산업을 선도하기 위해서는 국제 표준화 활동을 주도하고 양질의 표준 특허를 확보하는 것이 무엇보다 중요하다. 같은 맥락에서 6G 시대를 선도하려면 위성통신과 융합 서비스를 포함한 국제 표준 특허를 확보해야 한다.

따라서 국내 산업 생태계의 국제 표준화 활동을 체계적으로 지원하고 경쟁 환경에 맞춰 글로벌 공동 R&D나 협력 네트워크를 마련해야 한다. 나아가 한-중-일 협력이나 향후 저궤도위성을 공유할 수 있는 동남아, 중동, 남미 등의 국가들과도 협력할 방안을 찾아야 한다.

초공간 비즈니스 기회 창출을 위한 핵심 기반 구축

기술과 서비스의 동시적 진화는 6G 시대의 새로운 패러다임이다. 위성통신과 디지털 혁신 기술로 경쟁 역량을 차별화해 제품과 서비스의 경쟁력을 확보하고, 지상과 비지상 네트워크가 연계되는 새로운 시장을 우선 공략해야 한다. 이를 위해서는 6G 상용화에 앞서 5G 특화 망 기반으로 저지연, 초연결, 에지 컴퓨팅edge computing 등을 융합하는 선도 프로젝트를 추진해야 하며, 자율협력주행, 스마트공장, 차세대 국방 등 5G 융합 서비스를 6G 버전으로 업그레이드하고 차별화된 성능을 검증해야 한다.

신규 비즈니스 기반을 마련하기 위해서는 공공-민간 협력체, 이른바 '6G PPPPublic Private Partnership'를 구성해 분야별 플레이어들이 지속적으로 협력하는 융합 생태계를 조성해야 한다. 또 기업의 혁신적 서비스 개발을 지원하는 규제 샌드박스와 기술 실증을 위한 테스트베드 구축을 통해 초공간 네트워크로의 전환 가능성을 높여가야 한다.

그 밖에도 6G와 위성 후보 주파수를 확보하고 글로벌 조화를 이뤄야 하며, 관련 기업을 육성하고 지원해야 하는데, 기술 자립도가 낮고 위성

산업 생태계가 열악한 상황에서 경쟁 우위를 조기에 확보하기 위해서는 정부 출연 연구소는 물론 산업계 내에서도 대기업과 중소기업이 협력하는 모델을 추진해야 한다.

첨단 바이오,
유전자 '고쳐쓰기'를 향한 도전

　생명체의 정상적인 생명 활동에 지장을 초래하는 변이, 즉 유전자 돌연변이는 인간에게 치명적인 희귀 유전 질환 발병의 원인이 된다. 유전 질환은 근본적으로 유전자가 잘못 쓰인 변이로 발생하므로 잘못된 변이의 '고쳐쓰기'에 의해 근본적 치료가 가능하다고 할 수 있다. 지금까지 유전자는 그것이 정상이건 잘못됐건 죽을 때까지 그대로 갖고 가야 하는 숙명과도 같은 대상이었다면 이제는 '고쳐쓰기'가 가능한 시대이다. 더 정교하고 효율적인 유전자가위 도구와 함께 전달기술의 혁명이 계속 이어진다면 희귀 유전 질환을 치료할 수 있는 유전자치료제의 개발도 본격화될 전망이다.

　특히 유전자가위 기술은 첨단 바이오 기술의 패권 경쟁에서 가장 민감한 분야 중 하나이기도 하다. 플랫폼 기술로서의 파급력과 향후 기대되는 성장성이 크기 때문이다. 물론 유전자가위 편집 기술은 난치·희귀 질환자들에게는 '신의 도구'이지만 형질 강화를 통한 디스토피아의 세계로 이끄는 상징으로도 인식된다. 따라서 기술이 지닌 유용성의 측면과 위험의 측면 모두 성찰하면서 미래를 고민해야 할 시점이다.

의료 분야의 난제와 첨단 바이오 기술

많은 국가가 첨단 바이오를 성장 동력이 큰 분야로 판단하고 관심과 투자를 늘려가는 이유는 무엇일까. 우선 첨단 바이오는 그간 의료 산업이 제시하지 못했던 미충족 의료 분야의 대안이 될 수 있는 핵심 기술이다. 여기에는 고령화에 따른 의료적 필요나 유전적 원인에서 비롯되는 난임 치료도 포함된다.

많은 희귀 유전 질환과 난치 질환의 경우 효과적인 치료법이 없어 오랫동안 의료 분야의 난제로 남아 있다. 하지만 최근 다양한 유전자치료제와 세포치료제가 개발되면서 차별화된 치료법이 제시되고 있다. 실제로 전통적인 화학합성제 기반의 제약 산업이 최근 첨단 바이오 신약 분야로 중심축을 옮겨 가고 있다. 화이자 같은 전통적 합성 신약 기반의 다국적 제약사들이 첨단 바이오 기업들과의 활발한 라이선스 계약과 공동 연구를 통해 첨단 바이오 산업의 비중을 늘리고 있는 흐름이 이를 잘 보여준다.

첨단 바이오 기술은 생물학의 중심원리central dogma에서 출발한다. 전사transcription 과정을 통해 DNA라는 유전물질에서 mRNA가 만들어지고, DNA의 복제본인 mRNA에서 만들어진 다양한 단백질이 생명현상을 조절한다는 이론이 생물학의 중심원리이다. 기존의 치료제는 모두 유전정보의 흐름에서 말단의 단백질을 표적으로 하는 의약품이다. 그런데 첨단 바이오 의약품은 단백질의 윗단계, 즉 RNA나 DNA 또는 이런 유전물질을 포함하는 세포를 물질로 하는 치료제를 의미한다. 유전자치료제, 세포치료제, 첨단 바이오 융복합 제제 등이 여기에 해당한다. 코로나19 팬데믹 상황에서 큰 성공을 거둔 화이자와 모더나의 백신도 전통적인 재조합 단백질과 달리 mRNA를 백신 물질로 사용한다는 점에서 첨단 바이오로 분류될 수 있다.

아데노부속바이러스AAV, Adeno-Associated Virus라는 운반체를 통해 유전 질환자들에게 특정 유전물질을 전달해줌으로써 치료 효과를 거두는 유전자 보충 치료제인 시각장애 치료제 룩스터나Luxturna와 소아 척수성 근육 위축증 치료제 졸겐스마Zolgensma, 그리고 유전자 편집 기술을 적용한 혈액질환 치료제 카스게비Casgevy 등 최근 몇 년 새 이뤄진 미국 식품의약국FDA의 잇따른 승인은 첨단 바이오 산업의 시대가 이미 도래했음을 말해준다.

이에 따라 많은 국가가 첨단 바이오 산업의 경쟁력을 확보하기 위해 국가 차원의 전략을 세우고 있다. 또 희귀 유전 질환 치료용 첨단 바이오 의약품에 대한 규제를 완화하고 승인 절차를 간소화하는 작업도 국가마다 진행하고 있다. 이처럼 첨단 바이오는 기술 성숙도 측면에서 아직 초기 단계이지만 향후 성장 가능성이 큰 분야로 꼽혀 국가 간 경쟁도 치열해지고 있다. 우리나라도 기술 패권 분야를 지정해 정부가 집중 투자하는 정책을 시행하고 있는데, 그 가운데 하나가 첨단 바이오 분야이다. 그러나 세계적 차원의 경쟁력을 갖추기 위해서는 더 많은 관심과 연구가 뒤따라야 한다.

유전자 편집 치료제를 향한 도전

유전자 본질은 결국 DNA라는 물질의 전달인데, 유전자 편집이라는 것은 정확한 위치를 파악하는 능력을 지닌 핵산 분해 효소를 이용해 질병이나 형질에 관여하는 세포 내 특정 유전자를 제거하거나 교정·삽입함으로써 형질 혹은 질병의 변화를 꾀하는 기술을 뜻한다. 말하자면 불량 유전자를 제거하거나 유용한 유전자를 삽입할 수 있는 기술이다.

유전자 편집에 사용하는 도구를 '유전자가위'라고 부르며, 1세대 징크 핑거 뉴클레아제ZFN, Zinc Finger Nuclease, 2세대 탈렌TALEN, Transcription Activator-Like Effector Nucleases, 3세대 크리스퍼CRISPR, Clustered Regularly Interspaced Short Palindromic Repeats 기술로 발전해왔고, 특징이 조금씩 다른 새로운 크리스퍼 유전자가위가 계속 발견되고 있다.

최초의 유전자가위 기술이 소개된 2002년 이후, 초기 유전자 편집 치료제 개발은 1세대 유전자가위인 ZFN 기술을 적용해 시도됐다. 관련 기술의 라이선스를 보유하고 있던 미국의 제약 기업 상가모테라퓨틱스Sangamo Therapeutics가 개발을 주도했는데, 체외ex vivo 영역과 체내in vivo 영역으로 나누어 진행됐다.

체외 영역에서 진행된 대표적인 치료제는 SB-728-T라는 물질로 에이즈의 원인이 되는 인간면역결핍바이러스HIV 치료제이다. 이 치료제는 HIV 환자로부터 백혈구의 일종인 T세포를 추출한 후 ZFN을 전달해 HIV 수용체인 CCR5 단백질을 없애고 이를 다시 환자의 몸에 투여하는 방식이다. CCR5가 HIV의 면역 세포 침입 관문 역할을 하는 단백질이기 때문에 CCR5가 제거된 T세포의 경우 HIV에 저항성을 갖는 성질을 치료제 개발에 적용했다. 그러나 장기 추적 연구만 수행된 채 상업화로 이어지지는 못했다. 체내 영역에서는 ZFN을 간에 전달하는 유전적 대사 질환 임상 연구가 수행됐으나, 이 역시 만족스럽지 못한 효율로 종료됐다.

유전자 크기가 비교적 작은 ZFN과 달리, 2세대 유전자가위인 탈렌은 크기가 커 체내 치료제에 적용하기가 쉽지 않다. 이 때문에 체외 치료제 개발에 국한해서 활용하는데, 일부는 현재에도 임상이 진행되고 있지만 3세대 유전자가위를 활용한 동종의 치료제 개발이 이뤄지고 있어 경쟁력을 확보하기 어려운 상황이다.

3세대 기술인 크리스퍼는 기존의 ZFN이나 탈렌 기술과 비교해 높은 효율을 자랑한다. 2013년 이후 에디타스메디신Editas Medicine, 크리스퍼테라퓨틱스CRISPR Therapeutics, 인텔리아테라퓨틱스Intellia Therapeutics 등 크리스퍼-Cas9 기반 바이오 기업이 잇따라 창립되며 본격적인 유전자치료제 개발 경쟁이 시작됐다. 특히 크리스퍼테라퓨틱스는 지중해성빈혈증과 겸상적혈구빈혈증 치료제를 개발해 상업화에 성공하며 크리스퍼 기술이 도입된 지 10년 만에 최초로 치료제를 상용화했다.

그런가 하면 DNA를 절단하지 않고 유전자를 편집할 수 있는 염기교정 기술과 프라임 에디팅 기술이 개발되면서, 이 기술의 특허를 보유한 빔테라퓨틱스Beam Therapeutics와 프라임메디신Prime Medicine은 나스닥에 상장했다. 이들은 이를 통해 다양한 유전자가위 기반 치료제 개발을 본격화하고 있다.

한편 유전자 편집 치료제의 발전에는 다양한 전달체 개발도 중요한 역할을 한다. 주요 전달체인 LNP(지질나노입자)와 AAV는 더 진화하고 있으며 유전자 편집 도구를 전달할 수 있는 많은 옵션이 연구되고 있다. 다양한 미생물종에서 작은 유전자가 발굴되고 초소형 유전자가위도 보고되고 있다. 이러한 크리스퍼 기술과 바이러스 전달체의 융합은 향후 치료제 개발의 주요 축으로 부상할 것으로 보인다.

최초의 유전자 편집 치료제: 카스게비

노벨상 수상자 에마뉘엘 샤르팡티에Emmanuelle Charpentier 박사는 2013년 크리스퍼테라퓨틱스를 창업해 크리스퍼-Cas9 기술을 활용한 치료제를 개발하기 시작했다. 버텍스파마슈티컬스Vertex Pharmaceuticals와 전략적 연구 제휴를 맺고 첫 프로그램으로 겸상적혈구빈혈증과 지중해성빈혈증 치료제 개발에 착수해 2020년 미국 식품의약국으로부터 희귀의약품 지정을 받았다. 이후 임상 3상에서 우수한 효능과 안전성을 입증하면서 영국과 미국에서 승인받았고, 유럽의약품청EMA의 승인도 예상된다.

겸상적혈구빈혈증과 지중해성빈혈증은 헤모글로빈을 구성하는 베타글로빈 유전자의 결핍 또는 이상으로 발생하는데, 이들 기업은 유전자 편집을 통해 치료제를 개발하면서 기존 헤모글로빈 발달 과정의 생물학적 지식을 활용했다. 즉 태아는 베타글로빈 대신 감마글로빈 유전자를 발현해 $\alpha 2\gamma 2$ 형태의 헤모글로빈을 형성하지만, 생후 성장하면서 감마글로빈 유전자 발현이 억제되고 베타글로빈 유전자가 이를 대체하게 된다. 이때 감마글로빈 유전자 발현을 억제하는 핵심 유전자가 BCL11A이다. 바로 이 유전자의 억제 메커니즘을 통제하면 감마글로빈 유전자 발현을 재활성화할 수 있어 베타글로빈 이상이 있는 환자에게 $\alpha 2\gamma 2$ 형태의 헤모글로빈을 공급하도록 하는 원리이다. 채취한 조혈모세포를 편집해 다시 골수에 이식하는 체외 유전자치료 방식이 바로 카스게비, 제품명 엑사셀Exa-cel이다.

엑사셀은 임상 3상에서 지중해성빈혈증 환자 44명의 수혈 기간을 최대 36.2개월로 늘렸고, 1회 투약으로 최대 3년간 추가 수혈 없이 약효가 유지되는 것을 입증했다. 겸상적혈구빈혈증 환자 31명은 엑사셀 투약 후 최대 32.2개월 동안 혈관 폐쇄 증상을 겪지 않았다. 표적 유전자가 아니라 다른 유전자가 편집되는 오프타깃off-target에 대한 안전성 문제로 15년간의 추적 관찰이 요구됐지만, 이는 모든 유전자 편집 치료제에 적용되는 미국 식품의약국 가이드라인이다.

카스게비의 상업화에 따른 연간 매출은 22억 달러에서 39억 달러에 이를 것으로 전망된다. 염기 교정 및 다른 유전자가위 기술을 활용한 동일한 치료제 또한 임상시험이 진행되고 있어 유전자 편집 치료제 시장의 경쟁은 더욱 치열해질 것으로 보인다.

항암 치료의 새로운 가능성

암의 이질성과 높은 재발률로 난치 질환으로 여겨지던 혈액암 치료에 혁명을 가져온 기술이 바로 CAR-T 치료제이다. 이는 환자의 T세포를 분리한 뒤 바이러스를 이용해 전달한 CARChimeric Antigen Receptor라는 인공 유전자를 통해 암세포 식별과 살상 능력을 높이는 방식이다. 노바티스Novartis의 킴리아Kymriah를 시작으로 길리어드사이언스Gilead Sciences의 예스카타Yescarta와 테카투스Tecartus, BMSBristol Myers Squibb의 브레얀지Breyanzi와 아베크마Abecma, J&J Johnson & Johnson의 카빅티Carvykti 등 다양한 CAR-T 치료제가 승인받았다. CAR-T 치료제는 완전 관해율(암세포가 모두 사라진 것을 의미)이 50~80%에 달하는 등 기존 치료 약물보다 매우 우수하다.

그러나 현재 승인된 모든 CAR-T 치료제는 환자의 T세포를 분리해

치료제를 제작하는 자가치료autologous therapy 방식이라는 한계가 있다. 이 과정에서 환자의 불편, 높은 비용, 긴 제작 기간, 소수의 제작 시설, 대량생산의 제한 등 다양한 문제가 발생한다. 실제로 이 치료제들은 3억~5억 원 수준의 높은 가격을 형성하고 있다.

이러한 문제를 해결하기 위해 동종 치료allogeneic therapy가 대안으로 제시되고 있다. 건강한 공여자로부터 T세포를 얻어 CAR를 도입한 후 환자의 치료에 사용하는 방식이다. 하지만 이 방법도 이식편대숙주질환 GVHD, 즉 이식된 세포를 외부 물질로 인식해 공격하는 문제가 있다. 결국 GVHD를 일으키는 유전자 발현을 제거해야 하는데, 이를 위한 유전자 편집 연구도 진행되고 있으며, 다양한 약물을 임상시험 중이다. CAR-T 치료제의 또 다른 한계는 혈액암 치료에 한정된다는 점이다. 따라서 CAR-T를 고형암 치료제로 확대하려는 노력도 이어지고 있으며, PD-1, TGF-β, SOCS1 등 암세포 신호전달에 관련된 유전자를 제거하는 임상시험이 진행되고 있다.

유전자가위 기술을 CAR-T 치료 기술과 접목해 혈액암 및 고형암 치료에 적용하면서 향후 암 치료의 판도를 바꿀 주요 치료 전략으로 자리매김할지 주목된다.

희귀 유전 질환 치료제 개발

최근 암 치료 영역에서 유전자가위 기술의 접목이 시도되고 있는 것처럼, 희귀 유전 질환 영역에서도 유전자가위 기술 기반 치료제 개발이 활발히 진행되고 있다. 희귀 유전 질환 치료 방식은 그동안 단백질 보충 치료, 핵산 치료 등으로 이어져왔다. 그러나 반복 투여의 불편과 적용의 제한, 영구적이지 않은 효과 등 한계가 존재했다. 이런 상황에서 유전자 편집 치료제가 이러한 문제를 극복할 수 있는 대안으로 떠오른 것이다.

크리스퍼-Cas9 외에도 크리스퍼-Cas12a, 염기 교정 기술을 적용하고 있으며, 앞서 살펴본 카스게비처럼 주로 지중해성빈혈증이나 겸상적혈구빈혈증 같은 헤모글로빈 병증 관련 질환에 집중되고 있다. 치료제 개발에 크리스퍼 유전자가위를 적용한 또 다른 질환은 제1형 당뇨병이다. 버텍스파마슈티컬스와 비아사이트ViaCyte가 공동 개발 중인 'VCTX210'은 동종 유래 줄기세포의 면역 거부 인자를 제거해 체내 생존 기간을 늘림으로써 베타세포가 파괴된 당뇨병 환자에게 인슐린을 공급하는 치료제이다.

하지만 많은 유전 질환은 다양한 변이가 존재해 특정 환자에 국한된 치료제가 필요하며, 이는 상업성을 확보하기가 쉽지 않다는 것을 뜻하기도 한다. 예를 들어 AAV 전달 기반 유전자치료제 글리베라는 최초로 유럽에서 승인받았으나, 환자 수가 적어 상업성을 확보하지 못해 시장에서 사라진 예도 있다.

첨단 바이오 패권 경쟁 대응 전략

현재 기존 이념적 냉전 체제가 기술을 둘러싼 패권 경쟁과 기술 진영화로 인한 신냉전 체제로 바뀌어가고 있다. 첨단 바이오 기술은 인류의 생명과 건강, 그리고 식량 이슈와 연결되며 가장 일차적인 필요를 충족한다는 점에서 가장 핵심적인 분야라고 할 수 있다. 첨단 바이오 산업은 전 세계적으로 태동기에서 벗어나 성장기로 향하고 있다. 이러한 상황에서 우리나라가 첨단 바이오 분야에서 선두권 국가 반열에 오르기 위해서는 대학-기업-정부에 이르는 유기적 협력과 제도 개선, 투자 확대, 인력 양성 등 전방위적 노력이 보태져야 한다.

체계적인 생태계 조성

유전자 편집 치료법을 성공적으로 개발하기 위해서는 체계적인 생태계 조성이 필수이다. 우선 개발 측면에서 첨단 바이오 제품이 상업화에 이르기 위해서는 다양한 분야의 플레이어가 필요하다. 막대한 비용과 시간이 걸리는 점을 고려하면 기초연구, 중개연구, 임상연구, 그리고 상업화에 이르는 전 과정을 한 연구 기관이나 기업이 도맡아 하기에는 어려움이 따른다. 따라서 각 섹터의 개발자가 역할을 분담하고 연계하는 시스템화된 생태계를 조성하는 것이 필요하다.

미국 보스턴의 바이오 스타트업 지원 기관인 랩센트럴Lab Central은 가장 혁신적인 모범 생태계로 꼽히는데, 이곳에서는 초기 스타트업의 성장, 이를 견인하는 글로벌 제약사와의 연대, 하버드대학교·MIT 등 주요 대학과 우수 인력, 그리고 토양의 영양분 공급 역할을 하는 벤처캐피털의 대규모 투자 같은 유기적 사슬 체계가 형성돼 있다. 이처럼 생태계는 글로벌 제약사를 중심으로 대학, 연구 기관, 스타트업, 규제 관련 정부 기관, 투자자, 환자 단체, 병원, 임상시험 수탁 기관CRO, 의약품 위탁 생산 기관CMO, 공급 업체 등 다양한 이해관계자의 소통과 협력이 이뤄지는 바탕이 된다.

국내에서도 보스턴의 랩센트럴을 벤치마킹한 K-바이오 랩 허브가 구축되고 있다. 그러나 국내 첨단 바이오 인력이 매우 부족하고 투자 규모도 선진국과 비교해 제한적인 점을 고려하면 바이오 단지의 결집과 클러스터의 확대가 더 필요하다.

인허가 규제 합리화와 과학화

첨단 바이오 제품을 상업화하기 위해서는 규제라는 허들을 통과해야 한다. 특히 유전자치료제나 세포치료제, 조직공학 제품은 고도화된 규제 시스템이 필요하다. 예를 들어 유전자가위를 활용한 유전자치료제를 평가하는 것은 결코 간단한 일이 아니다. 규제의 과학화와 선진화를 통해 안전성에 대한 평가는 체계적으로 하면서 기술의 상업화도 늦추지 않는 지혜가 필요하다.

이를 위해서는 인허가 프로세스를 간소화하면서도 적절한 감독 체계를 세워야 한다. 전통적 의약품의 허가 규정을 넘어 첨단 바이오 의약품의 특성을 반영한 효율적 규제가 필요하다. 이중 규제 문제는 규제 불확실성을 초래해 시장 진입을 지연시키고, 규제 기관과 제조 기관 모두에게 부담이 될 수 있다. 대표적으로 생명윤리법의 유전자 편집 치료 적응증 제한은 특정 분야에 국한되는 포지티브positive 규제에서 불가 분야 외에는 포괄적으로 허용하는 네거티브negative 규제로 바뀌어야 한다. 규제의 과학화는 국제 협력과 조화를 촉진하고 글로벌 수준의 라이선스 시스템을 구축하는 기초가 된다.

국가 차원의 전략적 지원과 연속적 정책 추진

첨단 바이오는 AI, 양자컴퓨터와 함께 게임 체인저 기술로 선정돼 집중적인 육성 계획이 수립·추진되고 있다. 정부 주도의 개발 및 협력, 추격 기술의 기반 강화는 과학기술 강국으로 도약하는 데 중요한 역할을 할 것으로 기대된다.

첨단 바이오를 둘러싼 패권 경쟁의 가장 큰 특징은 국가 중심의 경쟁이 펼쳐진다는 점이다. 첨단 바이오는 신기술에 근거하므로 전통적인 제약 산업과 달리 국가정책이나 지원에 따라 국가 간 격차가 커질 수 있기 때문이다. 따라서 이러한 흐름을 토대로 정책의 연속성을 유지하며 국가 차원의 지원을 이어가면서 기술력과 함께 실리적 외교 다변화를 꾀하는 등의 다층적 정책으로도 뒷받침해야 한다.

벤처기업의 다양한 출구전략 마련

많은 국내 벤처기업이 코스닥 상장을 엑시트exit, 즉 기업의 가치를 현금화하는 주요 출구전략으로 여긴다. 실제로 국내 벤처 투자 회수 시장에서 인수·합병M&A을 통한 엑시트 비중은 미미한 데 반해 주식시장 상장을 통한 IPO(기업공개) 방식의 회수 비중이 대부분을 차지한다. 이를 다르게 보면, 벤처기업이 주식 상장 외의 엑시트 기회를 쉽게 찾지 못한다는 의미이기도 하다. 기업공개는 시장의 신뢰를 얻기에 좋은 방안이지만, 그만큼 시간과 비용도 많이 들고 과정도 복잡하다. 따라서 벤처 생태계의 선순환과 다변화를 위해서는 M&A 등 다양한 엑시트 기회가 마련돼야 한다. M&A 시장의 활성화는 대기업과 벤처기업 간 시너지 효과를 극대화하고, 산업 전반의 혁신을 촉진할 수 있다. 정부와 관련 기관은 M&A를 촉진하는 데 필요한 정책적 지원과 인프라를 강화해 혁신적 아이디어와 기술을 갖춘 벤처기업이 꾸준히 성장할 수 있는 환경을 조성해야 한다.

3

환경 분야 미래전략
Environment

더는 이상하지 않은 이상기후와 인간 안보

'56년 만 기록적 한파'[133], '50년 만에 최악 가뭄'[134], '88년 만에 9월 열대야'[135], '이례적인 12월의 폭우'[136]. 지난 2023년 한 해 동안 우리나라에서 발생한 이상기후 관련 뉴스의 제목이다. 기상청이 2024년 4월 발간한 〈2023년 이상기후 보고서〉에 따르면 2023년은 1월 기온 하강 폭이 19.8℃로 역대 1위였으며, 서울의 3월 일 최고기온은 25.1℃로 역대 1위, 3~4월은 50년 만의 최악의 가뭄, 6~8월 여름철 평균기온은 24.7℃로 역대 4위, 장마철 전국 강수량은 660.2mm로 역대 3위, 1935년 9월 8일 이후 88년 만에 9월 열대야, 12월 전국 강수량 102.8mm로 극값 기록 등 1년 내내 이상기후 관련 기록을 경신했다. 이는 비단 2023년의 일이 아니라 최근 몇 년간 매년 발생하고 있는 일이다. 이상기후가 더는 '이상'하지 않은 현실이 됐다. 이는 이상기후에 따른 여파를 심각하게 인식하고 더 촘촘하게 대비해야 한다는 것을 시사한다.

일상화된 극한 기상 현상과
복합적·연쇄적 기후 위기

UN 산하 기후변화에 관한 정부 간 협의체인 IPCC의 제6차 평가보고서(2023)에 따르면 지구온난화가 심해질수록 이러한 극한 기후 현상이 발생할 가능성은 더욱 커질 것으로 전망되고 있다. 실제로 세계기상기구WMO가 2024년 3월 발표한 〈2023년 세계 기후 현황State of the Global Climate〉을 살펴보면, 2023년 전 지구의 평균 지표면 온도는 174년 만에 가장 높았고, 지표면 온도와 함께 기후변화를 나타내는 지표인 해수면 온도, 해양 열, 온실가스 농도 등도 모두 기록을 갈아치웠다. 기후변화의 영향으로 평균 지표면 온도가 산업화 이전 대비 1.45℃ 높아졌으며, 이로 인한 악순환을 겪고 있다.

이러한 기후변화는 우리 생활의 많은 부분에 영향을 미치고 있으며, 그 영향은 점점 더 커질 것으로 예측된다. 자연과 인간의 사회시스템에 미치는 영향은 크게 수자원, 생태계, 산림, 농업, 해양 및 수산, 산업 및 에너지, 보건, 인간 정주 공간 등 인류의 생활 영역 전반에 걸쳐 광범위하게 나타난다.

'기후 위기climate risk'라는 용어는 IPCC의 제5차 평가 보고서 때부터 사용했는데, 위해성hazard, 노출성exposure, 그리고 취약성vulnerability으로 구분해 살펴볼 수 있다. 예를 들면 오랫동안 비가 오지 않아 가뭄(위해성)이 들면 농작물(노출성)은 가뭄 때문에 생장에 피해가 발생할 것이다. 이 때 저수지를 활용해 수자원을 관리하거나, 가뭄에 강한 작물을 재배하고 있다면 취약성이 줄어들어 위기가 감소할 것이고, 그렇지 않다면 취약성이 늘어나면서 위기도 같이 증가할 것이다.

IPCC는 제6차 평가 보고서와 종합 보고서를 통해서는 기존의 단일 위기에서 나아가 '복잡·복합·연쇄적 위기complex, compound and cascading risks'에 주목하기도 했다. 기후변화가 점차 심해짐에 따라 영향과 위험 또한 점점 더 복잡해지고 관리하기 어려워지고 있다는 의미이다. 다수의 극한 기상 현상이 동시에 발생하고 있으며, 서로 다른 위기가 상호작용하면서 더 악화하거나 연쇄적으로 발생하는 특성을 보이고 있기 때문이다.

예를 들어 기온 상승과 강수 패턴의 변화는 작물의 생장 주기를 교란하고 농작물의 수확량을 감소시키는 등 농업 생산성에 직접 영향을 미친다. 이는 식량 가격 상승과 식량 불안정을 초래하며, 특히 빈곤층과 취약 계층의 식량 안보를 위협하는 단계로 이어질 수 있다. 강수량의 변화로 물 부족 현상이 심화하는 등 물 안보에도 큰 영향을 미친다. 여러 국가를 걸쳐 흐르는 강은 국가 간 갈등을 유발할 수 있으며, 이는 지역 안보를 위협하는 요소로도 작용할 수 있다. 기후에 민감한 산업은 더 큰 타격을 받을 수 있고, 기후 위기에 대응하기 위해 마련한 여러 탄소 중립 정책은 다시 경제와 산업에 큰 영향을 끼치게 된다.

기후변화는 또한 생태계와 생물 다양성에도 심각한 영향을 미치며, 인간의 건강에도 직간접적 방식으로 영향을 미친다. 기온 상승이 열 관련 질환의 발생을 증가시키며, 열대성 질병의 확산을 촉진할 수 있기 때문이다. 이러한 건강 문제는 노인, 어린이, 만성질환자 등 건강 취약 계층에 더 큰 영향을 미칠 것으로 예측된다.

기후변화 영향의 범위와 규모가 커지면서 폭염과 가뭄이 동시에 발생하고 발생 기간 또한 짧게는 5년에서 길게는 10년 이상 계속되는 '메가 가뭄'도 우려되고 있다. 메가 가뭄은 더 큰 복합적 여파를 몰고 올 수 있는데, 농업 부문에서는 농업용수 부족으로 농작물 생산성 저하와 생산량 감소가 예상되며, 이는 지역 경제에도 부정적 영향을 미칠 것이다. 건강 부문에서는 수질 악화로 인한 박테리아 증가와 이에 따른 위생 문제 등을 예상할 수 있다. 산업 부문에서는 산업용수 부족으로 작업장 폐쇄가 우려되며, 생태계 부문에서는 동식물의 고사에 따른 생물 다양성 감소와 산림 황폐화를 예상할 수 있다.

이러한 영향은 모두 연쇄적이기 때문에 농업 부문에서의 부정적인 경제적 영향은 가깝게는 경기 침체로 이어지고, 나아가 인구의 감소나 지방 소멸 위기와도 연결될 수 있으며, 사회갈등의 심화로 이어질 가능성도 있다. 지구적 차원에서 보면, 메가 가뭄은 난민 등의 문제를 낳을 수도 있어 국제 관계에도 영향을 미칠 가능성이 있기 때문이다.

이처럼 기후 위기는 환경 문제를 넘어 식량 안보와 건강, 그리고 이주와 기후 난민 문제에 이르기까지 인간의 생존과 생활을 광범위하게 위협하며 심각한 영향을 미치고 있다. 다시 말해, 지금의 정책과 전략보다 더 절실한 해법이 요구되며, 국제사회와의 협력 아래 지속적인 노력이 이어져야 할 것이다.

기후 위기와 인간 안보

전통적인 안보는 국가 간 군사적 위협과 전쟁을 중심으로 한 개념이다. 특히 분단국인 우리나라의 경우, 북한과의 군사적 긴장이 주요 안보 이슈 중 하나이다. 그런데 최근에는 식량, 기후변화, 전염병, 경제, 에너지, 인구이동, 사이버 등 다양한 비군사적 위협을 포함한 비전통적 안보가 주목받고 있다. 비전통적 안보의 특징은 지금 우리가 직면한 기후변화의 문제같이 복잡하고 다차원적인 문제를 포함하며, 국경 같은 경계에도 제한되지 않아 국제 협력과 다자간 접근이 중요하다는 점이다.

세계경제포럼WEF이 2024년 초 발표한 〈글로벌 리스크 보고서〉에서도 '극한 기상 현상extreme weather events'을 향후 2년 이내에 발생할 단기 위험 이슈 2위로 선정했으며, 10년 이내 발생할 장기 위험 이슈 선정에서는 1위로 꼽기도 했다. 10년 이내로 발생할 장기 위험 이슈 가운데는 '지구 시스템의 치명적 변화', '생물 다양성 손실 및 생태계 붕괴', '천연 자원 부족' 등이 2~4위로 지목되면서 사실상 기후변화 관련 위기가 모두 인류의 생존과 직결되는 문제임을 일깨웠다.

이런 배경 속에서 기후변화에 따른 '인간 안보human security' 문제가 부상한 셈이다. 인간 안보라는 개념 자체는 유엔개발계획UNDP의 〈인간개발보고서〉(1994)에서 비롯됐다. 이 보고서는 국가보다는 개인과 공동체의 안전이 진정한 안보임을 강조하면서 정치, 경제 등과 함께 환경 분야를 주요 영역으로 제시했다.[137] 그러나 지구온난화가 극한 기상 현상으로 이어지고 그 여파로 연쇄적·복합적 문제가 인류 전체에 위기를 가져오면서 인간 안보적 관점이 재조명되며, 기후 위기에 대한 경각심 또한 더욱 강조되고 있다. 인간 안보 개념은 기후 위기에 대응하기 위해서는 지구 전체 차원에서 공동으로 협력해야 한다는 사실을 강조하는 것이기도 하다.

기후 위기에 대한 3가지 대응

기후 위기에 대응하는 방법에는 크게 회피avoidance, 완화mitigation, 그리고 적응adaptation이 있다. 회피는 기후변화의 영향에서 벗어나는 것으로, 예를 들면 해수면 상승으로 연안 침식 혹은 침수가 예상되는 지역에 있는 마을을 내륙으로 이주시키는 방법이다. 두 번째 방안은 감축 또는 완화로 기후변화를 유발하는 원인을 줄이거나 제거하는 방법이다. 온실가스 배출량 감축을 통해 기후변화의 속도와 규모를 줄이는 것이다. 마지막 방안은 적응이다. 적응은 기후변화로 발생하는 부정적 영향을 줄이고 긍정적 기회를 최대한 활용하는 방법이다.

전 지구 차원에서 접근한다면, 회피하는 방법은 지구를 벗어나야 하므로 불가능하다고 볼 수 있다. 지금 당장 우리가 실천할 수 있는 것은 결국 두 번째와 세 번째, 즉 온실가스를 감축하는 것과 기후변화에 적응하는 것이다.

온실가스 감축을 위한 노력을 구체적으로 살펴보면, 2015년 파리협정Paris Agreement과 〈지구온난화 1.5℃ 특별 보고서Special Report on Global Warming of 1.5℃〉(IPCC, 2018)를 통해 2100년까지 지구 평균온도 1.5℃ 상승 억제를 목표로 2050 탄소 중립에 대한 논의가 시작됐다. IPCC의 제6차 평가 보고서에 따르면 2050년까지 탄소 중립에 이르지 못할 경우, 2100년까지 지구온난화를 1.5℃ 이하로 억제하기에는 어려움이 따를 것으로 내다봤다.

이에 많은 국가가 기후변화에 대응하기 위해 '탄소 중립'을 선언했으며, 이를 달성하기 위해 재생에너지 확대, 에너지 효율성 향상, 전기차 보급, 탄소 포집 및 저장 기술 개발 등 다양한 전략을 추진하고 있다. 우리나라도 이에 동참해 2020년 '2050 탄소 중립'을 선언했으며, 2022년 〈기후위기대응을 위한 탄소 중립·녹색성장 기본법〉을 시행하는 등 기후 위기에 대응하기 위한 노력을 기울이고 있다.

그러나 이러한 탄소 중립 노력이 이행된다고 하더라도 과거부터 현재까지 누적된 온실가스로 인한 지구온난화와 기후변화의 영향에서 당장 벗어나기는 어렵다. 이는 곧 기후변화 대응에서 온실가스 완화와 기후변화 적응을 동시에 이행해야 함을 의미한다. 기후변화 적응은 온실가스 감축과 다르게 기후변화의 결과에 대한 대응에 초점을 두고 있으므로 장·단기 대응책을 마련해야 하며, 지역 단위 대응부터 국가 단위 대응까지 다양한 공간 차원에서 접근해야 한다.

기후 위기를 넘어 기회로

우리나라도 기후변화에 대응하기 위해 '제3차 국가 기후 위기 적응 강화 대책'(2023)에서 물관리, 산불·산사태, 건강, 주택·도시·기반 시설, 항만·해양, 농수산, 생태계 등 총 7개 부문에서 72개 목록을 구축해 위험을 줄일 수 있는 대책을 이행하고 있다.

앞서 2021년 〈기후위기대응을 위한 탄소 중립·녹색성장 기본법〉이 국회를 통과했고 2022년 시행에 들어갔다. 이는 2050 탄소 중립 달성을 위한 법적 기반이 마련됐다는 점에서 의미가 있다. 그러나 이러한 법적 의지가 실효를 거두기 위해서는 다양한 정책적 뒷받침과 사회적 공감대 형성이 이뤄져야 한다.

예를 들어 국내 차원에서는 탄소 배출 산업 시설을 규제하는 동시에 탄소 저감 기술의 개발을 지원하는 식으로 산업 분야와 과학기술 분야에서 양면적 정책을 강력히 추진해야 한다. 특히 사회적 분위기와 변화된 소비자 인식에 민감한 대기업과 달리 중소기업의 경우 탄소 저감에 동참하기 위한 자발적 유인 요소가 미흡할 수 있는 점 등을 고려해 정부 차원에서 선도형 전략을 세울 필요가 있다. 국제 차원에서는 기후변화 위기에 공동 대응할 수 있는 외교 전략이 필요하고, 관련 연구의 교류와 협력 등에 적극 참여해야 한다.

한편 기후변화에 따른 위기가 산업의 지형을 바꾸거나 새로운 기회를 창출하는 요인으로 작동하는 예도 있다. 2011년 태국에서 발생한 사상 최악의 홍수 사태는 컴퓨터의 기억 장치로 쓰이는 하드디스크 드라이브HDD의 가격과 저장 매체 부품 세대교체에 영향을 미쳤다고 볼 수 있다. 전 세계 HDD 공급량의 25%에 달하는 생산 기지가 태국에 자리하고 있었는데, 홍수의 여파로 침수하면서 HDD 가격이 급등했고, 반사 효과로 우리나라 삼성전자가 세계 최초로 상용화한 반도체 이용 저장 장치 SSDSolid State Drive의 수요 증가로 이어졌다. 또 기후변화로 사과 재배지가 북상함에 따라 강원도 고성군은 과수 재배 농가의 소득을 창출하기 위해 사과 산업 육성을 지원하고 있기도 하다. 이처럼 기후변화로 인한 새로운 기회도 놓치지 말고 활용할 필요가 있는 것이다.

물론 기후변화는 더 많은 위기 요인으로 우리 삶을 위협하고 있으며, 앞으로 그 영향은 더욱 복잡해지고 복합적이며 연쇄적으로 발생할 것으로 예측된다. 또 생태계에도 많은 영향을 미칠 것이다. 하지만 기후변화에 따른 미래의 위기 수준은 많은 부분 우리의 노력에 달려 있음을 잊지 말아야 한다. 기후변화가 부정적인 미래를 더 많이 보여주고 있지만, 대응에 따라 미래는 달라질 것이다.

자율주행 시대의
교통과 도시

요즘은 '교통'보다 이동 서비스를 아우르는 '모빌리티', 특히 첨단 기술과 결합한 '스마트 모빌리티'라는 용어가 더욱 익숙하게 사용되고 있다. 이는 기존 단순 이동 수단의 개념을 넘어 서로 연결돼 유기적으로 운용되는 지능화되고 효율적인 교통 시스템을 의미하는 개념이다.[138] 전동 휠, 전동 킥보드, 전기 자전거, 전기 오토바이로 대표되는 퍼스널 모빌리티PM, Personal Mobility는 안전 이슈에도 이동의 퍼스트-라스트 마일first-last mile을 처리한다는 점에서 잠재력을 보여주고 있으며, UAMUrban Air Mobility과 드론 등을 중심으로 하는 미래 항공 모빌리티 AAM, Advanced Air Mobility는 조만간 우리의 이동 영역을 3차원 입체 공간으로 확장해줄 것으로 전망된다. 그렇다면 도시교통 대부분을 담당하고 있던 자동차가 자율주행차로 바뀐다면, 우리의 생활과 도시는 어떻게 달라질까?

자율주행차는 운전 주체가 사람에게서 기계(자동차)로, 더 정확히 말하면 자율주행 소프트웨어로 전환되는 것으로 도로 위 자동차의 이동 행태가 근본적으로 변화한다는 특징을 지니고 있다. 이러한 자동차의 이동 행태 변화는 도로나 교차로, 주차장 같은 교통 인프라에 변화를 가져올 뿐만 아니라, 자동차를 이용하는 우리의 통행 행태, 도시의 교통 체계, 토지 이용과 건축, 공간계획 등 전반적인 도시 환경을 혁신하는 계기가 될 것으로 예측된다.

자율주행이 가져올 교통 인프라와 도시 공간의 변화

자율주행차의 등장으로 기대되는 교통 인프라의 변화 중 가장 주목받는 것은 도로의 용량capacity 증가이다. 도로 용량은 일정 시간 동안 해당 도로를 이용할 수 있는 최대 차량 대수를 의미하며, 차로 수와 서비스 수준을 결정하는 도로계획의 가장 중요한 기준이다. 도로 용량은 차량과 차량 사이 시간 간격time headway과 밀접한 관련이 있는데, 차량 간 간격을 결정하는 중요한 요인은 사고가 발생하지 않도록 안전거리를 유지하는 운전자의 반응시간이다. 그런데 자율주행 자동차가 도로를 달리면, 운전자의 반응시간보다 짧은 기계의 반응시간만 고려하면 되므로, 차량 간 시간 간격을 크게 줄일 수 있고, 그 결과 도로의 용량이 획기적으로 증가된다.

가령 사람 운전자의 반응속도 1.8초를 자율주행 운행 시 반응속도 1초로 가정하는 경우, 1시간 동안 차량은 2,000대에서 3,600대로 약

1.8배 증가한다. 또 자율주행을 기반으로 하는 무인 주차가 가능해지면 운전자가 타고 내리거나 이동하는 데 필요한 공간을 갖추지 않아도 되고, 밀집 주차도 가능해져 주차장의 용량도 증가할 것으로 예상할 수 있다.

이와 같은 교통 인프라의 용량 증가는 도시 공간의 새로운 변화를 기대하게 한다. 도로를 줄이거나 주차장을 다른 용도로 전환하는 것이 가능해지기 때문이다. 지금까지 자동차 중심이었던 도시 공간이 사람을 위한 공간으로 바뀌게 되는 것이다.

자율주행이 만들 새로운 통행 행태와
도시 광역화

자율주행이 도시에 미치는 변화를 올바로 전망하기 위해서는 자율주행으로 변화하는 자동차 이용 행태도 함께 고려해야 한다. 자율주행으로 도로를 이용하려는 자동차가 도로 용량보다 많아진다면, 지금보다 더 극심한 교통 혼잡이 발생할 수 있고 우리가 기대하는 도시 공간의 변화 역시 기대할 수 없기 때문이다.

자율주행으로 증가하는 자동차 이용

우리는 교통수단을 선택할 때 운전면허 보유 여부 같은 통행자의 특성, 통행 목적과 거리 같은 통행의 특성, 편리성과 안전성 같은 교통수단의 특성을 고려한다. 교통공학에서는 이러한 특성을 종합해 수단별 효용utility을 추정하는데, 효용이 높은 수단일수록 선택될 확률이 높아질 것이다.

자율주행은 안전하고 편리한 자동차 이용을 목적으로 하며, 운전면
허 같은 제도적 제약도 극복할 수 있어 자동차의 효용과 이용을 대폭
증가시킬 수 있다. 특히 서울 같은 대도시에서는 대중교통 이용자가 자
율주행 승용차 이용자로 전환되는 경우를 생각해볼 수 있다. 최근 조사
에서는 자율주행이 상용화될 경우 대중교통 이용자의 절반 정도가 자
율주행 승용차를 이용할 의향이 있는 것으로 나타났는데, 이는 현재
20~30% 수준인 서울시의 승용차 분담률이 60% 이상으로 증가하는 것
을 의미한다. 한국교통안전공단이 2024년 초 실시한 설문 조사의 경우,
전체 응답자의 45.1%가 자율주행차 구매 의향을 밝혔고, 동시에 47.5%
가 자율주행 대중교통을 이용할 의사가 있다고 답하기도 했다.

한편 자율주행은 교통수단의 전환뿐만 아니라 통행량 증가도 유발
할 가능성이 있다. 지난 2018년 미국 샌프란시스코에서는 무료 운전기
사 서비스를 통해 자율주행과 유사한 환경을 제공한 뒤 통행 행태가 어
떻게 변화하는지 살펴보는 사회 실험 연구[139]를 진행했는데, 실험 참가
자의 통행 횟수가 50% 이상 증가하는 것으로 나타났다. 부모들은 자율
주행 자동차(운전기사)에 자녀의 통행을 맡기고 자신들은 따로 다른 통
행을 발생시켰으며, 자율주행 자동차가 이용자 없이 혼자 이동하는 사
례도 전체 통행의 30%가량이나 됐다. 이 실험 결과는 자율주행으로 통
행에 대한 운전 부담이 감소하면 통행 발생 횟수가 현재보다 더 증가할
수 있다는 가능성을 시사한다.[140]

통행 시간 가치 감소와 도시 광역화

자율주행은 '통행 시간 가치travel time value'를 변화시켜 통행 거리와 도

시 광역화에 영향을 미칠 수 있다. 통행 시간 가치는 통행 시간을 단축하기 위해 통행자가 지불하고자 하는 비용willingness to pay으로 정의할 수 있는데, 자율주행으로 자동차 안에서 업무를 보거나 휴식을 취하는 것이 가능해지면, 사람들이 통행 시간 단축을 위해 지불하는 비용을 줄일 수 있기 때문이다. 관련된 국내외 연구에서는 자율주행 기술이 통행 시간 가치를 현재보다 25~30% 정도 감소시킬 것으로 전망한다.

통행 시간 가치가 감소하면 장시간 또는 장거리 통행에 대한 수용성이 높아지기 때문에 대도시를 중심으로 하는 광역 통행이 증가할 수 있다. 도시 입장에서는 이런 경우 더 넓은 지역에 있는 자동차들이 도시로 진입하기 때문에 도시교통의 부담이 더욱 증가할 가능성이 있는 것이다.

통행 시간 가치의 변화는 주거지 입지 선정에도 영향을 미칠 수 있다. 자율주행으로 장거리 통행에 대한 부담이 낮아지면, 복잡한 도심을 벗어나 도시 외곽에서 더 넓고 저렴한 주거지를 선택할 가능성이 크다. 물론 우리나라의 주거지 입지 선정은 교통 여건 외에도 투자가치와 문화시설, 교육 환경 등 다양한 요소의 영향을 받기 때문에 자율주행의 영향만으로 주거지 입지가 전적으로 변화한다고 예상하기는 어렵다. 하지만 자율주행으로 통행 시간 가치가 변화하고 지속적인 인구 감소와 삶의 질을 중시하는 사회적 인식 변화가 병행되면 자율주행 시대의 도시 광역화는 현실이 될 수 있을 것이다.

자율주행 시대를 준비하는 도시의 대응

자율주행은 교통 인프라의 용량을 증가시키는 것은 물론, 자동차 이용 증가와 도시 광역화, 이에 따른 광역 통행 집중도 유발할 수 있다. 이미 교통 혼잡이 극심한 우리나라 도시의 현황을 고려하면 자율주행 시대에 도시 공간이 획기적으로 변화하기는 어려울 수 있다. 하지만 자율주행이 제공하는 기회와 혜택을 극대화하기 위해서는 철저한 대응이 필요하다.

미래 환경 변화와 이용자 요구에 맞춘 교통관리 정책

기존 교통관리 정책은 시대적 요구를 반영해왔다. 즉 1980~1990년대에는 교통 인프라 확충을, 2000년대에는 친환경 수단 중심의 정책이 강조됐다. 미래 사회에서는 인구 감소뿐 아니라 1인 가구 증가, 고령화, 가치관의 다변화 등으로 사회 전반의 변화가 예상되며, 이와 함께 전기차는 물론 자율주행 자동차 기술의 진화로 교통수단에도 큰 변화가 나타날 것이다. 따라서 이러한 환경 변화와 이용자 요구에 부응하는 교통관리 정책을 고민하고 수립해야 할 것이다.[141]

도시교통은 공유형 자율주행 자동차를 중심으로

미래의 자율주행차는 소유와 운영 주체에 따라 현재의 승용차와 유사한 개인 소유 자율주행차, 그리고 대중교통을 기반으로 하는 공유형 자율주행차로 구분할 수 있다. 운전 부담 감소 같은 자율주행의 장점은 개인 소유 자율주행차에서 더욱 두드러지므로, 향후 개인 소유 자율주행차 이용이 더 늘어날 것이다.

하지만 이렇게 개인 소유 자율주행차가 과도하게 증가하면, 극심한 교통 혼잡을 일으켜 막대한 사회비용을 발생시킬 수 있다. 따라서 자율주행 시대의 도시교통은 자율주행의 혜택을 공유형 자율주행차에 집중시키고, 이를 기반으로 도시교통 체계를 최적화해 도시의 이동성을 높이는 방향으로 발전해야 한다.

그렇다면 버스와 택시처럼 이용자가 운전하지 않는 공유형 자율주행차에서 자율주행 기술을 통해 우리가 기대할 수 있는 장점은 무엇일까? 무엇보다 자율주행 기술을 적용하면 대중교통 운영 비용의 약 60~70%를 차지하는 운전자 인건비가 발생하지 않기 때문에, 지금보다 더 낮은 비용으로 서비스를 운영할 수 있다. 이러한 장점을 기반으로 지금의 대중교통보다 훨씬 수준 높은 서비스를 제공한다면 공유형 자율주행차 이용률을 높일 수 있을 것이다.

기존의 대형 버스 같은 차량을 소형화하는 대신 더 많은 차량을 운영해 정류장 대기 시간을 줄여준다거나, 정해진 노선과 일정에 따라 운행하는 것이 아니라 실시간 수요에 응답하는 식의 탄력적 운영 방안도 도입해야 한다. AI로 계획되는 최소 통행 시간 경로를 따라 자유롭게 이동하고, 지금까지 대중교통이 가지 못했던 지역에서의 접근성도 강화할 수 있을 것이다. 또 도시의 교통 체계가 주차 수요를 유발하지 않는 '공유 교통'으로 전환되면, 기존 주차 공간의 90% 이상을 다른 용도로 전환할 수 있을 것이라는 전망도 제기된다.[142]

공유형 무인 자율주행차의 실제 사례로는 네덜란드의 '파크셔틀'이 있다. 네덜란드의 로테르담 외곽을 오가는 자율주행 버스인데, 도로 아래 강력한 자석으로 가이드라인을 제시하고 초음파 센서를 활용해 주변 장애물을 인식하는 등 자동 알고리즘 방식으로 운영된다. 파크셔틀은 도로 환경을 개선했을 뿐 아니라 안전한 이동 수단이 되면서 쇠락할 위기를 맞은 지역경제도 살려냈다는 평가를 받고 있다.[143]

새로운 이용 행태를 반영한 도로계획과 운영

자율주행차는 차량 이용 행태를 변화시킬 것이며, 특히 목적지와 가장 가까운 곳에서 승하차하는 행위가 증가할 것으로 전망된다. 무인 주차 가능한 개인 소유 자율주행차는 멀리 떨어진 주차장이 아닌 목적지 근처에서 이용자가 승하차할 것이고, 공유형 자율주행차도 정해진 정류장이 아닌 다양한 도로 지점에서 이용자의 편의에 따라 승하차할 수 있을 것이다. 도로를 이용하는 모든 자동차가 마치 현재의 택시같이 도로변에서 승객을 태우고 내리는 현상이 발생할 수 있다. 출퇴근 시간에 많은 자율주행차가 도로변에서 대기하며 이용자를 내리고 태우는 모습을 상상해보면, 지금과는 비교할 수 없는 심각한 교통 혼잡이 발생할 것으로 예상할 수 있다.

따라서 자율주행 시대에 변화하는 자동차 이용 행태를 반영하는 대응이 필요하다. 도로의 본래 기능인 주행을 위한 공간을 구분하고, 도로 공간 중 일부를 승하차를 지원하는 공간으로 계획해야 하며, 해당 공간의 시간대별 주요 활동에 따라 탄력적으로 기능을 부여하는 새로운 운영 체계를 생각해볼 수 있다. 공유형 자율주행차 기반 도시 교통 시스템을 개발하고, 주행 차로와 별도로 자율주행차의 승하차 공간을 조성해 자율주행차 이용자의 변화하는 행태를 수용한다면 예상되는 혼잡을 감소시킬 수 있을 것이다. 하지만 교통 수요가 많은 우리나라 도시에서 모든 자율주행차의 주정차 행위를 지원하는 물리적 공간을 확보해 운영하는 것은 만만한 일이 아니다. 따라서 도로계획의 한계를 넘어 전반적인 도시계획 차원에서 이를 고려해야 한다.

자율주행을 수용하는 도시 공간과 건축 계획

자율주행으로 변화하는 자동차 이용 행태를 도시 전반에서 수용하기 위해서는 도시 공간과 건축물의 계획적 대응도 필요하다. 앞에서 언급한 자율주행차의 승하차 행위를 도로의 계획과 운영만으로 수용하기에는 한계가 있기 때문이다. 간선도로의 교통 방해를 최소화하기 위해서는 주요 도로로 둘러싸인 블록 내부로 자율주행차를 진입시켜 대규모 건축물의 지하 주차장 등 별도의 공간에서 이용자가 승하차하도록 유도해야 한다. 향후 건축물 주차장은 자율주행으로 용량이 증가하면서 여유 공간이 생길 수 있기 때문이다. 승하차 공간을 확보하기 어려운 중소 건축물의 경우 블록 내에 별도 공간을 마련해 자율주행차의 주정차를 지정해주는 공공의 역할도 필요하다.

그런데 블록 내부로 연결되는 모든 지점에서 자율주행차를 진·출입시켜 이용자의 승하차를 허용한다면, 블록 안에서 차량이 뒤엉켜 혼잡을 발생시킬 수 있고 보행자와 상충해 사고를 유발할 위험이 있다. 따라서 블록 내부로 진입하는 별도의 지점을 선정해 자율주행 자동차의 동선을 통제하는 관리도 필요하다.

승하차 공간 외에도 자동차를 이용하지 않는 보행자의 이동권에 관한 계획도 필요하다. 자율주행차의 도입에 따른 효과는 대부분 자동차 운행이 중심이어서 자유롭게 걸어서 이동할 수 있는 여건이 침해될 소지가 있기 때문이다. 따라서 자율주행차에 의한 이동과 도보 이동이 공존할 수 있는 융합된 교통 환경을 구축해야 한다.

합리적인 자율주행 시대를 위한 사회적 논의와 합의

자율주행차의 장점 중 하나는 통행이 이뤄지고 탑승자가 내려도 주차할 필요 없이 스스로 이동해 다른 통행을 처리할 수 있다는 점이다. 이러한 구조는 자동차 대수는 줄일 수 있지만 도시에서 발생하는 통행 수는 오히려 증가시킬 수 있다. 특히 자율주행차가 이용자 없이 빈 차로 도시를 배회하는 '공차empty vehicle' 주행이 이뤄질 수 있는데, 개인 소유의 자율주행차가 공차로 운행하면 교통 혼잡과 에너지 낭비를 초래해 막대한 사회비용을 발생시킬 수 있으므로 이에 대한 논의가 필요하다.

최근 연구[144]에서는 서울 도심에 진입한 자율주행차가 도심의 비싼 주차 요금을 피해 저렴한 주차 공간을 찾아 도심 외곽을 향해 공차로 운행하며 유발하는 추가 통행량을 추정했는데, 이는 서울 전체 통행량의 약 30%에 육박하는 것으로 나타났다. 이처럼 다양한 이유로 공차 운행을 하며 발생시키는 통행은 상당할 것으로 예측되기 때문에, 공차 주행에 대한 제재가 없으면 미래 도시의 교통 혼잡은 더욱 극심해질 수 있다.

불필요한 사회적 손실을 방지하기 위해서는 도시의 공차 주행 허용 수준을 정해야 한다. 허용 수준은 수단의 특성(개인 소유와 공유 교통), 통행의 특성(비상 상황과 일상생활), 환경의 특성(하루 중 차량의 도로 점유율이 가장 높은 시간인 첨두 시간과 심야 시간) 등 합리적 기준을 통해 결정할 수 있으며, 정책의 목적(사회비용 최소화와 개인 효용 극대화)에 의해 제한 범위를 조정할 수 있을 것이다.

자율주행차에 대한 또 다른 기대 중 하나는 교차로나 합류 구간 등 다른 자동차와 상충되는 지점에서 자동차의 이동 행태를 최적화해 도시교통의 효율성을 획기적으로 높일 수 있다는 것이다. 하지만 이를 위해서는 모든 자율주행차의 이동 정보를 취합·관리해야 하는데, 이는 민감한 개인정보 이슈와 연관될 수 있다. 자율주행 기술의 혜택을 극대화하기 위한 중앙 집중식 관리의 필요성과 자율주행차의 이동 현황을 관리하며 발생하는 개인의 사생활 침해 문제가 상충하는 것이다. 자율주행의 공차 주행과 마찬가지로 수단과 통행, 도로 환경 등 다양한 조건을 고려한 기준을 수립해 공공의 개입을 최소화하는 범위에서 사회적 최적화를 달성해야 한다.

머나먼 완전 자율주행의 미래,
한 걸음씩 천천히

2024년 초 애플은 2014년부터 개발에 매진해온 자율주행 전기차 '애플카' 프로젝트를 최종적으로 전면 백지화하겠다고 발표했다. 무기한 연기나 중단 사례는 이뿐만이 아니다. 이처럼 자율주행 기술의 상용화 시기는 아직 알 수 없으며, 산업계의 전망이 어두운 것도 사실이다. 기술적 신뢰가 아직 충분하지 않다는 점에서 여전히 운전자의 개입이 필요하다는 소비자의 입장이 있으며, 자율주행 사고 발생 시 보험이나 법적 책임 문제에 대한 사회적 합의와 제도 정비가 먼저 이루어져야 한다는 의견도 있다.

사실 완전 자율주행을 구현하기 위해서는 기술적 완성도를 제외하더라도 도시 인프라 구축, 사고 책임에 대한 사회적 합의 등 준비해야 할점이 많다. 그러나 자율주행의 미래가 너무 멀리 있다고 비관할 것이 아니다. 엔지니어는 기술을 개발하고 정치인은 사회적 합의를 이뤄내고 제도를 만들어가는 방식으로 미래를 준비하면 될 것이다. 자율주행이 제공하는 새로운 기회를 충분히 활용하기 위해서는 현재의 도시환경과 사회제도 변화에 맞춰 선제적으로 대응하고 준비해야 할 것이다.

기후 위기에 대응하는
기후 테크

기후변화로 인한 자연재해 발생 횟수와 강도는 점차 증가하고 있으며, 해수면 상승, 생태계 파괴 등 기후변화의 영향은 점차 강해지고 있다. 스위스의 재보험 회사 스위스리SwissRE에서는 기후변화에 따른 글로벌 GDP 손실 규모가 계속 커질 수 있다고 경고한다.[145] 산업화 이전 대비 지구 평균온도를 1.5℃ 혹은 2℃ 이하로 제한하기로 한 2015년 파리협정 이후 세계 각국은 국가자발적기여NDC, Nationally Determined Contributions 목표를 제출하는 등 온실가스 감축 노력을 이어가고 있다. 그러나 2023년 말 열린 제28차 유엔기후변화협약 당사국총회COP28에서 제시된 전 지구적 이행 점검GST, Global Stocktake 결과는 현재의 노력만으로는 부족하며, 목표를 달성하기 위해서는 전 세계적으로 감축 목표를 상향해야 한다는 점을 강조한다.

궁극적으로 파리협정의 목표를 달성하기 위해서는 온실가스 배출량을 최대한 줄이는 동시에 잔여 배출량을 흡수·포집·제거해 순배출량을 0으로 만드는 탄소 중립이 필요하다. 이는 신재생에너지 확대, 에너지 효율 향상 등으로 온실가스 배출을 줄이는 노력과 함께 공정에서 발생하는 온실가스를 포집·저장하기 위한 기술, 곧 기후 테크climate technology가 동시에 이뤄져야 한다는 것을 시사한다.

탄소 포집 기술의 개념과 의미

탄소 포집·활용·저장 기술CCUS, Carbon Capture Utilization and Storage은 온실가스 감축과 탄소 중립 달성을 위한 핵심적인 기술이다. 배출되는 이산화탄소를 포집해 이를 활용하거나CCU, 포집한 이산화탄소를 압축해 땅속에 저장하는CCS 기술을 모두 포함하는 개념이다. 사실 탄소 포집이나 저장의 기본 메커니즘은 오래전부터 사용해온 기술이다. 천연가스 채굴 과정에서 불순물인 이산화탄소를 제거하기 위해 1930년대부터 탄소 포집 기술을 썼고, 석유 생산량을 늘리기 위해 탄소를 주입해 원유를 더 쉽게 채굴하는 EOR Enhanced Oil Recovery 방식이 1970년대에 가동되면서 탄소 저장 기술을 사용했다. 이러한 기술들을 이제는 탄소 중립을 실현하기 위한 전략적 방안 차원에서 전 세계가 주목하고 있다.

즉 온실가스를 감축하기 어려운 산업이나 석탄 등 화석연료의 발전 과정에서 나오는 이산화탄소를 포집하는 수단으로 주목되고 있는데, 우리나라도 2021년 발표한 탄소 중립 시나리오에서 CCUS를 통해 2050년까지 연간 최대 8,460만 톤의 이산화탄소를 감축하는 것을 목표로 제시한 바 있다. 우리나라는 특히 철강, 석유화학 등 온실가스를 감축하기 어려운 산업이 많아 CCUS가 탄소 중립 달성에 중요한 역할을 할 것으로 기대된다.

CCUS의 첫 단계는 탄소 포집이다. 화석연료 발전소, 석유화학 단지, 철강 회사를 비롯한 산업 분야 공정 등 탄소가 많이 배출되는 곳에서 주로 이뤄지며, 이를 위해 공정 중 발생하는 온실가스나 불순물에서 이산화탄소만 분리하는 것이 필요하다. 이산화탄소를 모으는 시점에 따라 연소 전, 연소 후, 연소 중 포집 기술로 구분되며, 포집 방식에 따라서는 습식, 건식, 분리막 방식으로 구분한다.

습식 방식은 암모니아 같은 액상 흡수제를 활용해 이산화탄소를 분리하는 기술이다. 발전소나 제철소 등지에서 주로 쓰이며 투자비가 낮은 대신 에너지 소모가 상대적으로 큰 것이 단점이다. 건식 방식은 고체 입자를 활용해 이산화탄소를 포집하는 것으로 물리 혹은 화학 흡수법을 활용한다. 분리막 기술의 경우, 연소 전후에 이산화탄소를 선택적으로 투과시키는 분리막을 통해 포집하는 방식이다.

두 번째 단계는 포집한 이산화탄소를 저장 혹은 활용하기 위해 압축하고 수송하는 과정이다. 기체 형태인 이산화탄소를 고온의 스팀 가열기를 통해 높은 기압을 가하면 액화할 수 있으며, 액화된 이산화탄소는 파이프라인이나 선박을 통해 운반된다. 운송된 이산화탄소를 지층이나 심해에 매립하면 이산화탄소가 저장CCS되는 것이며, 다른 연료나 건축 소재, 화학제품, 탄소 소재 등의 용도로 전환해 사용하면 활용CCU하는 것이라 할 수 있다.

그런데 모든 지층이 이산화탄소 저장에 적합한 것은 아니다. 따라서 이산화탄소가 외부로 누출되지 않도록 적합한 곳에 저장소를 마련해야 하며, 대체로 석유나 천연가스층, 석탄층 등에 저장된다. 심해에서는 약

1,000~3,000m 해저에 기체나 액체 상태의 이산화탄소를 저장하는 형식으로 이뤄진다. 이산화탄소를 활용하는 대표적인 사례로는 액화 이산화탄소를 원유가 매립된 지하에 넣어 압력을 높임으로써 원유를 더 쉽게 채굴하는 EOR 방식뿐 아니라 건축 자재나 비료 생산 등에도 사용되며, CCUS의 활용은 수소 경제를 활성화하는 데도 도움이 된다. 신재생에너지로부터 발생하는 전력으로 물을 전기분해해 그린 수소를 생산하는 방향으로 나아가기 이전에 화석연료의 정제 공정에서 발생하는 이산화탄소를 제거함으로써 청정한 블루 수소를 얻을 수 있다.

CCUS 활성화를 위한 노력

글로벌 CCS 연구소에 따르면, 2023년 기준 운영 중인 CCS 설비는 41개로 이산화탄소 포집 용량은 약 4,900만 톤 규모이다. 개발 예정이거나 건설 단계의 프로젝트까지 포함하면 전체 CCS 설비는 392개이며, 용량은 3억 6,100만 톤 정도 될 것으로 전망된다. 그러나 국제에너지기구IEA의 탄소 중립 2050 시나리오에서 얘기하는 2050년 약 60억 톤의 이산화탄소 포집 목표와 비교하면 매우 낮은 수준이다.

국내에서도 탄소 포집·활용·저장 기술을 확보하기 위한 연구가 진행 중이며, 탄소 포집 사례로는 전력연구원에서 시범적으로 운영 중인 10MW급 건식 이산화탄소 포집 플랜트(하동)와 10MW급 습식 이산화탄소 포집 플랜트(보령)를 꼽을 수 있다. 또 국내에서 계획 중인 대표적인 탄소 저장 실증 사업으로는 한국석유공사가 추진하는 동해가스전 활용 CCS 프로젝트가 있다. 2021년 가스 생산이 종료된 동해가스전에 포집한 탄소를 주입해 저장하는 실증 사업으로, 2027년까지 설비를 구축하고, 2028년부터 연간 120만 톤의 이산화탄소 주입을 목표로 하고 있다.

하지만 탄소 포집부터 저장, 그리고 활용에 이르기까지 대다수 기술이 대체로 연구 단계에 머물러 있다. CCUS 상용화 기술을 확보하기 위해서는 기술적·경제적 한계를 넘어서야 하며, 대체로 긴 시간이 소요되는 만큼 중·장기 차원에서 정부의 지원이 바탕이 돼야 한다. 현재로서는 광물 탄산화 제품 상용화 등 일부 기술을 제외하면 대다수가 2030년 이후에나 상용화가 가능해질 것으로 예측된다.

이에 따라 우리 정부도 2023년 확정, 발표한 〈제1차 탄소중립·녹색성장 기본계획〉을 통해 CCUS 기술의 확보로 NDC를 달성하고 수출 산업화를 이루겠다는 목표를 제시한 상태이다. 무엇보다 관련 법령과 저장소 등 제도적 기반과 인프라 구축 방침을 제시했고 기술의 확보와 상용화를 위한 R&D를 강조했다.

구체적으로 살펴보면, 이산화탄소 포집 상용기술의 확보와 대규모 실증, 국내 10억 톤 저장소를 포함해 해외 저장소 확보, 상용화 가능성이 큰 기술을 선별해 성공 사례를 창출하고 해외 CCU 사업으로 확대, CCUS 사업 패키지를 한국형 수출 모델로 육성, 포집·저장·활용의 한계 극복을 위한 기초·원천기술 확보, 이산화탄소를 활용한 기초 화학제품(납사, 항공유, 메탄올 등)과 고부가 제품 생산 확대를 위한 차세대 기술 개발 등이 주요 추진 방안에 담겨 있다.

향후 정책 방향

탄소 중립은 지구를 되살리기 위한 세계적 도전 과제지만, 환경 이슈인 것만은 아니고 보호무역 같은 경제 이슈이기도 하다. EU의 탄소국경조정제도CBAM는 대표적 탄소 관세 제도라고 할 수 있다. 즉 철강 등의 품목을 EU에 수출하는 기업이 제품 생산과정에서 발생한 탄소 배출량만큼 비용을 내야 한다. 2023년부터 시행에 들어간 상태이며 2026년부터는 탄소 배출량 보고 의무뿐 아니라 배출량 검증, CBAM 인증서 구입·제출이 의무화된다. 온실가스 감축이 전 방위적 현안 과제가 됐으며, 이러한 상황에서 온실가스 감축 목표 달성 가능성과 산업 경쟁력을 동시에 높이는 수단으로 CCUS 기술의 중요성이 더 강조되는 것이다. 우리 또한 환경이나 경제 문제 모두를 해결하기 위해서라도 관련 기술의 확보와 상용화를 위해 국가 차원의 총력을 기울여야 한다.

CCS 기술 개발에 대한 정책 및 금융 지원

우리나라의 2050 탄소 중립 시나리오에서 제시하는 A안과 B안, 즉 화력발전의 전면 중단을 상정한 A안과 일부 유지를 상정한 B안 모두 국내외 CCUS를 적극적으로 활용하도록 강조하고 있다. 특히 A안보다 탄소 배출량이 많을 것으로 예측되는 B안에서는 CCS를 통해 국내 3,300만 톤과 국외 2,660만 톤을 합한 5,960만 톤, 그리고 CCU를 통해서는 2,500만 톤에 해당하는 2050년 목표를 제시하고 있어 CCUS 기술 개발이 필수이다. 또 탄소 중립 달성뿐 아니라 신산업 측면에서도 CCUS 기술과 시장은 미국 등 여러 국가에서 중요하게 고려되고 있다.

하지만 여전히 많은 기술이 연구·개발 단계에 있고 상용화까지 오랜 기간이 필요하며, 높은 기술 투자 비용으로 경제성 또한 부족하다. 따라서 CCUS 기술에 대한 투자 불확실성을 줄이기 위한 재정적인 지원이 필요하다. CCUS 기술 개발을 위한 R&D 투자뿐 아니라 세제 혜택, 보조금 등 다양한 지원 정책을 제공해야 한다.

그런 점에서 최근 논의되고 있는 탄소차액계약제도CCfD, Carbons Contract for Difference의 도입도 서둘러야 한다. 기업의 탄소 감축을 유도하기 위한 이 제도는 정부와 기업 간 계약인데, 정부가 기업에 합의된 고정된 탄소 가격을 보장하는 것을 목적으로 한다. 즉 설비투자 비용이 많고 기술적 불확실성은 높은 CCUS 프로젝트의 투자 불확실성을 낮추고 기업의 투자를 활성화하는 데 도움을 줄 수 있을 것으로 기대된다.

이는 나아가 실질적인 기후 대응이라고 보기 어려운 탄소 배출권 구매도 대체해갈 수 있을 것이다. 탄소 배출권은 이산화탄소 배출량이 많은 기업이 배출량에 여유가 있는 기업에 비용을 내고 권리를 사는, 탄소상쇄carbon offset 행위이다. 감축이 아니라 배출권 구매로 실적을 인정받는 것을 뜻한다. 실질적 감축 행위가 아니라는 점에서 지적받고 있는데, 만약 기술 개발 등을 통해 CCUS 비용이 낮아지고 반대로 탄소 배출권 가격이 높아진다면, 온실가스를 감축하기 어려운 산업 부문에서도 배출권을 구매하기보다 CCUS 설비를 도입할 유인이 커질 것이며, CCUS 산업 역시 수익성이 향상될 것이다.

국내외 탄소 저장소 및 활용처 확보

CCUS가 성공적으로 이뤄지기 위해서는 포집한 이산화탄소를 저장하기 위한 저장소 확보가 필수이다. 2021년 합동 연구단 연구를 통해 약 7.3억 톤, 연간 약 2,400만 톤(30년)의 이산화탄소를 국내에 저장할 수 있다는 예측이 나온 적이 있다. 또 기술 개발이 추가로 이뤄진다면 최대 약 11.6억 톤, 연간 3,870만 톤 저장이 가능하다는 전망도 있었다. 하지만 국내 탄소 저장 공간은 제한적이라고 할 수 있다. 이런 측면에서 포집한 탄소를 저장할 수 있는 폐유전이나 폐가스전 등 해외 저장소 확보가 더 필요하고 이와 관련한 국제 협력도 강화해야 한다.

특히 해외 탄소 저장소의 경우, 액화 이산화탄소 운반선을 통해 포집한 이산화탄소를 이동해야 하므로 거리가 멀면 수송 비용이 크게 높아질 수 있다. 따라서 안정적으로 운영할 수 있고 비용적으로도 효과적인 지역과 국가를 중심으로 해외 저장소를 찾기 위한 노력이 필요하다.

기술적 불확실성을 고려한 유연한 접근

탄소를 포집하는 기술과 함께 포집한 탄소를 전환해 활용하는 기술은 경제성뿐 아니라 기술 자체의 불확실성도 아직은 상당히 커서, 도입 가능 시기나 효율성, 그리고 저장의 안정성 등을 전망하기 어려운 측면이 있다. 이러한 기술적·경제적 불확실성은 CCUS를 활성화하기 위한 중·장기 전략과 정책을 마련하는 데도 어려움을 가져온다. 따라서 CCUS 관련 전략과 정책은 무엇보다 유연하게 설계해야 한다. 기술이 개발되는 동안 상용화 가능성이나 경제성 등이 계속 달라질 수 있는 점에서 기술 현황과 전망을 주기적으로 파악하고, 이를 바탕으로 지원 전략이나 정책을 보완해가는 것이 좀 더 현실적인 접근이 될 것이다.

4

인구 분야 미래전략
Population

생산연령인구 감소와
외국인 전문 인력 유치

　　우리나라는 저출생·고령화로 생산연령인구가 빠르게 감소하고 고령
인구는 빠르게 증가하고 있다. 이에 따른 조세 부담을 최소화하면서 빠
르게 증가하는 노년부양비*를 사회적으로 감당하기 위해서는 노동자의
생산성 향상과 고부가가치화가 필수이다. 이는 단지 내국인에게만 해당
되는 것이 아니다. 외국인 인력의 경우에도 그 필요성이 증가하고 있다.
인구 감소 문제를 공통으로 겪고 있는 주요 국가들도 외국인 인력, 특히
단순 기능직 인력과는 달리 전문기술 분야 인력을 도입하기 위해 경쟁
하고 있다. 우리 또한 전문·기술직 외국인 인력의 유치에도 각별한 노

● 노년부양비는 15~64세의 생산연령인구 100명당 65세 이상 고령인구의 비율로, 통
　계청의 장래인구추계에 따르면 2000년 10.1명, 2010년 14.8명, 2020년 21.8명에
　서 2030년 38.0명, 2040년 59.1명, 2050년 77.3명으로 급속한 상승이 예상된다.

력을 기울일 때이다.

생산연령인구의 감소

생산연령인구는 전체 인구 가운데 적극적으로 경제활동을 하는 15~64세 인구를 말한다. 여기에는 65세 이상 고령인구가 포함되지 않아 전체 인구보다 시차를 두고 저출생 영향이 먼저 미치게 된다.

인구변화와 관련한 데이터는 크게 인구총조사를 기준으로 하는 총인구 자료와 주민등록 행정 통계를 기준으로 하는 주민등록인구 자료로 나눌 수 있다. 인구총조사는 과거 직접 방문하는 조사에서 행정 자료 기반으로 변경되면서 조사 방식에 따른 차이는 줄어들었다. 그러나 주민등록인구는 국적 기준으로 국내 체류 외국인을 포함하지 않고 대신 유학, 파견 등으로 외국에 거주하고 있는 재외 한국인을 포함해 발표한다. 반면 총인구는 거주지 기준으로 국내에 중·장기 체류 외국인을 포함하고 대신 재외 한국인을 포함하지 않는다. 마치 국민소득에서 GNP, GDP의 차이와 유사하다.

이런 특징을 알면 인구 통계의 차이를 이해하는 데 도움이 되는데, 인구총조사 기준으로 보면 우리나라 전체 인구는 2024년 5,175만 명을 고점으로 하락이 예상되며 생산연령인구는 이보다 5년 이른 2019년 3,763만 명을 고점으로 줄어들고 있다. 주민등록인구 기준으로는 전체인구가 2019년 5,185만 명을 고점으로 감소세로 돌아섰고, 생산연령인구는 이보다 3년 이른 2016년 3,778만 명을 고점으로 감소세를 보이고 있다.

자료에 따라 몇 년의 시차는 있지만, 인구 증가를 통한 경제성장이 이제 쉽지 않다는 이야기이다. 인구변화는 특별한 충격이 없는 이상 그대

로 이어지는 성질이 강하기 때문에 인구 감소는 피할 수 없는 미래라고
도 할 수 있어 그에 대한 대책이 시급하다.

우리나라의 외국인 인력 도입 현황

우리나라는 1993년 산업연수생 제도를 통해 외국인 인력을 받아들
였고, 산업연수생 제도를 흡수·통합해 연수생이 아닌 근로자로서 도입
하는 고용허가제가 2007년 시작됐다. 특히, 저숙련 인력이 중심이었는
데 2023년 6월 기준으로(뒤에 나올 일본과의 비교를 위해 비교 가능한 가장 최
근 시점을 선택) 중·장기 체류 외국인 가운데 고용허가제 관련 체류 자격
인 비전문 취업(E9)과 방문 취업(H2)이 39만 9,000명으로 중·장기 체
류 외국인의 21.1%를 차지하고, 선원 취업(E10) 2만 명까지 포함하면
전체 저숙련 단순 기능직 인력은 41만 9,000명으로 중·장기 체류 외국
인의 23.3%를 차지한다.

한편 전문인력으로 분류되는 중·장기 체류 자격으로는 교수(E1), 회
화 지도(E2), 연구(E3), 기술 지도(E4), 전문 직업(E5), 예술 흥행(E6), 특
정 활동(E7)이 있으며, 90일 미만 단기 체류의 경우 단기 취업(C4)을 전
문인력으로 포함한다. 중·장기 체류 전문인력 자격인 E1~E7 자격 체
류자는 2023년 6월 기준으로 전체 5만 4,000명 수준(C4 외국 인력의 수는
3,771명)이며 이는 중·장기 외국인 체류자의 3.0%로 저숙련 단순 기능
직 외국인 인력과 도입 규모에서 차이가 크다.

이러한 우리나라의 외국인 인력 도입 상황을 일본과 비교해보면, 우
선 일본은 우리나라와 비슷하게 세계 주요국 가운데 해외로부터의 인
력 도입이 적다는 점에서 비교적 보수적인 특징을 보인다. 2023년 6월
기준으로 일본의 저숙련 단순 기능직 외국인 인력은 기능 실습 자격과

특정 기능 1호 자격을 합해 53만 1,000명으로 중·장기 체류 외국인의 18.1%를 차지하며, 우리나라의 단순 기능직 외국인 인력 비율 21.2%에 비해 낮은 수준이다.

그러나 전문·기술 인력의 경우 우리나라의 E1~E7에 대응하는 체류 자격에 더해 특정 활동 부문까지 포함할 경우 54만 7,000명으로 중·장기 체류 외국인 인력의 18.6%를 차지하고, 특정 활동을 포함하지 않으면 47만 9,000명으로 16.3%이다. 어느 쪽이든 우리나라의 중·장기 체류 전문인력의 비중인 3.0%와 큰 차이를 보여 우리나라의 외국인 인력 도입이 얼마나 저숙련 단순 기능직 중심인지 알 수 있다.

일본을 포함해 대부분의 주요국에서는 저숙련 단순 기능직보다 전문직·기술직 중심으로 외국인 인력을 받아들이는 데 비해 우리나라가 지금까지 단순 기능직 위주로 도입한 데는 이유가 있다. 우리나라로서는 인력난이 심해도 노동시장에서 내국인과의 일자리 경합도가 낮은 부문에서 먼저 인력을 도입했는데, 이는 주로 3D 업종을 중심으로 한 단순 기능직이었다. 우리나라의 높은 대학 진학률과 이에 따른 고학력 인력의 대량 배출은 전문·기술직 외국인 인력을 적극적으로 받아들이지 않게 한 또 다른 배경이기도 하다.

변화하는 우리나라의 외국인 인력 도입

코로나19 팬데믹으로 주춤했던 우리나라의 외국인 인력 도입이 최근 들어 빠르게 변화하고 있다. 단순 기능직 인력의 경우 고용허가제(E9) 쿼터를 2023년 12만 명에서 2024년 16만 5,000명으로 확대했으며 이들의 고용허가 업종도 제조업 중심에서 한식 음식점업, 호텔 콘도업 등 서비스 업종으로 점차 확대하는 추세이다.

주목할 부분은 전문인력과 관련된 변화이다. 정부는 2024년 숙련된 전문성이 필요한 분야로 요양보호사(E7-2), 항공기·항공기 부품 제조원(E7-3), 송전 전기원(E7-3)을 신규 지정, 해당 인력을 도입하기로 했다. 이와 함께 경력이 쌓인 단순 기능직 외국인 인력을 테스트를 통해 체류 자격을 전환하는 숙련 기능 인력 점수제(E7-4)의 경우 2024년 해당 쿼터를 3만 5,000명으로 결정했는데, 이는 전년도인 2023년 쿼터 5,000명, 코로나19 발생 직전인 2019년 쿼터 1,000명과 비교해 파격적인 증원이다.

점수제의 기본 항목을 기존 11개에서 한국어 능력, 소득, 나이 3개로 간소화하고 기업의 외국인 인력 도입 가능 한도도 국민 고용 20% 이내에서 30% 이내로(뿌리산업의 경우 30% 이내에서 50% 이내로) 완화했다. 저출생·고령화에 따른 재정 부담을 감당하기 위해서는 노동자의 생산성 향상과 고부가가치화가 필요한데, 이러한 필요성이 외국인 인력의 도입에도 반영된 것이라고 볼 수 있다.

주요 국가의 전문·기술직 외국인 인력 도입 사례

인구 감소는 주요 선진국에서 모두 나타나는 현상이라는 점에서 해외 인력을 영입하려는 움직임도 공통으로 나타나고 있다. 영국과 일본, 그리고 싱가포르 사례를 통해 치열해지고 있는 우수한 해외 인력 도입 경쟁을 살펴본다.

영국의 사례

영국은 2020년 브렉시트로 EU와의 자유로운 인력 왕래가 종결되면서 2021년부터 기술·숙련 인력에 대한 점수제 기반의 새로운 해외 인력 비자 시스템을 운영하고 있다. 새로운 비자 시스템에서는 비숙련 외국인 인력의 도입은 단기 계절 근로자 등 예외적인 경우를 제외하면 규제를 강화하고, 저숙련 외국인 인력에 대한 업계의 수요에 대해서는 생산성 제고나 자동화 방식으로 대체할 필요성을 강조한다.

반면 전문성과 숙련도가 높은 해외 인력에 대해서는 적극적으로 받아들이고 있다. 점수제를 적용해 기준 점수를 넘는 경우 노동시장 테스트나 쿼터 등 추가 조건의 부과 없이 도입할 수 있도록 했다. 일자리 제의, 일자리의 적절한 직능 수준, 영어 능력 등 필수 항목에서 50점을 초과하고 연봉 항목 등 가산점 항목에서 20점을 추가해 70점이 넘으면 인력 도입이 가능하다. 그리고 일자리 유관 박사 학위자, 이공계 분야 박사 학위자, 부족한 기술 직업군 등에 대해서는 추가 가산점을 제공함으로써 이공계 우수 인력과 기술 인력을 유치하고 있다. 특히 전문인력의 연봉이 전체 평균 수준이나 해당 직종 평균과 비교해 낮은 경우 점수가 낮아져 도입을 어렵게 함으로써 우수한 인력을 받아들이도록 유도한다.

또 외국인 인력을 고용하는 고용주에 대해서는 스폰서십 라이선스 조건과 라이선스 취득 비용을 부과하며, 인력 1인당 스폰서십 증서가 필요한데 증서 발행 비용을 고용주에게 부과함으로써 무분별한 외국인 인력 도입을 막고 있다.

일본의 사례

일본의 경우, 전문·기술직 분야 외국인 인력에 대해서는 출입국 및 체류 상의 편의를 제공하며 적극적으로 유입하지만, 단순 기능직 외국인 인력의 도입은 국민적 합의를 바탕으로 매우 신중하게 진행해야 한다는 기조를 유지해오고 있다.

일본은 장기 침체에 빠진 일본 경제의 체질을 바꾸고 일본 경제를 부흥시키기 위해 2010년에 '신성장 전략'을 제시한 바 있는데, 그 가운데 하나가 해외의 우수 인력 유치였다. 2012년에 도입한 고도 인재 포인트 제도는 이를 위한 대표적인 정책이며, 규정 항목의 점수에 따라 선정된 우수한 해외 인력에 대해 고도 전문직 체류 자격을 부여하고 여러 우대 조치를 제공함으로써, 우수한 인력의 도입을 촉진하고 있다. 고도 전문직은 고도 전문 기술, 고도 학술 연구, 고도 경영 관리 등 세 가지 활동 유형으로 분류되며, 학력, 실무 경력, 연간 수입, 나이 등 평가 항목의 합산 점수가 70점 이상이 되면 고도 전문직 체류 자격을 부여한다. 전략적 육성이 필요한 섹터나 지역에서는 특별 항목으로 가산점을 부여함으로써 해당 분야로 우수한 인재를 유치하기도 한다.

고도 인재 포인트 제도는 고도 전문직 1호와 2호로 나뉜다. 1호에 대해서는 5년의 체류 기간을 제공하며 복합적인 취업 활동, 배우자의 취업, 부모 동반 허용 등 각종 출입국 및 체류상의 편의를 제공한다. 1호에서 3년 이상 활동한 경우 취득 신청을 할 수 있는 고도 전문직 2호는 1호의 우대 사항에 더해 무제한 체류가 허용되며, 고도 전문직 활동과 병행한 거의 모든 복합적 취업 활동이 가능하다. 2017년에는 고도 인재 그린카드 제도를 만들어 기존 5년이던 고도 전문직 인재의 영주권 신청 가능 기간을 3년으로 단축했고, 80점 이상이면 1년 체류만으로도 영주권 신청을 할 수 있도록 했다(일반적으로 일본에서 영주권을 신청하기 위해서는 10년 연속 체류해야 한다).

싱가포르의 사례

도시국가인 싱가포르는 출발할 때부터 내국인 인력 부족을 겪으면서 오래전부터 해외 인력에 대해 문호를 개방해오고 있다. 싱가포르 인력부에 따르면, 2023년 기준 전체 400만 명의 취업자 가운데 외국인 인력은 약 153만 명으로 38% 정도를 차지한다. 이 가운데 전문직 외국인 인력은 20만 5,000명으로 전체 외국인 인력의 13% 수준이다.

현재 싱가포르의 외국인 취업 자격은 전문직을 위한 EPEmployment Pass, 중숙련 근로자를 위한 S 패스S Pass, 단순 기능직 인력을 위한 노동허가Work Permit의 3가지 유형으로 분류된다. 이 가운데 중숙련 근로자와 단순 기능직 외국인 노동자에 대해서는 쿼터와 고용부담금 등으로 규제를 강화하고, 전문직의 경우 규제 대상에서 제외함으로써 더 많은 유입을 촉진하고 있다.

전문직 EP 취업 자격을 획득하기 위해서는 2단계 조건을 만족해야 한다. 첫 번째 단계는 소득 조건으로 고정 월 소득이 2024년 기준 최소 5,000싱가포르달러를 넘어야 하며, 이때 최소 월 소득 기준은 근로자의 나이에 비례하며 분야에 따라 다르게 책정된다. 두 번째 단계는 보완적 평가인데, 점수제로 운영된다. 기본 평가 항목으로는 소득, 학력 및 전문직 자격증, 민족 다양성 개선, 해당 섹터 대비 내국인 전문직 비율 항목이 있으며 각각 최대 20점의 점수가 부여된다. 추가 배점 항목으로는 부족한 기술 직업군 해당 여부 최대 20점, 정부의 경제 전략 우선순위 해당 여부에 10점이 부여되며 신청자는 총점 40점을 넘으면 된다. 이처럼 추가 배점 항목을 통해 부족한 기술 분야와 경제성장 전략 측면에서 우선도가 높은 영역으로 고급 인력을 유치하고 있다.

전문·기술직 외국인 인력 유치 전략

우선 전문·기술직 외국인 인력의 도입 확대는 여성, 청년층 등 내국인 노동시장 취약 계층의 고용 상황 개선 노력이나 성과를 고려하면서 추진해야 한다. 기존 저숙련 외국인 인력 도입의 경우 내국인 구인이 어려운 3D 저숙련 업종이 많아 국민적 공감대를 쉽게 형성할 수 있었다. 그런데 전문·기술직 외국인 인력 도입이 본격적으로 확대된다면 인구 감소와 노동력 부족에 따른 불가피성이 있더라도 내국인과 좋은 일자리를 둘러싼 경쟁이 문제가 될 수 있다.

우리나라의 15세 이상 전체 고용률은 2023년 기준 62.6%로 일본의 61.2%보다 다소 높게 나타났다. 그러나 이는 65세 이상 고령층 고용률에서 우리나라가 일본보다 높아 전체 고용률을 높인 결과이며, 15~64세 생산연령인구의 고용률만 보면 일본 78.9%, 한국 69.2%로 우리나라가 뒤처진다. 인구구조의 변화에 따라 중·장기적으로 해외 인력의 도입 확대는 불가피하겠지만 내국인 취업자 수가 당분간 증가할 수 있다는 의미이다. 따라서 노동시장 취약계층의 고용 상황을 개선해나가면서 외국인 인력의 도입을 확대하는 식으로 사회적 수용성 문제를 고려해야 한다.

두 번째로는 인구구조 변화 대응 및 경제성장 전략이라는 큰 틀에서 인력 도입의 방향성을 제시하고 연계성을 강화할 필요가 있다. 우리나라는 지금까지 단순 기능직 인력 도입이 중심이 되면서 경제성장에 대한 기여보다는 인력난에 대한 단기적 대응 측면이 강했다. 최근 전문·숙련성이 높은 분야에서 E7으로의 전환 확대, E7 신규 체류 자격 시범 도입 등 새로운 변화가 있으나 여전히 인력난에 대응하기 위한 방편적 성격이 강하다.

특히 단순 기능직 인력은 단기 순환 원칙에 따라 대체로 5년이 되기 전에 체류 자격 연장 없이 본국으로 돌아간다는 점에서 중·장기적인 총량 관리가 가능하다. 그러나 전문·기술직 인력의 경우 체류 자격 갱신을 통해 계속 체류하며 영주권 신청을 할 수 있으므로 중·장기 차원의 전략이라는 큰 틀이 필요하다. 단기적인 인력난 대응이라는 틀을 넘어 인구구조 변화와 국가적 발전이라는 미래 청사진 아래 방향성을 제시하고 범정부적인 정책 조율을 할 필요가 있다.

세 번째로는 고부가가치 전문인력에 대해서는 별도로 구분해 이들을 적극적으로 유치할 수 있도록 각종 출입국상 편의를 제공하고 정주 여건 등 다각적으로 지원할 필요가 있다. 현재 우리나라의 중·장기 체류 전문·기술직 외국인 인력은 체류 자격 E1~E7을 포함하는데, 여기에는 의사, 교수, 고급 과학기술 인력, 기업 고위 임원 등부터 사무원, 조리사, 숙련 기능공 등의 분야까지 매우 광범위하다. 따라서 내국인과의 경쟁 요인이나 우리 사회가 보완하고 추구해야 할 요인과 가치 등에 따라 좀 더 세분화한 정책을 마련할 필요가 있다.

특히 우수한 해외 인재에 대해서는 일본의 고도 인재 포인트 제도처럼 소득, 경력, 학력 등 다양한 항목의 평가를 통해 합산 점수가 기준 점수를 넘으면 체류 자격을 부여하고, 경제성장이나 지역 발전 전략상 필요한 업종 혹은 직종에 대해서는 가산점을 주어 체류 자격을 쉽게 획득하도록 만들 필요가 있다.

마지막으로 우수한 해외 인재에 대한 선제적 투자와 영입도 필요하다. 우수 인재를 유치하기 위한 국가 간 경쟁이 점점 더 치열해지고 있기 때문이다. 예를 들어 ODA 사업을 통해 개발도상국의 인재를 영입해 우리나라에 유학시키고 이들이 졸업 후 우리나라에 남아 취업할 수 있도록 여러 지원을 제공함으로써 외국인 인재를 확보하는 것도 한 방법일 것이다.

항노화 연구와
건강한 고령사회

　우리나라는 세계에서 가장 빠르게 늙고 있다. 대표적인 고령국가인 일본보다 약 1.5배 빠른 속도로 고령화가 진행중이다. 65세 이상 노인 인구 비율이 20% 이상인 사회를 초고령사회로 분류하는데, 우리나라는 2025년부터 국민 5명 중 1명이 65세 이상이 된다. 또 기대수명은 2022년 기준 82.7세로 전년(83.6)보다 낮아졌지만, OECD 국가 평균보다는 높다.[146] 노인성 만성질환에 시달리지 않고 육체적·정신적으로 건강하게 생활할 수 있는 기간을 의미하는 건강수명의 경우는 어떨까? 통계청 추산에 따르면 우리나라 국민의 건강수명은 대략 65.8세(2022년 기준)에 머물러 있다. 많은 노령층이 20년 가까이 노인성 만성질환을 앓으며 살아간다는 의미이다. 그 결과 노령층 의료비가 계속 증가하면서 국가 재정에도 부담이 됐고 노년의 삶의 질 또한 떨어지고 있다.

　그렇다면 노화란 거스를 수 없는 자연현상으로 우리가 대처할 수 없는 것일까? 의료 기술의 발전으로 기대수명이 증가했다면, 이제는 과학 기술의 발전으로 건강수명을 늘리는 것이 인류의 숙제가 아닐까? 이러한 질문에 답하듯 호기심이나 인류의 열망 차원을 넘어 실제로 항노화 연구가 본격화되고 있다.

무병장수, 가능할까?
노화의 비밀을 품고 있는 동물들

예로부터 노화 현상은 많은 연구자의 관심을 불러일으켰다. 우리는 지구상 모든 생명체가 노화의 굴레에서 벗어날 수 없다고 생각한다. 과연 사실일까? 성충으로 5분을 사는 하루살이에서 150년 넘게 사는 코끼리거북이까지 종에 따라 노화 속도는 다르다. 이는 유전자가 다른 데서 기인한다고 볼 수 있다. 그런데 한 군집의 꿀벌들은 여왕벌에서 일벌까지 모두 같은 유전자를 지니고 있지만, 여왕벌이 4~7년을 사는 데 비해 일벌의 수명은 1개월이다. 이렇듯 노화의 비밀을 품은 생명체를 연구하면 노화의 비밀에 한발 더 다가갈 수 있지 않을까?

불사 해파리

종종 소개되는 영생 해파리가 있다. 홍해파리는 발생이 다 끝나 성체로 살아가다가 환경이 좋지 않거나 노화가 진행되면 생활사를 되돌려 어린 유생으로 되돌아갈 수 있다. 성체가 자손을 낳아 종을 유지하는 일반적인 진화 전략과 다르게, 다 자란 성체가 어린 상태로 되돌아가는 것이다.

2022년 홍해파리의 유전자 염기서열 분석을 통해 성체 세포가 줄기세포 과정으로 돌아가는 능력과 DNA의 손상을 회복하는 능력 등이 밝혀지기도 했다.[147] 어쩌면 자연계에는 세포 리프로그래밍 능력을 지니고 있어서 영생하는 생명체가 이미 존재하는지도 모른다.

노화의 법칙을 벗어난 벌거숭이두더지쥐

우리와 같은 포유동물 중에서도 노화의 법칙에서 벗어난 동물이 있다. 벌거숭이두더지쥐가 그러하다. 보통 쥐 수명이 2~3년에 불과한 것과 달리 벌거숭이두더지쥐는 30년 넘게 사는 것으로 알려져 있다. 인간에게 비유하면 평균수명의 10배, 즉 수백 년을 사는 인간이 존재하는 것과 같다.

어떻게 이런 일이 가능할까? 놀랍게도 벌거숭이두더지쥐는 일정 기간이 지나면 노화가 멈추는 것처럼 보인다고 한다. 영화 〈아바타 2: 물의 길〉에서는 판도라 행성의 해양 생물 툴쿤에서 채취한 암리타를 주입하면 인간의 노화가 멈추는데, 지구에 그런 현상이 일어나는 포유동물이 있는 셈이다. 나이가 들어도 심장 기능이나 몸의 구성 성분, 뼈의 상태, 신체 대사 활성도에 퇴화가 일어나지 않고, 죽기 전까지 생식능력 또한 여전하다고 한다.

2011년 국제 학술지 〈네이처〉에 벌거숭이두더지쥐의 유전자 정보가 보고됐는데,[148] 유전적으로 생물학적 대사 진행 속도가 느리고, DNA 손상을 복구하는 능력이 뛰어난 것으로 알려졌다. 2023년에는 벌거숭이두더지쥐가 다수 보유하고 있는 고분자 히알루론산을 실험 쥐에 주입했더니 건강수명과 평균수명이 늘어났다는 것이 〈네이처〉에 보고되기도 했다.[149] 이외에도 장수 하면 떠오르는 바닷가재, 갈라파고스땅거

북, 그린란드상어 등에 대한 연구를 통해서도 노화의 비밀을 푸는 실마리를 찾는 중이다.

영생을 위한 생명과학은 어디까지 왔는가?

과거에는 노화를 벗어날 수 없는 숙명으로 여겼으나, 연구자들의 다양한 노력으로 인식의 전환이 일어나고 있다. 물론 아직은 실험실 수준의 연구지만, 노화를 지연시키거나 심지어 역전시키는 기술이 유수의 학술지에 보고되고 있다.

이러한 추세에 맞춰 세계보건기구WHO는 2018년 노령old age에 질병 코드 'MG2A'를 부여했다. 또 미국 FDA가 세계 최초로 항노화 임상을 허가하면서 2019년에 당뇨병 치료제 성분 메트포르민을 이용한 메트포르민 노화 표적화TAME, Targetting Aging with MEtformin 임상시험이 개시되었다. 이러한 추세에는 노화를 어쩔 수 없는 자연현상으로 받아들이는 것이 아니라 예방과 치료의 대상으로 여기는 인식이 반영돼 있다.

물론 WHO의 노화 질병 코드는 확정 시 발생할 수 있는 노인 차별 등의 이슈로 2022년부터 시행된 국제질병분류 개정판(ICD-11)에 실리지는 않았으나, 여전히 노화 관련 코드(XT9T)는 남아 있다. 따라서 노화를 개별적 독립 질환이라고 인정하지는 않더라도 고혈압, 암, 당뇨, 치매, 심혈관 질환 등 모든 노인성 질환의 선행 질환으로 여기고 진단·예방·치료함으로써 전체 노인성 질환의 발병을 제어하는 기술의 개발이 미래 고령사회에는 반드시 필요하다고 할 수 있다. 그렇다면 노화를 극복하고자 하는 인류의 노력은 어디까지 와 있을까?

노화의 예방과 치료를 위한 R&D 역사

노화를 극복하고자 하는 연구자들의 노력은 오래전부터 시작됐다. 1935년 소식을 하면 수명이 연장되는 현상이 보고됐고,[150] 젊은 혈액에 노화를 되돌리는 인자가 있다는 연구 결과는 1957년대에 알려졌다.[151] 1961년에는 세포분열 횟수에 한계가 있어 노화하게 된다는 헤이플릭 한계Hayflick limit가 보고됐다.[152] 이후 다양한 모델 생물 실험을 통해 수명과 건강수명을 연장할 수 있다고 밝혀진 노화 치료 방법에는 혈액에서 발굴한 역노화 물질 주입, 식이 제한 모사 전략, 노화 세포 제거, 세포 리프로그래밍, 장내 미생물을 이용한 역노화 기술 등이 있다.

젊은 피를 수혈하면 젊어질까?

'프로젝트 블루프린트Project Blueprint'라는 일종의 회춘 프로젝트가 있다. 이는 미국의 억만장자 브라이언 존슨Bryan Johnson이 시작한 것으로, 그는 자신의 신체 나이를 18세로 되돌리는 것을 목표로 연간 수백만 달러를 투자해 식단관리, 운동, 건강 보조 식품 섭취 등을 실천하고 있다. 2023년에는 그의 아들에게서 1리터에 달하는 혈장을 주입받아 화제가 되기도 했다. 그런데 정말 젊은 혈액에 노화를 되돌리는 물질이 있을까? 16세기 인물인 헝가리의 버토리 에르제베트 백작 부인이 젊음을 유지하기 위해 젊은 여성의 피를 마셨다든가, 뱀파이어가 인간의 피를 빨아 먹고 영생하는 이야기는 과연 과학적 근거가 있을까?

1950년대에 어린 쥐와 나이 든 쥐의 혈관을 연결해 혈액을 공유하는 병체 결합을 하면 서로의 노화 정도가 비슷해진다는 보고가 있었다.[153] 또 2005년 〈네이처〉에는 병체 결합 시 늙은 쥐의 근육, 간, 심장 세포가 회복된다는 결과가 발표되기도 했다.[154] 이후 젊은 혈액의 역노화 효능을 갖춘 물질을 찾으려는 연구가 수행됐고, 베타2마이크로글로불린Beta2 microglobin이나 CCL11 등이 노화를 촉진하는 노화 인자로, 또 기질 금속 단백분해효소 억제제 TIMP2, 아펠린Apelin, GPLD1 등이 노화를 억제하는 인자로 보고됐다. 이에 젊은이의 혈장을 이식하는 회사가 세워지기도 했으나, 현재 미국 FDA는 전혈과 혈장 이식의 부작용과 위험을 경고하고 있다.

최근에는 운동에 의한 효능 역시 혈액 내 인자를 통해 전신으로 전달된다는 사실이 보고됐다. 운동을 많이 하는 나이 든 쥐의 혈액을 운동을 많이 하지 않는 나이 든 쥐에 주입하면 신경세포 수가 증가하고 인지기능이 향상된다는 것이다.[155] 따라서 많은 연구자가 혈액 내에서 노화를 조절하는 인자를 찾고 이를 활용해 노화와 노인성 질환을 치료하려고 노력하고 있다. 미국의 바이오벤처 알카헤스트Alkahest는 분획된 젊은 혈액을 투여해 알츠하이머 치매 임상을 수행 중이며, 2019년에 젊은 혈액이 치매 환자의 일상생활 수행 능력을 높이고 치매 증상을 억제한다고 소개한 바 있다.

미래에는 노화가 진행됨에 따라 감소하는 혈액 내 항노화 단백질, 핵산, 대사물질 등을 찾아 노인들에게 보충해주는 항노화 기술이 개발되어 무병장수에 한 걸음 더 다가갈 수 있을 것이다.

노화 세포 제거하기

1960년 이전에는 사람의 세포도 세균같이 무한히 분열할 수 있다고 생각했다. 하지만 일정 횟수 이상 분열한 후에는 증식을 멈춘다는 사실, 즉 헤이플릭 한계가 1961년에 알려졌다. 다양한 원인으로 분열이 멈춘 세포를 '노화 세포senescent cell'라 부른다. 그러면 세포 수준의 노화 현상이 실제 개체 수준의 노화와 관련이 있을까?

2011년과 2016년에 잇따라 〈네이처〉에 이러한 질문에 답을 주는 연구 결과가 보고됐다. 즉 노화 세포를 특이적으로 제거하면 백내장을 포함한 퇴행성 질환의 발생이 늦춰지거나 나타나지 않았고, 더 늙은 나이까지 운동 능력을 유지할 수 있었으며, 실제 수명도 늘어났다.[156] 또 노인성 질환을 치료하는 기존 치료법과 노화 세포 제거를 병행하면 효능이 커진다는 것도 보고됐다. 이는 곧 노화 세포를 제거하는 기술이 미래에 노화를 극복하는 것뿐 아니라 당장 노인성 질환 치료에도 활용될 수 있음을 시사한다. 현재는 노화 세포를 특이적으로 제거하거나, 노화 세포의 활성을 막는 약물을 개발하거나, 우리 몸의 면역 세포를 이용해 노화 세포를 제거하려는 연구가 진행되고 있다. 미국의 종합병원 메이오 클리닉Mayo Clinic에서는 노화 세포를 제거하는 약물이 인간에게도 효능이 있는지 검증하는 임상시험을 진행 중이다.

미래에는 질환이나 장기 특이적 특정 노화 세포를 제거하는 기술, 노화 세포 표면 단백질을 인지해 노화 세포를 제거하는 기술, 코로나19 백신 개발에 활용된 mRNA를 이용해 노화 세포를 제거하는 기술 등이 가능해질 것으로 예측된다.

세포 회춘 프로그래밍을 통한 노화와의 전쟁

2006년 일본 교토대학교 야마나카 신야Shinya Yamanaka 교수 팀은 4개의 인자를 활용해 분화가 끝난 체세포를 역분화시켜 유도만능줄기세포를 만들었다.[157] 시간에 따른 세포의 분화를 역분화시킨 것이다. 노화 연구자들은 이 연구 결과를 보며 세포의 역분화가 가능하다면 개체의 역노화도 가능하지 않을까 하는 질문을 던졌다. 이 흥미로운 질문은

2016년에 실현됐는데,[158] 야마나카 인자라고 불리는 OSKM(Oct4, Sox2, Klf4, c-Myc) 역분화 인자를 발현시킨 실험 쥐에서 노화 표현형이 개선된 것이다. 물론 암을 일으키는 OSKM의 성질 때문에 소량을 짧은 기간 발현시켜야 하는 약점을 고려하더라도 노화를 개선하는 수준이 아닌, 되돌리는 것이 가능하다는 아이디어는 노화를 바라보는 기존 관념을 깬 혁신적인 연구 사례이다. 실제로 OSKM 가운데 C-Myc를 제외한 OSK만 넣어주면 암이 발생하지 않았고, 노화된 시신경이 젊어져 시각 손상을 회복시킬 수 있다는 것이 2020년에 보고됐으며,[159] 2023년에도 OSK가 나이 든 쥐의 노화 속도를 늦추고 생체 나이를 되돌리는 것이 소개된 바 있다.[160]

러시아의 억만장자 유리 밀너와 아마존 창업자 제프 베이조스 등이 투자에 참여한 항노화 벤처 알토스랩스Altos Labs를 비롯한 많은 바이오 기업이 세포 회춘 프로그래밍, 이른바 '노화와의 전쟁'에 뛰어들고 있다.

노화를 억제하는 약물의 개발

미국의 국립노화연구소에서는 2003년부터 수명 연장 약물의 효과를 검증하는 프로그램을 진행하고 있다. 현재까지 42개의 약물에 대한 평가를 진행했고, 실험 쥐 모델에서 10% 이상의 평균 및 최대 수명 증진 효능을 발휘하는 물질을 발굴하고 있다.

1998년에는 당뇨병 치료제인 메트포르민을 복용 중인 당뇨 환자를 추적 관찰한 결과, 투여 그룹에서 사망률이 대폭 감소하는 효과가 보고됐다. 53건의 메트포르민 임상시험 결과를 메타분석한 연구에서는 메트포르민을 투여하지 않은 경우보다 투여한 당뇨 환자의 사망률이 낮게 나오기도 했다. 이를 근거로 미국 FDA에서는 인류 역사상 최초로 항노화 임상 연구를 승인했고, 2019년 65세 이상 노인 3,000명을 대상으로 6년간의 TAME 임상 연구가 시작됐다. TAME 항노화 임상은 암, 치매, 뇌졸중 등 다양한 노인성 질환의 발병 정도, 노인 사망률, 인지기능, 운동 능력 등을 복합적으로 평가하고, 이의 성공 여부는 다른 항노화 임상의 이정표로 작용할 뿐 아니라 항노화 연구의 전환점이 될 것으로 예측된다.

이외에도 조로투老 실험 쥐의 장내 미생물을 젊은 실험 쥐의 장내 미생물로 교체하자 조로 실험 쥐의 노화 표현형이 개선되고 수명이 늘어나는 데서 착안한, 노인성 질환 및 노화를 조절하는 장내 미생물 개발 연구도 수행되고 있다.

단계적 노화 치료 시대가 온다

노화를 질병으로 인식시키기 위해서 넘어야 할 산은 어떤 것일까? 앞서 서술한 노화 치료 기술이나 항노화 임상만큼 중요함에도 중요성이 간과되고 있는 것이 노화 진단 기술의 확보이다. 지난 몇 년간 코로나19를 성공적으로 극복하게 한 원인으로 백신과 진단 기술의 개발을 꼽을 수 있다. 이처럼 아무리 효과 좋은 노화 치료 기술을 개발하더라도 노화 치료의 효능을 평가하고 증명할 진단 방법이 없다면 무의미하다. 누가 믿고 그 기술을 사용하려 하겠는가? 진단 방법이 없다면 효과가 증명되지 않은 기술이나 약물, 그리고 건강 기능 식품이 오남용될 가능성도 있다.

따라서 인간에게 적용 가능한 노화 '바이오마커'를 찾는 것은 노화 연구자들의 오랜 목표였다. 그동안 염색체 끝부분에 있는 특수한 입자인

텔로미어telomere의 길이나 미토콘드리아의 돌연변이 정도 등이 생체 나이와 통계적으로 유의미한 상관관계를 보여주었지만, 생체 나이 진단 정확도가 낮아 활용하기에는 문제가 많았다. 그러나 노화가 진행됨에 따라 DNA 메틸화 변화 패턴을 추적해 노화율을 측정할 수 있는 후성유전학적 생체시계Epigenetics Clock가 2013년 발표되면서 과학계에서 매우 큰 주목을 받았다.[161] 이후 이러한 연구 결과에 바탕을 둔 다양한 후성유전학 노화 시계가 개발되고 있다. 미국에서는 노화율을 통해 생체 나이를 측정해주는 바이오 기업도 늘어나고 있는데, 이처럼 앞으로는 건강검진 시 채취한 혈액을 활용해 과학적 근거가 있는 생체 나이를 정기적으로 검사하고 '노화 질병', '노화 고위험', '정상 노화', '건강 노화' 등의 방식으로 분류한 후 단계적인 맞춤형 의료 서비스를 제공할 수 있을 것이다.

데드크로스 시대와
웰다잉

인구 감소와 고령화뿐 아니라 사망자 수가 출생자 수보다 많은 데드크로스 현상이 일어나고 있다. 인구구조에서 고령층이 차지하는 비중이 높다 보니 사망자 수 또한 가파르게 증가하고 있는데, 이러한 추세는 웰다잉well-dying, 즉 '좋은 죽음good death'에 대한 대중적 관심도 높이고 있다. 이전에는 '어떻게 살 것인가'에 관심이 집중됐다면 이제는 '어떻게 죽음을 맞이할 것인가'도 중요한 화두가 되고 있다. 최근 국내에서도 사회가 '죽음의 질'을 보장하도록 제도화하는 정책적 논의가 이뤄지고 있다.[162] 국회에서 〈웰다잉 기본법〉이 발의된 바 있고, 보건복지부도 자기결정권을 중심으로 한 웰다잉 개념을 도입했다. 아직 논의 초기 단계이고 관련 인프라도 미흡한 것이 문제이지만, 다양한 기관의 참여 속에서 사회적 인식이 높아진다면 '좋은 죽음'을 준비하는 사회로 나아갈 수 있을 것이다.

사망자 수가
출생자 수보다 많은 시대의 등장

통계청이 2024년 2월 발표한 〈2023년 인구동향조사-출생·사망통계〉에 따르면, 2023년 한 해 사망자 수는 35만 2,700명으로 전년 대비 2만 200명(-5.4%) 감소한 것으로 나타났다. 사망자 수는 60대 이상 고령층에서 주로 증가했으며, 남자와 여자 모두 80대에서 사망자 수가 가장 많았다. 그러나 2023년 통계 수치만으로 사망자 증가 추세가 꺾였다고 보기는 어렵고 최근 몇 년간의 추세에 비추어 볼 때, 연간 사망자 수가 계속 증가해 조만간 40만 명대에 이를 것으로 예측된다. 우리나라의 연간 자연사망자 수는 1970년대 이래 20만 명대를 유지해왔으나, 2020년 처음으로 30만 명을 넘어서면서 사망자 수가 출생자 수보다 많은 데드크로스도 일어났다.

이러한 인구 데드크로스 현상은 우리에게 몇 가지 시사하는 바가 있다. 우선 저출생·고령화가 고착되는 가운데 인구 자연 감소가 시작됐음을 말해준다. 큰 폭으로 늘어난 고령층 가운데 초고령층의 자연 사망 증가에 따른 결과라고 할 수 있다. 2023년 기준 출생아 수에서 사망자 수를 뺀 인구는 마이너스, 즉 약 12만 2,800명이 줄었으며, 동시에 과거 인구 성장 시대에 태어나 인구구조상 넓은 범위를 차지하던 연령집단인 베이비부머의 고령화로 사망자 규모가 가파르게 증가할 수 있음을 보여준다. 통계청 장래인구추계에 따르면 사망자 수는 2040년대에 50만 명, 2050년대에는 60만 명, 2060년대에는 70만 명을 넘어설 것으로 예측된다. 그런데 이처럼 자연 사망자 수의 증가로 본격적인 다사망多死亡 시대로 진입하면서 또 다른 사회문제가 나타날 전망이다.

가파른 자연 사망자 증가가 가져올 문제

사망자 수 급증이 가져올 가장 큰 문제 중 하나는 장묘 문화와 관련이 있다. 우리나라의 장묘 문화는 지난 30여 년간 이어져온 매장 방식에서 화장 방식으로 급속히 변해왔다. 우리나라의 화장률은 1994년에 20.5%에 불과했으나, 2005년 52.6%로 매장률을 처음으로 추월했으며, 2015년에는 80%를 돌파했다. 화장에 대한 거부감이 줄고 장점이 더 널리 알려지면서 화장률은 매년 상승하는 추세이다. 보건복지부 통계자료[163]에 따르면, 2022년 사망자 37만 2,939명 중 화장을 한 경우는 34만 2,128명으로 전국 기준 화장률은 91.7%이다. 전년 대비 0.9%p 증가한 수치이자, 2001년에 비하면 약 2.4배 증가한 수치이다.

그런데 여기서 드러나는 문제가 바로 화장 시설의 부족이다. 전국 단위로 보면 아직 심각할 정도는 아니지만, 서울, 부산, 경기 등의 지역만 따로 놓고 보면 늘어나는 수요에 비해 화장 시설이 턱없이 부족하다. 서울의 경우 화장 시설은 겨우 2개에 불과하다. 지금도 서울 지역에서 갑자기 사망하면 화장장을 예약하기 어려워 지방의 화장장을 이용하기도 한다. 실제로 코로나19 여파로 사망자가 급증한 시기에는 화장 대란이 벌어져, 한국의 통상적인 상례喪禮 문화와 다르게 4~6일장을 치른 사례가 빈번했다. 정부도 이러한 심각성을 인지해 화장 시설 정비 문제를 논의한 바 있다. 그러나 화장장의 새로운 증설은 생각처럼 쉽지 않을 전망이다. 화장장은 대표적인 기피 시설이기 때문이다.

그렇다고 현실을 계속 외면할 수는 없다. 지금부터 다양한 대안을 고민해야 한다. 정부는 2021년 기준 378기인 화장로를 2027년 430기까지 늘린다는 계획이지만, 화장 시설은 부지 선정부터 지자체와 주민 간 갈등이 심하고, 관련 정치인 누구도 이런 부담을 떠안으려 하지 않기 때문에 완공되기까지 상당한 진통과 기간이 소요될 수밖에 없다. 따라서 계획 단계부터 지역 주민과 이해관계자의 의견을 수렴하고 지역사회의 수용성을 높이기 위한 절차적 정당성을 확보해야 한다. 또 시민을 관리 주체로 동참시켜 진행 속도는 느리더라도 갈등을 완화할 방안을 모색해야 한다. 기피 시설 유치에 따른 반대급부로 지역 경제를 활성화할 수 있는 실질적인 인센티브(마을 발전 기금 설치, 복합 문화시설 건립 등)도 제공해야 한다.

하남시의 '유니온파크' 사례는 눈여겨볼 만한데,[164] 쓰레기 소각 시설을 지하화해 생활에 불편이 없게 하고 유독 물질도 법정 기준치보다 낮게 관리하며, 에너지 공급 시설과 체육 시설 제공 등으로 주민들과의 공존을 모색하면서 성공적으로 안착시켰다. 이처럼 건립 과정에서 지역민들과 적극적으로 소통하고 의견을 반영해 혜택을 제공할 수 있어야 하며, 혁신적 기술을 활용해 친환경적으로 설계하고 외관을 미적으로도 돋보이게 만드는 노력이 필요하다.

한편 입지 갈등으로 화장장을 설치하기 어렵다면, 기존 시설의 화장로 증설, 화장 시간 단축 방안 등을 강구할 수도 있다. 한 예로 서울시는 화장장 운영 시간 연장 및 단계적 '스마트 화장로' 도입을 통해 화장 시간을 단축해 화장 공급을 확대할 예정이다.[165] 이외에도 친환경적 방식으로 알려진 '빙장氷葬' 등 새로운 장묘 방식을 고민해볼 필요가 있다. 빙장이란 시신을 액화 질소에 급속 냉동시킨 후 작은 입자로 분해해 건조한 뒤 매장하는 방식으로 스웨덴의 생물학자 수산네 비그메사크 Susanne Wiigh-Mäsak가 개발했으며, 시신의 유기물이 비료가 되면서 이산화 탄소 배출을 줄일 수 있다.

죽음의 '질'에 대한 논의

우리 사회가 본격적인 고령사회가 되면서 '건강한 노후', '빈곤하지 않은 노후' 등의 이슈와 함께 웰다잉, 즉 '좋은 죽음'에 대한 논의도 확대되고 있다. 기대수명의 증가, 고령화에 대한 사회적 인식 확대, 그리고 고독사나 무연고사 같은 사회문제의 대두 등으로 '삶을 잘 마무리하는 것'에 대해서도 고려하지 않을 수 없게 됐기 때문이다.

삶의 질을 높이고자 하는 '웰빙'에는 '아름다운 죽음', '준비하는 죽음', '존엄한 죽음', '안락한 죽음' 등 죽음의 질을 높이는 '웰다잉'도 포함됐다고 할 수 있다. 최근 호스피스 치료와 취약 계층 말기 환자의 사회경제적 지원 확대, 생전 장례식 등 남은 삶을 의미 있게 만들어가는 것을 규정하고, 우리 사회가 지원할 방법에 대한 고민을 확대해가는 것도 웰다잉 측면에서 바라볼 수 있다.

국내에서 웰다잉이나 죽음의 질에 대해 논의하기 시작한 것은 사실 그다지 오래되지는 않았다. 문화적 배경으로 죽음에 대한 논의 자체를 회피하거나 금기시했던 측면이 있다. 그러나 통과하기까지 18년이 걸린 〈연명의료결정법〉*이 2018년 시행되면서 국내 임종 문화에도 본격적인 변화가 시작됐다. 또 이러한 사회적 계기와 함께 이 과정에서 웰다잉에 대한 사회적 논의도 커졌다. 가령 죽음에 대한 철학적 성찰을 담은 미국 예일대학교 교수 셸리 케이건Shelly Kagan의 《죽음이란 무엇인가》라

● 연명의료 결정 제도란 임종을 앞둔 환자가 무의미한 연명의료를 시행하지 않거나 중단할 수 있는 기준과 절차를 마련해 국민이 삶을 존엄하게 마무리할 수 있도록 돕는 제도이다(2018.2.4. 〈연명의료결정법〉 시행).

는 책이 2012년 출간되고, 2014년에는 EBS 방송을 통해 〈데스Death〉라는 다큐멘터리가 방영되면서 삶과 죽음, 생명 등에 대한 세간의 관심이 높아진 바 있다. 세계적인 물리학자 스티븐 호킹 박사는 2006년에 안락사에 반대했으나 2015년에는 본인의 의사에 반해 연명치료하는 것은 완전한 모욕이며 '의사조력자살physician-assisted suicide'에 대한 가능성을 언급하면서 국내외에서 존엄사, 안락사, 조력자살 등을 둘러싼 논쟁을 부르기도 했다.

이런 분위기 속에서 과거와 달리 비영리단체와 정부 주도로 '죽음'에 대한 교육이 개방적으로 이뤄졌으며, '죽음학thanatology'에 대한 관심도 높아지고 있다. '죽음' 교육은 죽어가는 것dying, 죽음death에 대한 이해, 생명의 유한성에 대한 인지 등 인지적 측면을 포함해 연명의료 계획서, 사전 장례 의향서, 사전 의료 의향서, 임종 노트 작성, 장례 문화체험 등 실행 측면에서도 다양하게 진행되고 있다.

웰다잉과 함께 '죽음의 질'을 높이는 방안에 대해서도 활발한 논의가 이뤄지고 있다. 영국 경제 전문지 〈이코노미스트〉 산하의 연구소 EIUEconomist Intelligence Unit에서는 전 세계 40개국을 대상으로 2010년과 2015년에 죽음의 질 지수Quality of Death Index와 국가별 순위를 발표해 관심을 모았다. 2015년 조사에서는 조사 대상국이 40개에서 80개국으로 증가했으며, 지표의 범주도 늘어났다. 여기에는 ▽완화의료 및 의료 환경 ▽인적자원 ▽관리의 경제성 ▽관리 품질 ▽지역사회 참여 ▽완화의료가 필요한 질병의 부담 ▽노령 의존도 등의 범주가 포함돼 있다.

이 조사에서 영국은 죽음의 질이 가장 높은 국가로 평가됐으며, 호주와 뉴질랜드, 아일랜드, 대만도 높은 순위를 차지했다. 반면 개발도상국은 죽음의 질이 낮았고, 인구 규모가 큰 BRICs(브라질, 러시아, 인도, 중국)

의 순위도 낮았다. 우리나라는 2015년 조사에서 2010년 32위보다 높은 18위로 상승했다.[166] 그러나 중국과 함께 유난히 죽음을 금기시하는 경향이 강하고, 말기 의료 관심도 또한 매우 낮은 것으로 나타났다.

세계에서 가장 빨리 호스피스 치료hospice care를 시작한 영국이 죽음의 질이 가장 높은 국가로 평가받는 것은 예상된 결과라고 할 수 있다. 2000년대에 들어서면서 영국도 고령화의 진전과 사망자 수 증가를 겪었는데, 사회적 준비는 부족했다. 이러한 문제의식에서 영국 정부는 2008년 전문가들을 구성해 〈생애 말기 돌봄 전략〉이라는 정책 보고서를 발간했으며, 이를 기반으로 2009년 '생애 말기 돌봄 프로그램'을 시작했다. 해당 보고서에서는 '좋은 죽음'을 '익숙한 환경에서' '존엄과 존경을 유지한 채' '가족·친구와 함께' '고통 없이' 죽어가는 것으로 정의했다.

경제적 불균등과 삶과 죽음의 형평성 문제

죽음의 질 국가별 지수에서 고소득 국가가 상대적으로 높은 평가를 받은 현상을 개인 차원에서 살펴보면 경제적 능력에 따라 의료자원에 대한 접근과 이용 가능 여부가 결정되므로 국가와 지역 내에서도 달라질 수 있다. 그런 점에서 의료자원을 공평하게 배분하는 것에 관련된 문제도 이러한 이슈와 관련해 고려해야 하며, 최근 진행되는 각종 항노화 기술의 발전도 초기에는 경제적 능력이 있는 경우에만 혜택을 볼 수밖에 없는 점에서 '죽음의 형평성'도 생각해봐야 한다. 즉 부자는 늙지도 않고 죽음도 늦출 수 있다는 얘기이다. 앞으로 이러한 문제를 어떻게 풀어나갈 것인가도 고민해야 할 시점이다.

소산다사 시대의 다양한 이슈

저출생에 따른 신생아 수 감소, 그리고 고령인구가 큰 폭으로 늘어나며 나타날 자연 사망자 수 증가. 이러한 소산다사少産多死 현상은 새로운 사회문제를 예고한다. 특히 고령화와 함께 1인 가구와 독거노인의 지속적 증가, 다사망 시대 진입에 따른 장례 시설 부족 문제, 길어진 기대수명으로 인한 유병 기간(질병이나 사고, 노화로 건강하지 않은 상태로 보내는 기간)의 장기화, 그리고 완화의료 이슈 등을 배경으로 웰다잉과 죽음의 질에 대한 사회적 관심은 더욱 높아질 것이다. 이런 점에서 죽음에 대한 시민 의식 개선과 웰다잉 관련 사업의 지속적 추진이 필요하다.

예를 들면 죽음 체험관 같은 공간을 조성하는 것도 한 방법이다. 여기에서 죽음이란 무엇이며, 어떻게 진행되는지, 전 세계 여러 문화권에서는 어떻게 다뤄왔는지 등을 배우면서 죽음에 대한 막연한 공포나 환상에서 벗어나 올바른 인식을 키울 수 있을 것이다. 또 국가적 차원에서는 장례 문화의 변화에 맞춰 관련 시설을 정비하는 것이 필요할 것이고, 기업은 사회 공헌 차원뿐만 아니라, 상품 및 서비스 개발의 새로운 기회로 활용할 수도 있다. 고령화와 고독사 문제가 우리보다 먼저 대두된 일본에서는 고독사에 따른 임대주택 주인의 임대료 손실, 주택 보수 비용 및 고독사 노인의 장례 비용 등을 보상해주는 고독사 특화 보험 상품이 출시되기도 했다. 우리나라의 경우 보건복지부가 2023년 5월 발표한 〈제1차 고독사 예방 기본계획〉에 지역 주민과 지역 밀착형 상점 종사자를 예방 게이트키퍼로 활용하고, 공동체와의 연결을 강화하는 정책 목표 등이 담겨 있다.[167]

한편 죽음을 앞둔 고령자나 말기 환자의 간병은 가족과 주변인에게 부담으로 작용할 수밖에 없다. 따라서 말기 환자의 가족에게 큰 부담이 될 수 있는 의료비와 간병 비용을 국가가 일정 부분 지원하는 것도 필요하다. 물론 우리나라는 2020년 도입한 가정형 호스피스 제도를 통해 임종 돌봄 등 말기 환자와 가족을 위한 정책을 추진해나가고 있다. 그러나 참여 기관이 적고 전문성을 갖춘 인력도 부족해 실효적 대책이 필요하다. 미국과 캐나다 등 선진국은 국가가 주도적으로 말기 환자 관리 대책에 개입하고 있는데, 캐나다의 경우, 〈말기 환자 돌봄: 모든 캐나다인의 권리End-of-Life Care: The Right of Every Canadian〉라는 국가 차원의 계획을 통해 캐나다 전 국민의 생의 마무리를 지원하고 있다.

국가의 지원과 함께 지역사회의 참여도 중요하다. 영국이 죽음의 질을 높일 수 있었던 배경에는 '지역사회'라는 개념이 자리한다. 마찬가지로 말기 환자를 간병하기 어려울 때 같은 지역에서 자원봉사 형태로 도와주는 간병 품앗이를 활성화하는 것도 대안이 될 수 있다. 예를 들어 호주와 뉴질랜드에서도 지역사회 기반의 프로그램을 통해 말기 환자의 집을 방문해 간병이나 정서적 지원을 제공한다.

이렇듯 우리가 초고령사회로 진입하면서 새롭게 맞닥뜨릴 일이 계속 늘어날 것이다. 그 가운데 하나가 자연 사망자 수의 가파른 증가임을 인식하고, 웰다잉에 대한 사회적 공론화를 본격화하는 동시에 다사망 시대가 초래할 사회문제를 진지하게 논의하고 필요한 준비도 서둘러야 한다. 영국의 민관 합동 기구로 2009년 출범한 '다잉 매터스Dying Matters'를 비롯해 호주의 '다잉 투 노우 데이Dying to Know Day', 대만의 '인생역참人生驛站, Life Station' 등의 프로그램은 모두 죽음에 대한 올바른 이해와 인식 개선을 위한 교육과 캠페인을 진행한다. 우리도 이와 같은 사례처럼 웰다잉에 대한 사회적 논의를 활성화해야 할 것이다.[168]

5

정치 분야 미래전략
Politics

디리스킹과 재세계화,
그리고 기술 주권

미·중의 첨단 기술 패권 경쟁이 치열한 가운데 우크라이나-러시아 전쟁 장기화, 중동 분쟁 등 지정학적 리스크가 세계경제 질서의 불확실성을 높이고 있다. 이에 따른 수출 통제 및 금지를 비롯한 경제적 강압의 확대는 글로벌 경제의 블록화를 촉진하고, 동시에 세계 각국이 잇따라 상대국에 대한 취약성을 완화하려는 디리스킹de-risking 정책을 표방하면서 기존 파트너나 동맹국과의 공급망도 다양한 형태로 재편되고 있다.[169]

세계무역기구WTO는 2023년 연례 보고서에서 "미·중 전략 경쟁과 동시다발적인 지정학적 갈등으로 세계화가 후퇴하고 있지만, 경제 성장과 기후변화 같은 전 지구적 문제 해결을 위해서는 재세계화re-globalization가 필요하다"라고 밝힌 바 있다. 재세계화는 초세계화에 대한 반성과 지정학적 리스크를 관리할 수 있는 세계화의 재편이자 세계화를 새롭게 정의하고 조정하는 과정이다. 그 중심에는 첨단 기술 경쟁에서 중국을 견제하고 우위를 유지하겠다는 미국의 선택적 디커플링 decoupling 전략과 이를 우회해 자체적 역량을 축적해 중국의 세계 의존도는 낮추고 세계의 중국 의존도는 높이는 비대칭적 디커플링 전략이 맞부딪치고 있다.[170] 이처럼 진영 간 기술 경쟁과 진영 내 기술 협력의 중요성이 주목받으면서 기술 주권이라는 개념이 부상했다. 이 개념은 대내외 환경의 불확실성에 대응하기 위해 과학기술을 경제·사회·국방 안보와 연결해 기술을 개발하고 확보해야 한다는 의미를 담고 있다.

경제 안보와 기술 주권 개념의 확장

현대적 기술 주권 개념은 세계의 지식 허브였던 유럽이 경쟁력에서 미국에 추월당하고 첨단산업 분야에서도 한국·일본·중국에 연이어 추격당하는 과정에서 산업 경쟁력에 대한 위기의식을 느끼면서 비롯된 개념이다. 이러한 유럽의 기술 주권 담론은 무역 분쟁으로 촉발된 미·중 대립이 과학기술·첨단산업 분야로 번지고, 코로나19 팬데믹과 공급망 교란, 미국·일본·호주·인도의 안보 협의체 쿼드Quad와 인도 태평양 경제프레임워크IPEF의 출범, 그리고 러시아의 우크라이나 침공 등 글로벌 안보 환경의 급격한 변화가 더해지면서 세계적으로 확대됐다.

주권sovereignty이란 해당 주체(국가·국민)가 특정 영역(영토·영해·외교 등)에서 보유한 권리를 자주적으로 행사할 수 있는 불가침不可侵의 권리를 의미한다. 최근 들어 이러한 주권의 개념은 다양한 지정학·지경학적 위기와 충돌에 대응하는 의미로 경제·산업·기술 분야에도 광범위하게 적용되고 있다. 이런 맥락에서 기술 주권은 "어떠한 국가·연방이 자국의 복지와 경쟁력에 없어서는 안 될 기술을 직접 공급하거나 다른 경제권으로부터 일방적인 구조적 의존 없이 조달할 수 있는 능력"으로 정의[171]된다. 디지털 플랫폼이나 데이터 측면의 전략적 자립도 유지를 주장하는 '디지털 주권' 또는 높은 대외 의존도로 인한 안보 위협 해결에 초점을 두고 있는 '전략적 자율성strategic autonomy' 등이 이와 궤를 같이하는 개념이다.

이 같은 정의에서 알 수 있듯 기술 주권은 기술 그 자체와 이를 개발하는 주체의 완벽한 자급자족이나 민족주의를 추구하지는 않는다. 핵심기술 역량의 내재화와 함께 안정적인 조달·협력 체계를 구축해 필수적이고 유망한 기술을 확보할 수 있는 통합적인 역량을 의미한다. 특히, 최근의 기술 주권 논의에는 AI, 양자 정보 기술, 반도체, 배터리, 에너지 등의 첨단 과학기술과 제조 생산 기술, 그리고 공급망 이슈가 포함된다.

첨단 기술 산업 경쟁력, 중국이 미국보다 우위?

호주의 국가 싱크탱크인, 호주전략정책연구소ASPI, Australian Strategic Policy Institute가 최근 발표한 〈글로벌 핵심 기술 경쟁 현황〉에 따르면 중국은 AI, 우주·항공, 배터리 등 53개 기술에서 1위를 차지했고, 미국의 1위 기술은 자연어처리, 유전공학, 양자컴퓨터 등 11개 분야에 그쳤다.[172] 2018년 1월부터 2023년 9월까지 전 세계 64개 첨단 기술 분야 논문 220만 편의 피인용 횟수와 학문적 영향력 등을 분석한 결과이다.

ASPI의 1년 전 보고서는 44개 유망 기술에서 중국이 44개 부문 중 37개, 미국은 7개 부문에서 1위를 확보한 것으로 발표했다. 이 기준대로라면 첨단 기술 산업 경쟁력에서 중국이 미국과의 격차를 더 벌리고 있는 셈이다. 하지만 지금까지 미·중 양국 싱크탱크의 자체 보고서는 이와는 상반된 연구 결과를 보였다. 일반적으로 중국의 연구에서는 중국 경쟁력이 낮게, 미국에서 평가한 결과는 미국 경쟁력이 낮았다.

미국의 초당적 싱크탱크인 '특별 경쟁력 연구프로젝트 SCSP, Special Competitive Study Project'의 2022년 보고서는 핵심 전략 기술 분야에서 미국과 중국은 팽팽히 맞서고 있는 것으로 조사됐다. 중국은 차세대 배터리, 드론, 5G 장비 등에서, 미국은 인터넷 플랫폼, 합성 생물학, 바이오 제약, 핵융합, 퀀텀 컴퓨팅 분야에서 우위를 보였다. 반면 AI, 차세대 통신, 반도체, 첨단 제조 등의 분야에서는 미국과 중국이 첨예하게 대립하고 있는 것으로 나타났다.

흥미로운 점은 이 연구에서 기술 분야별 우위를 측정할 때 현재와 미래의 확실성 정도를 같이 측정했는데, 미국이 앞으로도 확실하게 우위를 점할 만한 분야가 없는 것으로 나타났다. 반면 중국은 차세대 배터리 분야에서 현재와 미래 모두 확실하게 앞설 것으로 평가됐다. 또 다수의 전문가가 미국이 앞서 있다고 평가하는 양자 기술, 바이오 등의 분야에서도 미국과 중국 간 격차가 그리 크지 않다는 것이다.

이러한 평가 결과는 많은 논의를 불러일으켰다. 우선 중국의 기술 실력을 과대평가한 경향이 있다는 지적이다. 중국의 기술 굴기에 대한 위협을 고조시킴으로써 미국 내 공공 연구·개발 투자 확대와 대중국 견제 강화를 목적으로 수행되었기 때문이라는 해석이다. 또 미국이 자국의 기술력을 과소 계상計上하고 있다는 의견도 나왔다. 과학기술의 안보화가 급격히 진행됨에 따라 핵심 기술 유출로 이어질 만한 대다수의 원천 지식 공개 활동이 더욱 소극적이고 폐쇄적으로 진행되고 있다는 것이다.

반대로 최근 수년간 중국의 대학과 싱크탱크가 전략 기술 분야 경쟁력을 분석한 결과에서는 여전히 미국의 기술경쟁력이 중국과 비교해 매우 높게 나타났는데, 이러한 결과도 같은 맥락에서 평가된다. 전략 경쟁이 본격화하면서 양국 모두 자국의 기술력을 감추는 데 비해 상대국의 위협을 강조함으로써 각자의 목적 달성을 추구하려는 의도가 엿보인다는 것이다.

분야별로 정도에 차이가 있지만, 기술의 가치사슬 관점에서 볼 때 대다수 랩(연구실) 기술은 미국, 팹(제조 시설) 기술은 중국이 우위를 보유하고 있다고 보는 것이 비교적 현실에 가까울 것이다. 이러한 관점을 기반으로 부가가치가 랩에 많은 STIScience, Tech, Innovation형인지, 아니면 팹에 더 많은 DUIDoing, Using, Integrating형인지 구분해 해당 산업의 우위를 분석하고, 미국과 중국이 서로 부족한 랩 기술과 팹 기술을 어디까지 보완하거나 대체할지 비교해보면 양국의 기술 우위를 좀 더 입체적으로 파악할 수 있을 것이다.

승패의 핵심 요인

미·중은 코로나19와 우크라이나-러시아 전쟁 이후 재세계화를 강화해왔다. 재세계화는 국가들이 이익을 추구하면서도 다른 국가와 협력하고 상생할 방법을 찾는 과정이다. 이제 미국도 중국도 모두 경제를 경제로 풀지 않는다.[173] IMF는 미·중 갈등으로 기술·경제 안보의식이 팽배해지면서, 주요국의 공급망 재편 과정에서 블록화와 보호무역주의 기조가 계속될 것으로 전망했다.[174] 영역별 기술 우위만이 경쟁의 승패를 좌우할 핵심 요소로 작동하지 않을 것이란 의미이다.

우리는 과거 수많은 기업 사례에서 우수한 기술력을 보유하고도 사업화, 양산, 표준화에 실패하면서 시장에서 지배적으로 자리 잡지 못한 경우를 보았다. 디램 분야 일본 기업들의 몰락, 통신 분야의 와이브로-LTE 사례, 매킨토시 사례가 대표적인 예이다. 글로벌 가치사슬이 성공적으로 작동하던 지난 수십 년간의 기술 혁신과 이로 인한 경제성장 과정에서 기술력 자체도 중요하지만, 특정 기술이 채택 및 확산되기 위해서는 경제성 역시 중요했다. 그리고 이러한 경제성은 결국 시장의 핵심 요소였다.

하지만 미국과 중국의 전략 경쟁이 본격화되면서, 기술은 성능과 경제성뿐 아니라 안보성까지 만족해야 하는 상황에 직면했다. 즉 믿을 수 있는 국가에서 믿을 수 있는 기업이 생산한, 안전을 보장할 수 있는 기술만 사용해야 한다. 아무리 기술적 성능과 경제성이 뛰어나도 안보 기준을 만족시키지 못한다면 시장 도입이 원천적으로 금지될 수 있다는 것을 뜻한다.

이러한 기술·경제·안보 기준이 언뜻 명확해 보여도 실제로는 매우 복합적이기 때문에 명확한 글로벌 규범 체계로 자리 잡기가 어려운 것이 사실이다. 이를테면 우려국에 소재하는 기업이 모두 믿을 수 없는 기업인지에 대한 판단 여부가 해결돼야 하고, 우려 기업이 기술적으로 타국의 안보 심사 조건을 모두 만족한 경우 허용할 것인가에 대한 기준도 마련돼야 한다. 실제로 화웨이는 통신 장비를 수출하기 위해 해당국에서 요청하는 심사를 통과하고 있고, 데이터 보안과 네트워크 안전을 위해 로컬 데이터 센터 설치 등을 추진하고 있다.

그런가 하면 우려 기술을 활용한 제품을 제재할 시 해당 기술이 과연 사장될 것이냐 하는 것도 생각해볼 문제이다. 미·중 간의 디커플링으로 중국 기술을 활용한 제품이 미국을 비롯한 많은 국가에서 일괄적으로 판매 금지된다면 해당 기술은 사라지겠지만, 이러한 기술의 '가성비'가 좋다면 중국 내수시장을 포함해 BRICs나 아세안 국가에서 채택됨으로써 계속 발전할 수가 있다.

과거에도 현재에도 기술력 자체는 중요하지만, 그보다 더 중요한 것은 시장이며, 지금 우리가 주목해야 하는 점은 시장의 형태, 구성 요소, 수단 등 핵심 요소가 과거보다 훨씬 복잡해졌다는 사실이다. 미국이 현재 중국을 강하게 제재하는 영역 중 가장 확실하게 작동하는 반도체 영역의 경우를 보자. 미국의 영향력이 이토록 큰 이유는 압도적인 기술력을 보유하고 있기 때문이기도 하지만, 가장 큰 반도체 수요, 특히 가장 큰 첨단 반도체 시장을 보유했다는 점이 미국이 주도하는 다양한 제재와 규범이 작동할 수 있는 배경이다.

미·중 견제와 협력 사이
선택적 디커플링과 디리스킹

최근 경제외교 분야에서 새롭게 주목받는 '디리스킹'은 관계 단절을 의미하는 디커플링과 달리, 적대적이지 않은 관계를 유지하되 위험 요인을 줄여간다는 뜻을 지닌 용어이다. 2023년 5월 G7 정상회의에서 채

택된 공동성명에서 다시 언급되면서 화제를 모으기도 했다.

이처럼 많은 국가가 자국의 현실과 이익을 기반으로 대중국 의존도를 조정하는 중이지만, 단기간에 극단적으로 탈중국을 시도하지는 않는다. 우리에게도 중국은 매우 중요한 핵심 경제 파트너이나 중국에 대한 높은 의존도는 중·장기적이고 구조적인 측면에서 해결해야 할 숙제인 것이 사실이다. 여러 영역에서 중국 정부가 행해온 차별적 규제나 양국의 정치·외교적 관계 변화로 민감하게 영향받던 중국 내 기업 활동도 재발 방지 방안을 동시에 모색해야 하고, 중국 기업들의 거센 추격에 대응해 우리 제품의 차별성도 확보해야 한다.

하지만 디리스킹이 시사하듯 중국과의 교역이 어려워지고 중국 시장에서 우리나라 제품의 점유율이 낮아진다고 해서 정부가 나서 탈중국을 주장하고 중국과의 갈등을 키우는 것은 바람직하지 않다. 중국을 벗어나야 새로운 시장이 보이는 것이 아니고, 중국에서 벗어난다고 새로운 시장을 손쉽게 확보할 수 있는 것도 아니다. 기업들이 중국을 선택한 이유는 여러 측면에서 중국이 최적의 대안이라고 여겼기 때문이다.

정부가 할 일은 우리 기업이 미국과 중국의 경쟁과 견제로 떠안을 리스크를 정확히 분석해 완화하고 대응할 방안을 고민하는 것이다. 예를 들어 우리 기업의 중국 비즈니스가 미국의 안보 이익을 해치지 않는다는 것을 증명하고, 중국의 경제 발전에도 중요한 행위임을 강조하며 설득해야 한다. 공급망 정책은 디리스킹으로, 기술 정책은 디커플링으로 한다거나, 기술별로 디커플링과 디리스킹 영역을 선정하는 식으로 관리자 중심의 대외 전략 수립은 오히려 우리 기업과 우리 정부의 디커플링이 될 수 있다는 점을 명심할 필요가 있다.

전 주기적 관점의 민첩한 대응 전략

미·중 패권 경쟁은 EU의 디리스킹 선언, 미국의 대선, 지정학적 위기, 글로벌 경기 침체, 여기에 정책 대응 피로감까지 누적되면서 잠시 소강상태에 접어든 것으로 보인다. 그러나 본질적인 대립 구도는 변하지 않았다. 우리는 중·장기적 국익을 위한 원칙적 대응을 위해 다음과 같은 전략을 추진할 필요가 있다.

첫째, 전 주기적 관점에서 효율적인 거버넌스를 구축해야 한다. 부처별로 추진되고 있는 첨단산업 전략 기술과 외교 안보 전략은 효율성이 떨어질 수 있다. 격화되는 경쟁과 불확실성에 대응할 수 있도록 국가 차원에서 시스템의 효율성을 높이는 거버넌스 개혁이 필요하다. 주요국에서 보듯 기술 주권 확보 전략은 R&D 투자, 세제 혜택, 인재 양성, 수요 조성, 규제 완화, 표준 선점 등 과학기술, 산업·통상, 외교·안보, 교육을 망라하는 통합적 정책으로 구축된다는 점을 주목해야 한다.

둘째, 주요국의 대응에 대해서도 지속적 모니터링과 함께 심층적 비교·분석이 이뤄져야 하고 나아가 협력 체계를 수립해야 한다. 미국과 중국의 경쟁에 대응하는 독일, 영국, 프랑스, 일본, 호주 등 주요국의 전략적 행보를 세밀하게 관찰하면서 이 국가들은 어떻게 리스크를 규정하고, 최소화하며, 불확실성을 전략적 기회로 전환하려고 하는지, 그리고 그 과정에서 우리와 협력 여지가 존재하는지, 혹은 의도적 견제 등이 존재하는지 파악해야 한다. 현재 주요국의 기술 주권 확보 전략 기조는 급변하는 국제 정세에 크게 영향을 받고 있다. 그리고 세계경제 불황 등으로 외교·안보적 가치와 경제적 가치가 빈번히 충돌하고 있다. 따라서 각국의 기술 주권 확보 전략도 수시로 변화할 가능성이 크다. 우리도 이처럼 변화하는 기술 안보 환경을 주시하면서 주권을 확보해야 하는 기술군과 주권 확보 방식(자체 개발 또는 조달 협력)을 효율적으로 조정해나갈 필요가 있다.

셋째, 미·중 간의 대립이 구체화되는 과정에 대응하기 위한 국익 기반의 견고한 원칙과 동태적 대응 시스템 구축이 필요하다. 미국의 강도 높은 제재와 함께 중국 내 기술 규제의 변화도 급격히 진행되고 있어, 양국의 정책 기조 변화를 동시에 파악해야 한다. 이를 통해 위협 요인에 대한 사전적 대응 기반을 마련하고 한국형 디리스킹 전략을 수립해 실행해나가야 한다.

마지막으로 우리나라의 정보력과 분석 능력을 키울 필요가 있다. 분야별 국내외 주요 싱크탱크·전문가와의 네트워크를 강화하고 정보 분석력을 높여 더 선제적이고 전략적인 판단을 내릴 수 있는 역량을 확보해야 한다. 예컨대 미국의 대중국 견제 정책이나 전략이 탄생한 배경과 진행 상황, 그리고 실질적으로 작동하는 메커니즘에 대한 이해, 핵심 동맹국들의 전략 기조 변화, 이에 대응하는 중국 정부의 대처와 전략에 대한 분석이 순발력 있게 이뤄져야 한다.

총성 없는
인지 전쟁의 부상

오늘날 빠르게 발전하고 있는 최첨단 신기술은 세계 각국의 무기 체계에 신속하게 적용되면서 국가가 싸우는 방식과 전쟁을 전개하는 양상도 변화시키고 있다. 그런데 2022년 2월 시작된 우크라이나-러시아 전쟁과 2023년 10월 시작된 이스라엘-하마스 전쟁 등은 오늘날의 전쟁이 각종 첨단 무기가 승패를 결정하거나 인명 피해를 최소화하며 로봇끼리 대리전을 벌이는 미래 전쟁 시나리오와는 아직 거리가 멀다는 것을 보여줬다. 이런 맥락에서 전통적인 무력 수단과 첨단 무기 사용이 혼합된 하이브리드전에 대한 관심이 높아졌는데, 이와 함께 세계의 각종 언론과 미디어에 가장 빈번하게 오르내린 또 다른 공격 방식이 있다. 바로 '인지전cognitive warfare'이다.

정보가 지능형 무기가 되는 인지전

전쟁의 영역은 계속 확장돼왔다. 지상·해상·공중·우주에 이어 사이버 공간이 제5의 전장이 됐다. 그런데 여기에 인간의 두뇌까지 전장이 되는 새로운 범주의 전쟁, 인지전이 본격적으로 전개되고 있다. 인지전은 적국의 국민이나 지휘부의 인식과 생각하는 방식에 영향을 끼쳐 비합리적 의사 결정과 행동을 유도하는 전쟁의 한 형태이다. 물리력이 아니라 가짜 뉴스나 오보 등을 '총성 없는 무기'로 활용해 인간의 '인지cognition' 과정에 침투함으로써 생각을 해킹·왜곡해 판단과 행동을 변화시키려는 '보이지 않는 공격'이라고 할 수 있다.[175]

우크라이나-러시아 전쟁과 이스라엘-하마스 전쟁 등은 이러한 인지전의 양태를 고스란히 보여준다. 러시아가 우크라이나를 공격한 뒤 우크라이나의 젤렌스키 대통령이 탈출했다거나 항복했다는 식의 가짜 뉴스를 소셜 미디어에 올려 우크라이나 국민의 심리적 동요를 유도하려 했던 것이 대표적 사례이다. 전쟁 당사국 모두 온갖 허위 정보misinformation와 허위·조작 정보disinformation를 소셜 미디어 플랫폼을 통해 확산시키며 치열한 인지전을 이어가고 있다. 공격 목표는 상대국 정부와 군대, 그리고 국민 사이에 불신을 조장하고 분열을 초래해 사기를 떨어뜨리게 하거나 오판을 유도하는 것이다.

전시가 아닌 평시에 타국 여론을 교란하고 자국의 외교적 혹은 군사적 입지를 유리하게 만들려는 기만적 정보활동의 경우, 인지전과 구분해 흔히 '영향 공작influence operation'이라 지칭한다. 인지전이나 영향 공작 모두 허위·조작 정보를 활용하므로 '허위·조작 정보 캠페인'이라는 표현도 사용된다. EU는 '외국의 정보 왜곡과 간섭Foreign Information

Manipulation and Interference'을 의미하는 'FIMI'라는 단어를 만들어 정보 왜곡 주체가 외국 행위자이고 의도를 지닌 악의적 정보활동이 특정 국가의 정치에 대한 간섭 행위임을 강조하기도 했다.[176]

사이버 영향 공작으로 혹은 FIMI로 수행되는 국가 배후의 허위 정보, 허위·조작 정보의 유포 행위는 주로 인터넷과 소셜 미디어 플랫폼에서 AI 알고리즘 프로그램을 이용해 '조직적으로', '신속하게', '집중적으로' 이뤄지므로 사실상 '사이버 테러'나 '사이버 공격'으로 간주할 수도 있다. 이러한 공격은 단순히 공격 대상 국가의 여론을 왜곡하고 사회갈등을 부추기는 것을 넘어 선거 과정에 개입해 정치적 혼란을 일으킬 수도 있다. 따라서 미국이나 유럽은 이러한 국가 배후 정보활동을 하이브리드 위협으로 간주하고 군사적으로 대응하고 있다.

무수한 소셜 미디어의 가짜 계정 봇bots과 가짜 뉴스 웹사이트가 동원되고 있는 현대 인지전에서 공격 주체는 전장에 대한 정확한 정보 분별을 어렵게 만들고 적국의 여론은 물론 세계 여론을 교란하기 위해 정보를 공격 무기로 사용하는 것이다. 가짜 뉴스나 딥페이크 영상을 통해 상대의 작전 수행에 혼란을 유발하는 사례가 모두 여기에 속한다. 이처럼 정보는 이제 주요 무기가 됐으며, 이러한 정보가 유통되는 온라인 플랫폼은 정보전이 펼쳐지는 전쟁터나 마찬가지이다.

인지전 부상의 배경

정보가 전쟁에서 일종의 총탄처럼 여겨지는 일이 사실 새로운 현상은 아니다. 과거 전쟁에서도 모든 국가는 자국의 폭력을 정당화하고 대중의 지지를 얻어 국가 자원을 동원하기 위해 다양한 프로파간다 활동을 펼쳐왔다. 그렇다면 완전히 새로운 전쟁의 형태로 보이지 않는데도, 전 세계가 인지전에 주목하는 이유는 무엇일까?

인지전과 유사한 과거의 심리전 개념은 전쟁에서 군이 수행하는 '심리작전psychological operations' 차원에서 설명됐다. 심리작전은 적의 사기나 전투 및 저항 의지를 꺾는 등 자국에 유리한 여론 환경을 조성하는 군사 활동이다. 그런데 현대의 인지전은 과거의 심리전과는 비교할 수 없는 차원에서 펼쳐지면서 이를 구분해 부르게 된 셈이다.

특히 최근 인지전이 부상하는 데는 기술적 배경이 있다. 우선 초국경 차원에서 실시간으로 정보 전달이 가능해진 커뮤니케이션 환경의 변화이다. 현대사회의 정보활동과 커뮤니케이션은 인터넷의 등장과 소셜 미디어의 대중화로 실시간 소통이 가능한 속도 측면만이 아니라 특정 정보와 메시지가 영향을 끼칠 수 있는 청중의 규모도 급증했다. 어떤 특정 이슈나 사안에 대해 국내 여론뿐 아니라 세계 여론이 쉽게 활성화될 수 있는 정보 커뮤니케이션 환경이 됐다는 의미이다. 그만큼 국가 간에 갈등이 발생했을 때 세계 여론을 자국에 유리하게 이끌거나 상대 국가의 여론을 움직여 의도한 방향으로 정책 결정을 유도하는 것이 과거보다 더 쉬워졌다는 것을 뜻한다.

평시 인지전, 즉 사이버 영향 공작을 가장 왕성하게 전개하는 국가는 중국이다. 2023년 11월 메타는 2024년 미국 대선을 앞두고 유권자들을 분열시키기 위해 페이스북과 인스타그램에서 미국인으로 위장한 중국의 가짜 계정이 전개하는 영향 공작을 차단했다고 밝혔다. 메타가 적발한 수천 개의 계정은 직접 허위·조작 정보를 생성해 확산하기보다 미국 정치인이나 언론사가 올린 게시물을 공유하는 방식을 취했고, 공화당과 민주당 정치인을 선별해 지지하기보다 미국 내 정치적 양극화를 부추기는 전략을 취했다. 이들 가짜 계정은 필요에 따라 미국인 행세를 하기도 하고, 프로필 이름과 사진을 바꿔 인도인으로 가장해 인도 대중에 대한 영향 공작을 펼치기도 하는 등 공격 대상에 맞추어 활동하는 것으로 드러났다.[177] 또 친중 메시지를 작성하거나 중국 정부를 비판하는 게시물을 공격했으며, 미국과 유럽의 외교정책을 비난하는 글을 게시했다. 중국이 미국의 선거철에 총기 사용 등 사회·경제·종교·인종·이념 분야의 논쟁적 이슈를 중심으로 전개한 사이버 영향 공작은 2024년 미국 대선 과정에 집중되기도 했다.[178]

두 번째 배경이 된 기술적 변화이자 결정적 요인은 바로 AI의 활용이다. 챗GPT 같은 생성형 AI로 만든 봇을 활용할 경우 짧은 시간 동안 대규모의 허위·조작 정보를 제작할 수 있고, 빠르게 확산시킬 수도 있으며, 특정 웹사이트의 내용을 탈취해 가짜 웹사이트를 쉽게 제작할 수도 있다. 또 AI 알고리즘을 이용해 '인지적 편향'을 일으켜 정보를 왜곡하거나 심리적 타격을 가하는 일도 더 쉬워졌다.

실제로 IT 보안회사 임퍼바Imperva가 발간한 〈2024년 악성 봇 보고서〉에 따르면, 악성 봇이 생성한 정보가 2022년에는 전체 인터넷 콘텐츠의 33.4%를, 2023년에는 39.6%를 차지했다. 이와 같은 사실이 의미하는 것은 AI가 사용자의 관심 이슈가 반영되는 AI 알고리즘을 통해 사용자의 생각과 행동에 중대한 영향을 끼치는 메시지를 의도적으로 손쉽게 발신할 수 있다는 점이다. 즉 현대사회에서 개인은 인터넷과 소셜미디어를 사용하는 이상 인지전과 영향 공작의 정보 공격에 무방비로 노출된다고 해도 과언이 아니다.

뇌과학과 미래의 인지전

　인지전은 이처럼 인간의 인지 영역을 공격한다는 점에서 현대 뇌과학의 발전과도 맞닿아 있다. 뇌과학이 발전하면서 인간의 심리 차원에서 설명됐던 인간의 감정이나 사고의 영역이 인간의 뇌에 대한 직접적 관찰을 통해 설명할 수 있게 됐기 때문이다. 뇌를 스캔해 어떤 감정을 느끼는지 판단할 정도에 이른 것이다. 인간이 슬프거나 기쁘거나 분노하거나 사랑에 빠졌을 때 뇌의 어떤 부분이 활성화되는지, 뇌파가 어떻게 달라지는지 관찰하고 실증적으로 설명할 수 있게 되면서 인간의 마음을 뇌과학으로 증명할 수 있게 된 것이다. 최근에는 뇌 스캔 데이터를 통해 무슨 생각을 하는지 해석하는 연구도 한창 진행되고 있다.

　이렇게 볼 때 인간의 생각하는 방식, 즉 '인식'에 영향을 끼쳐 '인지적 편견'과 '인지적 오류'를 일으키려는 인지전은 궁극적으로는 공격할 대상 국가의 지휘부와 국민 전체의 뇌에 영향을 끼치는 것을 목표로 삼을 것이다. 가령 적군 지휘부의 뇌를 직접적 공격 대상으로 삼아 군사 지휘에 필요한 기억을 잃게 하거나, 적군 국민 사이에 집단적 공황장애를 일으킬 수도 있다. 또 인간의 의사 결정을 돕거나 대신하는 AI 기기의 작동 방식에 개입하거나 문제를 일으키는 방식으로도 인지전을 펼칠 것이다. 인지전의 양태가 더 이상 공상과학 영화 속 상상만은 아니라는 얘기이다.

　이러한 맥락에서 AI 기술의 발전에 따라 인지전 연구는 자연스럽게 신경 무기 개발이나 슈퍼 솔저 개발과도 연결될 것이다. 또 AI 기술을 적용한 외골격 로봇 엑소스켈리턴eksoskeleton, 뇌-기계 인터페이스brain-machine interface, 생체 모니터링 기기, GPS 및 커뮤니케이션 기능을 갖춘

웨어러블 기기의 오작동을 유발하는 일이 곧 인지전의 공격 목표가 될 것이다. AI 시스템을 공격하는 일이 적군의 작전 수행을 교란하고 방해하며 좌절시킬 수 있기 때문이다. 이처럼 현대 뇌과학의 발전은 적에 대한 인지전 공격이나 적의 인지전 공격에 대한 방어 전략에 더 큰 영향을 끼칠 것으로 예측된다.

인지전과 사이버 영향 공작에 대한 대응

우리나라도 외국으로부터 인지전 공격을 받고 있을까? 우리에게 사이버 영향 공작을 시도하는 국가는 주로 북한과 중국으로 알려져 있다. 2023년 말 국정원 산하 국가사이버안보센터 합동분석협의체가 국내 언론사로 위장한 웹사이트를 통해 친중 담론을 생산·유포해온 중국 언론 홍보업체의 위장 웹사이트 30여 개를 적발하면서 한국에 대한 중국의 영향 공작 활동 정황이 알려진 바 있다.[179]

이러한 인지전의 도전에 대해 한국은 어떤 대응 전략을 마련해야 할까? 국가 배후 허위·조작 정보의 유포와 사이버 영향 공작에 대한 대응은 근본적으로 사이버 공간에 대한 안보 위협으로 인식해야 한다. 그러한 인식을 기반으로 우리의 대응은 사이버 공간에 대한 감시를 강화하고 신속하게 상황을 인식하는 데서 시작돼야 한다.

또 사이버 영향 공작에 대한 여러 가상 시나리오를 선제적으로 구상해 정부 각 부처와 민간의 각 기관이 국가 위기 사태를 가정한 시뮬레이션 훈련을 상시 진행할 필요가 있다. 군사, 정치·사회, 환경 등 다양한 영역에서 국가 위기를 유발하기 위해 유포되는 허위·조작 정보의 다양한 내러티브를 완전히 구별하지는 못해도 미리 준비된 예측 매뉴얼에 따라 훈련을 반복하는 식으로 대처한다면, 실제 유사한 상황에서 효과적으로 대응할 수 있을 것이다.

이와 함께 정보 역량을 높이고 정보 분별과 신속한 대응을 위해 범부처 전략 커뮤니케이션 체제와 정보 공유 플랫폼을 구축해야 한다. 사이버 공간 감시에 관련해 민관 공조와 민간의 안보관 증진, 시민사회에 대한 관련 정보와 지식의 신속한 제공도 사회 전체의 대응을 강화하는 데 도움이 될 것이다. 허위·조작 정보 확산에는 국경의 의미도 없다는 점에서 우호국과의 정보 협력 또한 증대해야 한다.

저출생 대응 예산과
출생률의 방정식

    한국전쟁이 일어난 1950년 대한민국의 합계출산율은 5.97명이었다. 이후 경제가 본격적으로 성장하기 시작한 1970년에 4.41명으로 다소 낮아졌고, 1980년에는 2.72명으로 크게 하락했다. 이 시절 정부가 제창한 표어는 '많이 낳아 고생 말고, 적게 낳아 잘 키우자'(1960년대), '하나 낳아 젊게 살고 좁은 땅 넓게 살자'(1980년대) 등 강력한 산아제한 정책이었다. 이후 한국 사회가 정치적·경제적 안정 단계로 들어선 1990년 합계출산율은 1.60명이었고, IMF 외환 위기 때인 2000년에는 1.42명이었다. 변화의 추세를 예측하지 못한 정부는 뒤늦은 1989년에야 산아제한 정책을 중단했지만, 이미 하락 추세로 꺾인 출산율은 계속 떨어졌다.[180] 더욱 다급해진 정부는 2005년 〈저출산·고령사회 기본법〉을 제정하고 출산장려정책을 적극적으로 추진해왔다.

    그러나 합계출산율은 계속 하락 국면에 있으며, 2023년 합계출산율은 0.72명이다. OECD 회원국 가운데 합계출산율이 1.0명 미만인 국가는 우리가 유일하다.[181] 정부가 정책을 추진하면서 투입한 막대한 예산도 출산율을 올리는 데는 무용지물이었다. 그러나 출산율을 높이고 저출생·고령화에서 비롯되는 인구구조 위기를 극복하기 위해서는 앞으로도 많은 예산 투입이 불가피하다. 물론 관련 예산의 범주부터 방향성 없는 지출, 땜질식 처방 등 실효성을 높이기 위해 풀어야 할 문제점도 많다. 하지만 여러 이슈가 얽혀 있어도 해법을 찾아야 한다. 기존의 발상에서 벗어나 입체적 사고로 예산 투입과 출생률 제고라는 고차원 방정식을 풀어야 할 것이다.

저출생 대응을 위한 예산 투입과 정책의 실패

출생률 저하의 심각성을 인식한 정부는 이를 국가적 의제로 삼고 2005년 〈저출산·고령사회 기본법〉을 제정했다. 또 저출산고령사회위원회를 설치했으며 1차(2006~2010년) 기본계획을 시작으로 5년 단위로 4차에 걸쳐 정책을 수립하고 추진해왔다. 출산과 양육에 대한 사회적 책임 강화에서 일자리와 주거 문제 등 구조적 대응으로 확대해왔으며, 특히 2019년에는 출산 정책의 패러다임을 출산율 제고에서 삶의 질 제고로 전환하기도 했다. 현재 진행 중인 4차(2021~2025) 기간에는 영아수당과 육아휴직 소득대체율 인상, 육아휴직 허용 중소기업에 대한 지원 확대, 다자녀 가구 임대주택 공급, 셋째 자녀부터 대학 등록금 전액 지원 등의 정책이 추진되고 있다.

이 기간에 정부가 투입한 예산을 보면, 2006년 기본계획이 시행된 첫 해에 2.1조 원으로 시작해 점차 증액하다가 제3차 기본계획 수정이 이뤄진 2019년에는 36.6조 원으로 크게 늘었다. 기간별로 보면, 1차 때 20조 원, 2차 때 61조 원, 3차 때 153조 원이 투입됐고, 현재의 4차 기간에 약 273조 원이 소요될 것으로 보인다. 2006년부터 2023년까지 투입된 예산은 총 379.8조 원이다. 예산 사업은 주거, 보육·돌봄, 자녀수당, 일자리·직장, 가족센터 지원 등의 사회 환경, 출산·육아휴직급여 등의 모성보호, 다자녀 국가 지원 등의 교육, 출산·건강 지원 등으로 다양하다.[182] 하지만 이러한 예산 투입도 출산율을 끌어올리는 데에는 실패했다. 합계출산율은 2023년(0.72명)보다 2006년(1.13명)이 더 높았다.

출산율 반등에 성공한 프랑스, 독일, 스웨덴의 사례[183]

프랑스, 독일, 그리고 스웨덴은 합계출산율 2.1명 미만의 저출산 국가이다. 그러나 한국보다 먼저 겪은 합계출산율 1.3명 미만의 초저출산 흐름에서는 벗어나 출산율 반등에 성공한 국가이기도 하다. 통상적으로 합계출산율이 높게 나타나는 이민자 비중 등 우리와 다른 환경적 요인도 있지만, 근본적으로 이들 국가에서는 정부가 어떠한 정책으로 출산율 하락을 완화했는지, 이들의 전략을 살펴볼 필요가 있다.

먼저 프랑스는 1980년대에 합계출산율이 1.95명이었으나 점차 감소해 1993년 1.66명으로 최하점을 기록했고, 그 이후의 합계출산율은 증가세로 돌아서 지금은 1.8명대의 수준을 유지하고 있다. 프랑스의 가족 지원 예산(가족 공공 지출)은 2019년 기준 GDP 대비 3.44%로 OECD 국가 중 가장 높으며, 그중 현금성 지원의 예산 비중은 GDP 대비 1.34%로 이 또한 OECD 국가 중에서 높은 편이다.

프랑스는 무엇보다 가족적 가치와 개인 간 평등을 강조하는 가치의 조합 속에서 포괄적 정책을 펴는 것이 특징이다. 이에 따라 다양한 가족수당 정책을 펴고 있으며, 9개 부문으로 나뉜 가족 급여에는 영유아 보육수당뿐 아니라 다자녀 가정에 지급되는 보충수당, 취학아동에 대한 신학기수당, 주택수당 등이 포함돼 있다. 또 소득세 부과 시 개인소득이 아니라 가족계수La Quotient Familial를 바탕으로 가구원 수를 고려한 가구소득에 대해 부과하는 점, 시민연대계약PACS으로 구성된 커플에게도 공동 과세가 가능하게 한 점은 다른 국가들과 차별성을 보여주는 정책이기도 하다.

독일의 경우 1980년대 초반부터 합계출산율이 1.5명대로 저조했고, 1994년에는 1.24명을 기록하기도 했다. 그러나 이후 합계출산율이 반등하면서 초저출산 수준인 1.3명을 탈피했고, 2016년 1.59명, 2019년 1.53명 등의 수준을 유지하고 있다. 독일의 가족 지원 예산은 2019년 기준 GDP 대비 3.24%로 OECD 국가 중 여덟 번째로 높은 수준이다. 가족 지원 예산은 2001년 이후 계속 증가하고 있고, 반면 현금 지원 비중은 2019년 기준 GDP 대비 1.08%로 OECD 평균 1.12%에 비해서는 낮은 수준이다. 다소 보수적이던 전통에서 패러다임을 전환해 일과 가정의 양립을 강조하는 정책이 기조를 이루고 있다. 이에 따라 부모 휴직, 부모수당 등의 지원을 비롯해 '전일제 학교' 등 사회적 돌봄 체계 확립에 지속적인 투자를 해오고 있다.

한편, 스웨덴은 1980년대 초반 합계출산율 1.68명에서 1990년대 초반에는 2.14명까지 증가했다가 경기 침체로 급격히 감소하면서 1999년에는 1.50명으로 최저점을 기록했다. 그러나 2010년에 1.98명으로 올라갔으며 2021년 합계출산율은 1.67명이었다. 스웨덴의 가족 지원 예산은 2019년 기준 GDP 대비 3.42%로 OECD 국가 중에서 프랑스 다음으로 높은데, 2001년 2.91% 이후 계속 증가했다. 현금 지원의 경우 GDP 대비 1.29%의 비중을 차지해 OECD 평균보다 높으며 나머지인 2.13%는 서비스 형태로 지원된다. 육아휴직 시 높은 급여 대체율, 자녀가 2명 이상일 때 지급되는 다자녀가족 보조금, 부모 보험 제도 등이 많은 예산이 소요되는 대표적 정책이다.

'저출산 대응 예산'의
실효성을 높이기 위한 정책 제언

출산율을 높이기 위한 예산은 앞으로도 늘려갈 수밖에 없을 것이다. 그러나 지금까지 투입된 예산의 배정과 관리가 적절했는지 평가하는 동시에 어떻게 해야 실효성을 높일 수 있을지 심도 있게 고민해야 한다.

'저출산 대응 예산'에 대한 정의 필요

저출생 극복을 위해서는 국가의 재정적 지원 확대가 불가피하다. 우리나라의 가족 지원 예산은 2019년 기준 GDP 대비 1.56%로 OECD 평균인 2.29%에 비해 낮은 수준이다. 특히 현금 지원 부분은 GDP 대비 0.32%로 OECD 국가 중 하위권에 속한다.[184] 2019년 기준 한국의 GDP가 1,933조 원이었음을 고려하면 OECD 국가 평균보다 14조 원

정도 과소 투자된 셈이다.

그러나 '저출산 대응 예산'과 '인구 예산'의 정의에 대한 논의부터 다시 해야 한다. 그동안 〈저출산·고령사회 기본계획〉은 출산율을 높이기 위한 정책을 포함하고 있지만, 관련 정책이라고 보기 어려운 부분도 적지 않았다. 여전히 '저출산 대응'을 위한 정책의 정의는 분명하지 않으며, 전문가마다 의견이 다양하다. 이러한 문제는 예산에도 그대로 반영됐다. 가령 '가족 여가 프로그램 개발 사업'이나 '대학교의 학과 구조조정 유도 사업', '청소년 스마트폰 중독 예방' 등이 그동안 '저출산 대응 예산'으로 편성되기도 했다.[185] 이처럼 넓은 범주의 사업은 저출생 대응을 위한 정책의 효율성을 떨어뜨릴 수 있고 관련 예산 집행을 부풀리는 착시 효과를 가져올 수도 있다.

물론 저출생 문제를 어떻게 바라보는지에 따라 관련 정책이나 예산 집행은 달라질 수 있다. 만약 출산과 양육, 일·가정 양립, 가족정책 등 저출생과 직결되는 범주로만 한정할 것인지, 아니면 양성평등 확대, 노동환경 개선, 사회안전망 구축 등 구조적 개선까지 아우를지에 따라 달라질 수 있다. 따라서 정책의 실효성을 높이기 위해서는 좀 더 명확한 방향과 목표 설정이 필요하며, 이런 맥락에서 저출생 대응 사업의 범주와 예산에 대해서도 명확하게 정의를 내릴 수 있을 것이다.

'저출생 극복 특별회계' 신설과 통합 관리

정부가 인구문제 전반을 다루기 위해 신설하는 새로운 컨트롤타워 '인구전략기획부'는 예산 관련 권한도 갖추었기 때문에 총체적 접근이 가능할 것이다. 즉 현재 각 부처에 분산해 운영하는 '저출산 대응 예산'을 통합적으로 관리할 필요가 있다. 이를 위한 방안으로 가칭 '저출생 극복 특별회계'의 신설을 생각해볼 수 있다. 임신, 출산, 양육, 교육, 일자리, 주거 등의 사업을 특별회계 내에서 별도 계정으로 세분하되, 관리는 통합적으로 할 필요가 있다. 통합적으로 관리함으로써 사업의 집행부터 관리, 그리고 성과 평가에 이르는 과정을 더 효율적으로 운용할 수 있을 것이다.

또 저출생 극복을 위한 조세 감면 정책 등 조세지출 예산도 특별회계 내에 별도의 계정으로 두고 관리할 필요가 있다. 현재의 자녀 세액공제와 육아휴직 후 복직해 1년 이상 고용을 유지한 기업에 대한 세액공제 제도는 물론 직원의 출산 자녀에게 현금을 지원한 기업에 대해 정부가 검토 중인 기부금 공제[186]나 수령자에 대한 세제 혜택 등 향후 도입될 조세지출 예산 사업도 특별회계 내에서 통합해 관리하는 것이 효율적일 것이다.

수요자 관점의 정책 추진 체계

정책의 수요 대상자가 정책을 만들고 평가하는 데 직접 참여할 수 있는 제도적 장치도 마련해야 한다. 현재는 정책 수요자의 직접적 참여는 보장돼 있지 않다. 외피만 보면 막대한 예산이 투입된 저출생 대응 정책이지만, 정작 정책 수요자들이 실질적 지원이라고 체감하지 못한 것도 이런 데서 기인한다. 따라서 자신들을 위한 정책의 형성, 집행 및 평가에 당사자의 참여를 보장함으로써 절실하고도 생생한 현장의 목소리를 반영할 수 있는 시스템을 만들어야 한다. 이와 함께 민간 기업 대표들의 참여도 검토해야 한다. 저출생 극복은 민간 기업의 자발적이고 적극적인 참여가 필수이기 때문이다.

'저출산 대응 예산' 확보를 위한 재원 마련

그동안 출산율을 높이기 위해 집행해온 막대한 예산을 놓고 효율성을 제기하는 문제도 있지만, 정부가 '인구 국가비상사태'라고 표현한 것처럼 출산율을 높이기 위한 예산 투입은 앞으로도 불가피하다. 그러나 또 다른 한편으로 고민해야 하는 것이 국가의 재정 건전성이다. 국가부채 비율은 이미 GDP 대비 55%를 넘어섰다. 따라서 지속적인 출생률 제고 정책 추진과 국가의 재정 건전성을 모두 고려하면서 증세를 포함해 재원을 확보할 다각적 방안을 구체화해야 한다.

사회·문화적 환경 조성

출생률 제고 정책이 대한민국의 미래에 대한 투자로 인식되고 모든 국민이 자발적으로 참여하며 협조하는 새로운 문화를 조성해야 한다. 무엇보다 아이의 출생을 특정 가족의 문제가 아니라 사회와 국가의 공동 책임으로 인식해야 한다. 육아휴직과 직장 복귀를 당연시하고 인사상 불이익이 없는 문화의 형성과 기업의 자발적이고 적극적인 참여가 바탕이 돼야 할 것이다. 정부는 특히 적극적인 참여 기업에 대한 획기적인 세제 혜택과 규제 완화 등의 정책적 지원을 아끼지 말아야 한다.

인식을 바꾸고 새로운 문화를 정착시키는 것은 시간도 오래 걸리고, 어떤 면에서는 새로운 제도를 도입하는 것보다 훨씬 더 어렵다. 하지만 효과는 지속적이기 때문에 자발적인 사회참여 분위기가 조성돼야 하며, 이를 위해 정부는 물론 사회 전 분야에서 새로운 문화 현상이 되도록 지속적으로 노력을 기울여야 한다.

6

경제 분야 미래전략
Economy

고난도 돌파 기술에 도전하는
딥테크 스타트업

딥테크 스타트업deep-tech startup은 과학이나 공학 기반의 원천기술과 독보적 기술을 바탕으로 이를 사업화하려는 10년 이하의 신생 기업을 지칭한다. 이 기업들은 주로 AI, 빅데이터, 바이오, 로봇, 반도체, 소재, 항공 우주, 환경, 에너지 분야 등에서 나타난다. 딥테크 스타트업이 최근 해외뿐만 아니라 국내에서도 증가하고 있다. 특히 일반 스타트업에 비해 중·장기적 성장 잠재력이 커서 이러한 기업에 대한 글로벌 벤처 투자도 계속 증가하는 추세이다. 미국, 영국, 프랑스, 독일 등 해외 주요 선진국의 경우, 딥테크 스타트업을 지원하거나 육성하기 위한 정책을 시행하고 있으며, 국내에서도 2023년부터 딥테크 스타트업을 육성하기 위한 정책이 본격적으로 시작됐다. 중소벤처기업부가 시행하는 초격차 스타트업 1000+ 프로젝트가 이러한 정책의 일환이다.

하지만 해외 주요 선진국과 비교하면 국내 딥테크 스타트업은 수가

적을 뿐만 아니라 창업, 투자 유치, 성장 과정에서 여러 어려움을 겪고 있다. 앞으로 국내에서 더 많은 딥테크 스타트업이 출현하고 성장하기 위해서는 기본적으로 특성에 부합하는 생태계가 조성돼야 하고, 딥테크 스타트업과 딥테크 생태계에 대한 지원이나 투자가 이뤄져야 한다.

딥테크 스타트업의 특성

'딥테크'라는 용어는 2010년대 중·후반 이후 글로벌 벤처 투자, 대기업과 스타트업이 실무에서 자주 사용해온 용어이다. 기술적 기반이나 우수성뿐 아니라 사회나 산업적 측면의 영향력을 포괄하는 개념이다. 시장에서 기존 기업의 경쟁 우위를 근본적으로 위협하거나 사회·산업에 미치는 파급효과가 크다는 점에서 대기업보다 혁신적인 스타트업이 더 적극적으로 딥테크를 채택하는 경향이 있다.

딥테크 스타트업의 개념과 사례

용어에 담긴 의미처럼 딥테크 스타트업은 독창성, 혁신성, 원천성을 지닌 과학기술을 연구실 수준을 벗어나는 수준으로 사업화해 시장 성과를 창출하는 신생 기업을 뜻한다. 이런 기업은 위험성, 즉 실패할 가능성은 크지만 성공할 경우 시장을 새롭게 만들거나 기존 산업을 근본적으로 변화시킬 만한 잠재력을 지니고 있다.

해외의 딥테크 스타트업을 예시로 꼽자면, AI 연산에 특화된 전용 반도체를 설계하는 그래프코어Graphcore, 물류 창고에서 3차원 고속 이동 가능한 로봇을 만드는 엑소텍Exotec, 빅데이터를 기반으로 항암제를 개발하는 오킨Owkin, 데이터 머신러닝을 기반으로 의사와 로봇 간 자율 협동 수술을 위한 시스템 소프트웨어를 제공하는 액티브서지컬Active Surgical, 스텔스 고속 비행과 장시간 비행이 가능한 민군 겸용 드론을 만드는 안두릴Anduril, 미생물로 탄소를 분해해 친환경 화학물질을 만드는 솔루젠Solugen, 클라우드 서비스 소프트웨어에 대한 사이버 공격 차단·보안 솔루션을 제공하는 옵시단Obsidan 등이 있다.

국내에도 다양한 분야에서 딥테크 스타트업이 활동하고 있다. AI 전용 반도체를 설계하는 퓨리오사에이아이, 머신러닝 기반 협동 로봇을 만드는 뉴로메카, 유전자가위 원천기술을 이용해 신약을 개발하는 지플러스생명과학, 빅데이터와 AI를 활용한 의료 영상 판독과 진단 플랫폼을 제공하는 루닛, 사물 인식 기술을 이용해 자율주행차 카메라용 소프트웨어를 만드는 스트라드비전, 배터리 소재인 단결정 양극재를 만드는 에스엠랩, 세계 최초로 개발한 그래핀 대량 합성 기술을 이용해 그래핀 필름을 제작하는 그래핀스퀘어 등이 딥테크 스타트업이다.

일반 스타트업과의 차이

딥테크 스타트업은 기존 기술을 활용하는 일반 스타트업과 여러 측면에서 특성이 다르다. 기존 기술을 활용하는 스타트업은 사업 모형을 상대적으로 우선시하며 새로운 사업 모형에 어느 정도 검증되거나 성숙한 기술을 덧붙이는 경향이 있다. 반면 딥테크 기업은 과학 연구, 신흥 기술, 그리고 난도 높은 기술을 활용해 문제를 기술적으로 해결하는 방안을 상대적으로 중시하며 이에 맞는 사업 모형을 찾고자 하는 특징을 보인다.

이런 차이로 딥테크 스타트업은 기존 기술을 활용하는 스타트업보다 기술 개발과 사업화 기간 모두 오래 걸리는 편이다. 또 일반 소비자보다 기업을 주요 고객 대상으로 삼으며, 초기 단계의 R&D와 인프라 조성에 대규모 자금이 투입된다. 기존 기술을 활용하는 스타트업은 기술 사업화에 대한 불확실성이 적어 초기 단계에서 대규모 R&D나 자본 투자보다 초기 사용자의 수요 확대에 더 많은 투자를 하면서 시장 위험market risk을 낮추는 데 집중할 수 있다. 반면 딥테크 스타트업은 시장 위험뿐만 아니라 기술 위험technology risk까지 안고 있으면서 성공하면 훨씬 더 큰 파급력을 창출할 수 있으므로 기존 기술을 활용하는 스타트업에 비해 고위험과 고수익이라는 특징을 띠게 된다. 주로 연속적 성장을 보이는 일반 스타트업에 비해 기하급수적 또는 비연속적으로 급속 성장하는 경우가 빈번하다.

이처럼 기반 기술, 사업 모형, 성장 특성 때문에 딥테크 스타트업이 시장에서 성공하려면 일반 스타트업보다 초기 단계에서 더 많은 자본 투자가 필요하고 더 오랜 시간 기다려야 한다.

딥테크 스타트업의 성공 사례를 통해 특성을 종합해보면,[187] 우선 딥테크 스타트업은 기술 위험과 시장 위험을 모두 포함하며, 각 위험 요인을 줄일 수 있는 기술 생태계와 창업·벤처 생태계를 기반으로 출현해 이후에 스케일업, 즉 고속 성장하게 된다. 또 딥테크 스타트업은 일반 스타트업보다 창업 후 스케일업까지 소요 기간이 길어 인내 자본patient capital이 뒷받침돼야 한다. 해외 사례를 살펴보면 일반 스타트업의 초기 투자자는 주로 엔젤투자자나 일반 벤처캐피털인 반면, 딥테크 스타트업의 초기 투자자는 주로 기술 창업 투자에 특화된 벤처캐피털, 딥테크 스타트업과 직간접적으로 관련된 대기업이나 벤처기업(수요 또는 공급 관계에 있거나 보완적 기술 혹은 협력이 가능한 유·무형자산을 보유한 기업), 공공 부문(정부, 대학, 과학기술 연구 기관 등)으로 다소 차이가 있음을 알 수 있다.

딥테크 스타트업의 역할

과학이나 공학에 바탕을 둔 고급·신흥 기술을 실험실에서 시장으로 이동시키는 딥테크 스타트업은 거대한 사회적, 환경적 도전을 다루거나 근본적 문제를 혁신적으로 해결하고자 하며, 때로는 기술 융합을 통해 이런 문제에 접근한다. 예를 들어 빅데이터를 분석해 난치성 질환 신약을 개발하거나, 머신러닝을 활용해 사용자와 실시간 협업이 가능한 협동 로봇을 만들거나, 신소재 활용도를 높이는 방법을 추구하는 식이다. 그런 점에서 딥테크 스타트업은 유연성, 실행 속도, 추진력 측면에서 대기업보다 유리한 점이 있어 고급·신흥 기술의 사업화를 촉진하고 기술의 초기 확산에 기여할 수 있다. 이 과정에서 새로운 부가가치와 일자리를 창출하고 신산업 발전과 국가 경제의 역동성을 높일 수 있음은 물론이다.

딥테크 스타트업 육성을 위한
생태계 관점의 지원

딥테크 스타트업이 출현하고 성장하려면 기술 생태계와 창업·벤처 생태계가 모두 갖춰져야 한다. 스타트업, 다른 기업, 대학과 연구소, 정부, 투자자, 최종 사용자, 연결이나 멘토링을 위한 전문 조력자 등이 이런 생태계에 참여하게 되고, 이들 간의 상호작용이 활발히 이뤄져야 딥테크 생태계가 발전할 수 있다.

많은 국가에서 딥테크 생태계는 초기 발전 단계에 있거나 고도화되지 못해 진화가 필요하다. 2010년대 이후 미국, 독일, 영국 등지에서 딥테크 스타트업 성공 사례가 증가하고 있지만, 선진국에서도 딥테크 스타트업에 대한 대규모 장기 투자를 회피하는 경우가 여전히 문제로 지적되고 있다.[188] 이는 딥테크 스타트업이 기술 위험과 시장 위험을 모두 지니고 있는 데다 장기적 수익이 크더라도 창업부터 연구 개발을 거쳐 기술 사업화에 이르기까지 오랜 시간이 걸리기 때문에 단기 수익률에 민감한 민간투자자가 단독으로 딥테크 스타트업에 적극적으로 투자하기는 쉽지 않기 때문이다.

따라서 딥테크 스타트업을 육성하고 성장시키기 위해서는 생태계 관점에서 지원이 필요하다. 특히 공공 부문의 지원이나 벤처캐피털 투자 지원뿐만 아니라 민간 부문의 상호 협력과 지원도 필요하다. 딥테크 스타트업은 시제품이나 시범서비스의 초기 시장 검증을 통해 성장하는데, 대기업이나 중견기업에 비해 생산(제조)보다 개발(설계) 역량에서 상대적 강점을 가지므로 실증 과정에서 관련 생태계 내 여러 참여 주체와 협력이 필요하다.

산업·기술 생태계 내에서 수요-공급 기업이나 보완적 관계에 있는 기업과의 협력이 어렵거나 실증을 위한 인프라가 마련되지 않으면 딥테크 스타트업이 출현하더라도 독자적으로 성공하기 어렵다. 예를 들어 AI 반도체를 설계하는 경우라면 반도체를 제조·생산하기 위해서는 파운드리 대기업과, 반도체의 성능을 검증하기 위해서는 IT 서비스 대기업과의 협업이 필요하다. 로봇이나 배터리 분야에서도 딥테크 스타트업이 대규모 실증을 하려면 그 제품을 대량 사용하거나 생산할 수 있는 대기업 혹은 중견기업과 협력해야 한다. 하지만 관련 대기업이나 중견기업도 딥테크 스타트업 기반 기술의 불확실성으로 실증 프로그램을 대규모로 운영하는 것은 부담이 될 수 있다.

따라서 실험실 수준의 기술을 넘어 사업화 단계로 끌어올리려면 관련 기업의 후원이나 전략적 투자를 받으면서 상호 협력하거나 공공 부문이 적절히 지원하는 것이 필요하다.* 딥테크 생태계 내 이런 상호 협력은 딥테크 스타트업의 사업화를 돕고 벤처캐피털과 같은 민간투자자의 딥테크 스타트업에 대한 투자를 확대하는 토대가 될 수 있다.

딥테크 스타트업에 대한 벤처 투자와 지원 정책 동향[189]

해외 유니콘(기업가치 10억 달러 이상이며 주식시장에 상장되지 않은 스타트업)의 약 20~25%가 딥테크 스타트업에서 성장했을 정도로 해외에서는 딥테크 스타트업에 대한 민간투자가 활발한 편이다. 딥테크 스타트업에 대한 글로벌 벤처캐피털의 투자 규모는 2017년 이후 크게 증가했다. 이는 첨단 신기술의 발전과 축적, 딥테크 생태계의 성장, 글로벌 벤처 투자의 전반적 증가와 관련이 있으며, 바이오, AI, 광학, 반도체, 로봇, 신소재와 관련된 분야가 주로 투자를 받았다.

● 필자가 국내 딥테크 스타트업을 다수 인터뷰하거나 문헌 조사한 결과에 따르면, 학술 논문이나 개념 수준(Technology Readiness Level(TRL) 3~4) 이하의 기술로 창업해 초기 생산 단계(TRL 8~9) 수준이 되기 위해서 최소 4~6년 이상의 기술 고도화 및 보완·실증 과정을 거쳐야 한다. 특히 이 과정에서 대규모 투자금뿐만 아니라 대·중견기업 수준 이상 기업과의 협력이 필요하다.

미국과 유럽은 최근 글로벌 벤처 투자의 약 70%, 20%를 각각 차지했다. 유럽의 경우 영국, 프랑스, 독일, 스웨덴, 스위스 등 상위 5개국이 전체 유럽 내 딥테크 벤처 투자의 80% 이상을 담당했고, 이들 국가에서 전체 벤처 투자액 중 딥테크 벤처 투자의 비중은 약 21~33%였다. 최근 금리 상승으로 딥테크 스타트업에 대한 벤처캐피털 투자는 일시적으로 감소했으나 2022년 이후 다시 증가세를 보이고 있다.

유럽의 주요 선진국은 딥테크 벤처 투자에서 미국과의 격차를 줄이고 자국의 딥테크 생태계를 육성하기 위한 지원책도 시행하고 있다. 영국의 경우 2023년에 발표한 '과학기술 프레임워크Science and Technology Framework'를 토대로 2030년까지 혁신적 과학기술 기반 스타트업을 육성하고 지원하기 위한 시드 투자 펀드(UK Innovation and Science Seed Fund) 규모를 기존 4,000억 파운드에서 5,000억 파운드로 증액했다.

프랑스는 2019년부터 '딥테크 플랜Deep Tech Plan', 2022년부터는 '산업과 딥테크 스타트업 전략Industrial and Deep Tech Start-ups Strategy'을 시행하면서 딥테크 스타트업뿐 아니라 관련 생태계에 대한 투자를 강화하고 있다. 딥테크 플랜은 프랑스의 국가 단위 대형 투자 계획(France 2030), 프랑스의 대표적 스타트업 지원 정책(La French Tech)과 연계되고, 이런 상위 계획에 따라 조성된 정책 펀드에서 투자 재원과 지원금을 조달하며, 딥테크 스타트업의 인큐베이팅, 엑셀러레이팅, 스케일업을 지원한다. '산업과 딥테크 스타트업 전략'은 딥테크 스타트업을 포함해 혁신적 스타트업과 중소기업에 대한 투자와 딥테크 산업화까지 지원한다.

독일은 2021년부터 딥테크 투자를 위한 정책 펀드 '딥테크 퓨처 펀드Deep Tech Future Fund'를 조성해 간접 투자하고 있다. 프랑스와 비슷하게 이 펀드도 국가 단위의 산업·혁신 지원 정책(High-Tech Strategy 2025,

National Industrial Strategy 2030)에 근거해 조성됐다. 특히 운용하는 기간이 최대 25년에 달할 만큼 장기적 관점에서 딥테크 스타트업에 대한 간접 투자를 지원하며, 딥테크 기업과 중견기업 간 협력도 지원한다.

국내에서도 딥테크 스타트업에 대한 투자가 증가하고 있지만, 미국과 유럽 선진국과 비교하면 규모나 스케일업 수준이 미흡한 편이다. 2023년 말까지 국내에 출현한 유니콘 중 바이오, 반도체, AI, 빅데이터 등 딥테크 분야에서 원천기술을 기반으로 성장한 기업은 극소수였다. 2023년 국내 벤처 투자 중 딥테크 분야 투자 비중이 약 30%가 될 만큼 커졌지만, 국내 유니콘 중 딥테크 유니콘의 비중이 낮다는 점은 그동안 국내에서 딥테크 스타트업에 대한 민간투자가 충분하지 않았고 딥테크 스타트업의 스케일업이 어려웠음을 시사한다.

정부도 이런 문제를 인식하고 2023년부터 '초격차 스타트업 1000+' 프로젝트를 통해 딥테크 스타트업을 육성하고자 노력하고 있다. 이 정책은 독보적 기술을 바탕으로 글로벌 시장을 선도하는 초격차 스타트업을 10대 신산업·기술 분야에서 1,000개 이상 발굴해 기술 개발, 사업화, 글로벌 협업, 투자 유치 등을 지원하는 내용을 담고 있다. 기존의 유사 정책(빅3 혁신 분야 창업 패키지 사업, TIPS 사업)보다 지원 기간·규모·분야를 확대했을 뿐만 아니라, 기술 측면에서는 딥테크 적합성을, 성장성 측면에서는 신시장 창출, 파급효과, 그리고 글로벌 진출 가능성을 모두 평가해 지원 대상을 선점한다는 점에서도 기존 스타트업 지원 정책과 차별화된다고 볼 수 있다.

미래를 위한 정책과 전략 방향

국내에서 딥테크 스타트업이 더 많이 출현하고 기존 딥테크 스타트업이 질적, 양적 수준에서 성장하려면 장기적이면서도 생태계 차원의 접근이 필요하다. 우선 딥테크 스타트업을 육성하려면 기술·산업 생태계와 창업·벤처 생태계가 연계하며 발전해야 한다. 국내에서 각 생태계를 주도적으로 지원하는 정부 부처가 있고 관련 정책도 있지만 2가지 생태계를 연계하는 노력은 부족하다. 예를 들어 초격차 스타트업 1000+ 프로젝트는 딥테크 스타트업을 위한 창업·벤처 생태계를 지원하지만, 관련 산업 생태계 내에서 스타트업과 수요·공급 대기업 간 협업이나 산업 활성화-스타트업 육성-벤처 투자 확대 간 피드백 효과를 촉진할 부분은 미흡하다.

이런 부분을 개선하기 위해 정책을 시행하는 과정에서 부처 간 협업도 중요하지만, 이에 앞서 국가 차원의 신·첨단산업 육성이나 연구·개발 투자 계획을 수립하는 단계에서 부처가 서로 협업할 수 있도록 설계하고 이후에 협업을 모니터할 필요가 있다. 그리고 민간투자 주도형 기술 창업 지원 사업 운영사도 성장 잠재력이 큰 딥테크 스타트업을 자체적으로 발굴하고 스케일업을 체계적으로 지원하는 역량을 강화할 필요가 있다.

그동안 국내 벤처캐피털은 딥테크 스타트업을 발굴해 선제적으로 투자하는 데는 소극적이었다. 국내 벤처 투자 중 정부의 모태 펀드나 정책 펀드의 비중이 높은 특성에서도 비롯되는 만큼 관련 제도도 보완해야 한다. 예를 들어 관련 펀드의 운용 기간 확대, 운용사 선정 및 성과 평가에서 수익성 이외 기준의 고려, 초기 투자와 후속 투자에서 딥테크 벤처 투자의 비중 분석, 투자를 받은 기업의 성과 장기 추적 등을 추가할 필요가 있다.

딥테크 스타트업의 창업 유형은 크게 2가지로 나뉜다. 하나는 대학원 연구실 기반 창업이고, 다른 하나는 기업이나 연구·개발 기관에서 기술 개발 업무를 수년간 경험한 후 숙련 창업을 하는 사례이다. 국내 딥테크 스타트업의 창업자 중 약 71%가 이공계 졸업자, 약 51%가 창업 당시 석박사 학위 소지자이고 평균 10년 이상의 실무 경험(대학 졸업 후 경험)을 지니고 있다.[190]

따라서 이러한 흐름을 고려하면, 이공계 출신 개발 인력의 딥테크 창업을 장려할 수 있는 지원 제도나 문화를 마련해야 한다. 특히 국내에서 대학 연구실 창업은 과거에 비해 수가 증가했지만, 해외 선진국과 비교하면 후속 투자를 통해 성공적으로 스케일업한 경우나 산업적 측면의 파급효과가 큰 경우는 많지 않았다. 그런 점에서 딥테크 창업을 적극적으로 장려하고, 특히 이공계 대학원생이나 박사후연구원 창업을 촉진해야 한다. 이를 위해서는 기술 이전을 더 쉽게 하고 지분율을 하향하는 동시에 시드seed 자금 확충과 기술을 특화하는 엑셀러레이팅 프로그램 등을 운영하는 방안을 고려해볼 수 있다.

나아가 딥테크 스타트업이 스케일업하려면 산업 생태계 내에서 기술 고도화와 실증을 위한 기술 스타트업과 기존 기업 간 협업이 중요하다. 해외 딥테크 스타트업과 비교하면 국내 딥테크 스타트업은 창업 후 스케일업까지 소요 시간이 길어지고 초·중기 단계의 투자 규모도 적다. 따라서 초기 단계부터 관련 기업이나 기업형 벤처캐피털CVC로부터 전략적 투자를 받고 기술 사업화를 위해 협업하는 방식이 늘어나야 한다. 국내에서 이런 협업이 활발하지 않았던 것은 시장 지배력을 갖춘 대기업과 신생 기업인 스타트업 간 협력 문화가 발달하지 않은 데다 국내 CVC 제도가 최근에서야 도입돼고 아직 많은 제약이 있기 때문이다. CVC와 연계된 대기업과 딥테크 스타트업 간 협력 사업을 시범 운영함으로써 CVC 제도를 보완할 수도 있을 것이다.

세상을 지배할 결정적
소재·부품·장비 기술

시대를 불문하고 우월한 소재 기술을 갖춘 국가나 문화권이 세상을 지배해왔다. 흔히 석기시대, 청동기시대, 철기시대같이 소재 기술로 인류 역사를 구분하는 점에서도 엿볼 수 있다. 그런 만큼 소재 기술의 발전 과정은 그 자체가 역사의 흐름이라고 해도 과언이 아니다.

공급망이 세계로 확대된 최근에는 최고 강대국이라 하더라도 혼자 소부장, 즉 소재·부품·장비 공급망을 독점하기는 어렵다. 전체 공급망에서 핵심이 되는 결정적 소부장 기술을 보유하고 있느냐가 문제이다. 결정적 소부장 기술은 초격차를 가능하게 하는 핵심 기술이자 대외적으로 전략적 가치를 지닌 기술을 말한다. 결정적 소재로는 희유원소 소재나 초고강도 탄소섬유, 결정적 부품으로는 일본 화낙Fanuc의 수치제어 부품(모듈), 결정적 제조공정으로는 7나노미터 이하의 반도체 제조기술, 결정적 (공정) 장비로는 네덜란드 ASML이 독점하고 있는 7나노

미터 이하 반도체 공정용 극자외선 노광 장비 등을 예로 들 수 있다. 첨단소재는 산업 분야에서의 효과뿐 아니라 사회경제적 측면에도 적잖은 영향을 끼치므로 선진국으로 도약하고자 하는 나라는 물론 기존 선진국도 우월한 첨단소재 기술을 확보하기 위해 국가적 노력을 기울이고 있다. 선진 경제에 접어든 우리나라도 예외일 수 없다.

소재·부품·장비 간 관계

소재는 완제품이나 중간제품을 제조하는 데 사용하는 원료 혹은 그 원료를 만드는 데 필요한 물질을 말한다. 부품은 기계나 장치를 구성하는 부속품 혹은 부분품이며 소재를 가공해 만든다. 장비는 소재를 제조하거나 다른 형태 혹은 구조로 가공할 때, 소재로 부품을 만들 때, 그리고 물성이나 성능을 측정하고 평가할 때 사용하는 기계나 장치를 일컫는다. 따라서 소재·부품·장비는 서로 떼려야 뗄 수 없는 관계이다. 특히 품질이 좋은 소재를 제조하기 위해서는 우수한 장비가 필요하며 정밀한 부품을 값싸게 제조하기 위해서도 성능 좋은 장비가 필요하다. 새로운 첨단소재나 부품을 개발하는 과정에는 새로운 장비의 개발이 동반되는 경우가 일반적이다. 부품·장비 기술은 넓은 의미의 소재 기술에 포함된다고 볼 수 있으므로 소재 기술이라 통칭하는 경우가 많다. 좀 더 자세하게는 재료·공정으로 구분해 말하기도 한다.

금속, 세라믹, 플라스틱 등 기반이 되는 소재 외에도 이를 조합한 복합 소재 등 세상에는 무수히 많은 종류의 소재가 있고 다양한 소재만큼 많은 장비가 개발됐다. 현대의 첨단산업을 대표하는 반도체 산업은

1980년대에는 대략 17개 원소(소재)를 활용했는데, 지금은 62개 이상의 원소를 활용한다. 자연계에 존재하는 전체 원소 수가 92개임을 생각하면 이렇게 많은 원소를 활용하게 되기까지 얼마나 많은 소재와 장비를 개발했을지 짐작해볼 수 있다.

반도체 기술은 설계 기술과 함께 소재 기술·공정 장비 기술을 결합한 결정체인데, 실리콘 웨이퍼로부터 첨단 반도체 칩이 완성되기까지 1,000개 이상의 공정을 거치며 여기에는 70여 개 국가, 1만 6,000여 기업에서 공급한 소재와 장비가 사용된다. 자동차는 2만 개 이상, 스마트폰은 1,600개 이상의 부품으로 연결된 공급사슬을 통해 완성되는 것이다. 첨단소재를 생산하는 정밀화학 분야에서 다루는 물질만 해도 10만 가지가 넘는다. 이처럼 소재·부품·장비를 공급하는 기업이 그물망처럼 촘촘하게 세계를 연결하고 있다.

소부장의 전략적 중요성

지난 2019년 있었던 우리나라에 대한 일본의 소재 관련 수출규제 조치로 소부장에 대한 정부나 산업계의 관심은 확연히 달라졌다. 그러나 소부장에 대한 지속적인 관심과 추진 동력을 얻기 위해 소부장의 전략적 가치를 좀 더 깊이 이해하고 공감대를 넓힐 필요가 있다.

국가경쟁력의 원천

제조업은 국가경쟁력을 만들어내는 원천이다. 강한 제조업은 상대적으로 우월한 생산수단을 보유하고 있어야만 가능하다. 생산수단의 핵심은 장비(기계) 기술이며 성능이 우수한 소재로 만든 정밀한 부품이 있어야 우수한 장비를 만들 수 있다. 우수한 소재 기술에 바탕을 두지 않은 우수한 장비 기술은 생각하기 어렵고, 우수한 장비 기술 없이는 우수한 소재와 부품을 생산하기 어렵다. 정보통신, 에너지, 바이오 분야의 기술 혁신에서 첨단소재의 기여분이 전체의 반을 넘어선 시점은 각각 1997년, 2005년, 2015년이었다.[191] 이제는 바이오 분야에서도 첨단소재 기술이 없는 혁신을 더는 상상하기 어렵게 됐다.

독점성·영속성

소부장 기술은 긴 세월에 걸쳐 대규모 투자를 해야 하는 기술 축적 과정이 필요하다. 하지만 일단 개발에 성공해 우월적 위치를 확보하면 시장을 장기간 독점해 지배하게 된다는 특징이 있다. 제1·2차 세계대전 같은 세계적 격변을 거치며 신기술을 사업화할 기회를 포착해 기술과 자본을 축적한 글로벌 소재 기업과 장비 기업이 여전히 시장을 장악하고 있는 것을 보면 이를 알 수 있다. 시장을 선점해 부를 축적한 국가나 기업은 기술과 자본력을 바탕으로 다시 새로운 기술을 개발해 지배력을 키워간다. 우월한 경쟁력을 확보하려면 오랫동안 규모 큰 투자를 지속해야 한다. 이는 곧 미래 시장을 예측하고 장기간에 걸쳐 선제적으로 투자하는 것이 얼마나 중요한지 말해준다.

새로운 기회

대형 자연재해나 감염병 확산, 지역적 불안으로 글로벌 공급망이 훼손되는 사례가 잦아지면서 GVC가 재편되고 있다. 특히 세계 각국이 탄소 배출을 낮추고 환경 보존에 필요한 노력을 본격화하면서 친환경 소재나 친환경 제조업에 대한 관심이 높아지고 있다. 시장에서 기술이나 제품을 판단하는 기준을 단순히 비용 대비 편익(가성비)에 두지 않는 대신 친환경성 또는 저탄소 인증 여부 같은 요인을 중요시하고 공급망을 다변화함에 따라 그동안 시장에 진입하기 어려웠던 소부장 기업에 새로운 기회가 열리고 있다.

소재 안보

일본의 수출규제 조치와 코로나19 팬데믹이 불러온 공급망 붕괴, 가열되고 있는 기술 패권 경쟁을 경험하면서 소부장 영역이 곧 '국가 안보'라는 인식이 굳어지고 있다. 가속하는 경제 블록화의 중심에 반도체 기술과 배터리 기술을 포함한 소부장이 자리해 소재 안보material security의 중요성이 더 커진 것이다. 따라서 공급망을 안정적으로 관리하기 위해 주요 생산 기업을 자국 내에 두려는 지역화가 진행되고 있고 첨단소재, 첨단 부품, 첨단 장비를 전략 자산으로 활용하는 사례가 늘고 있다. 또 한편으로는 프렌드쇼어링friend-shoring도 추진되고 있다. 이는 공급망 안정화를 위한 지역화on-shoring 혹은 제조업 회귀re-shoring의 약점인 경제적 취약성을 극복하기 위해 지정학적·경제적 이익을 공유할 수 있는 국가들과 공동으로 공급망을 구축하는 것을 뜻한다.

소부장의 혁신

소부장 경쟁력을 단기간에 끌어올릴 수 있는 지름길은 없지만, 어려운 길이라고 포기할 수도 없다. 우리는 선진국의 발 빠른 움직임을 넘어서는 고도의 소부장 전략을 마련해야 하고, 그러기 위해서는 소부장을 둘러싼 기술 산업과 사회경제 환경의 변화와 동향을 정확하게 읽어야 한다. 그래야 새로운 패러다임에 맞는 전략을 수립할 수 있다.

소부장이 불러온 기술 혁신

2000년대 초반은 첨단 소부장 기술을 바탕으로 혁신적 제품이 쏟아져 나온 소부장 전성기였다. 무기반도체 소재와 정밀 공정에 기반을 둔 LED 발광다이오드 조명은 100년 이상 사용해온 필라멘트 전구와 브라운관 TV 시대의 막을 내리게 했으며, 유기반도체 소재를 활용한 OLED 유기 발광다이오드 기술은 디스플레이 기술을 무기물 영역에서 유기물 영역으로 확장했다. 코로나19 팬데믹을 극복하는 데 큰 역할을 한 mRNA 백신은 나노 공정을 활용해 불안정한 변형 mRNA를 안정화함으로써 개발할 수 있었다. 스마트폰에 다양한 센서, 방수, 접이형 기능, 고성능 카메라 수준의 렌즈를 적용하면서 급속도로 진화할 수 있었던 것도 모두 소부장 기술 덕분이다.

제품 혁신과 공정 혁신의 동조화

1970년대까지만 해도 소재의 신기능을 제품화하는 혁신 이후에 제조 공정을 개선해 원가를 절감하고 성능을 높이는 공정 혁신이 상당한 시차를 두고 일어났다. 당시 공정 혁신의 효과는 제품 혁신보다 덜했다. 그러나 1990년대부터 제품 혁신과 공정 혁신의 시차가 좁아졌으며, 공정 혁신의 효과가 제품 혁신보다 더 커졌다. 2000년대에는 제품 혁신과 공정 혁신이 거의 시차 없이 동시에 진행돼 따로 구별할 수 없는 양상으로 변했으며, 소재 개발과 함께 공정(장비) 개발이 이뤄져야 혁신의 효과를 온전히 볼 수 있게 됐다.

소재 개발 패러다임 전환

얼마 전까지만 해도 신소재를 먼저 개발한 다음 이 소재를 활용할 제품의 소비자 수요를 확인하는 마케팅을 거쳐 신제품을 개발하는 것이 일반적이었다. 그러나 지금은 신제품을 먼저 구상하고 시장을 조사한 다음 신제품에 맞는 기능이나 성능을 충족하는 소재를 개발하는 방식이 자리 잡아가고 있다. 즉 개발한 소재를 신제품으로 만드는 것에서 신제품을 먼저 설계하고 거기에 필요한 맞춤 소재를 개발하는 방향으로 패러다임이 바뀌고 있다. 이러한 패러다임 전환이 이뤄진 것은 산업용으로 바로 활용 가능한 후보 소재군이 많이 존재하며, 축적된 소재 정보 빅데이터와 재료과학, AI 등을 융합해 용도에 맞는 소재를 짧은 기간에 개발할 수 있는 환경이 구축됐기 때문이다.

가치사슬 단순화

소재·공정 기술의 발달로 특수 소재가 범용 소재로 일반화되는 데 걸리는 기간이 짧아짐에 따라 소재 기업의 사업 모델이 달라지고 있다. 2000년대 들어서면서 소재를 가공하거나 부품을 제조하는 기업에 원소재를 공급하던 기업들이 완성품을 만드는 최종 수요 기업에 맞춤 솔루션을 제공하는 방향으로 전환하고 있다. 원소재를 가공해 부가가치를 높이는 중간 영역이 점차 좁아져 가치사슬이 단순화되고, 특히 공급망 붕괴를 방지하려는 지역화 추세와 맞물려 가치사슬은 점점 짧아지고 있다. 한편 첨단소재를 대규모로 사용하는 전기 자동차 제조사나 정보통신 기업 같은 글로벌 대기업이 원가 비중을 줄이거나 친환경 기업 이

미지를 강화하기 위해 직접 소부장 산업에 뛰어드는 경우도 늘고 있다.

가열되는 기술 개발 경쟁

첨단 제품의 수명주기가 극도로 짧아짐에 따라 선진국을 중심으로 10~20년 걸리던 신소재 개발 기간을 4~6년으로 단축하려는 노력이 전개되고 있다. 즉 소재 지식 네트워크, 첨단 연구 개발 인프라 등을 망라해 소재 개발 성공률을 높이고 개발 기간을 단축해 비용을 줄이려는 국가 차원의 전략 프로그램이 진행되고 있다. 미국의 MGI(소재 게놈 프로젝트), EU의 EuMaT(첨단 재료공학 기술 유럽 플랫폼), 독일의 하이테크 전략, 중국의 중국제조 2025 등이 대표적인 예이다.

우리의 소부장 현황

1980년대 후반 이후 첨단 제품 수출이 급증하면서 일본으로부터의 첨단소재 수입이 늘었다. 이에 정부는 확대되는 대일본 무역적자를 줄이려는 노력을 기울여왔다. 첨단소재의 수입 대체 정책은 신소재 개발 사업의 형태로 진행돼오다가 2000년대 들어 첨단소재 개발이 본격 추진됐다. 2001년 5년 주기의 〈부품소재발전계획〉(1차)을 수립했고 2013년 〈소재부품발전계획〉(3차)으로 명칭을 변경했으며 4차 계획 기간 중인 2019년 〈소재부품장비산업 특별조치법〉으로 전면 개편해 소부장 산업 육성을 제도적으로 뒷받침해왔다. 최근에는 일본이 수출규제 조치를 취한 이후 공급망 안정에 필요한 100대 품목 기술 개발에 착수했고 차세대 원천기술 개발, 인프라 구축, 제도 개선 등이 포함된 '소부장

2.0'을 추진하고 있다.

소부장 산업은 2020년 기준[192] 사업체 수 2만 9,614개, 종업원 수 142만 7,000명, 생산액 846조 원, 무역 흑자 1,026억 달러를 기록했다. 이는 우리나라 전체 제조업 사업체 수의 41.8%, 종업원 수의 49.0%, 생산액의 56.3%로 거의 절대적인 비중이다. 한편 소부장 기업의 약 82%를 차지하는 종업원 수 10명 이상 50명 미만 중소기업이 전체 생산액의 약 18%를 차지하는 반면 약 16%를 차지하는 중견기업이 약 28%, 약 2%를 차지하는 대기업이 55%를 차지한다. 이는 소부장 산업이 중견기업, 대기업에 주로 의존하고 있고 중소기업의 역량이 매우 취약하다는 것을 시사한다.

2019년 이후 2022년까지 최근의 소부장 무역 현황[193]을 보면, 수출의 경우 증가율이 2019년 −12.1%로 낮아졌다가 2020년 감소율이 둔화된(-2.7%) 후 2021년에는 21.1%에 달했다. 그러나 2022년에는 증가율이 다시 2.8%로 떨어져 2021년의 증가율은 코로나19의 영향으로 생긴 일시적 수요로 보인다. 소부장 수입 현황도 수출과 거의 같은 추세이다. 2019년 −7.4%의 증가율을 기록했으며 2020년 실질적인 증가(2.2%)로 돌아선 후 증가 추세가 이어지고 있다. 다만 수입 증가율이 수출보다 2배가량 높다. 세부적으로 보면 소부장 중 소재 부문은 2019년 이후 회복세를 이어가고 있으나 수출이나 수입 모두 계속해서 마이너스 증가율을 보였고, 장비 부문이 2020년 이후 계속 상당한 규모의 적자를 기록하고 있다.

논문과 특허, 그리고 기술력을 기준으로 평가한 우리나라의 소재 분야 기술 개발 역량은 2020년 미국(1위)의 80.8% 수준이며 기술 격차는 2.5년으로 나타났다. 최상위 1% 논문 수 및 점유율을 기준으로 보면 우리나라 재료공학 수준(KISTI)은 2000~2002년 8위(1위 미국), 2010~2012년 5위(1위 미국), 2017~2019년 7위(1위 중국)로 평가된다.

경쟁력 강화 방안

이제 소부장에 대한 높은 관심을 소재 강국으로 성장하기 위한 도약대로 삼는 지혜가 필요하다. 우리 경제에서 제조업 비중이 큰 것이 문제로 지적되기도 하지만, 이를 통해 글로벌 경쟁력을 강화할 수 있다면 오히려 장점이 될 수 있고 서비스산업의 경쟁력을 높이는 기반이 될 수도 있다. 우리나라 제조업의 경쟁력은 2013~2016년 세계 5위까지 상승했지만 인도, 멕시코, 대만, 브라질, 싱가포르, 폴란드 등이 바로 뒤에서 우리 위치를 넘보고 있다.

특히 소부장의 경쟁력을 강화하려면 속도와 질을 동시에 잡는 것에 정책 초점을 두어야 한다. 여기에서 속도는 급변하는 GVC에 대응할 민첩성과 회복 능력을 말하며, 질은 GVC가 재편되거나 새로 구축될 때 핵심 위치를 차지할 수 있는 수월성을 말한다.

디지털화 및 인프라 강화

소부장 영역에서도 디지털 데이터를 기반으로 하는 디지털화가 진행 중이다. 그러나 예상보다 빠른 속도를 내지 못하고 있다. 그 이유는 소부장 기술 대부분이 암묵지暗默知 성격이 강하기 때문이다. 암묵지의 소부장 기술일수록 숨은 경쟁력의 원천이 될 수 있으므로 더욱 중요하다. 하지만 디지털화하지 않은 정보는 쉽게 사라질 수 있고 공유하기도 어럽다. 기술의 관리와 축적을 체계화하기 위해서라도 소부장 기술의 디지털화는 반드시 이뤄져야 한다. 그렇게 디지털화한 정보는 빅데이터, AI 등 디지털 기술을 융합할 수 있는 기반으로 구축해야 한다.

소부장 기술은 개발된 후에도 지속적으로 개선·변형되는 과정을 거치므로 유망한 기술을 빠르게 검증하고 사업화할 수 있는 측정·분석·평가 인프라를 고도화하고 그에 필요한 운영 인력도 정예화해야 한다. 특화된 전문 공정 시설을 구축해 3D 프린팅 전용 소재, 새로운 복합 소재, 신기능 코팅 소재 등을 적은 비용으로 시험 적용할 수 있게 한다면 연구자나 예비 창업자, 스타트업, 중소기업이 적은 비용으로 전문적인 서비스를 받을 수 있고 다양한 시도도 해볼 수 있다.

기술 개발 포트폴리오 다양화

수월성 있는 소부장 기술은 대부분 기초연구에 뿌리를 두고 있다. 따라서 기초연구에서 활용 가능한 성과가 나왔을 때 이를 소부장 영역으로 연결할 수 있는 통로를 마련해야 한다. 즉 유망한 성과를 신속하게 성숙시키고 곧바로 사업화로 연결할 수 있는 파이프라인이나 패스트 트랙을 구축해야 한다. 최초 개발자뿐 아니라 기술을 성숙시키거나 사업화에 기여한 개발자에게도 합당한 보상을 제공하면 지식 생태계, 즉 과학(연구자)과 공학(개발자) 간 협업 체계가 더욱 원활히 작동한다.

소부장 기술 개발을 위한 사업 기획이나 과제 선정 시에는 경제적 효과 외에 기술의 수월성, 가치사슬 위치, 기술의 확장성, 대체 혹은 경쟁 기술의 동향 등도 함께 평가해야 한다. 또 시장이 요구하는 제품을 먼저 확인하고 필요한 소재를 개발하는 문제 해결 중심의 소재 개발 패러다임을 정착시켜야 하며, 공정 및 공정 장비를 포함한 소재 솔루션 개발을 지원해 성공률을 높이고 개발 기간을 단축해야 한다. 특히 소재 관련 연구 기관이나 그룹이 기술을 지속적으로 축적해 산업계에 소재 솔루션을 제공하는 플랫폼으로 성장할 수 있도록 지원해야 한다.

그 밖에도 탄소 배출 저감, 환경 친화 강화, 지속 가능한 성장 목표 실행 등 글로벌 동향에 대응하는 그린 소재, 탄소 자원화 촉매 소재 등의 전략 소재 개발에 집중해야 한다. 그와 함께 새로운 원가 체계나 거래 규정 등 국제 관계에 영향을 미칠 소부장 영역의 국제 표준이나 규제 동향을 적극적으로 모니터링하고 대응해야 할 것이다.

기업 및 투자 지원

소부장 기업을 지원할 때는 개별 제품 개발에 주목하기보다 특화된 소부장 영역의 역량을 강화하는 데 초점을 맞추어 강소기업, 플랫폼 기업, 히든 챔피언hidden champion으로 성장하도록 유도해야 한다. 즉 특정 제품을 개발하기보다 기업의 민첩성, 회복 능력, 기술 역량을 키워 GVC에 변화가 생겼을 때 대응력을 높이고 변화된 GVC 내 핵심 기업으로 자리 잡을 수 있도록 지원해야 한다. 특히 핵심 기술을 보유한 기업이 대외 전략에서 지렛대 역할을 할 수 있도록 집중적으로 지원해야 한다. 전체 소부장 기업 중 대다수를 차지하는 중소기업의 역량을 키워 소부장 영역의 기술 혁신 기반도 강화해야 한다.

최근 벤처캐피털의 투자 추세 중 눈에 띄는 것은 이른바 딥테크에 대한 투자 확대이다. 딥테크는 기술 리스크와 시장 리스크가 모두 큰, 최신의 혁신적 과학기술에 기반을 둔 기술을 뜻한다. 공학적 해결 과정을 거쳐 에너지·전염병·식량 문제 같은 글로벌 이슈를 해결하는 데 필요한 돌파 기술이 대표적으로 딥테크 영역에 속한다. 소재 기술 또한 대표적인 전통 기술 분야임에도 딥테크로 분류된다. 그만큼 기초연구와 밀접한 관련이 있으며 글로벌 이슈를 해결하는 데 꼭 필요한 영역이기 때문이다. 하지만 딥테크가 의미하듯 소재 분야에서 창업하는 것은 쉬운 일이 아니다. 이 점을 고려해 첨단소재 스타트업 전용 펀드를 조성해 창업을 촉진하고 일단 창업한 기업은 계속 성장할 수 있도록 공공 부문 및 전후방 기업과 투자자가 참여하는 생태계를 조성해야 한다.

식량 수입국 대한민국의
식량 안보 전략

    곡물 자급률이 크게 떨어지고 곡물 수입 의존도는 높아지면서 식량 안보 위협 또한 커지고 있다. 한국농촌경제연구원이 2024년 6월 발표한 〈통계로 본 세계 속의 한국농업〉에 따르면, 지난 2021~2023년 평균 곡물 자급률은 19.5%로 나타났다. 이전보다 낮아진 것일 뿐 아니라 같은 기간 전 세계 평균 곡물 자급률(100.7%)은 물론 이웃한 일본(27.6%)이나 중국(92.2%)보다 훨씬 낮은 수치이다. 반대로 곡물 수입은 늘어나면서 농축산물 무역수지 적자 규모는 계속 증가하고 있다.

    이런 가운데 농림축산식품부가 냉해·집중호우·태풍 등 자연재해로 피해를 본 농가에 2023년 지급한 보험금은 총 1조 1,749억 원이다.[194] 최근 5개년 연도별 보험금 지급액 중 가장 큰 금액이며, 지급 농가 수역시 늘어나 5개년 평균(18만 8,000호)보다 많은 20만 8,000여 농가였다. 식량 자급률의 하락만이 아니라 기상이변까지 더해지며 식량 시장의 안정성이 계속 떨어지고 있다는 의미이다. 대표적 식량 수입국인 우리로서는 다른 어떤 나라보다 이런 상황을 우려하며 식량 안보에 관한 관심을 높여야 한다.

식량 안보의 조건

유엔 식량농업기구FAO는 "개인, 가정, 국가, 지역 및 세계 수준에서 식량 안보는 생산적이고 건강한 삶을 위한 식이 요구dietary needs와 식품 선호food preferences를 충족할 만큼 충분한 식품에 물리적, 경제적 접근이 모든 사람에게 항상 가능할 때 성취된다"라고 선언했다.[195] 그런데 이 같은 선언적 의미의 식량 안보를 구체적으로 성취하기 위해서는 가용성, 접근성, 안전성, 회복성 같은 서로 독립된 몇 가지 세부 조건을 모두 충족해야 한다.

몇몇 국제기관은 이러한 독립된 세부 조건을 가용 자료와 방법론을 통해 국가별로 계량·측정해 지수로 발표하는데, 이를 통해 주요국의 식량 안보 현황을 추측할 수 있다. 대표적인 것으로 이코노미스트그룹The Economist Group의 〈이코노믹 임팩트Economic Impact〉에서 매년 발표하는 세계식량안보지수GFSI가 있다. 이코노미스트그룹은 가용성, 접근성, 안전성, 회복성을 계량화해 매년 각국의 식량안보지수를 발표한다.

① 가용성availability: 국가 식량 공급의 충분성, 공급 중단 위험, 식량 보급에 대한 국가 역량 및 농업 생산량 확대를 위한 연구·노력 등을 측정
② 접근성affordability: 소비자의 식품 구매 능력, 가격 충격에 대한 취약성, 충격 발생 때 지원 프로그램 및 정책의 존재 여부 등을

측정

③ 안전성quality & safety: 식품의 안전성, 평균적 식단의 다양성과 영양 품질 등을 측정

④ 회복성natural resources & resilience: 기후변화 영향에 대한 국가 노출 정도, 천연자원 위험 민감성, 이러한 위험에 대한 국가의 적응력 등을 평가

한국의 식량 안보 평가

2022년 세계식량안보지수에 따르면 한국은 종합지수 70.2(100이 완전지수)로 세계 113개 평가 대상국 가운데 39위를 기록해 일본(79.5, 6위), 중국(74.2, 25위)보다 훨씬 뒤처졌다. 2021년 32위에서 후퇴한 것이다. 세부 조건별로 보면 접근성 76.8(51위), 가용성 71.5(11위), 안전성 71.5(50위), 회복성 58.5(34위)로 평가됐다.

접근성 부분에서는 농식품 수입에 대한 높은 관세 수준을 지적했는데, 수입 식품에 대한 높은 관세가 소비자의 국제시장 접근을 어렵게 한다고 보았다. 실제로 WTO의 통계를 보면 2023년 한국 농산물 평균 실행 관세율이 57%이다. 이는 WTO 164개 회원국 가운데 제일 높은 수치이다. 튀르키예, 인도가 각각 41.6%, 39.6%로 뒤를 잇고 있다. 일본, 중국은 각각 13.4%, 13.9%이다. 가용성 부분에서는 가용성 제고를 위한 정부의 정책 의지가 약하다고 평가했고, 안전성과 관련해서는 식단의 다양성 부족을 지적했다. 회복성 부분에서는 자연 자원의 제약, 그 가운데 특히 물 문제가 심각했고, 전반적인 회복력 취약성을 지적했다. 이처럼 객관적 지표로 본 한국의 식량 안보 상황은 낙관적이지 않다.

주요국의 식량 안보 확보 전략

완전한 식량 안보 전략은 말할 필요 없이 100% 자급하는 것이지만 그럴 만한 농식품 생산·공급 여건을 갖춘 국가는 찾기 힘들다. 차선책으로 비축 제도가 식량 안보 확보와 직결될 수 있다. 그러나 비용 때문에 전략 품목에 국한해 극히 제한적인 보조 수단으로만 활용된다. 세계 주요 국가로부터 파악할 수 있는 유의미한 식량 안보 전략을 보면 다음 몇 가지 형태가 있다.

미국형: 평상시 취약 가계 지원

미국처럼 상대적으로 농식품 생산·공급 여건이 좋은 고소득 국가에서 활용하는 전략이다. 즉 이들 국가는 국가적 차원의 식량 안보 전략보다는 소득 취약 가계에 대해 선별적 식량·식품·영양 지원 정책을 시행한다. 주기적으로 과학적 설문 형태를 통해 식량·식품·영양 취약 가계를 파악한 다음 일정한 절차를 통해 식량·식품·영양 지원을 수행한다.

이런 선별적 가계 지원 형태는 우리가 생각하는 국가적 차원의 식량 안보 전략과는 개념에서 차이를 보인다. 우리의 식량 안보 전략은 '비상시' 국가 차원의 식량 부족에 대비하는 전략이지만 선별적 가계 지원은 '평상시' 취약 가계를 위한 지원 전략이기 때문이다. 미국처럼 농식품의 생산·공급 여건이 좋은 고소득 국가는 이처럼 일부 가계에 대한 평상시 기아 예방 대책에 중점을 둔다.

중국형: 해외 농업 개발 및 투자

세계 최대 식량 수입국인 중국은 식량 안보를 지키기 위해 2024년

6월부터 〈식량안보보장법〉을 시행했는데, 그동안 중국이 적극적으로 활용해온 전략은 농지부터 농자재, 농식품 가공 기업에 이르기까지 광범위한 농식품 자산에 투자하고 인수·합병을 진행하는 방식이다. 중국 정부는 2006년에 농업에 대한 해외투자 확대 전략을 발표한 이후 연이어 조건을 갖춘 기업의 해외투자를 지원하는 정책을 내놓았다. 농업의 대외 진출 확대는 특히 2013년 내륙과 해상의 실크로드 경제 벨트인 일대일로—带—路 전략 발표로 가속화되고 있다. 농업 분야에서 반드시 추진해야 할 주요 사업으로는 농산물 무역과 농업 투자, 농업과학 기술협력 같은 농업의 해외 진출을 명시했다.[196]

2014년에는 '중앙 1호 문건'을 통해 식량, 면화, 유지작물 등의 품목에 대해 국제경쟁력을 갖춘 대형 기업 육성과 농업의 해외투자 지원을 위한 금융 상품과 금융 방식을 혁신하도록 요구했다. 또 2017년에는 국가발전개혁위원회, 상무부, 인민은행, 외교부가 공동으로 〈해외투자 방향의 진일보를 유도하고 규범화하기 위한 지도 의견에 관한 통지〉를 발표했는데, 여기에는 인민은행을 통한 해외 농업 투자에 대한 국가적 금융 지원이 포함된다.

이처럼 중국의 해외 농업 개발은 정부의 정책적 목적과 강하게 연계해서 추진됐다. 그 결과 중국의 해외 농업 개발 형태는 지역, 품목, 가공 단계 등 모든 측면에서 전방위적이다. 특히 2014년 중앙 1호 문건에서 주문한 '국제경쟁력이 있는 대형 기업 육성'과 2019년 중국공산당 중앙위원회·국무원의 의견에서 주문한 '다국적 농업 기업 육성'은 주로 기존의 글로벌 다국적 기업을 인수·합병하는 방식으로 구체화됐다. 인수·합병에 필요한 거대 자금은 2017년 국가발전개혁위원회, 상무부, 인민은행, 외교부의 공동 발표를 고려하면 인민은행의 개입을 짐작하게 한다. 이렇게 인수·합병에 의존하는 중국의 해외 농업 개발은 농지부터 다국적기업에 이르기까지 농식품 관련 자산은 모두 인수·합병 대상으로 포함하는 형태이다. 아울러 대상 품목과 지역 역시 매우 광범위하다.

일본형: 국제 곡물 조달 시스템 구축

일본은 통상 환경이 안정적인 미국과 남미 지역의 주요 곡물 유통·물류·무역 사업에 직접 참여한다는 전략인데, 일본의 최대 곡물 실수요자인 일본전농全農, 농협중앙회이 주도해왔다. 일본전농은 1979년 미국에 ZGCZen-Noh Grain Corporation라는 수출 회사를 설립했는데, 이 회사는 미국 남부 최대 수출 항구인 뉴올리언스항에 수송·보관·수출 기능을 하는 수출용 곡물 엘리베이터를 소유하고, 1988년 미국 산지 매집과 운송 전문 회사인 CGBConsolidate Grain & Barge를 인수했다. CGB가 농가로부터 확보한 곡물을 미시시피강을 이용해 ZGC로 판매 수송하고, ZGC는 뉴올리언스항에서 이를 일본전농에 수출 선적함으로써 일본으로 반입한다. 이렇게 일본전농은 미국 내에서 곡물 수집부터 수출 선적에 이르기까지 완전한 곡물 조달 시스템을 구축했다.

일본전농은 2021년에도 세계적 곡물업체 벙기Bunge로부터 미시시피 수계의 강변 엘리베이터 35개를 추가 인수함으로써 지속적인 곡물 유통 사업 확장을 추구하고 있다. 이런 동향을 보면 일본전농은 미국 최대 곡물 지대인 미시시피 수계 지역 곡물 사업에 역량을 총집중하는 것으로 판단된다.

1970년대부터 시작된 일본전농의 이러한 곡물 사업이 다른 민간 회사에도 파급되면서 일본은 다수의 민간 국제 곡물 메이저를 보유하게 되었다. 미쓰비시, 미쓰이, 마루베니, 이토추 등이 대표적인 일본의 민간

글로벌 곡물 메이저이다. 이렇게 일본은 현지 생산·가공 단계에 진입하는 해외 농업 개발보다 국제 곡물 유통·물류·무역 부문에 진출하는 국제 곡물 조달 시스템 구축 전략을 오랫동안 유지하고 있다.

네덜란드형: 국제무역 활용

농식품 산업 부문에서 국제경쟁력이 높은 네덜란드가 대표적으로 활용하는 전략인데, 자국 농식품 시장을 과감히 개방함으로써 농식품 생산·가공·무역의 국제 거점으로 기능하도록 하는 것이다. 이럴 때 자국 농식품 시장은 국제 농식품의 가공·유통·물류 허브가 되고, 평상시에는 상업적 혜택을 누리고 비상시에는 풍부한 농식품에 대한 접근성을 확보한다.

실제로 농업 생산·수입·수출 구조를 보면 네덜란드는 자국 생산의 2배 이상(237%) 규모를 수입해 자국 생산의 3배 이상(345%) 규모를 수출하는 구조를 보인다. 과감한 시장 개방 규모와 가공 혹은 중개무역 등을 통한 부가가치 제고 능력을 간접적으로 파악할 수 있다. 이에 반해 한국은 90%를 수입해 22% 정도만 수출하는 구조여서 국제시장 활용도가 매우 낮은 수준이다.

한국의 식량 안보 전략

한국은 1968년 정부 주도로 남미를 중심으로 농지를 매입하고, 농업 이민을 통한 대규모 해외 농장 개발 사업을 처음 시도했다. 그러나 불리한 자연 여건, 부적합한 이민자 선발 등으로 현지 이탈 문제가 발생해 사업이 실패로 돌아갔다. 개인과 민간단체의 해외 농업 개발 사업 참여도 이어졌지만, 초기의 정부 주도와 일부 민간의 시도는 실패에 그치고 말았다. 1990년대에 들어서 정부의 해외투자 제한 조치 완화와 농산물 수입 자유화가 확대되자 민간의 일부 기업 중심으로 해외 농업 개발이 다시 활기를 띠는 듯했지만, 뚜렷한 성공 사례를 만들지는 못했다.

그러던 중 2008~2011년 세계적 곡물 가격 파동을 계기로 해외 농업 개발 사업을 정부 차원에서 다시 추진했다. 2011년 〈해외농업·산림자원 개발협력법〉을 제정해 해외 농업 개발에 따른 환경조사지원과 융자 사업을 도입했다. 이러한 사업을 발판 삼아 2023년까지 222개 기업이 해외 농업 개발 신고를 하고 34개 국가에서 여러 형태의 농업 개발 사업을 진행 중이다. 그러나 영세한 규모와 경제성 문제로 생산물의 국내 반입 실적 등 식량 안보 목적 달성과는 여전히 거리가 멀다.

한편 생산 농장 개발을 중심으로 하는 해외 농업 개발 사업과 별도로 2011년 한국농수산식품유통공사와 민간 기업이 컨소시엄을 형성해 미국에서 일본형 유통·물류·무역 사업 중심의 곡물 조달 시스템 구축을 시도하기도 했다. 그러나 예산, 전문인력, 진입 시기 등 여러 문제와 난관에 부딪혀 중도에 포기하고 말았다. 결국, 식량 안보를 위한 우리의 국가적 차원 전략은 환경 조사 지원과 융자 사업에 머물고 있고, 절대적인 예산 부족과 관련 기업의 영세성 등으로 아직 뚜렷한 실적을 거두지 못하는 실정이다.

식량 안보 확보를 위한
미래전략 방향

앞에서 논의한 사항을 바탕으로 식량 안보를 확보하기 위한 몇 가지 전략 방향을 짚어본다. 우선 식량 안보를 둘러싼 정책의 일관성을 유지하는 것이 중요하다. 정책에 일관성이 결여되면 식량 안보에 대한 국민의 경각심이 약화된다. 해외 농업 개발 정책을 시행하면서 대규모 간척지를 비농업 용도로 전환해 국내 농업 생산 기반 확충에 소홀했던 것도 정책의 일관성 결여 사례이다. 그 밖에도 주곡인 쌀의 생산 조정까지 고려하면서도 뚜렷한 수입 곡물 대체 전략을 강력히 추진하지 못한 것, 세계무역기구 농업협정과 자유무역협정FTA에 따른 관세할당TRQ, Tariff-Rate Quota 수입 정책에서 식량 안보와 국내 농업 보호라는, 상충하는 목표 사이에서 명확한 정책적 입장을 제시하지 못하고 있는 것 등이 있다. 딜레마 상황에서 칼로 자르는 것같이 입장을 정립하기는 어렵지만 적어도 식량 안보라는 목적을 국민이 인식할 수 있도록 적정한 수준의 일관된 정책은 정립해야 한다.

둘째, 비상시 국가 차원의 식량 안보뿐만 아니라 상시 관리가 필요한 평상시 취약 가계 식량 안보도 중시해야 한다. 가계소득의 양극화, 불황의 지속 등이 예견되는 상황에서 비상시 국가 차원의 식량 안보 대책과 평상시 가계 식량 안보 대책을 분리해 접근할 필요가 있다. 일정 수준 이상의 국민소득을 달성한 국가의 경우 국가 평균 엥겔계수가 낮으므로 국가 차원에서의 식량 안보보다 오히려 취약 계층을 대상으로 하는 가계 식량 안보에 정책의 초점을 맞춘다. 정기적으로 가계 식량 안보 실태를 파악해 식량 불안에 노출된 가계를 지원하는 시스템을 마련해야 한다.

셋째, 국내 농업 자원 부존 여건상 농식품의 해외 조달은 불가피한데 현물시장cash market 위주의 접근은 이제 탈피해야 한다. 현재 한국은 해외 농업 사업을 생산 단계 혹은 유통 단계에서 진출하는 2가지 현물시장 접근에 치중하고 있다. 생산 단계 진출은 해외 농장을 인수하거나 농장 개발에 참여해 직접 곡물을 생산·확보하는 사업이며, 유통 단계 진출은 해외 산지로부터 국내까지 유통·물류·무역망을 확보해 수집된 곡물을 국내에 공급하는 사업이다. 이러한 현물시장 접근은 기반을 구축하는 데 긴 시간과 고비용을 수반한다. 따라서 이를 중·단기적으로 보완할 수 있는 금융시장 접근을 병행해야 한다.

국제금융시장은 선물거래를 통해 일정 물량을 해외에 비축해둔다는 의미가 있으며 동시에 헤징이나 옵션거래 등을 통해 위험관리를 수행하는 의미도 있다. 국제금융시장을 효과적으로 활용한 예로 멕시코 사례를 꼽을 수 있다. 2007년 1월, 멕시코 정부는 멕시코인의 주식인 토르티야 가격이 폭등해 심각한 소요 사태를 겪었다. 이를 계기로 소비자 가격 안정을 위한 주곡의 수입 가격 위험관리 필요성을 인식하고, 2010년부터 시카고거래소에서 콜옵션을 매수하기 시작해 곡물 시장 불안정기에 적절히 대처한 바 있다.

넷째, 국내외의 현장 및 물류 비축을 포함하는 통합 비축 시스템 구축이 필요하다. 해외 조달 물량과 국내 비축 물량 간의 적정 구성률을 정하고 실제 비축은 해외 산지 곡물 창고 ⇨ 바지선 ⇨ 수출항 곡물 창고 ⇨ 해상 운송 선박 ⇨ 수입항 곡물 창고 등으로 연결되는 물류 흐름을 활용해 물량 비축 효과까지 포괄할 수 있는 통합 비축 시스템을 구축해야 한다.

나아가 식량 수급에 대한 종합적 접근이 필요하다.[197] 식량 수급과 관련해서는 언제라도 여러 상황이 발생할 수 있는데, 예를 들어 세계 곡물 수요가 공급을 초과하면서 해외 조달이 불가능한 극단 상황과 해외 조달은 가능하나 가격이 지속해서 상승하는 상황이 있을 수 있다. 이런 상황을 대비할 방법은 일정 수준의 국내 생산 기반을 확충하는 것이다. 이를 위해서는 농업용지의 용도 전용은 위기 상황 발생 때 즉각 농업 생산으로 전환할 수 있도록 제한 관리를 해야 한다. 또 자연재해나 전쟁 등으로 곡물 조달이 일시적으로 어려울 때를 대비해서는 국제 곡물 조달 시스템 구축이 요구된다. 아울러 순환적인 가격 불안정 상황에 대처하기 위해서는 국제 금융시장을 활용해 위험을 관리해야 한다.

이처럼 곡물 수급에 영향을 미치는 상황은 다양하며 모든 상황에 대비하기는 어려운 일이지만 인력 양성, 자원 관리·보전, 국제적 네트워크 구축 등의 측면에서 종합적으로 접근하는 안목과 전략이 필요하다.

7

자원 분야 미래전략
Resources

↗ 산업 성장의 엔진이 될 첨단 신소재 개발

↗ 무형 가치 확장 시대의 보고, 지식재산

↗ 국가경쟁력의 뿌리, 과학 자본의 축적

산업 성장의 엔진이 될
첨단 신소재 개발

　의식주는 물론 사용하는 도구나 장비, 기기 등 우리가 다루는 모든 대상을 구성하는 물질이 소재이다. 편리하게 사용하는 제품의 다양한 기능도 소재에서 비롯된다. 따라서 소재 기술의 발전은 곧 산업발전으로 이어지며 소재 기술은 국가의 경쟁력을 결정하는 요소라고 할 수 있다. 그런데 전략적으로 중요한 첨단소재는 몇몇 국가나 기업이 독점하고 있다. 이런 소재는 주요 산업의 국제경쟁력뿐 아니라 국가 안보와도 연결되면서 국가적 관심이 쏠릴 수밖에 없다. 최근에는 축적된 소재 데이터와 AI의 활용으로 소재 개발 패러다임이 디지털 영역으로 빠르게 전환되면서 비용과 시간을 다투는 첨단 신소재 개발 경쟁 또한 더욱 치열해지고 있다.

소재의 종류

소재는 다이아몬드 같은 천연 무기물이나 코르크, 고무 같은 천연 유기물부터 금속, 세라믹, 고분자같이 공업적으로 만든 소재에 이르기까지 종류가 매우 다양하다. 소재를 자연물에 의존하지 않고 공업적으로 만드는 이유는 천연 소재는 물성이 균일하지 않으며 산업 수요를 충족시킬 만큼 수량이나 종류가 많지 않기 때문이다.

새로운 소재는 곧 시장에서 우위를 점하는 새로운 제품을 의미하므로 경제적 필요에 따라 끊임없이 개발돼왔다. 소재를 제조하는 기술(공정)도 소재화학을 넘어 나노공학, 합성생물학 등으로 확장되면서 기존에 없었던 소재나 이전과 다른 방식으로 제조되는 소재가 계속 등장하고 있다. 쓰임에 따라 다르게 부르기도 하는데, 가령 철이나 구리처럼 산업 전반의 인프라를 구성하고 주력산업의 근간이 되는 소재를 기반소재라 하고, 다양한 용도로 활용할 수 있어 여러 산업을 창출하는 소재를 원천 소재라 한다. 또 의도적으로 설계designed되고 처리engineered된 소재의 경우 첨단소재라고 부른다.

소재 기술의 특성

소재는 화학적 방법으로 만들고, 물리적 수단으로 특성을 조절한다. 따라서 소재 기술은 기계 산업이나 전자 산업, 화학 산업의 도움을 받아 성장하며 동시에 이러한 산업이 발전하는 기반도 된다. 재료과학 혹은 재료공학(영어로는 합쳐서 'Materials Science and Engineering'이라고 한다)이 독립적인 학술 영역으로 자리 잡긴 했으나 소재 기술 분야는 학제 간 성격을 띠는 전형적인 영역으로서 기초과학을 포함한 여러 학술 영역의 발전과 궤를 같이한다. 과학기술의 역사가 깊은 나라들이 소재 강국인 것은 결코 우연이 아니다.

소재 기술은 짧게는 수십 년에서 길게는 수백 년의 긴 발전 과정을 거친다. 예를 들어 신기술인 양자점 TV와 관련이 있는 형광에 관한 연구는 16세기까지 거슬러 올라간다. 양자점이 발견된 것은 1981년이었으며 2013년 최초의 양자점 TV가 출시됐다. 또 다른 신기술인 OLED TV의 기반이 되는 전도성 고분자 소재는 1862년 발견됐으며 전기 형광을 나타내는 고분자 소재가 발견된 것은 1965년이다. 또 OLED의 디스플레이 응용 가능성이 확인된 것은 1990년이며 2007년 처음으로 TV에 적용됐다. 디스플레이 소재로서 가능성이 확인된 이후 대략 20년이 지난 후에야 산업적으로 활용됐다.[198]

그러나 한번 개발된 소재 기술은 시장에서 대체로 영속적이며 기반 소재일수록 더욱 큰 영속성을 보인다. 1차 산업혁명 이후 강철을 대량으로 값싸게 공급할 수 있게 한 베서머 제강법은 1856년 개발된 후 아직도 큰 변화 없이 쓰이고 있고 제철산업에 쓰이는 코크스 제조법 또한 1709년에 발명된 이래 지금도 쓰이고 있다.

첨단소재는 개별 제품은 물론 산업의 경쟁력을 결정하는 출발점으로서 가치사슬 전반에 걸쳐 대략 10배에서 100배의 큰 승수효과를 가져온다. 예를 들어 LED 핵심 소재인 질화갈륨GaN의 경우, 원소재에서 부품 단계까지 약 5배, 시스템 단계까지 약 18배, 서비스를 포함하는 최종 소비 단계에서는 시장 규모가 약 78배로 커진다.[199]

소재 기술 혁신의 결정적 계기: 제1·2차 세계대전, 그리고 디지털 혁명

소재 기술은 사회경제적 혹은 지정학적으로 강력한 동기가 있을 때 빠르게 발전한다. 근대 들어 소재 기술이 비약적으로 발전한 계기는 제

1차와 제2차 세계대전, 그리고 1970년대 이후 발전을 거듭한 디지털 기술에 의한 디지털 혁명이었다.

제1차 세계대전 중에는 1차 산업혁명 때부터 발전해온 철강 소재 기술과 2차 산업혁명 초기 태동한 화학 소재 기술이 비약적으로 발전했다. 제2차 세계대전 중에는 고온 합금과 고강도 경량 신합금, 실리콘, 인조고무, 기능성 코팅 기술, 전기화학 소재 등의 기술이 급속히 발전했다. 전장에는 기존 소재는 물론 새로운 소재를 대량으로 사용하고 개발 중인 소재까지 투입되므로 수십 년에 걸쳐 얻을 수 있는 많은 소재 정보를 단시간에 축적할 수 있는 환경이 조성된다. 평시에는 생각할 수 없는 대규모 재원이 투입되는 것도 급속한 발전의 배경이다. 제2차 세계대전 후에는 동서체제 간 생산성, 군비, 우주개발 경쟁이 치열해지면서 첨단소재 개발을 견인했다.

세 번째 변곡점은 디지털 혁신으로 급팽창한 전자 산업과 정보통신 산업이 불러왔다. 스마트폰을 포함해 세상을 바꿔놓은 다양한 첨단 IT 제품이 연이어 쏟아져 나왔는데, 그 배경에는 혁신 제품 출시를 뒷받침할 첨단소재 기술이 있었고 그런 소재 기술의 사업화를 뒷받침할 충분한 자본이 있었다. 세 번째 변곡점을 거치며 발전한 배터리 소재 기술은 전기차 배터리로 이어지고 있는데, 전기차 산업이 전망했던 것보다 더 빨리 발전하는 동력이 되고 있다.

소재 기술의 흐름

소재 기술은 시장의 변화나 주변 기술의 발전에 따라 변해왔다. 1970년대 이전에는 소재의 기본 구조와 물성에 관한 기초연구가 주류를 이뤘고, 1980년대 이후에는 이미 알려진 소재의 내부 구조를 미크론 크기(100만 분의 1m 크기) 수준에서 성능을 향상하거나 이종 소재를 서로 융합해 시장 수요에 대응하는, 이른바 응용 연구가 중심이었다. 1990년 대에는 실험적이거나 시행착오 성격이 강했던 이전의 연구에서 벗어나 통계적이고 계산적인 방법으로 소재를 개발하려는 움직임이 시작됐고, 2000년 이후에는 나노 크기(10억 분의 1m) 영역인 원자나 분자 수준에서 소재를 제어하는 연구가 본격화됐다. 또 고성능 컴퓨팅과 소재 정보를 활용해 분자 수준에서 소재를 설계하는 연구가 잇따랐다.

한편 금속이나 세라믹 등 무기 소재가 주종을 이루던 기술이 고분자 (플라스틱)를 포함하는 유기 소재로 확대됐고 최근에는 합성생물학적 공정에 기반을 둔 소재bio-engineered materials가 등장하고 있다. 소재 구조 면에서는 성분이나 결정 상태에 관심을 두었던 단계에서 미크론 수준으로 조직을 제어하는 단계를 거쳐 원자 혹은 분자 단위에서 제어하는 나노 단계로 접어들었다.

원자와 분자 간 상호작용, 불순물이나 결함이 미치는 영향 등 물질과학 영역에 축적된 소재 정보와 이를 다루는 빅데이터, 소재의 구조나 공정을 설계하고 성능을 예측하는 고성능 컴퓨팅 기술 등 디지털 기술이 융합되면서 이제 우리 사회는 디지털 소재 시대로 전환하고 있다. 이에 따라 강철처럼 강하되 납처럼 부드러운 모순 소재, 카멜레온처럼 환경에 따라 색상이 달라지는 소재, 생물학적 과정에 의한 친환경 대량 제조 등의 혁신적 기술이 나타나고 있다.

첨단소재 기술은 1980년대까지만 해도 미국의 독무대였다. 미국은 1980년대 중반 복합 소재 분야에서 잠시 일본에 추월을 허용했다가 다시 선두로 복귀했고 1990년대 중반 합금과 세라믹 분야에서 일본에 추월당했으나 여러 영역에서 여전히 최고의 기술력을 보유하고 있다. 독일, 러시아, 이탈리아, 프랑스, 영국, 스위스 등 유럽 국가들은 촉매 소재나 복합 소재 분야에서 상당한 경쟁력을 갖추고 있으며 1990년대 이후로는 한국, 대만, 중국, 인도의 소재 기술 역량이 급상승했다. 소재 기술 영역에서도 세계화가 빠르게 진행됨에 따라 후발국의 기술력이 급상승했고, 그 결과 기술 경쟁의 범위가 넓어지고 양상이 복잡해지는 상황이다.

최근에는 소재 기술을 바탕으로 급격하게 커지고 있는 3D 프린팅 시장에 필요한 전용 소재 혹은 폴더블이나 롤러블 전자 기기를 포함하는 유연 전자용 소재 등 산업적 용도에 맞춘 소재 개발이 새로운 흐름이 되고 있다. 새로운 시장의 등장에 힘입어 첨단소재는 앞으로 더 빠른 속도로 성장할 것으로 예측된다.

치열해진 첨단소재 개발 경쟁

2000년 이후 각국은 첨단소재를 개발하기 위해 많은 투자를 해왔는데, 특히 미·중 간 기술 패권 경쟁을 경험하면서 소재 기술의 전략적 가치를 재인식하기도 했다. 주요국의 대표적인 소재 기술 개발 장기 프로그램으로는 미국의 〈소재 게놈 프로젝트MGI〉(2011), 영국의 〈8개 대형 기술Eight Great Technologies〉(2013, 2014), EU의 〈핵심 수권 기술Key Enabling Technologies〉(2011), 호주의 〈첨단소재Australian Advanced Materials〉, 중국의 〈프로그램 863〉(1986) 및 〈프로그램 973〉(1997), 사우디아라비아의 〈첨단소재 기술 프로그램 전략적 우선순위Strategic Priorities for Advanced Materials Technology Program〉(2008), 일본의 〈신원소 전략〉(2012) 등이 있으며 캐나다, 이스라엘, 뉴질랜드 등도 소재 기술 개발을 지원하고 있다.

한편 2000년을 전후해 미국 국립과학재단NSF의 소재 기술 분야 연

구 개발 투자 동향에 큰 변화가 있었다. 소재 개발을 위한 투자 규모
가 1992년에서 2000년까지는 연평균 3%씩 증가했으나 2000년에
서 2004년까지는 연평균 8%씩 증가해 투자 확대 속도가 2배 이상 빨
라진 것이다. 미국과 패권 경쟁을 벌이는 중국도 크게 다르지 않은데,
2008년부터 2018년까지 소재 부문의 투자를 4배로 확대했다. 중국은
2017년 중국공정원이 만든 〈2035년 신소재 기술력 전략에 관한 연구〉
에 따라 2025년까지 전반적인 기술력을 세계적인 수준으로 끌어올리
고, 2035년까지 세계적인 소재 강국 대열에 오르며, 2050년 세계 최고
의 소재 기술 국가가 된다는 목표를 향해 달려가고 있다.

소재 개발의 새로운 도전 과제:
탈탄소와 자원순환

최근에는 소재 산업을 둘러싼 환경이 다시 급변하고 있다. 소재 산업
은 기후변화, 환경 보존, 자원 부족 문제뿐 아니라 고령화로 치닫는 인
구구조 변화와 도시화, 소비 패턴 변화 등에도 대응해야 한다. 무엇보다
소재 산업은 전체 배출 탄소의 약 25%를 차지해 기후변화 문제의 중심
에 있다.

소재 산업은 탄소 배출량이 많은 전통적인 방식에서 벗어날 수 있는
소재 기술을 개발해야 한다. 사실상 기존과 완전히 다른 소재 기술을 개
발해야 하므로 위기일 수 있지만, 저탄소나 탈탄소 소재 기술을 개발한
다면 큰 기회가 될 수도 있다. 이와 함께 자원의 전략 자산화가 대두되
면서 자원 부족에 대응하는 소재 기술 또한 전략적 고려의 대상이 된다.

이 새로운 변화 패러다임의 방향은 ①에너지 측면에서는 저탄소형 혹은 탈탄소형, ②자원 측면에서는 (완전) 순환형 혹은 자원 절약형, ③ 환경 측면에서는 자연 친화형, ④기술 형태 측면에서는 자연 유래형 소재 기술이 될 것으로 전망된다.

우선 철강, 시멘트, 알루미늄, 플라스틱 등 탄소를 대규모로 배출하는 기반 소재 산업의 저탄소화·탈탄소화가 변화의 목표가 될 것이다. 소재의 재사용 혹은 재활용 비율을 획기적으로 개선할 수 있는 기술을 개발하면 탄소 배출을 낮추는 것은 물론 자원 부족을 해소하는 방법이 될 수 있다. 환경친화적인 소재와 제조공정을 개발하고 채택 의무 비율과 같은 국제 규제와 연계해 환경 부담을 줄이는 것도 중요하다. 생물학적 공정이나 구조를 모방한 소재 기술을 개발함으로써 혁신 기능을 확보하고 친환경 목표를 동시에 달성하는 것이 앞으로 큰 흐름이 될 것이다. 탄소세 부과나 기후변화에 대한 대중의 인식 변화 등 사회경제적 환경의 변화로 이런 소재들이 시장에 진입하면 경제성을 개선하면서 기존 소재를 빠르게 대체해갈 것이다.

소재 기술의 경쟁력 강화 전략

소재 기술 개발 전략의 핵심은 새로운 소재를 개발해 새로운 산업을 창출하고 미래 유망 시장을 선점함으로써 국가경쟁력을 높이는 것이다. 이와 함께 첨단소재 기술의 전략 자산화 추세에 대응해 공급사슬을 주도할 전략 소재를 확보하는 것이다.

이를 위해서는 고도의 전문 지식과 경험을 갖춘 인력의 양성과 첨단 인프라의 구축이 필수이다. 소재 기술에서는 고도의 전문성을 갖춘 인력이 핵심 플랫폼이 된다. 전문인력은 장기간의 연구를 통해 양성되므로 무엇보다 동일한 영역에서 장기간 연구할 수 있도록 지원해야 한다. 특정 소재 개발을 목표로 하는 연구(소재 중심)와 함께 연구자나 연구 그룹이 같은 소재 분야를 계속 연구(역량 중심)할 수 있게 해야 한다. 예를 들어 미국의 소재 기술 개발 프로그램은 원천기술 개발에 집중하며 개별 소재는 관련 있는 부처가 개발하는 이원적 구조이다. 또한, 첨단소재 개발에 필수인 분석 장비를 고도화하고 운영하는 인력을 전문화해야 한다. 그래야만 연구 인력이 기술 개발에 집중하고 비용과 시간을 줄일 수 있다. 해외의 우수한 연구 그룹과도 학술 교류를 통해 지식과 경험을 공유하면서 상호 간 시너지를 창출해야 한다.

무엇보다 소재 기술 개발을 효율적으로 실행하기 위해서는 기초연구, 나노 기술, 첨단 제조업 등 관련 있는 영역을 연결하는 것이 필요하다. 정책적으로는 소부장이나 탄소 중립 정책을 아우르는 정책 혼합이 필요하며, 여기에는 여러 부처가 참여하는 구체적인 실행 로드맵이 포함돼야 한다. 첨단산업과 첨단 제조 기반을 새로운 소재 기술을 적용해보는 시험대로 활용해 시장 창출에 필요한 자료track record를 확보하는 전략도 생각해볼 만하다.

또 소재 기술은 씨앗 기술에서 시작해 큰 기술로 성숙해가므로 소재 전문 기업의 창업을 촉진하고 이를 지원하는 전용 펀드를 확대하며 조세를 획기적으로 감면하는 등 스타트업이 성장할 수 있는 환경을 조성해야 한다. 전후방 산업에서의 낙수효과 혹은 승수효과, 스타트업이 중견기업으로 성장했을 때 누리는 경제적 효과를 고려하면 소재 전문 스타트업이 성장할 수 있도록 획기적인 특혜를 제공할 타당성은 충분하다. 가치사슬이나 공급사슬을 구축하는 데 큰 영향력을 발휘하는 중견 혹은 대기업과 소재 전문 스타트업 간 협력을 정책으로 지원하는 한편 인수·합병을 촉진해 스타트업 기술이 대형 산업이 될 수 있게 해야 한다. 동시에 정부는 소재 전문 스타트업의 지식재산IP, Intellectual Property을 보호하는 제도적 기반을 구축해야 한다.

예를 들어 우리나라 소재 기술 개발 역사상 처음으로 글로벌 선두 경쟁을 벌이고 있는 배터리 소재의 사례는 첨단소재 기술 개발 전략의 방향을 함축적으로 보여준다.

배터리 소재 기술은 어떻게 글로벌 경쟁력을 갖출 수 있었나?

배터리 산업은 우리가 신산업 영역에서 치열한 선두 경쟁을 벌이고 있는 첫 사례이다. 소재와 제조공정이 어우러진 기술이지만 소재 기술이 압도적인 비중을 차지하며 경쟁력을 결정한다. 배터리 소재는 종류가 많지만, 고용량 충전과 고속 충전의 목표는 항상 같았다. 1990년 이전 일본이 독주하던 배터리 영역에 대기업이 뒤늦게 뛰어든 이후(LG그룹은 1992년 리튬이온 배터리 개발에 착수했고 2000년 세계 최초로 전기차용 리튬이온 배터리 개발을 시작했다) 하나의 소재 기술을 개발하기 위해 산-학-연-관이 30년 가까이 일관되게 협력해온 보기 드문 사례를 보여주기도 한다.

그동안 중·장기 기술 개발 사업 지원, 인프라 구축, 기술 로드맵 관리 등 수많은 기술 개발 사업과 다양한 정책 지원이 있었다. 정부는 1992년에 〈전기자동차용 고성능 전지기술 개발〉

프로젝트를 시작으로 〈차세대 소형전지 중기거점기술 개발〉, 〈이차전지 경쟁력 강화방안〉, 〈이차전지 로드맵〉 등을 통해 기술 개발을 지속적으로 지원했으며 공공 연구소들도 1990년대 중반부터 이차전지 연구에 착수했다. 이런 지원을 통해 지식과 경험을 축적할 수 있는 연구 조직과 연구 시설이 대학과 연구소에 구축됐으며 많은 전문인력을 양성해냄으로써 소재 기술과 배터리 제조 기술을 따라잡고 참여했던 기업들이 글로벌 경쟁력을 갖출 수 있었다.

또 1990년대 후반 모바일 전자 산업이 급성장하면서 배터리 내수시장을 확보한 것이 대용량 고밀도 배터리 소재 기술의 발전으로 이어지는 토대가 됐다. 휴대전화용 배터리 개발을 통해 축적한 소재 기술이 바탕이 되면서 2010년대 후반 이후 급속히 발전하고 있는 전기 자동차용 배터리 소재 기술에 대응할 수 있게 됐다. 물론 휴대전화용 배터리의 무게는 대략 50g 안팎인 것에 비해 전기 자동차용 배터리의 무게는 400~450kg으로 휴대전화 배터리의 8,000~9,000배이며 높은 안전기준을 충족해야 하므로 차원이 다른 기술이다. 하지만 휴대전화 배터리 소재 기술은 독자적인 사업 영역인 한편 전기 자동차 배터리 소재 기술로 진화하는 중간 단계로서 큰 역할을 했다고 볼 수 있다. 최근에는 2000년 이후 축적된 나노 소재 부문의 기술 역량이 배터리 소재 기술에 융합되면서 대용량 고속 충전 등 배터리 소재의 혁신이 가속되고 있다.

무형 가치 확장 시대의 보고, 지식재산

지식재산권을 보호하지 못한다면 기술 개발은 밑 빠진 항아리와 같다. 지식재산권을 놓고 국내외에서 법적 분쟁이 증가하는 이유도 여기에 있다. 예를 들어 삼성전자는 2024년 4월 5G 통신 기술 관련 특허를 침해했다는 이유로 1억 4,200만 달러(약 1,960억 원)를 배상해야 한다는 판결을 미국 텍사스 연방 법원으로부터 받았다.[200] 그런가 하면, 삼성디스플레이는 스마트폰용 OLED의 특허 침해를 이유로 중국의 기업 BOE와 법정 다툼을 벌이고 있다.[201] 모두 전략 자산이 된 지식재산을 둘러싸고 국제 무대에서 벌어지고 있는 총성 없는 전쟁의 일면이다. 특히 미국과 중국을 중심으로 기술 패권 경쟁이 벌어지면서 세계 주요 국가들도 앞다퉈 반도체, AI, 바이오, 양자기술 등 핵심 원천기술 개발과 기술특허 확보에 힘을 쏟고 있다.[202]

이런 사례들은 지식재산이 지식 기반 사회에서는 물론 첨단 기술을 선점하려는 기술 패권 시대에 더 중요한 국부의 원천이 됐음을 상징적으로 보여주는 것이기도 하다. 특히 기술과 산업의 변화가 가파르게 진행되면서 지식재산의 가치와 유형에도 다양한 변화가 예상되며, 이는 결국 새로운 환경에 대처하기 위해서는 지식재산 전략에도 수정과 보완이 필요하다는 뜻이다.

새로운 부를 창출하는 지식재산

초연결과 초지능을 특징으로 하는 4차 산업혁명 생태계에서는 기술의 플랫폼화가 더욱 심화하면서 표준 필수 특허standard essential patent와 원천 특허original patent 가치의 중요성이 더 커질 것으로 보인다.[203] 표준으로 정해진 기술을 후발 주자로부터 보호받을 수 있고, 표준을 따르는 기업으로부터 표준 필수 특허에 따른 로열티를 받아 특허 보유권자가 시장지배력을 강화하고 지속적인 수익을 창출할 수 있기 때문이다.[204] 즉 표준 필수 특허와 원천 특허의 선점은 새로운 부를 창출할 기회를 뜻한다. 이를 위해서는 기술과 산업 환경의 변화 방향, 내용을 예측할 수 있어야 한다.

지식재산 관련 주요 용어의 개념

- 지식재산: 인간의 창조적 지적 활동 또는 경험의 산물. 재산적 가치가 법적 보호를 받는 특허patents, 상표trademarks, 디자인designs, 저작권copyrights, 영업비밀trade secrets과 생물의 품종이나 유전자원遺傳資源 등 인간의 지식과 경험, 비결(노하우) 전반으로 재산적 가치를 실현

가능한 것을 총칭한다.

- 지식재산권IPR, Intellectual Property Right: 법령 또는 조약 등에 따라 인정되거나 보호되는 지식재산에 관한 권리를 의미하며, 학술·실무에서는 '지식재산'으로 불리기도 한다. 마찬가지로 특허와 특허권, 상표와 상표권, 디자인과 디자인권도 각각 혼용된다.

- 무형자산Intangible Asset: 기업의 경제적 가치자산이지만 물리적 실체가 없는 고정자산으로 전통 회계상 포착하기 어려운 지식과 노하우를 총칭하는 개념이다. 상표권 같은 브랜드의 가치 등이 이에 속한다. 문헌에 따라 지식자본intellectual capital, 지식자산intellectual asset 등 다양한 용어로 불린다. 무형자산은 재무제표상에서 '공정 시장가market value'나 '장부 가치book value'로 표시된다. 또 무형자산은 정보화 자산computerized information, 혁신적 자산innovative property, 경제적 경쟁 능력economic competencies으로도 구분된다.[205]

- IP5 Five IP Offices: 특허를 비롯해 세계 지식재산 제도의 운용을 주도하는 한(KIPO)-미(USPTO)-중(CNIPA)-일(JPO)-유럽(EPO)'의 5대 특허청 간의 협의체를 지칭하며 '선진 5개 특허청'이라고도 한다. 2023년 IP5의 특허출원은 전 세계 특허출원의 85%를 담당할 만큼 세계 특허제도와 정책을 주도하고 있다.[206]

- 지적자본Intellectual Capital: 특허권·지적재산권·영업권 등 기업의 독점적 권리와 기업 조직의 노하우, 조직원의 능력, 브랜드 가치 등을 포함해 지식경영의 정도를 측정하는 개념이다. 인적자본human capital, 구조적 자본structural capital, 고객 자본customer capital으로도 구분된다.[207]

지식재산 집약 산업 GDP 비중 급증

미국 상무부는 2012년 미국 특허청 데이터를 기준으로 전체 313개 산업 중에서 특허와 상표 등 지식재산을 가장 집중적으로 활용하고 있는 산업 75개를 선별하고 이를 '지식재산 집약 산업IP-intensive industries'이라 명명했다. 미국 특허청의 〈지식재산과 미국 경제〉 2022년 보고서에 따르면 2019년 지식재산 집약 산업의 GDP는 2014년 대비 12.1%, 지식재산 집약 산업 중 저작권 집약 산업은 22.9% 증가했다. 지식재산 집약 산업의 GDP는 전체 산업의 41%로 나타났으며, 고용기여도는 33%로 집계됐다.[208]

EU의 경우 2017~2019년 총 GDP의 47.1%가 지식재산 집약 산업에서 창출됐다. 2022년 EU 전체 지식재산 집약 산업 357개 중 약 64%에 달하는 299개의 산업은 1가지 지식재산만 사용하는 산업이 아니라 동시에 2가지 이상을 중복으로 사용하는 산업이었다. 전체 지식재산 집약 산업은 EU에서 6,100만 개 이상의 일자리를 창출하며, 이는 EU 전체 고용의 29.7%를 차지한다. 지식재산권을 보유한 회사가 그렇지 않은 회사보다 임금이 41% 높다는 결과가 나오기도 했다.[209]

IP 금융 부문 규모 10조 원 눈앞

경제는 크게 실물과 금융, 2개 부문으로 크게 구분된다. 특히 금융은 실물의 흐름과 역으로 움직이는 핏줄과 혈액의 역할을 함으로써, 실물경제를 발전·유지하는 촉매 역할을 해왔다. 이러한 금융과 IP의 본격적인 융합이 진행되고 있다.

지식재산 기반 투자, 담보대출, 보증 등으로 누적된 우리나라의 IP 금융 잔액 규모는 2023년 기준 9조 6,100억 원으로, 10조 원을 눈앞에 두고 있다. 2021년부터 2023년까지 연평균 26.5% 성장을 기록했으며, 2023년 신규 공급도 3조 2,406억 원으로 증가했다.

이는 기업이 지식재산권을 금융거래 대상으로 활용하고 있음을 보여주며, 금융기관에서도 지식재산권이 물건 또는 서비스와 결합하거나 라이선스를 통해 현금 흐름을 창출할 수 있는 가치가 있다고 판단함을 의미한다.[210] 즉 지식재산이라는 담보물에 대한 가치 평가의 중요성이 커지고, 특허권에 대한 가치 평가(특허의 유효성, 시장에서의 안정성, 특허의 수명, 특허의 활용성 등) 요소가 금융거래의 주요 항목이 됐음을 시사한다. 기업이 지식재산에 잠재된 미래 가치를 지식재산 금융을 통해 현실화하고 있는 셈이다. 이에 따라 은행들은 지식재산 가치를 평가하기 위해 각 분야 전문가(변리사, 변호사, 회계사, 금융인, 기술 전문가 등)와의 협업을 도모하고 있다. 또 특허청 등 정부에서도 혁신 기업이 지식재산 금융을 토대로 자금을 원활하게 조달하고 성장할 수 있도록 관련 정책을 추진하고 있다.[211]

지식재산 환경 변화와 새로운 이슈

최근에 등장한 혁신 기술로 지식재산 환경은 풍성해졌지만, 민감한 이슈도 함께 나타나고 있다. 빅데이터, AI, 사물인터넷IoT, 메타버스 등은 기존 개념으로는 평가할 수 없는 새로운 양상의 보호 가치와 지식재산을 창출하고 있기 때문이다. 예를 들어 현재 저작권법에 따르면 저작권으로 보호받는 창작물은 '인간의 사상이나 감정을 표현한 창작물'이라고 규정하고 있다. 따라서 자연인이 아닌 회사나 장치, 기계 등은 발명자로 표시할 수 없다. 인간이 아닌 AI가 창작한 결과물 또한 인간 창작물로 볼 수 없다는 것이 현재 다수의 의견이다.

AI가 발명자로 출원받을 수 있는지 확인하는 '다부스DABUS 프로젝트'가 세계 각국에서 진행되고 있는데, AI 다부스를 발명자로 기재한 특허출원에 대해 미국, 유럽, 호주, 영국의 대법원에서 AI를 발명자로 인정하지 않는 것으로 확정됐다. 독일에서는 대법원에 계류 중이며, 아시아에서는 2심 법원인 서울고등법원이 2024년 5월 AI를 발명자로 인정하지 않는 판결을 했다. 한편 남아프리카공화국에서는 다부스를 발명자로 하는 특허가 등록됐다. 다부스 관련 특허를 신청한 16개국 가운데 유일한 사례이다.

저작권 분야에서도 최근 AI가 미술, 음악 등 저작물 제작에 기여한 사례가 잇따라 관련 논의가 확대되고 있다. 최근 우리나라 정부는 저작권 등록 관련 규정을 개정하면서 AI가 만든 그림, 시·소설 등 창작물은 저작권을 등록할 수 없다는 내용을 명시했다. 인간과 AI가 함께 작업한 창작물도 인간 행위에 의한 결과임이 명백한 부분에 대해서만 제한적으로 저작권을 인정하겠다는 의미이다.[212] 이렇듯 현행 법체계에서는 AI가 저작권을 가질 수 없지만, 기술이 바꿔놓을지도 모를 지식재산의 변화 흐름을 계속 주목할 필요가 있다. 법원이나 특허청에서는 지식재산권자를 보호하려는 경향이 두드러지지만, 산업계에서는 AI와 관련한 규제가 이어지면 관련 산업이 발전하기 어렵다고 보기 때문이다.

지식재산 미래전략

세계지식재산기구WIPO 데이터 센터 집계 기준으로 2023년 국제 특허출원에서 우리나라는 중국, 미국, 일본에 이어 4년 연속 세계 4위에

올랐다.[213] 그러나 우리나라 특허의 실상을 살펴보면 기대와 다르다. 실제 등록이 됐지만 활용되지 않는 특허권이 많고, 최근 5년간(2017~2021년) 등록 후 무효가 되는 특허권 비율이 46.8%로 미국(23.5%)의 2배나 된다.[214] 이제 우리도 규모의 차원을 넘어 지식재산의 질적 경쟁력을 키우기 위해 국가적 관심과 지원을 강화해야 한다.

신뢰받는 제도와 리더십 필요

특허권 보유자는 스스로 출원 국가를 선택할 수 있지만, 분쟁 발생 시 어느 나라 법원에서 재판을 진행할지, 어느 나라 기관에서 침해 여부를 다툴지도 선택할 수 있다. 당연히 지식재산권 보호가 잘 이뤄지고 신뢰할 수 있는 나라에 특허출원이 몰리고 분쟁 해결을 위한 소송도 몰린다. 우리나라가 특허 분야에서 신뢰를 얻기 위해서는 국제적 공조 속에서 예측 가능한 제도를 운영해야 한다.

이러한 맥락에서 우리나라 특허청은 지난 2019년 징벌적 보상 제도를 도입했고, 2020년에는 손해배상 현실화를 명문화한 바 있다.[215] 또 2024년 8월부터는 영업비밀 침해 시 징벌적 손해배상 한도가 손해액의 3배에서 세계 최고 수준인 5배까지로 확대해 기술 유출 방지를 위한 안전장치도 강화했다.[216] 이러한 기술 보호망을 통해 우리 기업의 생존은 물론 국제적으로 신뢰받는 특허제도를 구축하는 것도 우리가 지식재산 강국이 되기 위해서는 꼭 필요한 부분이다.

지식재산 전문인력 양성

특허청에 따르면 2023년 지식재산 활동을 하는 기업에서 지식재산 담당 조직 보유 비율은 50.1%, 독립된 전담 부서 형태로 보유한 비율은

1,8%로 나타났다. 또 전담 인력을 보유한 기업 비율은 17.0%이며, 평균 전담 인력은 1.8명 수준이었다. 반면 외부 전문 기관을 통해 지식재산 서비스를 이용한 비율(2023년 68.1%)은 최근 3년간 증가하는 추세다. 지식재산 관련 활동이 단계별로 필요한 것을 고려하면, 전문인력 활용 정도는 미흡한 상황이라고 볼 수 있다.[217]

그동안 지식재산에 대한 사회적인 인식이 부족했던 이유도 있지만, 지식재산의 관리·활용·라이선싱licensing, 특허사용권 계약·분쟁 해결 분야의 전문가 양성이 제대로 이뤄지지 못한 측면도 있다. 다행히 특허청의 지원으로 2010년 KAIST와 홍익대에 지식재산대학원이 설립된 이래 다른 학교로도 저변이 확대돼 현재 여러 대학에서 전문인력이 양성되고 있다.

지금처럼 기술의 변화도 빠르고 융복합 혁신도 이어지면, 지식재산의 법리뿐 아니라 AI, 뇌과학 등 지식재산 분야별 전문 지식을 고루 갖춘 융합 지식 전문가가 필요할 것이다. 아울러 국제적 소양을 갖춘 지식재산 전문가를 대거 양성해 국내외 특허 보호는 물론 특허 분쟁 시대에도 대응할 필요가 있다.

사회 전반의 지식재산 교육 강화

전문가 육성 차원의 교육과 더불어 지식재산 분야에 대한 전반적인 이해 수준을 국가 차원에서 높이는 것도 중요하다. 사회 전반에 걸쳐 지식재산의 가치를 인식시키고, 창의적이고 혁신적인 사고를 촉진하기 위해 초등학교부터 대학에 이르기까지 각 교육 단계에 맞는 지식재산 교육 커리큘럼을 개발할 필요가 있다. 더불어 소상공인 등 그동안 지식재산 교육에서 소외됐던 교육 수요자에 대한 교육도 강화해야 한다.

지식재산 평가 능력 함양

지식재산권 사업화 과정이나 각종 분쟁에서 직면하는 문제 중 하나는 해당 지식재산 가치를 어떻게 측정하고, 평가할 것인가이다. 무형의 지식재산을 담보로 대출 및 기업가치를 평가하는 일은 이전보다 훨씬 많아졌고, M&A 시장을 포함해 기업 자산 평가에서도 눈에 보이지 않는 무형자산의 비중이 높아졌다.

이런 가운데, 정부는 2022년 12월 〈발명진흥법〉을 개정해 '지식재산 평가관리센터' 설치를 위한 법적 근거를 마련하고, 2023년 7월 운영을 시작했다.[218] 2024년 3월에는 지식재산 가치 평가에 대한 체계적인 조사·관리를 위해 '지식재산 평가관리 통합플랫폼(IP-Hub)' 서비스도 본격적으로 개시했는데, 이를 통해 그동안 별도로 운영된 IP 금융 관리 시스템과 통합해 지식재산 금융, 지식재산 평가지원 사업 등을 뒷받침할 계획이다.[219]

한편 지식재산 평가 관련 생태계 구축에서 해외 현지 지원 조직의 전문성을 강화하고, 해당국 지재권 단속 기관과의 네트워크도 강화해야 한다.[220] 또 새로운 무형 가치가 계속 생겨나는 것을 고려해 심사 시스템에 지식재산 법리 전문가나 가치 평가 전문가뿐만 아니라 무형지식 분야의 전문가들도 함께 참여하는 심사 환경을 구축해야 한다.

새로운 유형의 지식재산 대비

전통적 산업재산권과 특허제도가 4차 산업혁명으로 불리는 지능화된 디지털 전환 시대에도 똑같이 적용될 수 있을지에 대한 논의도 필요하다. 4차 산업혁명의 첨단 기술이 여러 분야에 접목되고 있는데, 다양한 융·복합 기술이 창출한 제품이나 서비스는 기존 지식재산권 범주 안에서 다루기 어려울 것이 예상되기 때문이다.[221] 즉 혁신 기업들이 기술을 보호받기 전에 시장에서 경쟁 우위를 상실할 위험이 있으며, 융합기술은 기존 특허 분류 체계와 맞지 않는 경우가 있어 새로운 분류와 평가 기준이 요구된다.

특히 생성형 AI 챗GPT의 기반이 되는 초거대 AI 모델 분야에서 우리나라 특허출원은 2011년부터 10년간 89.7%의 폭발적 증가율을 보였다. 등록 건수는 2012년 233건에서 2021년 4,115건으로 17배가 넘는 특허권이 발생했다.[222]

이는 디지털 대전환이라는 변화 속에서 새로운 유형의 지식재산이 끊임없이 출현할 것을 예고한다. 앞서 논의한 바와 같이 AI가 만드는 성과물의 소유권 논쟁도 치열할 것이다. 앞으로 출현할 지식재산의 유형이나 범위에 대해 새로운 시각으로 접근하고 글로벌 흐름에 부합하는 방향으로 대응 체계를 갖춰야 할 것이다.

산업 분야별 제도와 정책 세분화

제약 회사에서 신약 하나를 개발하는 데 통상 6.61년의 임상시험 기간이 소요되고 2조 원[223] 이상의 비용이 투입되지만, 제약업 특성상 창출되는 특허 수는 적다. 반면 정보통신 기술 분야에서는 상황이 다르다. 스마트폰 하나에 통상 25만 개 이상의 특허가 뒤따른다. 이처럼 산업별 상황에 따라 지식재산을 창출할 가능성과 가치는 다르게 나타난다. 이러한 특성을 반영해 우리나라는 주요국 최초로 2023년에 한국의 핵심 전략 산업인 반도체 분야를 지원하는 전담 심사국을 출범했다. 반도체 기술 전담 심사 조직은 반도체 설계부터 소재·부품·공정에 이르기까지 전 분야에 대한 특허출원 심사를 담당한다.[224] 이차전지 전담 심사

팀도 2024년 신설돼 2년 가까이 걸리던 특허 심사 기간이 2개월로 단축된다.[225] 이처럼 특허는 분야마다 특성이 다르므로 관련 특허제도에 대한 논의 또한 분야별로 세분화할 필요성이 있다.

지식재산 국제 협력 역량 강화

우리나라에서 2023년 열린 한국, 일본, 중국의 특허청장 회의에서 AI 발명 동향 등을 공유하며 첨단 기술 분야의 협력을 위해 전문가 협의체를 신설하기로 한 바 있다.[226] 또 글로벌 차원의 다양한 실무 경험을 공유하기 위해 세계지식재산기구와 진행하는 인력 교환 사업도 2024년부터 시작됐다. 이처럼 현재 화두가 되는 기술 분야에 대한 논의와 대응을 공식화해 한국이 세계 지식재산 체계에 효과적으로 통합되고, 국제적인 기준과 법률을 따르면서도 궁극적으로 국제경쟁력을 강화해야 한다. 이를 위해서는 지식재산 정보의 국제적 교류와 협력 강화를 위해 범정부적인 소통 플랫폼 구축이 필요하다.

국가 IP 전략 컨트롤타워 재정비

2011년 지식재산 기본법이 제정되고 국가지식재산위원회가 설치되었지만, 지식재산 정책을 종합적으로 주도하기 어렵다는 지적도 제기되어왔다. 특허청이 지식재산 관리를 주도하고 있으나, 문화체육관광부, 과학기술정보통신부 등 여러 부처에 나뉘어 있는 지식재산 관리 구조는 정책의 일관성을 유지하기 어렵게 하기 때문이다. 중복된 업무와 자원 낭비를 효율화할 필요도 있다. 지식재산정책비서관을 신설해 대통령의 지식재산 정책을 보좌하고 지식재산 관련 컨트롤타워 역할을 할 수 있는 지식재산처 등을 신설해야 한다는 의견이 계속 나오는 이유이다.

영국, 캐나다 등지에서는 산업재산권과 저작권을 하나의 기관에서 관장하면서 효율성을 높였고, 미국에서는 지식재산집행조정관이 있어 지식재산 정책에 대한 백악관 수석 비서관 역할을 하고 있다. 단, 조직을 신설하는 것이 효율성을 높일 수 있는지 실질적인 검토가 필요하며, 신설된 조직이 오히려 더 많은 관료적 절차를 초래하지 않도록 선제적으로 대응해야 한다.

특허 관리 전문 회사 육성을 통한 특허 시스템 선순환

특허 관리 전문 회사non-practicing entity는 특허권 매입을 통해 지식재산 관리나 특허 소송을 진행해 수익을 창출하는 기업을 의미한다. 2018년부터 2023년 3분기까지 미국 전체 소송 건수 중 특허 관리 전문 회사가 제기한 소송은 약 60%를 차지한다. 이처럼 미국에서는 특허를 활용한 수익화 모델이 정착됐으나, 우리나라는 많은 특허를 보유한 특허 강국임에도 특허를 활용한 수익 창출은 부족한 상황이다. 물론 로열티 협상 과정에서 과도한 비용을 요구하거나 특허 소송을 남발해 특허 관리 전문 회사들이 '특허 괴물'로 불리는 것도 사실이다. 그러나 부정적 측면의 모델이 아니라 국내 특허를 적극적으로 보호하고 특허 기술을 해외에서 권리화함으로써 특허권자의 권리 보호와 특허 시장의 활성화를 꾀하는 선순환을 만들어나갈 수 있다. 따라서 특허 관리 전문 회사 육성에 대한 고민도 필요하다.[227]

국가경쟁력의 뿌리,
과학자본의 축적

　모바일 기술, AI 기술, 다양한 소프트웨어와 플랫폼 기술이 결합해 사회경제 전반의 변화를 주도하며 세상을 바꾸는가 하면 국가의 존폐에도 결정적 영향력을 끼치고 있다. 예컨대 우크라이나-러시아 전쟁이 발발한 지 2년이 지났지만, 두 나라 간 치열한 공방은 아직 끝나지 않았다. 애초 전문가들 사이에선 "세계 2위 군사 강국 러시아가 전쟁을 벌이면 국방 순위 25위 우크라이나의 주요 도시를 30분 안에 초토화하고, 3일이면 사실상 교전이 끝날 것"이라는 전망이 지배적이었다. 하지만 이러한 예측은 모두 빗나갔다.[228] 여기에는 서방의 지원 등 다양한 요인이 작용했지만, 전장에서의 군사적 격차를 줄인 것은 무엇보다 기존 재래식 전력의 한계를 뛰어넘는 첨단 과학기술이었다. 가령 저궤도위성 기술이 우월한 정보를 제공하고, AI를 적용한 무인체계(드론)가 전차 부대 진격을 무력화하거나 정확하게 목표물을 지정해준다.[229]

이처럼 한 국가의 존폐를 건 전쟁이 과거에는 생각지도 못했던 양상으로 전개되는 것에서 알 수 있듯, 4차 산업혁명과 디지털 대전환의 시대에서 과학기술은 그 어느 때보다 위상이 높아졌다. 근대 산업혁명 이후 과학기술은 산업 발전과 사회변동의 주요 원동력이었지만, 미래에는 사회경제에서 차지하는 역할과 기능이 더 커질 전망이다. 그런 점에서 과학기술 문화의 중요성도 더 커질 수밖에 없다. 과학기술에 대한 대중적 인식과 사회적 수용도를 반영하는 과학기술 문화가 결국 국가의 경쟁력을 좌우하는 과학기술의 주요 토대가 되기 때문이다.

국가경쟁력의 의미

국가의 경쟁력과 관련된 개념으로 국부, 국력, 국가경쟁우위, 국가경쟁력, 국가 과학기술 혁신 역량 지수 등을 들 수 있는데, 각각의 의미를 살펴보자.

우선 '국부'는 영국 정치경제학자 애덤 스미스Adam Smith의 저서《국부의 본질과 원인에 관한 연구An Inquiry into the Nature and Causes of the Wealth of Nations》(1776)에 나오는 고전적 개념이다. 이 책은 이후《국부론》이라는 제목으로 알려져 경제학의 고전으로 읽히고 있는데, 무엇이 국가의 부를 형성하는가에 대한 과학적 설명을 담고 있다. 스미스에 의하면 국부란 모든 국민이 해마다 소비하는 생활필수품과 편의품의 양을 말한다. 그는 자유경쟁에 의한 자본의 축적과 분업 발전에서 한 국가가 동일한 재화를 생산할 때 더 적은 생산요소를 투입해 생산할 수 있는 것, 즉 '절대우위'가 중요하다고 보았다. 스미스의 뒤를 이은 경제학자 데이비드 리카도David Ricardo는 '비교우위'라는 보완적 개념을 제시하면서 국제 교역에서 한 나라가 두 상품 모두 절대우위이고 상대국은 절대열위라도 생산비가 더 적게 드는, 즉 기회비용이 더 적은 상품을 특화해 교역하면 상호 이익이 가능할 것이라고 설명했다. 절대우위, 비교우위 모두 국부 창출을 위한 핵심적인 국가의 경쟁력 개념으로 이해할 수 있다.

두 번째는 일반적으로 많이 사용하는 '국력' 개념이다. 국력은 보통 국방력, 경제력 등 경성 국력(하드파워)과 국정 관리력, 정치력, 외교력, 문화력, 사회자본력, 변화 대처력 등 연성 국력(소프트파워)으로 구분할 수 있다. 제국주의 시대에는 경성 국력이 압도적으로 중요했지만 21세기에는 연성 국력의 중요성이 점점 더 커지고 있다. 소프트파워의 힘을 강조한 미국의 정치학자 조지프 나이Josephe Nye는 소프트파워란 단순히 하드파워에 대응하는 개념이 아니라 상대방을 매료시키고 상대가 자발적으로 변화하게 함으로써 원하는 바를 얻어내는 능력이라고 설명했는데 그 핵심이 바로 문화이다.

세 번째는 하버드대학교 교수 마이클 포터Michael Porter의 '국가경쟁우위' 개념이다. 포터 교수는 자신의 저서 《국가경쟁우위The Competitive Advantage of Nations》(1990)에서 어떤 국가의 기업이나 특정 산업이 경쟁우위를 정할 수 있는 것은 ① 요소 조건, ② 수요 조건, ③ 연관 산업과 지원 산업, ④ 기업전략, 구조, 경쟁 관계 등 4가지 속성에 달려 있다고 설명했다. 이들 조건이 상호작용하면서 산업을 활성화하고 혁신의 장애 요인을 극복하도록 이끌기 때문이다. 특히 기업 경쟁 우위의 많은 부분은 기업 '외부'의 영향을 받는데, 지리적 입지를 포함해 산업 클러스터가 중요하다는 것이 포터 이론의 핵심이다. 포터가 국가경쟁력에서 중요한 요소로 본 것은 전문화와 생산성을 높이는 '산업 클러스터'였다.

네 번째는 '국가경쟁력'이다. 사전적 정의는 한 나라의 총체적인 경제적 수준을 의미하며, 사회간접자본 같은 경제의 하드웨어뿐 아니라 국제화, 경영 능력, 금융 등 경제의 소프트웨어까지 포괄하는 개념이다. 스위스 국제경영개발연구원IMD과 세계경제포럼WEF은 매년 각국의 경쟁력 보고서를 발표하고 있고, IMD 산하 세계경쟁력센터WCC의 경우 매년 경제 성과, 정부 효율성, 기업 효율성, 인프라 등 4대 분야에 대한 국가별 경쟁력 순위를 공개하고 있다.

한국은 2023년 국가경쟁력 순위에서 평가 대상 64개국 중 28위에 그쳤다. 전년도보다 1계단 하락한 것이다. 그러나 총 연구개발 투자, GDP 대비 연구·개발비 비중, 총 연구·개발인력, 과학기술 분야 졸업자 수, 과학기술 논문 수, 지식재산권 보호 정도 등 다양한 항목을 종합적으로 평가하는 과학 인프라 순위는 전년 대비 1단계 상승한 2위로, 국가경쟁력 20개 세부 항목 중 가장 높은 순위를 기록했다. 한국의 과학 인프라 순위는 2020년 3위, 2021년 2위, 2022년 3위, 그리고 2023년 2위를 기록할 만큼 매우 높은 수준을 유지하고 있다.

다섯 번째는 '국가 과학기술 혁신 역량 지수COSTII, COmposite Science & Technology Innovation Index'이다. COSTII는 OECD 국가들의 과학기술 혁신 역량 수준을 종합적으로 진단하는 모형으로, 이들 국가를 대상으로 자원·활동·과정·환경·성과 등 5개 부문별 과학기술 혁신 역량을 비교·분석해 지수화한 것이다. 2006년 이래 과학기술정보통신부와 한국과학기술기획평가원이 매년 평가 결과를 발표하고 있다. 한국의 과학기술 혁신 역량의 강점과 약점을 파악해 정책적 시사점을 제시하기 위한 목적으로 하는 평가이다.

2023년 국가 과학기술 혁신 역량 평가 보고서에 따르면, 평가 대상국

36개국 중 미국이 31점 만점에 종합 점수 17,986점으로 1위였고, 스위스(14,624), 네덜란드(12,933)가 뒤를 이었다. 한국은 12,111점으로 전년도와 같은 종합 5위에 올라 있다. 세부 분야별로 보면 인구 1만 명당 연구원 수, 세계 상위대학 및 기업 수 등의 항목으로 구성된 자원 분야는 5위, GDP 대비 연구·개발 투자 총액, 창업 비중 등의 항목으로 구성된 활동 분야는 3위로 상위권이다. 하지만 제도, 문화, 교육 등의 항목으로 구성된 환경 분야는 21위에 머물러 OECD 평균 이하였다. 구체적으로 법제도 지원 정도, 새로운 문화에 대한 태도, 교육방식에서의 비판적 사고 장려 정도 등에서 매우 저조함에 주목할 필요가 있다.

국가의 경쟁력은 이처럼 다양한 개념으로 정의되고, 또 연관된 방식의 측정 기준이 있지만, 과학기술이 주요 요소라는 점을 확인할 수 있다. 문제는 과학기술도 여러 가지 요소로 구성된 복잡한 총체라는 것이다. 영국의 정치경제학자 수전 스트레인지Susan Strange는 국제정치에서 국가의 구조적인 힘으로 안보력, 생산력, 재정, 그리고 지식 4가지를 꼽았다. 국가의 존립을 결정하는 안보 능력이나 자본주의 국제질서에서 국가의 경쟁력을 보여주는 생산력과 재정은 모두 매우 중요하다. 그런데 수전 스트레인지가 4가지 중 가장 중요하다고 강조한 것은 바로 지식이었다. 지식이 있어야 어떻게 안보를 지키고 생산력을 향상할지, 재정을 어떻게 효율적으로 운용할지 알 수 있기 때문이라는 것이다. 마찬가지로 복잡한 요소의 총체인 과학기술의 발전도 과학기술에 대한 지식의 축적에서 비롯된다는 것을 미루어 짐작할 수 있다.

자본 개념의 확장

우리가 살아가는 세상은 자본주의 체제이다. 자본주의는 생산수단을 자본으로 소유한 자본가가 재화나 서비스 생산을 통해 이윤을 획득하는 경제체제를 말한다. 자본주의 체제의 생산 활동에서 기본이 되는 자금과 생산수단을 우리는 자본이라고 한다. 자본의 사전적 의미는 첫째 장사나 사업 따위의 기본이 되는 돈, 둘째 상품을 만드는 데 필요한 생산수단이나 노동력을 통틀어 일컫는 말이다. 그러나 근래 들어 자본 개념은 경제적 생산의 영역을 넘어 '가치 창출'이라는 적극적 개념으로 확대되고 있다. 물건, 상품, 자본 중심의 경제에서 가치, 경험, 지식 중심의 경제로 변화하고 있기 때문이다.

자본 개념을 누구보다 독특하게 재해석한 이론가는 프랑스의 사회학자 피에르 부르디외이다. 그는 경제 자본으로 환원될 수 없는 자본의 다양한 형태를 현대적 관점으로 재해석하면서 경제 자본 외에 '문화자본'이라는 새로운 개념을 제시했다. 교양처럼 사회화 과정에서 획득된 '체화된 문화자본', 골동품처럼 문화적 물건을 뜻하는 '객체화된 문화자본', 그리고 학위와 같은 '제도화된 문화자본'으로 세분화했는데, 이 가운데 가장 중요한 것은 체화된 문화자본이다. 과거엔 자본가라고 하면 경제 자본을 많이 가진 사람뿐이었지만 이제는 그 자본이 지식, 소양, 인사이트 등 체화된 문화자본도 포함하며, 그 중요성도 점점 더 커지고 있다. 개인을 넘어 국가 단위로 확장하더라도 다르지 않다. 따라서 국가가 가진 경제자본이나 금융자본뿐만 아니라 소프트파워라고 할 수 있는 문화자본의 중요성에도 관심을 더 기울여야 한다.

과학자본과 국가경쟁력

국가경쟁력을 가늠하는 주요한 잣대 중 하나인 과학기술 수준은 과학기술 문화를 통해서도 유추할 수 있다. 즉 고급 지식이나 암묵지 같은 체화된 문화자본 가운데서도 과학 지식, 과학 소양, 경험과 훈련을 통해 습득한 숙련 기술 등을 살펴볼 수 있는데, 이를 별도로 과학자본science capital이라고 할 수 있다. 자본 개념 확장 논의에서 살펴본 것처럼 과학자본은 일종의 문화자본이다. 문화자본을 이루는 다양한 요소 가운데 과학 자본은 과학과 관련된 지식, 환경, 경험, 관계 등을 총칭한다고 볼 수 있다.

이를 좀 더 세분화한 논의를 찾아보면, 영국 런던대학교 교수 루이스 아처Louise Archer는 2021년 국립중앙과학관이 주최한 '과학자본과 과학관Science Capital and Science Museums'이라는 심포지엄에 참석해 기조 강연을 하며 과학자본의 개념을 설명한 바 있다. 아처 교수는 과학자본을 구성하는 요소로 △과학 소양과 지식(science literacy "what you know"), △과학에 관한 태도와 가치 등 생각(science-related attitudes and values "how you think") △학교 밖에서의 과학 활동(out of school behaviors "what you do") △가정에서의 과학 활동(science at home "who you know")을 꼽았다. 아처 교수는 특히 어릴 때 과학을 좋아하는 사람은 많지만 정작 과학자를 꿈꾸는 경우는 적다며 그 차이가 과학자본에서 비롯된다고 했다. 과학 친화적인 가정환경, 유년기 과학관에서의 과학 경험, 꾸준한 과학 교양과 지식의 습득 같은 요소는 과학자본을 형성할 수 있게 해주며, 과학 자본이 풍부해야 우수한 과학 인재로 성장할 수 있다는 것이다.

이를 확대해보면 국가 차원에서의 과학자본이란 과학기술 연구·개발, 과학기술 맨파워(숙련 인력), 과학기술 문화 등과 관련된 유·무형의 모든 자본을 가리킨다고 할 수 있다. 훌륭한 과학기술 출연연구소나 과학관, 과학기술 연구·개발 성과 혹은 특허, 과학기술 지식 데이터베이스, 우수한 과학기술 인재 역시 과학자본에 속한다.

과학자본 축적을 위한
정책 방향과 미래

문화자본은 지속적인 학습, 자연스러운 환경, 사회적 관계 등을 통해 오랜 시간에 걸쳐 형성된다. 과학자본도 마찬가지이다. 과학 자본 축적을 위한 몇 가지 정책의 기본 관점과 큰 방향을 제시하면 다음과 같다.

첫째, 과학기술 정책은 과학기술 연구·개발만으로는 부족하며 과학교육과 과학 문화가 뒷받침돼야 한다. 과학교육을 통한 우수 과학자 양성, 연구·개발을 통한 가치 창출, 과학 문화 확산을 통한 과학기술 가치 확산과 향유 등이 유기적으로 연계되고 선순환하게 만드는 정책이 필요하다. 보통 과학기술이라고 하면 가장 먼저 떠올리는 것이 연구개발이다. 물론 과학기술에서 핵심 영역이 연구와 기술 개발이라는 데는 이론의 여지가 없다. 하지만 연구·개발만 잘한다고 과학기술이 저절로 발전하는 것은 아니며 연구개발이 과학기술의 전부도 아니다. 연구·개발을 뒷받침하는 교육과 문화의 역할이 절대적으로 중요하다. 과학 문화와 과학교육의 뒷받침 없이는 연구·개발이 이어지기 어렵고 사회적 의미를 지닐 수도 없다.

신체적 조건이 불리하다고 평가되는 일본이 월드베이스볼클래식WBC에서 세 번이나 우승을 거둔 것은 오타니 같은 슈퍼스타의 존재도 있지만, 야구에 대한 전 국민적 관심과 이를 바탕으로 탄탄한 야구 인프라를 유지한 데서 기인한다. 일본고교야구연맹에 따르면 일본 고교 야구팀은 약 3,900개로 한국의 40배에 이른다. 뿌리부터 키워 세 번의 꽃을 피운 것이다. 야구 발전을 위해 야구 문화가 필요하듯,[230] 과학기술이 발전하기 위해서는 과학기술 문화가 중요하다. 국가경쟁력의 기반이 될 과학자본을 축적하기 위해서는 내실 있는 과학교육과 사회적으로 탄탄히 뿌리내린 과학 문화가 바탕이 되어야 한다.

총량적인 과학자본에는 과학 친화적 사회 풍토, 과학관 등 과학 문화 인프라, 우수한 과학 인재를 선발·양성하고 지원하는 교육 시스템 등까지 포함된다. 과학기술은 과학교육으로 시작해 연구·개발을 통해 발전하고 과학 문화로 완성된다고 할 수 있다. 따라서 학교에서의 과학교육 혁신, 평생 과학교육 프로그램 개발 운영 등 과학교육과 과학 인프라 구축, 과학에 대한 국민의 관심과 이해 증진, 과학 친화적인 사회 풍토 조성 등 과학 문화에 더 많은 정책적 관심과 투자가 필요하다.

이때 과학기술 교육의 커리큘럼 고도화도 필요하다. 중국의 경우 20~30년 전에는 과학기술 교육이 발전하지 않았지만, 그동안 중국의 베이징대학교, 칭화대학교 등의 대학들은 세계 선두권 고등교육기관인 미국의 MIT, 스탠퍼드대학교, 영국의 케임브리지대학교 등과의 협력 관계, 우수 교수 초빙, 커리큘럼 개선 등을 통해 교육과정의 수준을 높여왔다. 이러한 과학교육의 발전이 중국의 AI, 양자컴퓨터, 전기차, 우주 기술 등 첨단 기술 분야에서의 경쟁력과 혁신 스타트업을 만들어내는 원동력임은 물론이다.

둘째, 인재 중심의 관점을 일관되게 견지해야 한다. 기술이 중요하지만, 기술의 주체는 사람이다. 우수한 인재를 양성하는 것은 우수한 기술 개발로 이어진다. 혁신적인 첨단 기술은 혁신적인 과학기술 인재가 만드는 것이고 혁신 기업은 창조적인 인재들이 이끌어간다. 마이클 포터가 국가경쟁력의 핵심으로 꼽은 혁신 클러스터도 결국은 혁신 인재들이 모여 있는 곳이다. 과학기술의 성패가 인재에 달려 있다는 것은 과언이 아니다. 따라서 혁신 클러스터를 조성할 때도 과학기술 인재, 혁신 인재가 지역에 매력을 느낄 수 있도록 유인책을 만들고 창의적인 업무 환경과 주거 환경을 조성하는 것이 중요하다. 연구·개발에 대한 투자와 지원도 역량 있는 연구자와 개발자에 대한 지원이라는 관점에서 이루어져야 한다.

나아가 더 근본적으로는 우수 인재 양성을 위한 토대를 만들어야 한다. 예를 들어 최근 디지털 대전환 과정에서 반도체 분야의 중요성은 더 커지고 있는데, 한국의 차세대 반도체 기술은 미국의 기술 수준을 100으로 봤을 때 2023년 86% 수준으로 평가됐다. 2022년의 90.1%보다 하락한 것이며, 특히 생성형 AI 개발의 핵심 경쟁력인 시스템반도체의 경우 더 뒤처지고 중국에 바짝 추격당하고 있다.[231] 이 부문을 이끌어가려면 훌륭한 인재 확보 및 해외로의 인재 유출 방지 대책 수립이 우선돼야 한다.

그런 점에서 반도체 위탁 생산과 설계 분야에서 고루 약진하는 중국 사례는 주목할 만하다. 우리는 이제야 반도체 학과 증원이나 신설에 국가적 관심을 기울이고 있지만, 중국 칭화대학교는 '반도체 산업 인큐베이터'라고 불릴 정도로 반도체 분야 인재를 대거 배출하고 있다.[232] AI 반도체 기업 엔비디아가 세계 최정상급 기업으로 올라선 데도 과학기술 인재 양성과 뛰어난 인재에 대한 풍부한 보상 체계가 있다는 것을 생각해야 한다.

셋째 '모두를 위한 과학교육science education for all'이 필요하다. 그러자면 형식 과학교육뿐 아니라 비공식 과학교육에 대한 지원을 대폭 확대해야 한다. 학교 같은 공식 장소에서 표준 교육과정대로 의도적·계획적·체계적으로 진행하는 교육은 '형식 교육'이다. 반면 '비형식 교육'은 의도성·체계성·지속성이 없거나 미약하지만 학교교육 외의 다양한 형태로 이뤄지는 교육이며, 학교 밖 학습이라고도 부른다.

교실에서 가르치고 배우고 지식을 전달하는 것만이 교육이 아니다. 가령 과학교육은 학교에서 과학 교과서를 통해서만 이뤄지는 게 아니라 과학관이나 과학 센터에서 직접 실험하고 만져보는 체험을 통해서도 이뤄진다. 하루가 다르게 새로운 지식과 기술이 만들어지고 신기술과 지식이 끊임없이 기존의 지식과 기술을 대체하는 지금은 학교를 졸업한 후에도 새로운 과학지식과 신기술을 꾸준히 학습해야 하는 평생학습이 요구되는 시대이다. 따라서 국가경쟁력을 높이기 위해서는 제도권 교육과정 안에 있는 학생뿐만 아니라 일반 시민들에게도 새로운 과학 지식과 과학 교양을 교육하는 생애주기별 평생 과학 학습 체계 구축이 필요하다.

이런 점에서 유럽 최대 과학 축제로 성장한 영국 에든버러 과학 축제를 눈여겨볼 필요가 있다. 모든 연령대를 대상으로 물리학, 생물학, 천문학, 컴퓨터 과학 등 다양한 분야를 아우르는 수많은 실험 시연, 강연, 워크숍, 전시회 등의 프로그램으로 구성되며, 다양한 방식의 직접 참여를 통해 과학의 대중화를 선도하고 있다.[233] 영국에서도 과학을 장려하기 위해 그간 많은 투자를 했지만, 이공계 진출이 늘거나 과학자가 증가하지 않았다. 그래서 모든 사람이 과학을 즐길 수 있도록 진입 장벽을 낮추고, 과학을 문화로 받아들일 수 있게 이러한 프로그램을 기획했다.[234] 우리 역시 과학을 쉽고 친근하게 접근할 수 있도록 과학 축제 활성화 등을 지원하고 이를 통해 전 국민이 자연스럽게 새로운 과학기술에 적응하고 이해할 수 있도록 해야 할 것이다.

넷째, 과학과 사회를 이어주고 과학계와 대중이 소통할 수 있는 과학 커뮤니케이션의 활성화가 중요하다. 최근 소셜 미디어를 통해 대중과 소통하며 과학 지식을 쉽게 이해시키려는 과학 커뮤니케이터가 늘어나고 있는데, 이러한 활동도 과학 커뮤니케이션의 활성화에 도움이 될 만하다. 과학기술은 어디까지나 사회의 한 부분이며 과학발전은 사회발전과 동떨어진 별개의 것이 아니다. 언제나 그랬듯 과학기술의 주요한 역할 중 하나는 사회문제와 지구 인류의 난제 해결이다.

그러려면 과학과 사회의 소통, 과학자와 대중의 소통이 활성화돼야 한다. 과학기술도 정치·사회에서 주요 의제가 돼야 하며, 과학기술 이슈에 대해 다양한 분야, 여러 계층의 이해와 참여가 필요하다. 정부와 언론 또한 대중의 이해를 돕고 흥미를 유발하기 위해 더 쉽고 친숙한 표현을 통해 과학기술에 대한 정보를 알릴 필요가 있다. 파급효과가 큰 여러 미디어에서 더 많은 과학 소통 프로그램을 만든다면 과학 지식이 더욱 쉽게 확산되고, 사회 전체의 과학자본 형성에도 매우 효과적일 것이다.

미래의 희망이 될 작은 씨앗을 심다

우리는 예지력으로 미래를 알아맞힐 수는 없지만, 우리가 원하는 미래를 만들기 위해 노력하고 대응할 수는 있습니다. 미래전략은 미래의 눈으로 현재의 결정을 내리는 것입니다. 이것이 바로 현재의 당리당략적, 정파적 이해관계에서 자유로운 민간 지식인이 해야 할 일이라고 생각합니다. 더욱이 정권이 바뀔 때마다 국정 운영 기조가 바뀌면서 달라지는 소모적 전략이 아니라 보다 장기적인 관점에서 미래 청사진을 명확히 하고 긴 호흡의 전략을 일관되게 추진할 필요도 있습니다. '아시아의 평화 중심 창조국가'를 바람직한 국가의 미래비전으로 삼아 우리가 나아갈 길을 미래전략 보고서에 담아오고 있는 이유입니다.

올해에도 이러한 열망을 담아 열한 번째 보고서인《카이스트 미래전략 2025》를 내놓게 됐습니다. 2015년판을 처음 출간한 이래 전문가 포럼, 토론회, 특강 등을 통해 수많은 전문가가 발표·토론하고 다양한 의견을 수렴하면서 보완해온 결실입니다. 물론 완벽하다고 생각하지 않습니다. 국가의 미래전략은 정적인 것이 아니라 시대와 환경의 변화에 따라 역동적으로 대응해야 하는 것이기 때문입니다.

그러한 변화를 고려하면서 이번에도 변함없이 현재를 바탕으로 미래를 바라보며 그동안 축적한 논의를 더 정교하게 다듬는 데 힘을 기울였습니다. 또 다양한 분야의 전문가들이 참여해 새로운 의제를 추가하거나 기존 원고를 보완하는 등 통찰이 담긴 결과물을 만들기 위해 노력했습니다. 특히 저출생·초고령화로 요약되는 인구 감소 위기 국면에서 어떤 방안으로 극복해나갈지 고민했습니다. 아울러 사회, 기술, 환경, 인구, 정치, 경제, 자원 등 7개 분야의 주요 의제와 전략도 모색했습니다.

이제 우리는 미래를 향한 새로운 여정을 시작하면서 처음 생각했던 '선비 정신'을 다시 떠올려봅니다. 우리 선조들이 정파나 개인의 이해관계를 떠나 오로지 대의와 국가, 백성을 위해 시시비비를 가리고자 했던 그 선비 정신으로 시대의 물음에 답을 찾아가겠습니다. 국가 발전의 토대에 이 책이 작은 씨앗이 되기를 소망하면서, 미래전략 보고서를 만드는 데 함께해주신 모든 분께 감사의 마음을 고개 숙여 전합니다. 감사합니다.

기획·편집위원 일동

《카이스트 미래전략》 보고서는 2015년판 출간 이후 계속 기존 내용을 보완하고, 새로운 과제와 전략을 추가해오고 있습니다. 또한 '21세기 선비'들의 지혜를 모으기 위해 초안 작성자의 원고를 바탕으로 토론 의견을 덧붙이고 다수의 검토자가 보완해가는 공동 집필의 방식을 취하고 있습니다. 2015~2024년판 집필진과 이번 2025년판에 참여하신 집필진을 함께 수록합니다. 참여해주신 '21세기 선비' 여러분께 다시 한번 깊이 감사드립니다.(직함은 참여 시점 기준입니다.)

기획·편집위원(2015~2025)

이광형 KAIST 총장, 박성필 KAIST 교수(문술미래전략대학원장), 서용석 KAIST 교수(미래전략연구센터장, 연구책임자), 곽재원 가천대 교수, 김경준 전 딜로이트컨설팅 부회장, 김상윤 중앙대 교수, 김형준 KAIST 교수, 김홍중 서울대 교수, 류현숙 한국행정연구원 선임연구위원, 박병원 과학기술정책연구원 선임연구위원, 박성원 국회미래연구원 연구위원, 양재석 KAIST 교수, 이규연 (사)미래학회 회장, 이명호 태재연구재단 자문위원, 이상윤 KAIST 교수, 이종관 성균관대 교수, 임명환 한국전자통신연구원 책임연구원, 전우정 KAIST 교수, 전주영 KAIST 교수, 정재민 KAIST 교수, 정재승 KAIST 교수, 최연구 건국대 겸임교수, 최윤정 KAIST 연구교수, 최준호 중앙일보 논설위원, 한상욱 김앤장 변호사, 한지영 KAIST 교수

2025년판 추가 부분 초고 집필진

국경복 KAIST 겸직교수, 권은수 한국생명공학연구원 노화융합연구단장, 김도원 이민정책연구원 부연구위원, 김용삼 한국생명공학연구원 책임연구원, 김정호 영국 뉴캐슬대 교수, 김주영 산업연구원 연구위원, 김한호 서울대 교수, 문종우 한국환경연구원 부연구위원, 박승재 한국교육개발원 연구위원, 박종구 (재)나노융합2020사업단 단장, 박진한 한국환경연구원 부연구위원, 배일한 (사)미래학회 이사, 배희정 케이엠에스랩(주) 대표이사, 송영근 한국전자통신연구원 기술전략연구본부 실장, 송태은 국립외교원 교수, 신윤정 한국보건사회연구원 국제협력단장, 신태범 성균관대 초빙교수, 윤기영 에프엔에스컨설팅 미래전략연구소장, 이명호 (사)미래학회 부회장, 임동균 서울대 교수, 정경윤 한국과학기술연구원 에너지저장연구센터장, 정준화 국회입법조사처 입법조사관, 조상근 KAIST 연구교수, 조웅환 산업통상자원부 과장, 차미숙 국토연구원 선임연구위원, 최서리 이민정책연구원 이민데이터센터장, 최연구 건국대 겸임교수, 최인수 한국지방행정연구원 선임연구위원, 황남희 한국보건사회연구원 연구위원

2015~2024년판 초고 집필진

강희정 한국보건사회연구원 실장, 고선규 대구대 교수, 고영회 대한변리사회 회장, 공병호 공병호경영연구소 소장, 곽재원 가천대 교수, 곽호경 삼정KPMG 경제연구원 수석연구원, 국경복 KAIST 겸직교수, 권석윤 한국생명공학연구원 책임연구원, 권영수 한국전자통신연구원 책임연구원, 권은수 한국생명공학연구원 노화융합연구단장, 김건우 LG경제연구원 선임연구원, 김경준 딜로이트컨설팅 부회장, 김광석 삼정

KPMG 수석연구원, 김남조 한양대 교수, 김대영 KAIST 교수, 김동환 중앙대 교수, 김두환 인하대 연구교수, 김명자 전 환경부 장관, 김민석 중앙일보 논설위원, 김민석 뉴스1 기자, 김상윤 포스코경영연구원 수석연구원, 김소영 KAIST 교수, 김수현 서울연구원 원장, 김승현 과학기술정책연구원 연구위원, 김연철 인제대 교수, 김영귀 대외경제정책연구원 연구위원, 김영욱 KAIST 연구교수, 김용삼 한국생명공학연구원 책임연구원, 김우영 한국건설산업연구원 연구위원, 김원준 건국대 교수, 김원준 KAIST 교수, 김유정 한국지질자원연구원 실장, 김익재 한국과학기술연구원 AI · 로봇연구소장, 김익현 지디넷코리아 미디어연구소 소장, 김재완 고등과학원 부원장, 김재인 경희대 학술연구교수, 김종덕 한국해양수산개발원 본부장, 김준연 소프트웨어정책연구소 팀장, 김진수 한양대 교수, 김진향 개성공업지구지원재단 이사장, 김한호 서울대 교수, 김현수 국민대 교수, 김형운 천문한의원 대표원장, 김희집 서울대 초빙교수, 남원석 서울연구원 연구위원, 문영준 한국교통연구원 선임연구위원, 문홍규 한국천문연구원 우주탐사그룹장, 민보경 국회미래연구원 부연구위원, 박남기 전 광주교대 총장, 박두용 한성대 교수, 박민희 한국에너지기술연구원 국가기후기술정책센터장, 박상일 파크시스템스 대표, 박상준 서울SF아카이브 대표, 박성원 과학기술정책연구원 연구위원, 박성호 YTN 선임기자, 박성필 KAIST 교수, 박수용 서강대 교수, 박승재 한국교육개발원 소장, 박원주 한국인더스트리4.0협회 이사, 박종구 (재)나노융합2020사업단 단장, 박중훈 한국행정연구원 연구위원, 박진기 동아시아국제전략연구소 소장, 박진한 한국환경연구원 부연구위원, 박한선 정신건강의학과 전문의, 배규식 한국노동연구원 선임연구위원, 배달형 한국국방연구원 책임연구위원, 배일한 KAIST 연구교수, 배희정 케이엠에스랩(주) 대표이사, 백서인 한양대 교수, 백순영 가톨릭대 명예교수, 서용석 KAIST 교수, 설동훈 전북대 교수, 소재현 아주대 교수, 손선홍 전 외교부 대사, 손수정 과학기술정책연구원 선임연구위원, 손영동 한양대 교수, 손준우 (주)소네트 대표이사, 송미령 농촌경제연구원 선임연구위원, 송영근 한국전자통신연구원 책임연구원, 송태은 국립외교원 교수, 시정곤 KAIST 교수, 신보성 자본시장연구원 선임연구위원, 신상규 이화여대 교수, 신의철 KAIST 교수, 신태범 성균관대 교수, 심상민 성신여대 교수, 심재율 심북스 대표, 심현철 KAIST 교수, 안병옥 한국환경공단 이사장, 안상훈 서울대 교수, 양수영 더필름컴퍼니Y 대표, 양승실 전 한국교육개발원 선임연구위원, 엄석진 서울대 교수, 오상록 KIST강릉분원장, 오윤경 한국행정연구원 연구위원, 오태광 한국생명공학연구원 원장, 우운택 KAIST 교수, 원동연 국제교육문화교류기구 이사장, 원소연 한국행정연구원 규제연구센터 소장, 위승훈 삼정회계법인 부대표, 유범재 KIST 책임연구원, 유승직 숙명여대 교수, 유정민 서울연구원 부연구위원, 유희열 부산대 석좌교수, 윤기영 에프엔에스컨설팅 미래전략연구소장, 윤영호 서울대 교수, 윤정현 국가안보전략연구원 부연구위원, 윤창희 한국지능정보사회진흥원 수석연구원, 이광형 KAIST 교수, 이근 서울대 교수, 이동우 연세대 교수, 이동욱 한국생산기술연구원 수석연구원, 이명호 태재연구재단 자문위원, 이병민 건국대 교수, 이삼식 한국보건사회연구원 단장, 이상완 KAIST 교수, 이상준 국토연구원 부원장, 이상지 KAIST 연구교수, 이상훈 (사)녹색에너지전략연구소 소장, 이선영 서울대 교수, 이소정 남서울대 교수, 이수석 국가안보전략연구원 실장, 이승주 중앙대 교수, 이언 가천대 교수, 이원부 동국대 교수, 이원재 희망제작소 소장, 이재관 자동차부품연구원 본부장, 이재우 인하대 교수, 이재호 한국행정연구원 연구위원, 이종 관 성균관대 교수, 이춘우 서울시립대 교수, 이혜정 한국한의학연구원 원장, 인호 고려대 교수, 임두빈 삼정KPMG 경제연구원 수석연구원, 임만성 KAIST 교수, 임명환 한국AI블록체인융합원 원장, 임정빈 서울 대 교수, 임창환 한양대 교수, 임춘택 GIST 교수, 임현정 서울연구원 연 구위원, 임화섭 한국과학기술연구원 인공지능연구단장, 장준혁 한양대 교수, 전병조 (재)여시재 대표 연구위원, 전봉근 국립외교원 교수, 정경 윤 한국과학기술연구원 에너지저장연구센터장, 정구민 국민대 교수, 정 용덕 서울대 명예교수, 정재승 KAIST 교수, 정제영 이화여대 교수, 정 지훈 경희사이버대 교수, 정해식 한국자활복지개발원 원장, 정홍익 서 울대 명예교수, 조동호 KAIST 교수, 조명래 한국환경정책평가연구원 원장, 조미라 중앙대 강사, 조성래 국무조정실 사무관, 조영태 LH토지 주택연구원 센터장, 조용래 과학기술정책연구원 연구위원, 조재박 삼정 회계법인 전무, 조철 산업연구원 선임연구위원, 조희정 서강대 사회과 학연구소 책임연구원, 짐 데이토 하와이대 교수, 차미숙 국토연구원 연 구위원, 차원용 아스팩미래기술경영연구소(주) 대표, 차정미 국회미래 연구원 국제전략연구센터장, 차현진 한국은행 연구조정역, 채은선 한국 지능정보사회진흥원 수석연구원, 천길성 KAIST 연구교수, 최병삼 과 학기술정책연구원 연구위원, 최슬기 KDI국제정책대학원 교수, 최연구 건국대 겸임교수, 최은수 MBN 산업부장, 최항섭 국민대 교수, 하가영 서울대 국제문제연구소 연구원, 한상욱 김앤장 변호사, 한영준 서울연 구원 연구위원, 한표환 충남대 교수, 허민영 한국소비자원 연구위원, 허 재용 포스코경영연구원 수석연구원, 허재준 한국노동연구원 선임연구 위원, 허태욱 KAIST 연구교수, 홍성민 과학기술정책연구원 과학기술 인재정책연구센터장, 홍승아 한국여성정책연구원 선임연구위원, 홍윤철 서울대 교수, 황덕순 한국노동연구원 연구위원

2015~2025년판 자문 검토 참여자

감혜림 산업통상자원부 사무관, 강병우 변리사, 강상백 한국지역정보개발원 글로벌협력부장, 강승욱 법무법인(유) 화우 변호사, 강윤영 에너지경제연구원 연구위원, 강주연 홈즈컴퍼니 전 서비스본부장, 경기욱 한국전자통신연구원 책임연구원, 고영하 고벤처포럼 회장, 공훈의 위키트리 대표이사, 곽승호 (주)액션파워 법무팀 변리사, 곽준영 대한민국 공군 대위, 구은숙 리앤목특허법인 파트너 변리사, 권오정 해양수산부 과장, 길정우 통일연구원 연구위원, 김가영 SK바이오사이언스 특허팀 매니저, 김건우 LG경제연구원 선임연구원, 김경난 특허청 사무관, 김경동 서울대 명예교수, 김경록 기획재정부 서기관, 김계환 위특허법률사무소 변리사, 김광석 삼정KPMG 수석연구원, 김광수 상생발전소 소장, 김국희 동국대학교 산학협력단 변리사, 김기범 SGI서울보증 주임, 김나영 CJ주식회사 법무실 부장, 김남혁 특허법인 본 대표 변리사, 김내수 한국전자통신연구원 책임연구원, 김대규 카카오뱅크 감사역, 김대중 한국보건사회연구원 부연구위원, 김대호 사회디자인연구소 소장, 김동규 국방부 합동참모본부 통역장교, 김동원 인천대 교수, 김동현 한국경제신문 기자, 김두수 사회디자인연구소 이사, 김들풀 IT NEWS 편집장, 김마리 국가과학기술인력개발원 부연구위원, 김민석 경상북도 미래전략기획단장, 김민성 국무조정실 과장, 김민지 아트앤테크 커뮤니케이터, 김민지 (주)하고하우스 전략팀 부장, 김병준 삼성전자 연구원, 김부병 국토교통부 사무관, 김상배 서울대 교수, 김상윤 포스코경영연구

원 수석연구원, 김상협 KAIST 초빙교수, 김석종 육군 소령, 김선우 한국특허전략개발원 전문위원, 김선화 한국특허전략개발원 주임연구원, 김소영 KAIST 교수, 김소희 이투데이 기자, 김슬아 유미특허법인 변리사, 김승권 전 한국보건사회연구원 연구위원, 김시진 삼성디스플레이 책임연구원, 김아영 강남세브란스병원 국제진료소 과장, 김연철 인제대 교수, 김영우 KBS PD, 김영이 서울고등법원 국선전담변호사, 김영태 특허청 심사관, 김예슬 육군대학 전략학 교관, 김우철 서울시립대 교수, 김우현 정신건강의학과 전문의, 김원경 KB라이프생명 책임매니저, 김원석 전자신문 부장, 김원준 건국대 교수, 김윤배 국방부 군무원, 김익재 한국과학기술연구원 책임연구원, 김인주 한성대 겸임교수, 김인채 GC녹십자 상무, 김재욱 특허정보진흥센터 전임조사원, 김정섭 KAIST 겸직교수, 김정헌 대전지방법원 부장판사, 김정훈 법무부 교정관, 김종호 이데일리 기자, 김준우 육군대학 전략학처 교관, 김준한 대한무역투자진흥공사 부장, 김준희 HP프린팅코리아 매니저, 김지나 방위사업청 사무관, 김지원 한국노인인력개발원 대리, 김지원 이연제약 선임, 김지현 SK이노베이션 변리사, 김진솔 매경비즈 기자, 김진훈 해군전력분석시험평가단 중령, 김창섭 가천대 교수, 김창욱 보스턴컨설팅그룹 과장, 김충일 (주)엘지씨엔에스 책임, 김치현 감사원 변호사, 김태연 단국대 교수, 김현경 변호사(개인정보보호위원회), 김현아 특허청 사무관, 김현준 국가보안기술연구소 실장, 김현준 티씨케이 대리, 나황영 법무법인 (유) 바른 변호사, 남관우 특허법인 고려 변리사, 남윤지 방송작가, 노재일 변리사, 류준구 판사, 류한석 기술문화연구소 소장, 문명욱 녹색기술센터 연구원, 문민주 전북일보 기자, 문영준 한국교통연구원 선임연구위원, 문해남 전 해수부 정책실장, 민주현 대한무역투자진흥공사 과장,

박가열 한국고용정보원 연구위원, 박경규 전 한국광물자원공사 자원개발본부장, 박기현 특허청 주무관, 박문수 한국생산기술연구원 수석연구원, 박미리 한미약품 특허팀, 박병원 경총 회장, 박보배 해양수산과학기술진흥원 연구원, 박상일 파크시스템스 대표, 박선영 인사혁신처 주무관, 박설아 서울중앙지방법원 판사, 박성민 (주)LG 홍보팀 책임, 박성필 KAIST 교수, 박성하 전 한국광물자원공사 운영사업본부장, 박성호 YTN 선임기자, 박수영 특허그룹 제이엔피 대표 변리사, 박연수 고려대 교수, 박영우 KLP특허법률사무소 변리사, 박영재 한반도안보문제연구소 전문위원, 박유신 중앙대 문화콘텐츠기술연구원 박사, 박은정 하나생명 Innovation Cell 팀장, 박정택 (주)델바인 기술보호 책임자, 박종선 법무법인 승리로 파트너 변호사, 박종현 현대자동차 책임매니저, 박주현 공인회계사, 박준규 헤럴드경제 기자, 박준오 미국변호사, 박준홍 연세대 교수, 박지윤 (주)엔딕 대리, 박진하 건국산업 대표, 박찬서 산업통상자원부 사무관, 박찬우 농림축산식품부 사무관, 박철기 삼성전자 수석 엔지니어, 박태홍 에스브이인베스트먼트 팀장, 박헌주 KDI 교수, 박희연 특허청 사무관, 배경화 기획재정부 서기관, 배기찬 통일코리아협동조합 이사장, 배달형 한국국방연구원 책임연구위원, 배은경 육군 소령, 백승호 롯데 유통군HQ 팀장, 서범권 베리타스아카데미 대표, 서복경 서강대 현대정치연구소 연구원, 서용석 KAIST 교수, 서지영 과학기술정책연구원 연구위원, 서진교 KBS PD, 서훈 이화여대 초빙교수, 선종률 한성대 교수, 설동훈 전북대 교수, 설승은 연합뉴스 기자, 손수민 대한민국 공군 장교, 손수정 과학기술정책연구원 연구위원, 손영동 한양대 교수, 손종현 대구가톨릭대 교수, 손준우 (주)소네트 대표이사, 송다혜 LG에너지솔루션 팀장, 송미령 농촌경제연구원 선임연구위원, 송민주 코오롱인더스트리 지식재산팀 변리사, 송보희 인토피아 연구소장, 송석기 법무법인(유) 로고스 변호사, 송영 현대자동차 책임매니저, 송영재 육군 대위, 송유승 한국전자통신연구원 책임연구원, 송종규 법무법인 민율 변호사, 송준규 Easygroup 대표, 송태은 국립외교원 교수, 송향근 세종학당재단 이사장, 송혜영 전자신문 기자, 신동근 (주)파라투스인베스트먼트 공인회계사, 신승민 리앤목특허법인 변리사, 신승환 스탠다드에너지 피플팀장, 신진욱 한국타이어앤테크놀로지 디지털지능화팀 팀장, 신태범 성균관대 교수, 신혜원 법무법인 KCL 변리사, 심영식 해움특허법인 파트너 변리사, 심재율 심북스 대표, 안광원 KAIST 교수, 안병민 한국교통연구원 선임연구위원, 안병옥 전 환경부 차관, 안현실 한국경제신문 논설위원, 양승실 전 한국교육개발원 선임연구위원, 양재석 KAIST 교수, 오상연 MBC 기자, 오상진 고려대 산학교수, 오영석 전 KAIST 초빙교수, 오윤경 한국행정연구원 연구위원, 우천식 KDI 선임연구위원, 우희준 육군 중위, 우희창 법무법인 새얼 변호사, 원정숙 서울중앙지방법원 판사, 유은순 인하대 연구교수, 유정민 서울연구원 부연구위원, 유희인 전 NSC 위기관리센터장, 윤장옥 대한무역투자진흥공사 과장, 윤정현 과학기술정책연구원 전문연구원, 윤혜선 프리랜서 작가, 윤호식 과총 사무국장, 이경숙 전 숙명여대 총장, 이광형 KAIST 교수, 이동욱 한국생산기술연구원 수석연구원, 이민수 서울중앙지방법원 부장판사, 이민화 일본 TBS 기자, 이보라 KB라이프생명 책임매니저, 이봉현 한겨레신문 부국장, 이삼식 한국보건사회연구원 단장, 이상룡 대전대 겸임교수, 이상윤 KAIST 교수, 이상주 국토교통부 과장, 이선정 라인플러스 매니저, 이성호 서울동부지방법원 부장판사, 이성훈 육군대학 소령, 이소정 디어젠(주) 변리사, 이수석 국가안보

전략연구원 실장, 이승주 중앙대 교수, 이시식 현대자동차 상무, 이신혜 조선비즈 기자, 이온죽 서울대 명예교수, 이용욱 교육부 서기관, 이용원 삼성전자 수석연구원, 이우준 티맥스소프트 매니저, 이원복 이화여대 교수, 이윤석 한국특허전략개발원 전문위원, 이장원 한국노동연구원 선임연구위원, 이장재 한국과학기술기획평가원 선임연구위원, 이재영 삼성전자 연구원, 이정원 특허법인C&S 변호사, 이정현 명지대 교수, 이정희 (주)올리브헬스케어 대표이사, 이종권 LH토지주택연구원 연구위원, 이준경 육군&UN PKO Military Observer 소령, 이준엽 변리사, 이지민 대한민국 육군 장교, 이지영 특허법원 고법판사, 이지현 광주광역시 사무관, 이진석 서울대 교수, 이차웅 수원지방법원 부장판사, 이창훈 한국환경정책평가연구원 본부장, 이철규 해외자원개발협회 상무, 이철훈 군법무관, 이춘우 서울시립대 교수, 이헌규 한국과학기술단체총연합회 전문위원, 이혜리 SKC 매니저, 이환 대주회계법인 공인회계사, 임경아 Watcha PD, 임만성 KAIST 교수, 임명환 한국전자통신연구원 책임연구원, 임선민 법무법인(유) 율촌 변호사, 임우형 SK텔레콤 매니저, 장용석 서울대 통일평화연구원 책임연구원, 장창선 녹색기술센터 연구원, 전영희 JTBC 기자, 정경원 KAIST 교수, 정다혜 (주)라포랩스 전략상품개발팀 MD, 정민지 변리사, 정상천 산업통상자원부 팀장, 정석호 한국특허정보원 대리, 정영주 법무연수원 검사, 정영훈 삼성바이오에피스 수석변호사, 정용덕 서울대 명예교수, 정용호 SK실트론 특허팀 Pro, 정유경 LG화학 변호사, 정진호 더웰스인베스트먼트 대표, 정학근 한국에너지기술연구원 본부장, 정해성 JTBC 기자, 정해식 한국보건사회연구원 연구위원, 정현덕 KBS 기자, 정현미 서울고등법원 판사, 정홍익 서울대 명예교수, 조기성 (주)만도 책임, 조덕현 한국관광공사 단장, 조봉현 IBK경제연구소 수석연구위원, 조상용 (주)글로브포인트 대표이사, 조영탁 육군미래혁신연구센터 중령, 조영태 LH토지주택연구원 센터장, 조정하 작가, 조준흠 미래에셋증권 IPO 본부 과장, 조철 산업연구원 선임연구위원, 조충호 고려대 교수, 조혜원 TJB 기자, 주강진 창조경제연구회 수석연구원, 지수영 한국전자통신연구원 책임연구원, 지영건 차의과대학 교수, 채윤경 JTBC 기자, 최석윤 현대자동차 책임매니저, 최성은 연세대 연구교수, 최승일 EAZ Solution 대표, 최연구 한국과학창의재단 연구위원, 최용성 매일경제 부장, 최윤정 KAIST 연구교수, 최정윤 중앙대 문화콘텐츠기술연구원 박사, 최준호 중앙일보 기자, 최지혜 신협중앙회 변호사, 최진범 (주)바오밥파트너즈 대표이사, 최창옥 성균관대 교수, 최필진 비씨카드 신사업TF 대리, 최호성 경남대 교수, 최호진 한국행정연구원 연구위원, 편정현 중소벤처기업진흥공단 부장, 하민지 한국특허전략개발원 전문위원, 한상욱 김앤장 변호사, 한이삭 산업통상자원부 행정사무관, 한희연 (주)루닛 미국 변호사, 함은영 팅크웨어(주) 법무팀장(영국 변호사), 허성환 대전지검 공판부장, 허예나 육군대학 전술학교관, 허재용 포스코경영연구원 수석연구원, 허재철 원광대 한중정치외교연구소 연구교수, 허지현 네이버웹툰(유) 변리사, 허태욱 KAIST 연구교수, 현기택 MBC 영상기자, 호지훈 쿠팡(주) Principal, 홍규덕 숙명여대 교수, 홍성조 해양수산과학기술진흥원 실장, 홍인석 국토교통부 주무관, 홍창선 전 KAIST 총장, 황빛남 한국기초과학지원연구원 관리원, 황선우 육군 중위, 황욱 서울대학교 지식재산전략실 연구원, 황호석 한국전력공사 전력연구원 연구원, 황호택 서울시립대 석좌교수, KAIST 문술미래전략대학원 석사과정생-2019년: 강수경, 강희숙, 고경환, 김경선, 김재영, 노성열, 석효은, 신동섭, 안성원, 윤대원, 이민정, 이상욱, 이영국, 이재욱, 이지원, 임유진, 정은주, 정지용, 조재길, 차경훈, 한선정, 홍석민, 2020년: 강선아, 곽주연, 권남우, 김경현, 김서우, 김승환, 김영우, 김재명, 김정환, 김지철, 김현석, 김형수, 김형주, 박종수, 박중민, 박태준, 배민주, 배수연, 백승현, 서일주, 성보기, 손래신, 송상현, 심재원, 오정민, 윤지현, 이아연, 이연수, 이정아, 이준우, 이태웅, 조정윤, 최영진, 홍기돈, 홍창효, 황수호, 2021년: 강병수, 김봉현, 김순희, 김조을, 김필준, 김현주, 김희진, 류승목, 박은빈, 신수철, 윤채우리, 이민우, 이수연, 이승종, 이지현, 정대희, 2022년: 오한울, 윤새하, 윤재필, 이기쁨, 이주연, 이준, 2023년: 김선경, 김아영, 김지윤, 박종욱, 서인우, 손동규, 안혜민, 이형관, 정승호, 지은희, 최인원, 2024년: 고은경, 권기환, 김필호, 김한울, 노한나, 양채린, 윤정민, 이상섭, 이소은, 이영직, 이종우, 임화영, 정인규, 정혜윤, 최효경, 한연희, 황윤진, 황해철

| 문술리포트 연혁 |

- 2014년 1월 10일: 정문술 전 KAIST 이사장의 미래전략대학원 발전 기금 215억 원 출연(2001년 바이오및뇌공학과 설립을 위한 300억 원 기증에 이은 두 번째 출연). 미래전략 분야 인력 양성과 국가 미래전략 연구 요청

- 2014년 3월: KAIST 미래전략대학원 교수회의에서 국가 미래전략 연간 보고서(문술리포트) 출판 결정

- 2014년 4월: 문술리포트 기획위원회 구성

- 2014년 4~8월: 분야별 원고 집필 및 검토

- 2014년 10월: 국회 최고위 미래전략과정 검토의견 수렴

- 2014년 11월:《대한민국 국가미래전략 2015》(문술리포트-1) 출판

- 2015년 1~2월: 기획편집위원회 워크숍. 미래사회 전망 및 미래비전 토론

- 2015년 1~12월: 국가미래전략 정기 토론회 매주 금요일 개최(서울창조경제혁신센터, 총 45회)

- 2015년 9~12월: 〈광복 70년 기념 미래세대 열린광장 2045〉 전국 투어 6회 개최

- 2015년 10월:《대한민국 국가미래전략 2016》(문술리포트-2) 출판

- 2015년 10~11월: 〈광복 70년 기념 국가미래전략 종합학술대회〉 4주간 개최(서울 프레스센터)

- 2015년 12월 15일: 세계경제포럼·KAIST·전경련 공동 주최 〈WEF 대한민국 국가 미래전략 워크숍〉 개최

- 2016년 1~2월: 문술리포트 2017년판 기획 및 발전 방향 논의

- 2016년 1~12월: 국가미래전략 정기 토론회 매주 금요일 개최(서울창조경제혁신센터)

■ 2016년 10월:《대한민국 국가미래전략 2017》(문술리포트-3) 출판

■ 2017년 1~2월: 문술리포트 2018년판 기획, 발전 방향 논의 및 새로운 과제 도출

■ 2017년 3월 17일: 국가미래전략 정기 토론회 100회 기록

■ 2017년 1~3월: 국가핵심과제 12개 선정 및 토론회 개최

■ 2017년 4~11월: 4차 산업혁명 대응을 위한 과제 선정 및 토론회 개최

■ 2017년 1~12월: 국가미래전략 정기 토론회 매주 금요일 개최(서울창조경제혁신센터)

■ 2017년 10월:《대한민국 국가미래전략 2018》(문술리포트-4) 출판

■ 2018년 1월: 문술리포트 2019년판 기획 및 발전 방향 논의, 2019 키워드 도출

■ 2018년 1~12월: 국가미래전략 정기 토론회 매주 금요일 개최(서울시청 시민청)

■ 2018년 10월:《카이스트 미래전략 2019》(문술리포트-5) 출판 (보고서 이름 변경)

■ 2019년 1월: 문술리포트 2020년판 기획 및 발전 방향 논의, 2020 키워드 도출,
 KAIST 문술미래전략대학원 과목으로〈국가미래전략특강〉개설

■ 2019년 2~6월: 국가미래전략 정기 토론회 매주 토요일 개최(KAIST 도곡캠퍼스)

■ 2019년 10월:《카이스트 미래전략 2020》(문술리포트-6) 출판

■ 2020년 1월: 문술리포트 2021년판 기획 및 발전 방향 논의, 2021 키워드 주제 선정

■ 2020년 3~9월: 국가미래전략 특강 진행(코로나19 감염 방지 및 예방을 위해 온라인 특강으
 로 전환), 주제별 원고 집필 및 검토

■ 2020년 10월:《카이스트 미래전략 2021》(문술리포트-7) 출판

■ 2021년 1~2월: 문술리포트 2022년판 기획 및 발전 방향 논의, 2022 키워드 주제 선정

■ 2021년 2~9월:〈국가미래전략특강〉진행 및 주제별 원고 작성·수정 토론

■ 2021년 10월:《카이스트 미래전략 2022》(문술리포트-8) 출판

■ 2022년 1~2월: 문술리포트 2023년판 기획 및 발전 방향 논의, 2023 키워드 주제 선정

■ 2022년 2~9월:〈국가미래전략특강〉진행 및 주제별 원고 작성·수정 토론

■ 2022년 10월:《카이스트 미래전략 2023》(문술리포트-9) 출판

- 2023년 1~2월: 문술리포트 2024년판 기획 및 발전 방향 논의, 2024 키워드 주제 선정
- 2023년 2~9월: 〈국가미래전략특강〉 진행 및 주제별 원고 작성·수정 토론
- 2023년 10월:《카이스트 미래전략 2024》(문술리포트-10) 출판
- 2024년 1~2월: 문술리포트 2025년판 기획 및 발전 방향 논의, 2025 키워드 주제 선정
- 2024년 2~9월: 〈국가미래전략특강〉 진행 및 주제별 원고 작성·수정 토론
- 2024년 10월:《카이스트 미래전략 2025》(문술리포트-11) 출판

| 참고문헌 |

- 관계 부처 합동, 〈제3차 국가 기후위기 적응 강화대책〉, 2023
- 구본권, 《로봇시대, 인간의 일》, 어크로스, 2015
- 구형수, 〈무엇이 도시의 생존을 위협하는가?: 도시축소에 대한 구조적 이해〉, 국토연구 제119권, 국토연구원, 2023
- 국토연구원, 〈축소 도시 분류 및 유출인구 직종 특성 분석〉, 2020
- 기상청, 〈2022 남한 상세 기후변화 전망보고서〉, 2023
- 기상청, 〈2023 이상기후 보고서〉, 2024
- 김도원·변재욱, 〈이민과 지역경제: 국내 장기체류외국인이 지역경제 성장에 미치는 영향에 관한 실증분석〉, 이민정책연구원, 2022
- 김도원·민수진·변재욱, 〈이민과 공공재정: 외국인주민과 지방정부의 공공 사회복지 지출에 관한 실증분석〉, 이민정책연구원, 2023
- 김명진, 《20세기 기술의 문화사》, 궁리, 2018
- 김상배·김흥규 외, 《신국제질서와 한국외교전략》, 명인문화사, 2021
- 김순은·양은진, 《미래의 지방행정체제》, 조명문화사, 2021
- 김태유·김대륜, 《패권의 비밀》, 서울대학교출판문화원, 2017
- 로버트 D. 퍼트넘, 《나 홀로 볼링》, 페이퍼로드, 2009
- 미야자키 마사카쓰, 《세상에서 가장 쉬운 패권 쟁탈의 세계사》, 위즈덤하우스, 2020
- 백서인 외, 〈글로벌 기술 패권 경쟁에 대응하는 주요국의 기술 주권 확보 전략과 시사점〉, STEPI Insight 285호, 과학기술정책연구원, 2021
- 백승종, 《제국의 시대》, 김영사, 2022

- 법무부, 〈출입국·외국인정책 통계연보〉, 각 연도
- 손가영·홍성조, 〈인구감소 중소도시의 공간적 축소에 관한 연구〉, 국토연구 제19권, 국토연구원, 2023
- 송미경, 〈몰락한 도시: 디트로이트의 교훈〉, 세계와 도시 3호, 서울연구원, 2013
- 송태은, 〈디지털 시대 하이브리드 위협 수단으로서의 사이버 심리전의 목표와 전술〉, 세계지역연구논총 39집 1호, 한국 세계지역학회, 2021
- 송태은, 〈러시아-우크라이나 전쟁의 정보심리전: 평가와 함의〉, 국립외교원 외교안보연구소, 2022
- 안소영, 〈고령화·저출산과 영국의 도시 재생〉, 보험연구원, 2019
- 앨런 말라흐, 《축소되는 세계》, 사이, 2024
- 앨빈 토플러, 《제3의 물결》, 홍신문화사, 2006
- 앨빈 토플러, 《앨빈 토플러 부의 미래》, 청림출판, 2006
- 양지훈·윤상혁, 〈ChatGPT를 넘어 생성형(Generative) AI 시대로: 미디어·콘텐츠 생성형 AI 서비스 사례와 경쟁력 확보 방안〉, Media Issue & Trend 55호, 한국방송통신전파진흥원, 2023
- 윤주, 《도시재생 이야기》, 살림, 2017
- 이로미·최서리, 〈국내 거주 중국동포의 사례를 통해 살펴본 이주민 평생교육의 과제〉, 평생학습사회 제11권 제2호, 한국방송통신대학교 미래원격교육연구원, 2015
- 이상지·최서리, 〈국내 취업 자격 외국인과 그 가족 추이 (2010~2023)〉, 이민정책연구원 통계브리프 No. 2024-2, 이민정책연구원, 2024
- 임송학, 〈저출산과 로마법〉, 월간법제 2005권 3호, 법제처, 2005
- 전대욱·권오철·김필, 〈인구감소 대응을 위한 지방행정체제 개편 및 협력제도 강화 방안 연구〉, 한국지방행정연구원, 2003
- 정일영 외, 〈위기에 강한 미래국가를 실현하기 위한 과학기술 혁신전략 연구〉, 경제

· 인문사회연구회, 2022

▪ 조영태 외,《초저출산은 왜 생겼을까?》, 김영사, 2024

▪ 주보혜·김정미 외, 〈국제기구와 주요 선험 국가의 고령화 대응 정책 분석〉, 한국보건사회연구원, 2019

▪ 최낙준·최서리, 〈독일 손님노동자제도와 터키 이민자 수용 방식의 교훈〉, 이민정책연구원 이슈브리프 No. 2018-14, 이민정책연구원, 2018

▪ 최서리, 〈2010~2022년 국내 영주자격 소지자 추이와 특징〉, 이민정책연구원 통계브리프 No. 2023-1, 이민정책연구원, 2023

▪ 최연구,《미래를 읽는 문화경제 트렌드》, 중앙경제평론사, 2023

▪ 최연구, 〈애플, MS, 엔비디아 빅3 시대의 개막〉, 아레테 7호, 경남대 교양교육연구소, 2024

▪ 통계청, 〈2021년 기준 장래인구추계를 반영한 내·외국인 인구추계: 2020~2040년〉, 2022

▪ 통계청, 〈장래인구추계: 2022~2072년〉, 2023

▪ 통계청, 〈2022년 생명표〉, 2023

▪ 통계청, 〈2023년 출생·사망 통계〉, 2024

▪ 통계청, 〈2022년 기준 장래인구추계를 반영한 내·외국인 인구추계: 2022~2042년〉, 2024

▪ 표석환, 〈맬서스 인구이론과 현대 인구변천이론의 비교 고찰〉, 인구교육 제11권, 한국인구교육학회, 2018

▪ 프랭크 매클린,《나폴레옹》, 교양인, 2016

▪ 한국고용정보원, 〈지역소멸 위기 극복을 위한 지역 일자리 사례와 모델〉, 2022

▪ 행정안전부, 〈주민등록 인구현황〉, 각 연도

▪ KAIST 문술미래전략대학원,《인구 전쟁 2045》, 크리에이터, 2018

- Akaev, A., & Pantin, V., "Technological innovations and future shifts in international politics", *International Studies Quarterly* 58(4), 2014

- Ali, S., et al., "Explainable Artificial Intelligence (XAI): What we know and what is left to attain Trustworthy Artificial Intelligence", *Information fusion*, 99, 101805, 2023

- Almada, M., & Petit, N., "The EU AI Act: a medley of product safety and fundamental rights?" *Robert Schuman Centre for Advanced Studies Research Paper*, 2023

- Alpert, D., *The age of oversupply: Overcoming the greatest challenge to the global economy*, Penguin, 2013

- Clement, T., et al., "Xair: A systematic metareview of explainable ai (xai) aligned to the software development process", *Machine Learning and Knowledge Extraction* 5(1), 2023

- Gohel, P., Singh, P., & Mohanty, M., "Explainable AI: current status and future directions", arXiv preprint arXiv:2107.07045, 2021

- IPCC, "Climate Change 2014: Impacts, Adaptation, and Vulnerability", 2014

- IPCC, "Climate Change 2021: The physical science basis", 2021

- IPCC, "Climate Change 2022: Impacts, Adaptation, and Vulnerability", 2022

- IPCC, "Synthesis Report of the IPCC 6th Assessment Report: Climate Change", 2023

- Jackson, T., *Prosperity without Growth: Economics for a Finite Planet*, Earthscan, 2009

- Michal, O., & Madeline, Z., "Emerging Technology and Nuclear Security: What does the wisdom of the crowd tell us?", *Contemporary Security Policy* 42(3), 2021

- Murphy, R., *Introduction to AI Robotics*, The MIT Press, 2000

- O'Neil, C., *Weapons of Math Destruction: How Big Data Increases Inequality and Threatens Democracy*, Broadway Books, 2017

- Park, Y. J., *The future of digital surveillance: why digital monitoring will never lose its appeal in a world of algorithm-driven AI*, University of Michigan Press, 2021

- Teitelbaum, M. S., *The Fear of Population Decline*, Academic Press, 2013

- Toffler, A., *Third Wave*, Bantan Books, 1991

- UN-Habitat, "World Cities Report", 2020

- WEF, "Global Risks Report", 2024

- Weiner, M., & Teitelbaum, M. S., *Political demography, demographic engineering*, Berghahn Books, 2001

- Winter, J., & Teitelbaum, M., *The global spread of fertility decline: Population, fear, and uncertainty*, Yale University Press, 2013

- WMO, "State of the Global Climate", 2024

|주|

1   앨런 말라흐,《축소되는 세계》, 사이, 2024

2   "토머스 로버트 맬서스", 네이버 지식백과

3   조영태 외,《초저출산은 왜 생겼을까?》, 김영사, 2024

4   표석환,〈맬서스 인구이론과 현대 인구변천이론의 비교 고찰〉, 인구교육 11권 1호, 2018

5   "저출산 이야기-로마제국 저출산 현상, 한국과 닮았다", 신아일보, 2020.8.27

6   임송학,〈저출산과 로마법〉, 법제처, 2009.1

7   표석환,〈맬서스 인구이론과 현대 인구변천이론의 비교 고찰〉, 인구교육 11권 1호, 2018

8   "21세기 말 전 세계 인구절벽…거의 모든 국가에서 감소", KBS 뉴스, 2024.3.21

9   조영태 외,《초저출산은 왜 생겼을까?》, 김영사, 2024

10 UN-Habitat, "World Cities Report 2020", 2020

11 앨런 말라흐,《축소되는 세계》, 사이, 2024

12 "출산율 '1명' 사상 첫 붕괴… OECD 회원국 중 유일", 한겨레신문, 2019.2.27

13 주보혜·임정미 외,〈국제기구와 주요 선험 국가의 고령화 대응 정책 분석〉, 한국 보건사회연구원, 2019

14 앨런 말라흐,《축소되는 세계》, 사이, 2024

15 손가영·홍성조,〈인구 감소 중소도시의 공간적 축소에 관한 연구〉, 국토연구 제 119권, 2023

16 구형수,〈무엇이 도시의 생존을 위협하는가: 도시축소에 대한 구조적 이해〉, 국토

연구 제119권, 국토연구원, 2023

17 《축소되는 세계》 51쪽의 내용을 요약·인용했다.

18 "'파산' 유바리시가 살아남은 비결은", 한겨레신문, 2019.10.19

19 송미경, 〈몰락한 도시: 디트로이트의 교훈〉, 세계와 도시 3호, 서울연구원, 2013

20 안소영, 〈고령화·저출산과 영국의 도시재생〉, 보험연구원, 2019

21 양도식, 〈영국 도시재생 정책의 실체〉, 국토연구원, 2013

22 국토연구원, 〈축소 도시 분류 및 유출인구 직종 특성 분석〉, 2020

23 "군산 인구 26만 명선 붕괴…25만 9,980명", JTV, 2024.1.4

24 Smil, V., *Growth: From Microorganisms to Megacities*, MIT Press, 2019

25 Fernando, J. W. et al., "Profiles of an Ideal Society: The Utopian Visions of Ordinary People", *Journal of Cross-Cultural Psychology*, 54(1), 2023

26 Sargent, L. T., *Utopianism: A very short introduction*, Oxford University Press, 2010

27 폴 몰랜드, 《인구의 힘》, 미래의창, 2020

28 PwC, "The Long View: How will the global economic order change by 2050?", 2017

29 폴 몰랜드, 《인구의 힘》, 미래의창, 2020

30 이상동, 〈흑사병 창궐과 잉글랜드의 사회·경제적 변화: 임금 인상에 대한 논의를 중심으로〉, 서양중세사연구 49, 2022

31 재레드 다이아몬드, 《총 균 쇠》, 김영사, 2023

32 윤기영, 〈포스트 캐피탈리즘: 디지털 트랜스포메이션과 자본주의의 향방〉, 미래학회 2018 추계학술대회, 2018.11

33 Degrowth Journal, https://www.degrowthjournal.org

34 "Is South Korea Disappearing?", *New York Times*, 2023.12.2

35 "Why family-friendly policies don't boost birth rates", *Financial Times*, 2024.3.28

36 "What Happened When This Italian Province Invested in Babies", *New York Times*, 2024.4.1

37 https://www.statista.com/statistics/568758/total-fertility-rate-in-italy-by-region

38 "The Birth Dearth and the Smartphone Age", *New York Times*, 2024.4.5

39 Catherine Pakaluk, *Hannah's Children*, Gateway Editions, 2024

40 "Why family-friendly policies don't boost birth rates", *Financial Times*, 2024.3.28

41 East Asia Forum, "Education reform is needed to alleviate South Korea's demographic decline", 2023.4.1

42 한국청소년정책연구원, 〈10대 청소년의 정신건강 실태조사〉, 2021

43 통계청, 〈2023년 출생·사망 통계〉, 2024. 2

44 East Asia Forum, "Education reform is needed to alleviate South Korea's demographic decline", 2023.4.1

45 "Why Aren't More People Marrying? Ask Women What Dating Is Like", *New York Times*, 2023.11.22

46 "Men Are From Mercury, Women Are From Neptune", *New York Times*, 2024.2.29

47 "Why Americans Suddenly Stopped Hanging Out", *The Atlantic*, 2024. 2. 14

48 노르베르트 F. 슈나이더, 마리아 M. 벨링거, 〈독일의 출산 추이와 가족정책의 연관성에 대하여〉, 국제사회보장리뷰 26호, 2023.9.2

49 "Men Are From Mercury, Women Are From Neptune", *New York Times*,

2024.2.29

50 "We Know the Cure for Loneliness. So Why Do We Suffer?", *New York Times*, 2023.10.4

51 OECD, "Fertility trends across the OECD: the underlying drivers, and what role for policy?", 제145차 OECD 고용노동사회위원회, 2023. 4. 10

52 OECD, "Family Database", 2024, https://www.oecd.org/els/family/database.htm

53 권태한·김두섭,《인구의 이해》, 서울대학교출판부, 2002

54 신윤정,〈청년들의 결혼과 출산에 대한 태도와 특징〉, 한국의 사회동향 2023, 통계청, 2023

55 한국보건사회연구원,〈전국 출산력 조사 분석 결과〉, 2023

56 OECD, "Family Database", 2024, https://www.oecd.org/els/family/database.htm

57 Commission des affaires sociales, "Proposition de Loi: Universalité des Allocations Familiales, L'ESSENTIEL", 2023, https://www.senat.fr/lessentiel/ppl21-181.pdf

58 스웨덴 정부, 2023, https://www.regeringen.se/pressmeddelanden/2023/04/forslag-om-okad-flexibilitet-i-foraldrapenningen-pa-remiss

59 독일 연방 하원, 2023, https://www.bundesregierung.de/breg-de/themen/entlastung-fuer-deutschland/unterstuetzung-fuer-familien-2125014

60 Fidesz Newsletter, "All you need to know about the latest in Hungary's pro-family policy", 2019.2.19, https://fidesz-eu.hu/en/all-you-need-to-know-about-the-latest-in-hungarys-pro-family-policy

61 국립사회보장연구소, 2023, https://www.inps.it/it/it/dettaglio-scheda.

schede-servizio-strumento,schede-servizi,assegno-unico-e-universale-per-i-figli-a-carico-55984,assegno-unico-e-universale-per-i-figli-a-carico,html

62 Singapore Government, "Building a Singapore that is Made For Families: An overview of support for Marriage & Parenthood", 2023

63 OECD, "Doing Better for Families", 2011

64 통계청, 〈사회조사로 살펴본 청년의 의식변화〉, 2023.8.28

65 여성가족부, 〈가족 다양성에 대한 국민인식 조사〉, 2021

66 통계청, 〈KOSIS 인구로 보는 대한민국〉

67 통계청, 〈KOSIS 인구로 보는 대한민국〉

68 "'나홀로는 외롭다' 1인 가구 정책, 해외 선진국은 어떨까", 머니투데이, 2021.9.9

69 KB금융연구소, 〈한국 1인 가구 보고서〉, 2022

70 통계청, 〈1인 가구 사유〉, 2020

71 Beck-Gernsheim, E., "On the Way to a Post-Familial Family", *Theory, Culture and Society* 15, 1998

72 여성가족부, 〈가족 다양성에 대한 국민인식 조사〉, 2021

73 통계청, 〈2023 통계로 보는 1인 가구〉, 2023.12

74 김석호 외 〈인구특성별 1인 가구 현황 및 정책대응 연구〉, 여성가족부, 2018

75 "'나홀로는 외롭다' 1인 가구 정책, 해외 선진국은 어떨까", 머니투데이, 2021.9.9

76 "스웨덴, 손주 돌보는 조부모도 3개월 유급 육아휴직 준다", 중앙일보, 2024.7.3

77 "일본 후생성, 기업별 '남성 육아휴직 비율' 공개 의무화", 이투데이, 2024.2.26

78 "육아휴직 더 쪼개 쓸 수 있다…", 연합뉴스, 2024. 6. 19

79 "허용 기간 최장, 사용은 최저…한국 아빠 '육아휴직의 역설'", 경향신문, 2023.6.6

80 법무부, 〈1인 가구의 사회적 공존을 위한 법제도 개선안〉, 2022.1.27

81   "Six Ways to Be a Better Manager", *Standford Business*, 2017.1.25, https://www.gsb.stanford.edu/insights/six-ways-be-better-manager

82   "So Crazy, It Might Just Work: How Foolishness Feeds Innovation", *Standford Business*, 2024.2.21, https://www.gsb.stanford.edu/insights/so-crazy-it-might-just-work-how-foolishness-feeds-innovation

83   제러미 어틀리·페리 클레이반,《아이디어 물량공세》, 리더스북, 2024

84   "타코벨 음식 하나에도 2000개의 아이디어가 필요", 한국경제, 2024.4.12

85   통계청,〈인구동향조사〉, 2013~2022

86   "유산", 서울대학교병원〈N 의학정보〉, http://www.snuh.org/health/nMedInfo/nView.do?category=DIS&medid=AA000590

87   "고령 임신 50대, 유산 건수가 출생아 수보다 208.5배 많아", 메디팜헬스뉴스, 2023.10.19

88   "산부인과 없는 지역 임신부 유산율 최대 3배 높다", 연합뉴스, 2019.1.10

89   KAIST가 2024년 진행한 '제2회 Crazy Day 아이디어 공모전' 대상 수상작을 수록했다.

90   "함께 심으면 좋은 작물", 중앙신문, 2024.3.17

91   KAIST가 2024년 진행한 '제2회 Crazy Day 아이디어 공모전' 최우수상 수상작을 수록했다.

92   KAIST가 2024년 진행한 '제2회 Crazy Day 아이디어 공모전' 우수상 수상작을 수록했다.

93   최희윤,〈과학기술과 인간, '공존共存과 융합融合'을 바라보다〉, R&D HRD 트렌드 리포트 1호, 국가과학기술인력개발원, 2023

94   최동진,〈인구절벽과 기후 중립-기후 렌즈로 봐야 하는 인구구조의 변화〉, 기후변화행동연구소, 2022.6

95 "왜 초저출산 국가가 됐나", 국민일보, 2024.2.15

96 KAIST가 2024년 진행한 '제2회 Crazy Day 아이디어 공모전' 우수상 수상작을 수록했다.

97 MarketsandMarkets, 〈AI ROBOTS Market〉, 2023.9

98 ""모든 것을 가속화합니다", 컴퓨텍스 2024 키노트 나선 NVIDIA 젠슨 황", NVIDIA Blog Korea, 2024.6.3

99 "차세대반도체 등 부품 장비 유망 신산업·산업기술인력 전망 결과 발표", 한국산업기술진흥원 보도자료, 2023.4.11

100 FGI 참여 기관: 국방부 국방혁신담당관실, 육군본부 정책실·인사참모부, 육군 미래혁신연구센터, 육군부사관학교 등

101 "군인 모자란 우크라, 드론 전담 '여군 부대' 만든다", 중앙일보, 2024.5.1

102 "美 국방수권법 공개…드론 군단 창설하고 유사시 中 원유 차단", 조선일보, 2024.5.29

103 "IDF's "Star" Drone Squadron: Eliminating Any Threat That Disrupts the Gaza Maneuver", Israel Defense, 2024.2.21, https://www.israeldefense.co.il/en/node/61296

104 박승재, 〈하이터치 하이테크 교육-AI 디지털교과서로 수업하기〉, 한국교육공학회 춘계학술대회 발표 자료, 2024.6

105 우해봉·장인수·정희선, 〈한국의 사망력 변천과 사망 불평등: 진단과 과제〉, 한국보건사회연구원, 2021

106 "호모헌드레드", 두산백과 두피디아, https://terms.naver.com/entry.naver?docId=6604836&cid=40942&categoryId=31611(2024. 6. 18 검색)

107 "인생 2막, 노후의 삶을 위한 조건", 파이낸셜뉴스, 2015.4.5

108 통계청, 〈장래인구추계: 2022~2072년〉, 2023.12.14

109 이소영·황남희·장인수, 〈2024년 인구정책의 전망과 과제〉, 한국보건사회연구원, 2024. 1

110 이윤경 외, 〈2020년도 노인실태조사〉, 보건복지부·한국보건사회연구원, 2020

111 대한민국 정부, 〈제4차 저출산·고령사회 기본계획〉, 2021

112 이윤경 외, 〈2020년도 노인실태조사〉, 보건복지부·한국보건사회연구원, 2020

113 대한민국 정부, 〈제4차 저출산·고령사회 기본계획〉, 2021

114 황남희 외, 〈노인장기요양보험 방문형 요양보호사 고용안정화 방안 연구〉, 소득주도성장특별위원회·한국보건사회연구원, 2021

115 저출산고령사회위원회, 관계 부처 합동, 〈윤석열 정부 저출산·고령사회 정책 과제 및 추진 방향〉, 2023. 3. 28

116 이소영 외, 〈저출산 고령사회 기본계획 보완 연구〉, 저출산고령사회위원회·한국보건사회연구원, 2024

117 이소영 외, 〈저출산 고령사회 기본계획 보완 연구〉, 저출산고령사회위원회·한국보건사회연구원, 2024

118 OECD, 〈Who Cares? Attracting and Retaining Care Workers for the Elderly〉, OECD Health Policy Studies, 2020

119 저출산고령사회위원회, 관계 부처 합동, 〈윤석열 정부 저출산·고령사회 정책 과제 및 추진 방향〉, 2023.3.28

120 OECD Better Life Index, https://www.oecdbetterlifeindex.org/#/11111111111 (2024.6.19 검색)

121 통계청, KOSIS, 2022년 말 기준 자료 토대로 분석

122 차미숙, 〈지방소멸 위기와 정책 대응〉, 기획재정부·KDI 제3차 미래전략포럼 발표 자료, 2023

123 행정안전부, 〈지방소멸 대응 대책 수립 연구〉, 2021

124 김수진·차미숙·이혜민, 〈균형발전의 가치 변화와 공간정책: 프랑스 사례를 중심으로〉, 국토연구원, 2022

125 차미숙, 〈일본의 새로운 국토형성 전략, 제3차 국토형성계획〉, 국토 9월호, 국토연구원, 2023

126 차미숙 외, 〈인구감소시대 지역발전을 위한 규제 합리화 방안〉, 국토연구원, 2023

127 최서리, 〈2010~2022년 국내 영주자격 소지자 추이와 특징〉, 이민정책연구원, 2023

128 은재호, 〈사회갈등 해소를 위한 국민통합 전략과 실행방안 연구〉, 한국행정연구원, 2017

129 정준화, 〈4차 산업혁명 시대, 일상의 디지털 전환이 초래한 사회갈등의 현황과 대응 방안〉, NARS 입법·정책 제104호, 국회입법조사처, 2022

130 중소벤처기업부, 〈온라인 플랫폼 사용기업 실태조사 결과보고서〉, 2021

131 안수현, 〈온라인·오프라인 융복합서비스시장(O2O)에서의 소비자 이슈와 보호방안〉, 외법논집 41권 2호, 2017

132 한국전지산업협회, SNE리서치, IHS마켓의 추정

133 "부산 앞바다도 얼었다…울산 56년 만 기록적 한파", KBS 뉴스, 2023.1.25

134 "호남 50년 만에 최악 가뭄…광주 제한급수 임박", 한국경제, 2023.3.31

135 "88년 만에 서울에서 9월 열대야…뜨거운 동풍 영향", 연합뉴스, 2023.9.5

136 ""말도 안 되게 진짜 많이 내렸다" 이례적인 12월의 폭우", YTN, 2023.12.11

137 김영호, 〈기후변화와 인간 안보〉, 국제평화 5권 1호, 2008

138 이동훈, 〈스마트 모빌리티, 어떤 기술을 통해 어디로 가야 하는가〉, Tech Focus, 5권, 2024.3.

139 Harb, M., et al., "Projecting travelers into a world of self-driving vehicles: estimating travel behavior implications via a naturalistic experiment",

Transclusion *Transportation* 45, 2018

140 박지영 외, 〈자율주행자동차 도입의 파급효과와 대응 전략〉, 한국교통연구원, 2018

141 유경상 외, 〈미래 교통환경 변화에 대응한 도시교통관리 방향: 자율주행 자동차 전용 지하도로 중심으로〉, 서울연구원, 2023

142 한영준 외, 〈자율주행 시대 서울의 도시환경 변화와 대응방향〉, 서울연구원, 2023

143 "규제 없앤 로테르담…자율주행 1억km 성공", 매일경제, 2019.8.7

144 김원호 외, 〈서울시 자율주행차 주차수요 관리방안〉, 서울연구원, 2020

145 World Economic Forum, "This is how climate change could impact the global economy", 2021.6.28

146 통계청, 〈2023 한국의 사회지표〉, 2024

147 Pascual-Torner, M., et al., "Comparative genomics of mortal and immortal cnidarians unveils novel keys behind rejuvenation", *Proceedings of the National Academy of Sciences* 119(36), 2022

148 Kim, E. B., et al., "Genome sequencing reveals insights into physiology and longevity of the naked mole rat", *Nature* 479(7372), 2011

149 Zhang, Zhihui, et al., "Increased hyaluronan by naked mole-rat Has2 improves healthspan in mice", *Nature* 621(7977), 2023

150 McCay, C. M., et al., "The effect of retarded growth upon the length of life span and upon the ultimate body size: one figure?", *The journal of Nutrition* 10(1), 1935

151 Mccay, C. M., et al., "Parabiosis between old and young rats", *Gerontology* 1(1), 1957

152 Hayflick, L., & Moorhead, P. S., "The serial cultivation of human diploid cell strains", *Experimental cell research* 25(3), 1961

153 Mccay, C. M., et al., "Parabiosis between old and young rats", *Gerontology* 1(1), 1957

154 Conboy, I. M., et al., "Rejuvenation of aged progenitor cells by exposure to a young systemic environment", *Nature* 433(7027), 2005

155 Horowitz, A. M., et al., "Blood factors transfer beneficial effects of exercise on neurogenesis and cognition to the aged brain", *Science* 369(6500), 2020

156 Baker, D. J., et al., "Naturally occurring p16Ink4a-positive cells shorten healthy lifespan", *Nature* 530(7589), 2016

157 Takahashi, K., & Yamanaka, S., "Induction of pluripotent stem cells from mouse embryonic and adult fibroblast cultures by defined factors", *Cell* 126(4), 2006

158 Ocampo, A., et al., "In vivo amelioration of age-associated hallmarks by partial reprogramming", *Cell* 167(7), 2016

159 Lu, Y., et al., "Reprogramming to recover youthful epigenetic information and restore vision", *Nature* 588(7836), 2020

160 Yang, Jae-Hyun, et al., "Loss of epigenetic information as a cause of mammalian aging", *Cell* 186(2), 2023

161 Horvath, S., "DNA methylation age of human tissues and cell types", *Genome biology* 14(10), 2013

162 "좋은 죽음 되도록 국가가 나서야…'웰다잉' 제도화 논의", 연합뉴스, 2023.10.3

163 통계청, 〈2023년 인구동향조사 출생·사망통계(잠정)〉, 2024

164 "혐오 없는 쓰레기 소각장…'님비' 해결책은?", 연합뉴스, 2022.9.12

165 ""저녁에 화장하세요" 서울시 미봉책에 '3일장' 대란 잡힐까", 머니투데이,

2024.1.9

166 "한국 '죽음의 질' 세계 18위", 조선일보, 2015.10.8

167 대한민국 정책브리핑, 〈제1차 고독사 예방 기본계획〉, 2023

168 이슬기, 〈죽음의 질에 대한 인식 향상 활동 세 가지 국외사례〉, 학위 논문(석사), 연세대학교 보건대학원, 2023

169 이승주, 〈2024년 세계 경제 질서 전망〉, 동아시아연구원, 2024

170 "재세계화와 국가전략 기술 특별법", 한국일보, 2023.9.28

171 Edler, J. et al., "Technology Sovereignty: From demand to concept", *Fraunhofer Institute for Systems and Innovation Research*, 2020

172 "미래 핵심기술 1위 중국 53 vs 한국 0", 한국경제, 2024.1.7

173 "TSMC 설립자 모리스 창 "재세계화는 세계화의 종말이 아니라 시작"", 글로벌이코노믹, 2023.7.6

174 "2023년 글로벌 무역서 드러난 '재세계화'…2024년 더 속도 낸다", 글로벌이코노믹, 2024.2.9

175 "김귀근의 병영터치-SNS '허위조작정보' 한 방이 폭탄보다 세다", 연합뉴스, 2023.10.29

176 European Union, "Tackling Disinformation, Foreign Information Manipulation & Interference", 2021.10.27

177 "Meta closes nearly 4,800 fake accounts in China that tried to polarize US voters", *Guardian*, 2023.11.30

178 Meta, "Quarterly Adversarial Threat Report", 2023

179 국가사이버안보센터 합동분석협의체, 〈중국의 언론사 위장 웹사이트를 악용한 영향력 활동: 뉴스와이어 서비스 악용을 중심으로〉, 국정원, 2023

180 홍승아, 〈시대별 표어로 살펴본 우리나라 출산정책〉, KDI정보센터, 2014

181 대한민국정부, 〈제4차 저출산·고령사회 기본계획, 2021~2025년〉, 2021

182 국회예산정책처, 〈중·장기 재정현안 분석-인구 위기 대응 전략: 저출산 대응 전략〉, 2023

183 국회예산정책처, 〈중·장기 재정현안 분석-인구 위기 대응 전략: 저출산 대응 전략〉, 2023

184 국회예산정책처, 〈중·장기 재정현안 분석-인구 위기 대응 전략: 저출산 대응 전략〉, 2023

185 "380조 원 써서 '0.72명'…", 일요신문, 2024.4.15

186 "부영그룹, 직원출산 자녀 1인당 현금 1억원 파격지원", 경향신문, 2024.2.5

187 김정호, 〈딥테크 스타트업의 현황과 지원정책 연구〉, 산업연구원, 2023.6

188 Boston Consulting Group, "Meeting the Challenges of Deep Tech Investing", 2021.5; *Dealroom.co*, The European Deep Tech Report, 2023.1

189 김정호, 〈딥테크 스타트업의 현황과 지원정책 연구〉, 산업연구원, 2023

190 김정호, 〈딥테크 스타트업의 현황과 지원정책 연구〉, 산업연구원, 2023

191 Sanford L. Moskowitz, *The advanced materials revolution-Technology and economic growth in the age of globalization*, Wiley, 2009

192 한국재료연구원, 〈소재기술백서〉, 2022 (통계자료는 2020년 자료)

193 산업통상자원부 소부장넷 (http://www.sobujang.net) 소재기술백서(2022)에서 재인용

194 "지난해 농업재해보험금 1조 1,749억원 지급", 원예산업신문, 2024.1.24

195 FAO, "Rome Declaration on World Food Security and World Food Summit Plan of Action", 1996

196 정정길, 〈중국의 일대일로 전략과 한·중 농업협력 방향〉, 한국농촌경제연구원, 2018

197 GSnJ, 〈국가 곡물 조달 시스템을 이용한 주요 곡물 비축방안〉, 2012.11

198 WEF with Deloitte, "Advanced materials systems chemistry and advanced Materials", 2016.3

199 European Commission, "High-level export group on key enabling technologies", 2011.6

200 "미국법원 "삼성전자, 5G 통신기술 특허 침해로 1억 4200만 달러 배상해야"", 비즈니스포스트, 2024.4.18

201 "삼성D의 'BOE 상대' 美ITC 특허분쟁 결론 내년 3월 나올 듯", 디일렉, 2024.6.3

202 "지식재산 보호는 매우 촘촘하게…강력한 조사와 처벌 필요", 내일신문, 2023.4.5

203 손수정, 〈제4차 산업혁명, 지식재산 정책의 변화〉, STEPI Insight 197호, 2016

204 김병년, 〈글로벌 시장에서의 성공비결 첫걸음은 '표준·표준특허'〉, 기술과 혁신 456, 한국특허전략개발원, 2022.12

205 "인적자본과 무형자산의 이해", 머니투데이, 2024.4.24

206 특허청, 〈선진 5대 특허청(IP5), 서울에서 '지속가능발전' 논의〉, 2024.6

207 Stewart, T. A., *Intellectual Capital: The New Wealth of Organization*, Crown Currency, 2010

208 한국저작권위원회, 〈2022년 미국 특허청 지식재산과 미국 경제 보고서〉, 2022.12

209 EPO·EUIPO, "Intellectual property rights and firm performance in the European Union", 2021.2

210 "실전 특허경영-지식재산권 금융과 담보대출", 특허뉴스, 2019.4.27

211 "지식재산 금융 10조원 눈앞…혁신기업 자금조달 기여", 한국무역협회, 2024.3.25

212 "AI가 만든 그림·소설 저작권 불인정…저작권 등록규정에 명시", 매일경제, 2023.12.18

213 특허청, 〈한국, 3년 연속 국제특허출원(PCT) 세계 4위!〉, 2023.3.2

214 "국감자료, 특허무효율 46.8%", 리걸타임즈, 2022.9.28

215 "특허침해하면…징벌적 손해배상 등 손해배상 현실화", 특허뉴스, 2021.1.5

216 특허청, 〈우리기술 지킬 '4중 안전장치' 완성, 본격 가동〉, 2024.5.13

217 특허청, 〈2023년도 지식재산 활동조사〉, 2023.12.29

218 "기술이 제값을 평가 받을 수 있도록…특허청, '지식재산 평가관리센터'출범", 특허뉴스, 2023.7.12

219 "발명진흥회, 지식재산 평가관리 통합플랫폼 'IP-Hub' 구축", 에너지경제, 2024.3.11

220 특허청, 〈2024년 주요정책 추진계획〉, 2024.2.7

221 손수정, 〈신지식재산의 인식과 성장〉, 정보통신정책연구원, 2019.7.16

222 특허청, 〈4차 산업혁명 기술 분야 특허 통계〉, 2023.9

223 "높아진 신약개발 '리스크', 낮아진 '리턴'", 메디포뉴스, 2019.7.11

224 특허청, 〈반도체 분야 지원을 위한 전담 심사국 공식 출범〉, 2023.4.11

225 "'첨단 기술 초격차'…2차전지 특허심사 2년→2개월 단축한다", 서울경제, 2024.2.17

226 "4년 만에 손잡은 한·일·중 특허청장…첨단 기술 IP 협력 강화", 조선비즈, 2023.11.30

227 심미랑, 〈국내 특허관리전문회사 육성의 필요성 및 그 방안〉, 한국지식재산연구원, 2024.4.18

228 "30분도, 3일도 아녔다…아무도 웃지 못한 우크라 전쟁 300일", 머니투데이, 2022.12.29

229 "우크라, AI 자폭드론 배치…위성통신 없이 자율주행", 머니투데이, 2024.4.2

230 "일본 야구엔 혼이 있다…日, WBC 세 번째 우승 비결", 조선일보, 2023.3.23

231 한국산업기술기획평가원, 〈2023년 산업기술 수준 조사 결과보고서〉, 2024.5.13

232 "시진핑 모교 칭화대, 반도체 인재 연 1000명씩 배출", 조선일보, 2022.6.25

233 〈세계 최고(最高)이자 최고(最古)의 과학축제, 에든버러 과학 페스티벌〉, 사이언스 타임즈, 2024.4.18

234 "과학 자본 꽃피우는 에든버러", 헬로디디, 2023.4.16

KAIST
FUTURE
STRATEGY
2025